Wilhelm Hasbach

Untersuchungen über Adam Smith und die Entwicklung der politischen Ökonomie

Wilhelm Hasbach

Untersuchungen über Adam Smith und die Entwicklung der politischen Ökonomie

ISBN/EAN: 9783744681766

Hergestellt in Europa, USA, Kanada, Australien, Japan

Cover: Foto ©Suzi / pixelio.de

Weitere Bücher finden Sie auf **www.hansebooks.com**

Untersuchungen

über

Adam Smith

und

die Entwicklung der Politischen Ökonomie.

Von

Dr. Wilhelm Hasbach,
außerordentlichem Professor an der Universität Königsberg.

Leipzig,
Verlag von Duncker & Humblot.
1891.

Alle Rechte vorbehalten.

Inhaltsverzeichnis.

	Seite
Einleitung. Die philosophischen Grundanschauungen Adam Smiths	1
Erstes Buch. Philosophie	17
Erstes Kapitel. Die Schüler Shaftesburys und Hartley	23
I. Butler	26
II. Hutcheson	29
III. Hume	38
IV. Hartley	45
Zweites Kapitel. Die Theorie der moralischen Gefühle	47
Erster Abschnitt. Der Stand der ethischen Forschung im Jahre 1759	47
Zweiter Abschnitt. Inhaltsangabe der „Theorie der moralischen Gefühle"	53
1. Die Grundbegriffe	53
2. Schicklichkeit und Unschicklichkeit	55
3. Verdienstlichkeit und Strafwürdigkeit	58
4. Gewissen und Pflichtgefühl	64
5. Die ethische Bedeutung der Nützlichkeit, Sitte und Mode	69
6. Die Tugendlehre	72
7. Die Kritik früherer ethischer Schriften	81
Drittes Kapitel. Adam Smiths Stellung in der Geschichte der englischen Ethik	89
Erster Abschnitt. Adam Smiths Verhältnis zu seinen Vorgängern	90
Zweiter Abschnitt. Beurteilung der Theorie der moralischen Gefühle	113
Viertes Kapitel. Die natürliche Theologie Adam Smiths	128
Zweites Buch. Politische Ökonomie	135
Erstes Kapitel. Die Entwicklung des Smithschen Systems der theoretischen Nationalökonomie	138

1. Hugo Grotius 140
2. Pufendorf ... 142
3. Christian Wolff . 145
4. Hutcheson..... 148
5. Der Einfluß dieser Schriftsteller auf Adam Smith 158
6. Die Physiokraten 160
7. Der Einfluß der Physiokraten auf das Smithsche System..... 164

Zweites Kapitel. Hat Adam Smith die Grundsätze wirtschaftlicher Freiheit von früheren Schriftstellern übernommen? 172
  Erster Abschnitt. Die Grundsätze wirtschaftlicher Freiheit in der nationalökonomischen Litteratur... 176
    1. Die Holländer und Engländer 176
    2. Die Franzosen und Justi 184
  Zweiter Abschnitt. Die Grundsätze wirtschaftlicher Freiheit in der naturrechtlichen Litteratur vor Smith und den Physiokraten..... 186
    1. Grotius 187
    2. Pufendorf 189
    3. Hutcheson 190
  Dritter Abschnitt. Die Grundsätze wirtschaftlicher Freiheit in den Schriften der Physiokraten ... 199
  Vierter Abschnitt. Die Ergebnisse 206

Drittes Kapitel. Adam Smiths System der politischen Ökonomie 211
  I. Wie bildete sich das System der politischen Ökonomie in der schottischen Moralphilosophie? ... 211
  II. Wie entwickelte sich Smiths System? 217
  III. Vergleichung anderer Systeme mit demjenigen des „Wealth of Nations" 223
  IV. Der ethische Gesichtspunkt im „Wealth of Nations" 231
  V. Die Ergebnisse 236

Viertes Kapitel. Die Entwicklung der Finanzwissenschaft bis auf Adam Smith 240
  Erster Abschnitt. Die Entwicklung der Finanzwissenschaft vor Adam Smith 245
    I. Die Beschreibungen der Staatswirtschaft .. 245
    II. Die Begründung der Staatswirtschaftslehre 248
    III. Die nationalökonomischen Wirkungen der Staatswirtschaft auf die Privatwirtschaften . 268
    IV. Die Finanzpolitik 280
    V. Der historisch statistische Bestandteil 288
  Zweiter Abschnitt. Smiths Finanzwissenschaft ... 291

Inhaltsverzeichnis.

Fünftes Kapitel. Adam Smiths Verhältnis zur Geschichte 299
  I. Die Ursachen des Aufblühens der Geschichtswissenschaft im 18. Jahrhundert 299
  II. Geschichtslitteratur und politische Ökonomie . . 313
  III. Adam Smith als Historiker 325
Sechstes Kapitel. Die Methode in den Werken Adam Smiths 339
  Erster Abschnitt. Methodenlehre und Methode vor Adam Smith 339
    I. Die Vertreter der Deduktion 343
      1. Descartes 343
      2. Thomas Hobbes 350
      3. Die Physiokraten 354
    II. Die Vertreter der Induktion 357
      1. Bacon 357
      2. Hutcheson 358
      3. Hume 360
      4. Montesquieu 367
    III. Die Verbindung von Deduktion und Induktion bei James Steuart 369
  Zweiter Abschnitt. Methodenlehre und Methode Adam Smiths 382
    I. Adam Smiths Methodenlehre 388
    II. Adam Smiths Methode 391
      1. Die Theorie der moralischen Gefühle . . . 391
      2. Die Untersuchung über den Reichtum der Völker 393
Anhang: Morhof und Wolff sind nicht die Befürworter oder Begründer einer Wissenschaft von der Volkswirtschaft . 413
Drittes Buch. **Rückblick** 417

Druckfehler.

S. 7 Z. 6 v. u. lies statt Wissenschaften der . . . . Wissenschaft von der
„ 38 „ 3 v. o. „ „ Egoismus . . . . Empirismus
„ 43 „ 10 v. o. „ „ Ansdern . . . . Andern
„ 123 „ 15 v. u. „ „ menschlichen . . . . . sittlichen
An mehreren Stellen „ „ James Stuart . . . . . James Steuart.

Untersuchungen über Adam Smith.

Einleitung.

Die philosophischen Grundanschauungen Adam Smiths.

— the various appearances which the great machine of the universe is perpetually exhibiting, with the secret wheels and springs which produce them.

Nature .. has not only endowed mankind with an appetite for the end which she proposes, but likewise with an appetite for the means by which alone this end can be brought about, for their own sakes, and independent of their tendency to produce it.

Adam Smith.

Ich table nicht gerne, was immer dem Menschen
Für unschädliche Triebe die gute Mutter Natur gab;
Denn was Verstand und Vernunft nicht immer vermögen,
vermag oft
Solch ein glücklicher Hang, der unwiderstehlich uns leitet.

Ein guter Mensch in seinem dunkeln Drange
Ist sich des rechten Weges wohl bewußt.
Goethe.

Die Aufgabe meiner Schrift „Die philosophischen Grundlagen der von François Quesnay und Adam Smith begründeten politischen Oekonomie" erforderte auch die Klarlegung des Verhältnisses Smiths zu der Philosophie seiner Zeit. Einer kurzen Zusammenfassung der hierauf bezüglichen Ergebnisse, von denen ich einige noch genauer ausführen werde, schicke ich ein paar Bemerkungen über das Studium der Moralphilosophie an der Universität Glasgow voraus.

An den schottischen Hochschulen des siebzehnten Jahrhunderts umfaßte diese Wissenschaft Ethik, Politik und Ökonomik[1]), was sich aus den allgemein verbreiteten irrigen Annahmen über das

---

[1]) Mc. Cosh, The Scottish Philosophy. London 1875. S. 22.

moralphilosophische System des Aristoteles¹) erklärt; anderswo, zum Beispiel in Deutschland, teilte man die praktische Philosophie in Ethik, Politik und Ökonomik ein, was auf dasselbe hinausläuft²). Soweit nun auch der Umfang der Moralphilosophie an den schottischen Universitäten scheinen mag, so gab es doch bis zum Jahre 1727 an der Universität Glasgow keine besondere Professur für sie. Bis dahin hatte jeder Professor der Philosophie das Gesamtgebiet dieser Wissenschaft vorgetragen, es bestand aus Logik, Pneumatologie, Ethik und Naturphilosophie. Die große Vermehrung des philosophischen Wissens, welches dem 17. Jahrhundert zu verdanken war, machte eine Arbeitsteilung dringend notwendig; Gershom Carmichael war der Erste, welcher auf die Moralphilosophie beschränkt wurde³). Er sollte die neue Stellung nicht lange bekleiden, da er 1729 starb. Auf ihn folgte Hutcheson im Jahre 1730, der die Lehrkanzel der Moralphilosophie bis 1746 innehatte. Sein Nachfolger war Craigie; nach dessen Tode übernahm sie Adam Smith im Jahre 1752, bezüglich gegen Ende des Jahres 1751, wie Leser nachgewiesen hat.

Carmichael verdient aber unsere Aufmerksamkeit nicht bloß als erster Professor der Moralphilosophie; er gab im Jahre 1718 das Werk Pufendorfs „De Officio Hominis et Civis" mit Zusätzen und Noten heraus, welche unter Anderem Auszüge aus de Vries, Titius und Grotius enthielten⁴). Damit bahnte er dem Naturrechte als selbständiger Wissenschaft den Eingang in die schottischen Universitäten⁵). Sein Nachfolger Hutcheson hinter-

---

¹) „Aristoteles teilt nicht ein in Ethik, Ökonomik, Politik, sondern zunächst Politik, diese will er von den Hülfswissenschaften gesondert wissen: Ökonomik, Feldherrnkunst, Rhetorik, dann Politik in den Teil, welcher von der sittlichen Thätigkeit des Einzelnen und den, welcher vom Staate handelt." Zeller, Die Philosophie der Griechen II, 2, S. 181 ff. 3. A. 1879.

²) Siehe den Schluß des Anhangs dieser Schrift: Morhof und Wolff und nicht die Befürworter oder Begründer einer Wissenschaft von der Volkswirthschaft.

³) Mc Cosh a. a. O. S. 38.

⁴) Mc Cosh a. a. O. S. 40.

⁵) To so late a period did this admiration of the Treatise ‚De Officio Hominis et Civis' continue in our Scotch Universities, that the

ließ ein im Jahre 1755 veröffentlichtes Werk „A System of Moral Philosophy", welches eine selbständige Bearbeitung des Pufendorfschen Naturrechtes ist. Die Selbständigkeit des schottischen Gelehrten zeigt sich sowol in der Ausdehnung, welche er dem System gibt, wie in dem philosophischen Geiste, mit dem er es erfüllt.

Das Naturrecht unseres berühmten Landsmannes stellt sich als eine universelle Pflichtenlehre dar: der Pflichten gegen Gott, gegen uns selbst und den Nächsten. Pufendorf beschränkte sich allerdings auf eine bestimmte Klasse von ethischen Normen, aber immerhin waren die Grenzen der neuen Wissenschaft weit genug gesteckt, um in ihnen erstens die natürliche Theologie, zweitens die Ethik und drittens sowohl das private wie öffentliche Naturrecht im engeren Sinne vollständig vortragen zu können. Dies ist in dem genannten Werke Hutchesons geschehen, das von Pufendorf gezimmerte Haus hat er soweit umgebaut und verändert, daß seine ganze Moralphilosophie darin Platz gefunden hat. Bei einer Vergleichung der Werke Pufendorfs und Hutchesons fällt aber noch mehr der durchaus verschiedene philosophische Geist auf, welcher in ihnen lebt.

Zwischen dem ersten Erscheinen des Pufendorfschen Natur-

---

very learned and respectable Sir John Pringle ... adopted it as the textbook for his lectures, while he held the Professorship of Moral Philosophy at Edinburgh. Nor does the case seem to have been different in England. Dugald Stewart, Collected Works 1877, I, S. 178.

Von den großen Anregungen, welche das Naturrecht gab, vermögen wir uns am besten eine Vorstellung zu bilden, wenn wir Carmichael selbst hören. Die von den Alten so eifrig gepflegte Ethik wäre begraben gewesen ‚in the rubbish of the dark ages, till the incomparable Treatise of Grotius, „De jure Belli et Pacis" restored to more than its ancient splendor that part of it which defines the relative duties of individuals; and which, in consequence of the immense variety of cases comprehended under it, is by far the most extensive of any. Since that period, the most learned and polite scholars of Europe, as if suddenly roused by the alarm of a trumpet, have vied with each other in the prosecution of this study, so strongly recommended to their attention, not merely by its novelty but by the importance of its conclusions and the dignity of its object.' Stewart a. a. O. S. 177.

rechtes und dem Auftreten Hutchesons hatten Locke, Newton, Shaftesbury die englische Philosophie auf ganz neue Bahnen geführt; wir dürfen sie als bekannt voraussetzen. Wenn die Resultate ihres Denkens den Geistern des Festlandes die kräftigsten Anregungen gaben, so konnten sie natürlich in der Heimat jene Männer nicht unbemerkt bleiben. Von den zahllosen Einwirkunge jener Lehren ist diejenige auf Hutcheson wahrscheinlich die praktisc wichtigste, denn der Lehrer Adam Smiths verwertete sie für sei System der Moralphilosophie. Seine natürliche Theologie trägt den mechanistisch-optimistischen Charakter der Newtonschen Weltanschauung, noch deutlicher tritt in ihr die enthusiastische Sentimentalität Shaftesburys hervor. Die angeborenen Menschenrechte seines Naturrechtes verraten den Einfluß Lockes, obwohl seine Auffassung von Gesellschaft und Staat die organische früherer Zeiten geblieben ist. In der Ethik verbessert er die Fundamente der Shaftesburyschen „Untersuchung über die Tugend" und baut auf ihnen weiter.

In das so beschaffene System wurde Smith fast noch als ein Knabe eingeführt und zwar von Hutcheson selbst, welcher auf seine Schüler nicht nur durch seine Lehre, sondern auch durch seine Persönlichkeit einen tiefen Eindruck machte[1]). Dieser wurde in unserm Falle wahrscheinlich noch dadurch verstärkt, daß Smith wie Hutcheson Professor wurde, wie dieser nach dessen Tode an der Glasgower Universität lehrte und gleich ihm das System der schottischen Moralphilosophie vortrug.

In der natürlichen Theologie ist Adam Smith nicht aus dem Umkreise der mechanistisch-optimistischen Gefühlsreligion herausgetreten: die Ethik hat er in vielfach origineller Weise fortentwickelt, aber auf den von Shaftesbury und Hutcheson gelegten Grundlagen: in seinem Naturrechte, von dem wir leider

---

[1]) Zeugnisse hierüber außer bei seinem Freunde und Biographen Leechmann auch bei Dugald Stewart, Collected works X, S. 82. Er behauptet, Hutcheson habe „diffused that taste for analytical discussion and the spirit of liberal inquiry". Vergleiche auch Mc. Cosh, der offenbar dieser ganzen Richtung nicht gewogen ist.

nur sehr wenig wissen, bildete er die natürlichen Freiheitsrechte des Lockeschen Rechtsstaates, von metaphysisch-deistischen Anschauungen her, zur Lehre von der wirthschaftlichen Freiheit aus; endlich schuf er ein System der politischen Ökonomie, welches wir im zweiten Buche dieser Schrift genauer untersuchen werden.

Nachdem wir Hutcheson und durch ihn vermittelt Newton, Locke, Shaftesbury als diejenigen Männer kennen gelernt haben, welche die philosophische Bildung Adam Smiths wenigstens zuerst bestimmt haben, ist es leicht, seine philosophischen Überzeugungen im Umriß wiederzugeben; ein tieferes Eindringen würde ohne die Erwähnung Humes unmöglich sein.

Ihren Ausgangspunkt bildet die Lehre von Gott, dessen am meisten hervortretende Eigenschaften größte Weisheit und Güte sind. Sein höchster Zweck bei der Erschaffung der Welt war die menschliche Glückseligkeit. Zur Verwirklichung seiner Endzwecke bedient er sich des Mechanismus. Der Schöpfer ist einem Uhrmacher zu vergleichen, welcher die Räder der Welt so kunstvoll zusammengesetzt hat, daß sie Ordnung, Harmonie, Schönheit, Glückseligkeit auswirken, ohne daß die Räder es wissen oder wollen. Wie der Naturforscher die unveränderlichen, mechanischen Gesetze des Himmels und der Erde ergründet, so muß der Forscher auf dem Gebiete der Menschennatur die menschliche Seele in allen ihren Tiefen ermessen, das Räderwerk ihrer Triebe und Leidenschaften kennen zu lernen suchen, um aus dieser Erkenntnis die natürlichen Gesetze des menschlichen Handelns abzuleiten, die dann auch als Gottes Gesetze betrachtet werden müssen und in allem Wesentlichen ebenso unveränderlich und ewig wie jene sind. Die Ethik ist also eine Erfahrungswissenschaft, sie muß auf psychologische Grundlagen gestellt werden. Da nun auch die Politik zu den Wissenschaften der menschlichen Natur gehört, so kann die Aufgabe des philosophischen Politikers keine andere sein, als die gottgegebenen, in der menschlichen Seele angedeuteten, natürlichen Ordnungen zu verzeichnen. Wenn die Menschen die Schäden der Gesellschaft bessern wollen, klagt Shaftesbury, dann forschen sie nach der

Machtbilanz oder der Handelsbilanz, aber nach dem Wichtigsten fragen sie nicht: nach der Bilanz ihrer Leidenschaften, nach dem, was der Natur gemäß ist.

Beide also, sowol Ethik wie Politik, wurzeln in der Psychologie. Das Studium der menschlichen Seele ist folglich die Vorbedingung alles weiteren Wissens vom Menschen. Die Shaftesburysche Schule kennzeichnet die Verehrung aller Äußerungen der menschlichen Natur, das Streben in ihnen die verborgenen Pläne Gottes, ihre Beziehungen zur menschlichen Glückseligkeit zu entdecken. Die menschliche Seele aber muß auf empirischem Wege erforscht werden.

Auf diesem Wege gelangt nun Smith wie Shaftesbury und Hutcheson zu dem Ergebnisse, daß die menschliche Seele egoistische wie altruistische Triebe besitze, wenn er ihr auch ein höheres Maß von Egoismus und ein geringeres von Wohlwollen zuschreibt als die genannten beiden Philosophen, zweitens daß sich in der Brust der in der Gesellschaft lebenden Menschen ein Organ entwickle, welches bestimmte Handlungen billige oder mißbillige. Da Gott die menschliche Natur so ausgestattet hat, so kann kein Trieb an sich fehlerhaft sein und das Organ der sittlichen Erkenntnis muß als der Verkündiger göttlicher Gebote betrachtet werden. Es billigt auch die Äußerungen aller Triebe, sowol der egoistischen wie der altruistischen, wenn sie eine bestimmte Stärke nicht überschreiten. Das Reich der Sittlichen besteht folglich aus den Äußerungen der wohlgeordneten egoistischen und altruistischen Triebe. Das ethische Gesetz der menschlichen Natur kann man also folgendermaßen formulieren: Folge deinen Trieben in den vom Gewissen bezeichneten Schranken. Klassifiziert man nun die so gebilligten Bethätigungen der Triebe, so zeigt sich, daß die Eigenschaft, welche wir Gerechtigkeit nennen, drei besondere Merkmale aufweist. Sie hat erstens einen wesentlich negativen Charakter, sie offenbart sich in der Nichtverletzung der Mitmenschen; zweitens können ihre Forderungen bestimmt angegeben werden; drittens sollen diese gegebenen Falls erzwungen werden. Auf ihr beruht hauptsächlich die Möglichkeit des friedlichen Zusammenlebens der Individuen, die Existenz der Gesellschaft, welche weder durch die wohlwollenden Neigungen noch durch die Erkenntnis ihres Nutzens zusammengehalten werden könnte; sie führt uns aus dem Gebiete der freien Sittlichkeit in dasjenige des Rechtes.

Doch darf man dies nicht so auffassen, als ob Smith gemeint habe, nur die Gerechtigkeit habe eine direkte Beziehung zum Nutzen der Gesellschaft, denn da Gott die Welt zur Glückseligkeit erschaffen hat, so muß alles Sittliche, welches ja ein notwendiges Produkt der menschlichen Organisation in der menschlichen Gesellschaft ist, innere und äußere Glückseligkeit hervorbringen. Wohl hat Smith die Herleitung des Sittlichen aus dem Nützlichen abgelehnt und zwar als ein Ergebnis der psychologischen Erfahrung; aber auf Grund seiner teleologisch-mechanistischen Weltanschauung ist er der Ansicht, daß eine prästabilierte Harmonie zwischen ihnen bestehe. Der Mensch braucht sich nicht den Nutzen, die Wohlfahrt, die Glückseligkeit als Ziel seines Handelns zu setzen und die Mittel zu seinen Zwecken auszudenken. Wenn er nur seinen Trieben folgt, soweit sie von dem moralischen Sinne gebilligt werden, mit andern Worten, wenn er sittlich handelt, dann werden sich auch, wie die Erfahrung bestätigt, sowol sein eigener Nutzen, wie die Wohlfahrt der Gesellschaft im natürlichen Laufe der Dinge einstellen.

Damit betreten wir nun das Gebiet der Politik. Sie handelt ja von der Wohlfahrt der Staaten, sie gibt die Mittel an, durch welche die Glückseligkeit der Gesellschaften befördert werden kann. Wenn nun Gott die Welt mit höchster Weisheit und Güte erschaffen hat und auf mechanischem Wege seine Zwecke verwirklicht, so kann die allein richtige Politik nur diejenige sein, welche solche Einrichtungen schafft, die im Einklang mit den wohlregulierten Trieben stehen, die ihnen in den durch das Sitten- und Rechtsgesetz eingeschränkten Bahnen die vollste Freiheit geben. Im Gebiete der Volkswirtschaft ist dies die freie Konkurrenz in den Schranken der Gerechtigkeit.

Aus dem Vorhergehenden erhellt, daß nach der Meinung
Smiths die bezeichnete Volkswirtschaftspolitik ebensowol sittlich
wie nützlich sein müsse. Da alles Recht im System Smiths
einen sittlichen Charakter hat und die freie Konkurrenz innerhalb
der vorbezeichneten Schranken nur durch die staatliche Rechts=
ordnung verwirklicht werden kann, so formuliert Smith eine
Reihe von subjektiven Grundrechten wirtschaftlicher Freiheit, wo=
durch er zugleich seine theoretische Abhängigkeit von Locke an=
zeigt. Aber nicht nur hierin zeigt sich der ethische Charakter
dieser Politik. Alles ethische Leben ist ja wohlregulierte Be=
thätigung menschlicher Triebe. Es muß sich also auch ein
menschlicher Trieb nachweisen lassen, welcher durch jenes System
zu seiner vollen Entfaltung gelangt. Die Erforschung der
menschlichen Seele zeigt nun einen solchen Trieb in dem Trieb nach
der Verbesserung der eigenen Lage. Er kann sich natürlich dort
am kräftigsten äußern, wo er unbeschränkt walten kann. Er
würde aber bis zur Zerstörung fremder Existenzen gereizt werden,
wenn nicht die durch den Seelenmechanismus erzeugte Macht
des Gerechten dazwischen träte und eine Verletzung der fremden
Sphäre verhinderte.

Hierdurch scheint nun auch der Nutzen gewahrt. Aber
Smiths Meinung ist doch viel tiefer. Der göttliche Uhrmacher
hat es so gefügt, daß das Individuum, welches Schätze aufhäuft
und Reichtümer sammelt doch nur einen mäßigen Anteil selbst
genießen kann und den Rest Andere mitgenießen lassen muß.
Je mehr es für sich selbst zu schaffen meint, um so mehr schafft
es auch für Andre. In dem nationalökonomischen Werke führt
er uns in der Erkenntnis noch einen Schritt weiter. Die
Menschen haben, so führt er aus, die größte Vorliebe für die
Anlegung ihrer Kapitalien im Ackerbau, erst an zweiter Stelle
für diejenige im Gewerbe und an dritter für die im Handel.
Können sie ihren natürlichen Neigungen folgen, so werden sie
sich erst dann dem Gewerbe widmen, wenn der Ackerbau mit
Kapital gesättigt ist, und erst dann dem Handel, wenn die Ge=
werbe nicht mehr einträglich genug sind. Nun zeigt eine Be=

trachtung der Volkswirtschaft, daß der Ackerbau einem Lande am meisten nützlich ist, das heißt die meisten Menschen ernährt, in zweiter Linie steht das Gewerbe, in dritter der Handel. In dieser Übereinstimmung zwischen den Trieben des Menschen und den äußern Bedingungen des Daseins zeigt sich von neuem das verborgene Walten, die unsichtbare Hand des Weltenschöpfers. So ist also in den menschlichen Trieben ein natürliches Gesetz für die Regelung der Volkswirtschaft angedeutet, Smith nennt es „die natürliche Ordnung". Diese natürliche Ordnung kann sich aber nur dort verwirklichen, wo die menschlichen Triebe frei schalten und walten dürfen, wo sie aber daran verhindert werden, die Menschen zu schädigen. Die freie Konkurrenz ist also ebensowohl gerecht wie nützlich.

Damit ist nun auch der Nachweis erbracht, welcher vorher übergangen wurde, daß nach der Meinung Smiths die Politik gleichfalls ihre Wurzel in der Psychologie habe. Um diese wichtige Seite der Philosophie Smiths noch mehr zu erhellen, sollen einige weitere Ausführungen folgen.

Die Natur verfolgt Zwecke und hat deshalb den Menschen Neigungen zu ihnen eingepflanzt. Damit nicht genug, gab sie ihnen, unabhängig davon, Neigungen zu den Mitteln, mit welchen die Zwecke verwirklicht werden. Selbsterhaltung und Erhaltung der Gattung sind die großen Endzwecke der Natur; die Menschen begehren sie und empfinden Abneigung gegen den Verlust des Lebens und das völlige Erlöschen der Gattung. Die Natur verlieh ihnen außerdem Triebe, welche zur Realisierung der Endzwecke veranlassen, ohne daß ihnen der Verstand die Wirkung vorhielte, welche die menschlichen Strebungen nach der Absicht des Lenkers der Natur haben sollen. Der Hunger, der Durst, der Geschlechtstrieb, das Streben nach Lust, die Abneigung gegen den Schmerz bewirken auch in dem Gedankenlosesten eine Unterordnung unter die Pläne Gottes. Die „Lieblingssorge" der Natur ist die Errichtung und Erhaltung der Gesellschaft. Die wohlwollenden Neigungen der Edelmüthigen, der Reiz der Vorteile der Gemeinschaft in den kalten Seelen, die Furcht vor dem Vergeltungstriebe in den Un=

gerechten, der Wunsch zu gefallen, welcher in schwachen Gemütern bei der Eitelkeit stehen bleibt, in starken der Antrieb zur Vervollkommnung wird, die Verehrung von Rang, Reichtum und Erfolg, die Elternliebe, welche die Natur so viel stärker bildete als die Kindesliebe, endlich die so weise geordnete Sympathie, die uns lieber mit dem Glücke als mit dem Unglücke sympathisieren läßt: alle diese zum Teil von Moralisten getadelten Züge wirken zur Durchführung der Absicht der Natur zusammen. Nur in der Gesellschaft können Individuum und Gattung vor Zerstörung bewahrt werden. Aber zu ihrer Erhaltung und Vermehrung müssen auch die Unterhaltsmittel reichlich vorhanden sein. Zu diesem Zwecke gab die Natur den Menschen erstens das Streben nach Reichtum und Besserung ihrer Lebenslage, so daß sie zur Vergrößerung des Reichtums veranlaßt werden, und eine besondere Vorliebe für den Ackerbau, welcher bei gleicher Anstrengung mehr Menschen zu ernähren vermag, als Gewerbe und Handel.

Nachdem hiermit der Zusammenhang der Smithschen Politik mit seinen philosophischen Grundanschauungen hoffentlich ganz deutlich geworden ist, wird die Behauptung keinem Widerspruch begegnen, daß nach seiner Meinung eine gerechte und nützliche Politik auf dem sorgfältigsten Studium der menschlichen Triebe und der Achtung vor der in ihnen schlummernden Weisheit beruht[1]). Es wird uns nun leichter sein, die besondere politische Aufgabe zu bezeichnen, welche sich Smith in dem nationalökonomischen Werke stellen mußte.

Die Politik ist die Lehre vom Nützlichen, Smith mußte also zu beweisen suchen, daß die bisherige Wirtschaftspolitik,

---

[1]) Bei der Besprechung des ‚Wealth of Nations‘, der natürlich nur die Verwaltungspolitik Smiths enthält, sagt Dugald Stewart: „the great and leading object of Mr. Smith's speculations is to illustrate the provision made by nature in the principles of the human mind, and, in the circumstances of man's external situation, for a gradual and progressive augmentation in the means of national wealth .. " Collected Works IX, S. 3.

weil sie erstens gegen die natürliche Gerechtigkeit verstoße, die Rechtssphäre des Einen auf Kosten des Andern erweitere, und weil sie zweitens die natürliche Ordnung durch künstliche Reize umkehre, volkswirtschaftlich schädlich sei. Dies konnte nur durch Anführung der Lehren der täglichen Erfahrung und der Geschichte geschehen. Er mußte aber auch zu überzeugen suchen, daß die Schäden der bestehenden Gesellschaft durch die wirtschaftliche Freiheit innerhalb der Schranken der Gerechtigkeit gehoben werden würden. Hier war er natürlich auf allgemeine Argumentationen angewiesen, welche durch Erfahrung und Geschichte nicht erhärtet werden konnten, da das System der freien Konkurrenz nirgendwo eingeführt war. Er erwartet von ihr vier günstige Wirkungen: sie erzieht die Individuen, sie versöhnt die Klassen, sie fördert die Individualwirtschaften und sie bringt den gesunden Zustand des volkswirtschaftlichen Organismus hervor.

Aus dem Vorhergehenden ergibt sich Smiths Lehre von den Aufgaben des Staates in Beziehung auf die Volkswirtschaft als etwas Selbstverständliches. Das System der freien Konkurrenz schließt jede andere Staatsthätigkeit als die der Aufrechterhaltung der Gerechtigkeit aus. Die Volkswirtschaft ist ein Mikrokosmus, welcher von menschlichen Trieben geschaffen wird, in welchen die göttliche Vernunft zum Ausdruck gelangt. Der Eingriff des Staates in das freie Spiel der Triebe ist also eine Verletzung der göttlichen Ordnung. Nicht als ob die Staatsmänner nicht genug Intelligenz besäßen, um die Grundsätze einer gerechten und nützlichen Politik zu verstehen. Es kann ja ein Jeder wie Smith durch eine Betrachtung der menschlichen Seele erfahren, wohin der Schöpfer zielt, worin die natürliche Ordnung besteht. Da die Erfahrung lehrt, daß die Tugend der Gerechtigkeit durch das Sittengesetz nicht genügend verwirklicht werden kann, so mußte eine Organisation zur Erzwingung ihrer Forderungen geschaffen werden, und das ist der Staat. So führen ihn seine ethischen Lehren wieder zu Locke zurück. Andererseits läßt ihn die Überzeugung von der Kraft des Wal=

tens der göttlichen Vernunft in den menschlichen Trieben innerhalb der Volkswirtschaft die Schädlichkeit einer falschen Volkswirtschaftspolitik nicht so hoch anschlagen, wie dies von den Physiokraten geschehen war. Hier zeigt sich der tiefe Unterschied zwischen der naturwissenschaftlich-rechtlichen natürlichen Ordnung Quesnays und der psychologisch ethischen Smiths auf das Deutlichste.

Aber an einer Stelle nähert er sich wieder den Physiokraten, wodurch er sich eine große Inkonsequenz zu Schulden kommen läßt. In seinem nationalökonomischen Werke erwähnt er als dritten Staatszweck neben dem staatlichen Schutz nach außen und innen die Errichtung von bestimmten Anstalten, deren Verwirklichung man nicht von dem Privatinteresse der Bürger erwarten dürfe. Dieser Staatszweck war von den Physiokraten besonders hervorgehoben worden.

Die vorhergehenden Ausführungen haben den innigen Zusammenhang der philosophischen Anschauungen Smiths dargethan: der metaphysischen mit den ethischen, der ethischen mit den rechtlichen und aller mit den politischen. Sie alle tragen theoretisch die neue Ordnung wirtschaftlicher Freiheit, für die er das Gemüt der Zeitgenossen zu erwärmen, ihren Verstand zu überzeugen und ihre Vernunft zu gewinnen sucht. Es kann also nicht wahr sein, daß Smith die Ethik von der politischen Ökonomie zu trennen versucht habe, so daß sich ein Widerspruch zwischen seinem moralphilosophischen und nationalökonomischen Werke befinde, daß er ein Anhänger der Mandeville und Helvetius sei. Seine Richtung in der politischen Ökonomie ist eine ausschließlich psychologisch ethische.

Indem ich mir vorbehalte, auf den angeblichen Widerspruch zwischen den beiden Werken noch am Schlusse dieses Werkes ausführlicher zurückzukommen, will ich über das Verhältnis Smiths zu Mandeville und dem systematischen Bearbeiter seiner Ideen, dem Franzosen Helvetius, Einiges hinzufügen.

Mandeville kann als Psycholog, Moralphilosoph und Nationalökonom in Betracht kommen. Mandeville hat wahr=

scheinlich auf Smiths psychologische Auffassung der menschlichen Natur Einfluß gehabt, was uns aber hier nicht zu beschäftigen braucht. Mandevilles Ethik hat Smith verworfen, er machte nicht den Egoismus, sondern einen moralischen Sinn zum Princip des sittlichen Lebens. Dagegen hat Smith Mandevilles Lehre von den ethisch-socialen Grundlagen der Volkswirtschaft mit einem wichtigen Bestandteil der Ethik Shaftesburys verschmolzen. Daß diese Übernahme aber wahrscheinlich nicht direkt vor sich ging, sondern von späteren Philosophen vermittelt wurde, wird in dieser Schrift zur Darstellung kommen. Wie Mandeville betrachtet auch Smith den Egoismus als das Triebrad der menschlichen Wirtschaft, die Volkswirtschaft infolge der Arbeitsteilung als eine Tauschgesellschaft egoistischer Individuen und die Arbeit als eine Last für den trägen Menschen. Aber damit setzt er sich nicht in Widerspruch zu der Ethik der Shaftesburyschen Schule. Auch Shaftesbury und Hutcheson hatten dem wirtschaftlichen Selbstinteresse die Volkswirtschaft als eigentliches Gebiet zugewiesen. Aber sie unterscheiden sich dadurch von Mandeville, daß sie das wirtschaftliche Selbstinteresse in gewissen Grenzen nicht nur für nützlich, sondern auch für sittlich hielten, worin ja auch Smith mit ihnen übereinstimmt. Da nun Helvetius die Grundlagen und Ideen Mandevilles reproduziert hat, so ist damit das Verhältnis Smiths zu diesem mit erledigt.

Zwischen der Ethik und der politischen Ökonomie Adam Smiths besteht also die völligste Übereinstimmung in der Wertschätzung des nicht in die Rechtssphäre Anderer eingreifenden Selbstinteresses. Dessen freie Bethätigung in den bezeichneten Grenzen ist nicht bloß das natürliche Recht des Individuums, sie ist auch seine Pflicht, und Gott hat die allgemeine Wohlfahrt von seinem Walten abhängig gemacht. So trägt die politische Ökonomie Smiths einen durchaus ethischen, aber auch einen durchaus individualistischen, privatwirtschaftlichen Charakter.

Bis zu diesem Punkte habe ich in der eingangs genannten

Schrift die Untersuchung geführt. Die hier besprochenen Ergebnisse setze ich als bekannt voraus, und ich erwähne sie gelegentlich als solche. Das vorliegende Werk beschäftigt sich mit Fragen, welche in dem früheren nicht gelöst werden durften. Sie werden in den einleitenden Erörterungen zum ersten und zweiten Buche gestellt.

Erstes Buch.

Philosophie.

Adam Smith hat während des größeren Teiles seiner akademischen Tätigkeit das schottische System der Moralphilosophie gelehrt; aus den Anregungen, welche ihm diese Wissenschaft bot, gingen seine beiden berühmten Werke hervor.

Wie es von Smith vorgetragen wurde, zerfiel es in vier Teile: erstens die Lehre von Gott oder die natürliche Theologie, welche die Principien der folgenden Teile in sich schloß; zweitens die Ethik oder die Lehre vom Sittlichen, welche diejenige vom Gerechten umfaßte; die besondern und genauen Normen des Gerechten, welches einer solchen Darstellung allein fähig sei, wurden in einer besondern dritten Vorlesung, welche wir als das Naturrecht Smiths bezeichnen dürfen, den Zuhörern übermittelt; in der vierten und letzten handelte er von den Einrichtungen, welche nicht auf dem Princip der Gerechtigkeit, sondern demjenigen der Zweckmäßigkeit beruhen und den Reichtum, die Macht und die Wohlfahrt eines Staates vermehren sollen. Ihre besondere Wurzel war aber in der Tiefe mit denjenigen aller früheren Wissenschaften des Systems verbunden; denn Gott hat es so geordnet, daß das Gerechte auch die Quelle äußerer Wohlfahrt wird, das Gerechte ist ein Teil des Sittlichen und das Sittliche hat seine Endursache in Gott.

Zur Philosophie im engeren Sinne gehören nur die drei ersten Vorlesungen; mit ihnen, bezüglich mit dem ethischen Werke beschäftigt sich das erste Buch dieses Werkes. Der politischen Ökonomie ist das zweite gewidmet.

Hier muß ich sogleich eine Einschränkung machen. Das Naturrecht Smiths ist nicht erhalten. In der eingangs genannten Schrift habe ich einige Trümmer desselben zusammen-

zuletzt gesucht. Eine größere Erkenntnis vermag ich aus ihnen nicht zu gewinnen, und so werde ich auf die Rechtslehre Smiths hier nicht zurückkommen. Ich behandle allein seine Ethik und seine natürliche Theologie. Daß ich diese an zweite Stelle setze, widerspricht Demjenigen, was ich selbst über die Ordnung des Systems und die Bedeutung der genannten Wissenschaft für die folgenden Teile angeführt habe. Leider besitzen wir sie ebensowenig wie die Rechtslehre, wir können ihren Inhalt nur mit leidlicher Vollständigkeit aus dem ethischen Werke erschließen. So wird für eine Arbeit, welche in der Form der Untersuchung auftritt, die Umkehr der von Smith gewählten Aufeinanderfolge vorgeschrieben.

Da Smith aus der Schule der Jünger Shaftesburys hervorgegangen ist, so werden im ersten Kapitel ihre ethischen Lehren dargelegt; daran reiht sich eine kurze Besprechung Hartleys. Ich habe selbstverständlich nicht die Absicht, etwas zu wiederholen, was schon in so gründlicher und gelehrter Weise in Deutschland von Männern wie Stäudlin, Vorländer, Fichte, Gizycki, Jodl, im Auslande von Cousin, Whewell, Mackintosh, Leslie Stephen und Andern geleistet ist. Mir kommt es bloß darauf an, Dasjenige hervorzuheben, was die Entwicklung Smiths beeinflußt hat und woraus ein sicherer Schluß auf seine Stellung in der Geschichte der englischen Ethik gezogen werden kann. Wäre, was ich versuche, irgendwo geleistet, so würde ich es gern unterlassen haben.

Im zweiten Kapitel gebe ich nach einer zusammenfassenden Übersicht über den Stand der ethischen Forschung im Jahre 1759 eine Inhaltsangabe der „Theorie der moralischen Gefühle". Auch sie hätte ich mir gerne erspart, aber die Überzeugung, daß diese undankbare, zeitraubende Arbeit nirgendwo in einer Weise gethan ist, welche alle für unsere Aufgabe wichtigen Gesichtspunkte berücksichtigt, bestimmte mich, sie zu übernehmen. Nur Derjenige, welcher das ethische Werk Smiths gelesen hat, erhält volle Einsicht in seine grundlegenden Anschauungen, und vor dem Lesen des Werkes haben sich fast alle Nationalökonomen gescheut,

wie der Erfolg der Buckleschen Phantasie bezeugt. Doch da die
Inhaltsangabe nur Mittel zum Zweck ist, so wird man keinen
Auszug erwarten, welcher das Verhältnis der einzelnen Teile
des Werkes zu einander treu zur Anschauung bringt. Ich habe
unwesentliche Teile verkürzt und weggelassen, wichtigere in
größerer Ausführlichkeit gebracht. Auch Männer wie Lange und
Gizycki, Buhle und Biedermann sind, wie mir scheint, bei ähnlichen Unternehmungen so verfahren[1]).

Im dritten Kapitel ziehe ich die Ergebnisse aus den beiden
vorhergehenden. Der erste Abschnitt behandelt das Verhältnis
Adam Smiths zu seinen Vorgängern, welches, wie ich wünsche,
eine so klare Darstellung erfahren hat, daß die Verkleinerer
unseres Altmeisters kein Gehör mehr finden. In dem zweiten
versuche ich eine Kritik des ethischen Werkes. Ihr hätte ich
mich am liebsten entzogen; da sie aber in der beabsichtigten
Vollständigkeit fehlt, so habe ich geglaubt, meine Aufgabe er
fordere sie, wobei mich der Gedanke tröstete, daß Berufenere

---

[1]) Nachdem dieses Werk schon seit mehreren Monaten vollendet und
durch einen unvorhergesehenen Umstand wieder in meine Hände gelangt ist,
erhalte ich durch die Güte der Verwaltung der Königlichen Bibliothek in
Berlin J. A. Farrers „Adam Smith", London 1881, auf welches Buch
ich durch Karl Walckers Schrift „Adam Smith, der Begründer der modernen
Nationalökonomie", Berlin 1890, welche eine gründliche Bekanntschaft auch
mit der neueren Litteratur über A. Smith zeigt, aufmerksam gemacht worden
bin. Da Farrer nach meiner Überzeugung die beste Monographie über
Adam Smith als Philosophen verfaßt hat (mit dem Nationalökonomen
Smith beschäftigt er sich nicht) und er in den neueren Darstellungen von
Delatour, Zeyß, Paszkowski nicht erwähnt wird, so bemerke ich, daß das
Buch eine Biographie Smiths, eine kurze historische Einführung in dessen
Philosophie, eine vorzügliche, selbständig geordnete Inhaltsangabe der
„Theorie der moralischen Gefühle" und eine tüchtige Kritik des Smithschen
Werkes gibt. Leider ist die Inhaltsangabe (sie umfaßt etwa 140 Seiten)
so umfangreich, daß die Lektüre des so leicht und angenehm lesbaren Ori-
ginals nicht viel mehr Zeit erfordert. Dafür hat Farrers Auszug den
Vorzug größerer logischer Bestimmtheit. Ich kann leider auf Farrer
nicht mehr im Texte eingehen und muß mich daher auf Noten beschränken.

Daß Farrer anscheinend so wenig bekannt ist, liegt wol daran, daß
seine Schrift zu spät kam, um von den deutschen Geschichtschreibern der
englischen Moralphilosophie aufgeführt werden zu können.

aus meinen Anregungen die Stimmung zur Widerlegung meiner Irrtümer gewinnen möchten.

Im vierten Kapitel unternehme ich eine Rekonstruktion der „natürlichen Theologie" des schottischen Philosophen, nicht um daraus das Verständnis für die übrigen Teile seines Systems zu gewinnen, sondern zu dem Zwecke einer völligen Einsicht in dieses Gebiet seiner Philosophie.

Erstes Kapitel.
Die Schüler Shaftesburys und Hartley.

Die Aufgabe, welche die Nachfolger Shaftesburys zu lösen hatten, bestand in Folgendem. Die Philosophie des genialen Mannes war von einem "rhapsodischen" Charakter nicht freizusprechen, sie bedurfte im allgemeinen einer schärferen, nüchterneren Darstellung, insbesondere mußte die Lehre von den Reflexionsaffekten psychologisch tiefer begründet werden. Dies war um so nothwendiger, als Shaftesburys Gefühlsethik im Gegensatze zur Vernunftethik, welche die Vernunft als die alleinige Quelle der ethischen Erkenntnis betrachtet, die Tätigkeit dieses Vermögens beim Zustandekommen der sittlichen Urteile auf ein bescheidenes Maß zurückgeführt hatte.

Von noch größerer Wichtigkeit erschien die Auseinandersetzung mit Mandeville, welcher gleichzeitig mit Shaftesbury und einige Jahrzehnte nach ihm die Geister beschäftigt hatte und dessen fundamental verschiedene Anschauungen Beifall gefunden hatten. Bei Shaftesbury die Güte des Menschen, bei Mandeville die natürliche Selbstsucht; bei Jenem der Mensch begabt mit dem socialen Trieb, bei Diesem das Individuum die Geselligkeit nur wünschend des Nutzens willen; bei Shaftesbury ein Gefühl die Quelle des Sittlichen, bei Mandeville der selbstsüchtig berechnende Wille des Gesetzgebers; bei Ersterem die Tugend etwas Natürliches, bei Letzterem etwas Unnatürliches, durch Selbstverleugnung Erwirktes, hervorgegangen aus einem selbstsüchtigen Trieb, dem vernünftigen Ehrgeiz; dort das Zusammengehen von Tugend und Glückseligkeit, hier die Leugnung dieses Verhältnisses. Kurz: Shaftesbury erklärt das Sittliche objektiv und subjektiv aus einem Gefühl, Mandeville objektiv und subjektiv aus der Selbstliebe.

Zur Neuprüfung regte weiter die halb antike, halb christliche, mit modernem Geist erfüllte Tugendlehre Shaftesburys an, welche den Bedürfnissen des natürlichen und modernen Menschen entgegenkommend, sich in einen so starken Gegensatz zur christlichen und mittelalterlichen Weltanschauung stellte. Es erhob sich die Frage, ob nicht die aus den socialen Instinkten hervorgehenden Handlungen allein als tugendhaft zu gelten hätten. Auch mußte erwogen werden, ob die Souveränität, welche Shaftesbury mit Recht für die Welt des Sittlichen zu erobern gesucht hatte, die Beziehungen zur Religion in dem Grade lockern müsse, welcher in Shaftesburys Philosophie erschien. Sollte auch der Einfluß der positiven Religion als schädlich angenommen werden, so mußte vielleicht eine um so engere Verbindung der Ethik mit den deistischen Ideen erstrebt werden. Auf diesem Wege ließ sich allein, wie es schien, der Tadel vermeiden, welcher von der theologisierenden Schule gegen die philosophische Ethik erhoben wurde, daß sie das Gefühl der Verpflichtung, das doch einen wichtigen Bestandteil des Sittlichen ausmache, weder zu erklären noch zu erwecken vermöge.

Die theoretische Erörterung wurde außerdem durch den egoistischen Utilitarismus Lockes gefördert, welcher, ähnlich wie Cumberland, der Vater des socialen Utilitarismus, das Sittliche aus der vernünftigen Erkenntnis der guten und bösen Folgen hergeleitet hatte, die bestimmte menschliche Handlungen gemäß der gottgewollten Naturordnung nach sich ziehen.

Zugleich klang in das 18. Jahrhundert ein Nachhall des Kampfes hinein, welcher von den Gegnern des Thomas Hobbes im 17. Jahrhundert gegen seinen ethischen Nominalismus geführt worden war. Sie hatten ihn dadurch zu widerlegen und dem Sittlichen seine übernatürliche Hoheit, seine wandellose Gültigkeit, seine allgemeine und innerlich verpflichtende Kraft wiederzuerobern gemeint, daß sie eine gottgewollte **Naturordnung des Sittlichen**, **angeborene Wahrheiten** der menschlichen Vernunft, notwendige und ewige, von Gott gesetzte Unterschiede und Verhältnisse des Menschen zu der umgebenden Welt nachzuweisen unternahmen, woraus sich das Sittliche ebenso folgerichtig ergebe, wie die Schlüsse der Mathematik aus unveränderlichen Raumverhältnissen.

In welche Bahnen die englische Moralphilosophie durch das Wirken dieser Kräfte gedrängt wurde, soll in diesem Kapitel soweit gekennzeichnet werden, als zur Beurteilung der „Theorie der moralischen Gefühle" notwendig erscheint. Wir beginnen mit Butler.

I.

Butler[1].

Die Ethik des Bischofs Butler stellt sich im ganzen und großen als eine Auseinandersetzung zwischen der christlichen Ethik und der Moralphilosophie Shaftesburys dar.

Zuerst erwähnen wir, daß er an Stelle der reflex affection des letzteren den Begriff des Gewissens setzt. Damit soll das Gefühl der Verpflichtung wieder in sein Recht eingesetzt werden. Er hebt nachdrücklich den autoritativen Charakter des Gewissens hervor, es sei zum Oberaufseher und Richter über alle anderen Affekte bestimmt: es billige und mißbillige sie. Aber wenn das Gewissen auch Autorität besitze, so habe es damit noch nicht die Macht, seine Forderungen durchzusetzen. „Hätte das Gewissen Kraft, wie es Recht hat; hätte es Macht, wie es offenbare Autorität hat, so würde es absolut die Welt regieren"[2]. Butler betont die Suprematie des Gewissens so stark, wie wir es nach ihm erst wieder bei Adam Smith finden. Mit Rücksicht auf diesen Altmeister unserer Wissenschaft fügen wir hinzu, daß Butler in dem Gewissen die Stimme Gottes zu vernehmen glaubt. Das Gewissen übermittelt uns nach Buttler dieselben Gebote, welche wir durch die Offenbarung kennen lernen. So werden die uralten Begriffe des göttlichen und natürlichen Gesetzes wieder

---

[1] Butlers „Sermons" erschienen 1726, Hutchesons erste Schrift „An Inquiry into the Original of our Ideas of Beauty and Virtue" wurde in erster Auflage 1725 veröffentlicht.

[2] Gizycki, Die Ethik David Humes, 1878. S. 22.

in die Wissenschaft eingeführt. Aber Butlers Erklärung des Gewissens, „wenn man überhaupt von dem Versuche eines solchen bei ihm sprechen kann, ist äußerst mangelhaft — im Grunde nur eine Umschreibung der von ihm vorgetragenen Auffassung"[1]). An diesem Punkte mußte die wissenschaftliche Arbeit von neuem einsetzen.

Eine Auseinandersetzung zwischen den genannten ethischen Richtungen sehen wir zweitens in seiner Tugendlehre. Sowohl der Ausgang von Shaftesbury, wie von der christlichen Ethik hielten Butler von einem groben ethischen Utilitarismus ab. Die guten und üblen Folgen der Handlungen entscheiden nach seiner Lehre nicht darüber, welche sittlich gut und sittlich böse sind, sondern das Gewissen bestimmt selbstherrlich: dieses ist gut, jenes ist schlecht. Fast mit denselben Worten wie später Adam Smith sagt Butler: „Wir sind so konstruiert, daß wir Falschheit, Ungerechtigkeit, Verletzung ohne Anreizung verdammen, Wohlwollen gegen Einige mehr als gegen Andere billigen, abgesehen von allen Erwägungen, welche Handlungsweisen wahrscheinlich mehr Glück oder mehr Elend hervorbringen würden"[2]). Aber der egoistische und sociale Utilitarismus ist durch die Hobbes, Locke und Cumberland so tief gewurzelt, daß auch Butler meint: „Allerdings besteht das Sittliche und Rechte in der Achtung und Befolgung dessen, was an und für sich gut ist; aber in Augenblicken kühler Überlegung können wir ein derartiges Verhalten nur dann vor uns rechtfertigen, wenn wir uns überzeugt haben, daß es unserem Glücke dienlich, oder wenigstens nicht entgegen ist."[3])

Butler ist aber weit davon entfernt zu glauben, daß sich Sittlichkeit und Glückseligkeit auf der Erde gegenseitig bedingen. Ihre wahre Versöhnung liegt in Gott. Damit wird die natürliche Sittlichkeit Shaftesburys, wenn auch nicht auf transcendente Bahnen gelenkt, so doch mit der Theologie verbunden. Gott hat, lehrt

---

[1]) Jodl, Geschichte der Ethik in der neueren Philosophie 1882 I, S. 192.
[2]) Gizycki a. a. O. S. 23.
[3]) Jodl a. a. O. S. 193.

Butler, unsere Natur so geschaffen, daß wir alle Folgen unserer Handlungen nicht vorauszusehen vermögen. Wir müssen annehmen, daß Gott ganz Wohlwollen ist und in allem Glückseligkeit bezweckt. Da er uns mit einer mangelhaften Intelligenz aber mit dem Gewissen ausrüstet, so befördern wir indirekt auch die Glückseligkeit, indem wir der Stimme des Gewissens unbedingt gehorchen, wiewohl dieses Handeln zuweilen böse Folgen für uns zu haben scheint.

Am fruchtbarsten aber erweist sich, drittens, die Auseinandersetzung Butlers mit Shaftesburys Ansicht von der menschlichen Natur. Hier eröffnet sich zunächst die tiefe Kluft zwischen der antiken und der christlichen Weltanschauung. Shaftesbury lehrt, daß im normalen Menschen ein Gleichgewicht der socialen und egoistischen Triebe vorhanden sei, Butler, der christliche Theologe, ist von der Verdorbenheit der menschlichen Natur überzeugt. Aber er verirrt sich doch auch nicht in die psychologischen Irrgänge des Hobbes. Er verfolgt einen Gedanken, welcher schon bei Larochefoucault und Mandeville angedeutet ist, und gelangt zu folgenden Ergebnissen über den menschlichen Egoismus. Es ist selbstverständlich, daß alle Affekte unsere eigenen Affekte sind und daß mithin alle unsere Lebensäußerungen soweit einen egoistischen Charakter tragen. Aber damit beweist man keineswegs, daß der Mensch stets aus berechnender Selbstsucht handelt, d. h. daß er sich allein durch die Erkenntnis der Vorteile bestimmen läßt, welche ihm eine bestimmte Handlungsweise zu verschaffen scheint. „Dem menschlichen Thun liegt nicht ein einfaches, sondern ein doppeltes Princip zugrunde: d. h. nicht bloß die Selbstliebe, das allgemeine Verlangen nach Glück, sondern noch eine Gruppe von anderen Affekten, die sich aber nicht unmittelbar auf uns selbst, sondern nach außen richten. Jene sucht niemals einen Gegenstand um seiner selbst willen, sondern nur als ein Mittel zum Genusse; diese richten sich auf einen bestimmten Gegenstand, suchen in ihm ihre Befriedigung, gleichviel in welcher Beziehung derselbe zu unserm Wohlergehen stehe. Der Sprachgebrauch erkennt diese Unterscheidung auch an; denn nur Handlungen der ersteren Art pflegt man interessiert zu nennen, während man Handlungen der zweiten Art als leidenschaftlich, ehrgeizig, freundschaftlich oder rachsüchtig bezeichnet, je nach den besonderen Affekten, aus welchen sie hervorgegangen sind"[1]).

Die psychologische Erörterung führt Butler viertens zur schärferen Kennzeichnung eines Triebes, welchen Shaftesbury weniger deutlich erkannt hatte. Der christliche Theologe hat den **Ahndungstrieb** als einen wertvollen Besitz unserer Natur gewürdigt. In seinen beiden Formen, sowohl als plötzliche Zornaufwallung, wie als Unwille ist er nach seiner Meinung „als eine Waffe anzusehen, von der Natur in unsere Hand gelegt gegen Ungerechtigkeit, Verletzung und Grausamkeit"[2]).

Nachdem wir hiermit diejenigen Teile der Butlerschen Lehre besprochen haben, welche für unsere Zwecke wichtig sind, wollen wir noch einmal an das Wesentliche erinnern: die Lehre vom Gewissen, vom Egoismus, vom Ahndungstrieb.

II.
Hutcheson.

Nicht vom Standpunkte einer chronologischen Ordnung der Litteraturgeschichte, sondern von demjenigen des Fortschrittes in der Gedankenentwickelung müssen wir den anderen großen Schüler Shaftesburys, Francis Hutcheson, folgen lassen. Wir werden sehen, daß er im ganzen und großen dieselben Probleme behandelt wie Butler. Da er der Lehrer A. Smiths war, so empfiehlt es sich, die Ansichten dieses ersten hervorragenden schottischen Denkers etwas genauer darzustellen.

Die englische Ethik erhält in immer stärkerem Maße eine Richtung auf die Untersuchung des menschlichen Gefühls- und Trieblebens. Bacon regt die Analyse an, Cumberland beginnt sie, in glänzender Weise setzt sie Shaftesbury fort, Butler stellt wertvolle Untersuchungen über den Ahndungstrieb und

---

[1]) Jodl a. a. O. S. 195.
[2]) Gizycki a. a. O. S. 24.

die Selbstliebe an, in Hutcheson§ Schriften ist die psychologische Analyse ein umfangreicher Bestandteil seines Systems geworden. Wie Shaftesbury nimmt auch er **eigennützige** und **gemeinnützige** Triebe an. Dieselben sind entweder ruhig oder unruhig. Ruhig ist erstens die Selbstliebe „ein unveränderlicher und immerwährender Trieb nach unserer eigenen höchsten Vollkommenheit und Glückseligkeit"[1]). „Die andere erwähnte Bestimmung des Willens ist auf die allgemeine Glückseligkeit anderer gerichtet. Wenn die Seele ruhig ist, und die Beschaffenheit und Kräfte anderer Wesen, ihre natürlichen Handlungen und Fähigkeiten, glückselig oder elend zu sein, betrachtet, wenn die eigennützigen Triebe, Leidenschaften und Begierden entschlummert sind: so äußert sich ein ruhiger Trieb der Seele, die größte Glückseligkeit und Vollkommenheit der ganzen ihr bekannten Welt zu verlangen. Unser innerliches Bewußtsein ist ein unverwerflicher Zeuge, daß ein solcher Trieb, eine solche Bestimmung der Seele in uns ohne alle Beziehung auf eine Art unserer eigenen Glückseligkeit wirkt"[2]).

Daneben gibt es unruhige, auf uns selbst gerichtete Leidenschaften, wie Hunger, Wollust, Ehrgeiz und unruhige, auf Andere gerichtete Äußerungen des Willens, wie Mitleid und Dankbarkeit.

Der zweite Abschnitt des ersten Buches handelt von den feineren Empfindungskräften. In demselben führt er aus, daß die Seele neben andern Empfindungen mit derjenigen der **Sympathie** ausgestattet sei. „Wenn wir den Schmerz, die Traurigkeit und das Elend, welches andere empfinden, sehen oder wissen und unsere Gedanken darauf richten: so fühlen wir ein starkes Mitleiden und große Neigung ihnen beizustehen, so lange keine entgegengesetzte

---

[1]) Franz Hutcheions .... Sittenlehre der Vernunft, aus dem Englischen übersetzt (von G. E. Lessing), Leipzig 1756. I, S. 51.

[2]) S. 52 u. 53. Ähnlich Schopenhauer: „Was die Menschen hartherzig macht, ist dies, daß Jeder an seinen eigenen Plagen genug zu tragen hat, oder doch es meint, daher macht ein ungewohnter glücklicher Zustand die Meisten teilnehmend und wohlthätig." P. P. II, S. 627, 2. A.

Leidenschaft uns zurückhält. Und dieses geschieht ohne alle Absicht auf den Vorteil, der uns aus diesem Beistand zuwachsen könnte, oder auf den Verlust, den wir befürchten müßten, wenn dieses Leiden fortdauerte . . . . . Wir haben auch eine Neigung, an der Freude anderer teilzunehmen, wenn keine vorhergegangene Nacheiferung, keine eingebildete Hinderung unseres Vorteils und kein Vorurteil derselben entgegen sind . . . . Aber gleichwie unsere eigennützigen Neigungen, welche das Übel zurücktreiben, dergleichen Furcht, Zorn und Rache sind, insgemein die Seele stärker bewegen, als diejenigen, durch welche wir unser Bestes zu erreichen gedenken: also wirkt das Mitleiden stärker auf uns, als der Trieb, uns mit andern zu freuen . . . . . Man sieht leicht, was für einen unmittelbaren Einfluß diese Sympathie auf die große Bestimmung der Seele hat, die allgemeine Glückseligkeit zu befördern"[1]). Wir werden ähnliche Gedanken bei Hume und Adam Smith wiederkehren sehen.

In der weiteren Untersuchung der Empfindungskräfte stößt er auf das moralische Gefühl, vermittelst dessen die Menschen moralische Begriffe von Handlungen und Charakteren erhalten und vermittelst dessen die nebeneinander bestehenden altruistischen und egoistischen Triebe in ein Wertverhältnis gebracht werden. „Niemals ist außer den Idioten eine Art von Menschen gewesen, welche alle Handlungen für gleichgültig angesehen hätten. Sie finden alle den moralischen Unterschied der Handlungen, ohne Absicht auf den Vorteil oder Nachteil, den sie daran zu gewarten hätten." Wir alle fühlen, „daß gewisse edle Neigungen und die daraus fließenden Handlungen, wenn wir uns ihrer selbst bewußt sind, die angenehmsten Empfindungen des Beifalls und einer inneren Zufriedenheit in uns hervorbringen; und daß, wenn wir diese Neigungen und Handlungen an Andern bemerken, wir nicht nur ein inniges Gefühl des Beifalls und eine Empfindung ihrer Vortrefflichkeit in uns wahrnehmen, sondern auch eine daher ent-

---
[1]) a. a. O. S. 66 u. 67.

stehende Gewogenheit und einen Eifer für ihre Glückseligkeit empfinden. Wenn wir uns der entgegengesetzten Neigungen und Handlungen selbst bewußt sind, so fühlen wir diese Verweise unseres Gewissens und ein Mißfallen an uns selbst; wenn wir sie an Andern bemerken: so mißbilligen wir ihre Gemütsbeschaffenheit und halten sie für niederträchtig und hassenswürdig.

Die Neigungen, welche diesen moralischen Beifall erregen, sind entweder alle auf das gemeine Beste gerichtet, oder sie stehen mit diesen gemeinnützigen Gesinnungen in einer natürlichen Verbindung. Diejenigen aber, welche das moralische Gefühl mißbilligt und verwirft, sind entweder so bösartig, daß sie darauf gerichtet sind, Andere ins Unglück zu stürzen, oder sie haben den eigenen Vorteil so sehr zur Absicht, daß sie ungütige Gesinnungen verraten, oder doch die gemeinnützigen Neigungen den Grad der Höhe nicht erreichen lassen, die zur Beförderung des gemeinen Besten erfordert und von Menschen ordentlicher Weise erwartet wird.

Dieses moralische Urteil ist nicht nur wohlerzogenen und nachdenkenden Personen eigen. In den rauhesten Menschen entdeckt man Spuren davon: und junge Gemüter, die am wenigsten an den verschiedenen Einfluß der Handlungen an sich selbst oder an Andre denken und ihren eigenen künftigen Vorteil wenig zu Herzen nehmen, finden gemeiniglich an Allem, was moralisch ist, den meisten Gefallen"[1]).

In dem vierten Abschnitt sucht er zu erweisen, daß das moralische Gefühl eine ursprüngliche Bestimmung unserer Natur sei. Das moralische Gefühl ist verschieden von den wohlwollenden Neigungen. Denn Beifall geben wir auch den Tugenden unserer Feinde, ja selbst wenn sie den vornehmsten Gegenständen unserer Liebe Schaden zufügen. Und weiter. „Die Tugenden oder großmütigen Gesinnungen redlicher Männer in älteren

---

[1]) a. a. O. S. 73.

Zeiten gegen ihre Zeitgenossen, oder unter den entferntesten Völkern gegen ihre Landsleute, für welche wir nur schwache Neigungen haben, erhalten ebensowohl unsern Beifall, als wenn unsere Freunde, oder unser Vaterland, die Gegenstände unserer stärksten Neigungen, durch ähnliche Tugenden und Gesinnungen beglückt worden wären"[1]). Es sind dies Argumente, wie wir sie später bei Hume und Smith vernehmen werden. Auch erhält die Tugend nicht deshalb Beifall, weil sie der handelnden oder urteilenden Person einen Nutzen verschafft. Derjenige, welcher fremde Handlungen billigt, erwartet keinen Lohn für fremde Tugenden, und die Billigung wohlthätiger Handlungen wird im gleichen Grade schwächer, als Eigennutz als deren Motiv erscheint. Die Tugend wird auch nicht nur ursprünglich gebilligt, weil sie mit dem göttlichen Gesetz oder dem göttlichen Willen übereinstimmt, da unsere Verehrung Gottes darauf beruht, daß seine Natur die Verwirklichung unserer sittlichen Ideen darstellt, diese also **vorher** bekannt sein müssen[2]). Er bemüht sich weiter gegen Clarke zu zeigen, daß die sittliche Beurteilung nichts mit der „Zweckmäßigkeit" und „Angemessenheit" zu thun habe. Die Zweckmäßigkeit weise auf einen Zweck zurück und dieser erhalte unsern Beifall durch eine ursprüngliche Bestimmung der menschlichen Natur.

Das moralische Gefühl ist also in uns „**eine natürliche und unmittelbare Bestimmung, gewisse Neigungen und die daraus fließenden Handlungen zu billigen;** oder ein natürliches Gefühl der unmittelbaren Vortrefflichkeit

---

[1]) a. a. O. S. 110, 111.
[2]) So weit stimmt Hutcheson ganz mit Shaftesbury überein. Aber er unterscheidet sich von ihm doch in wesentlichen Stücken. Obgleich er bemüht war, das Gebiet des Sittlichen säuberlich von demjenigen der Religion zu trennen, so lag ihm doch nichts ferner, als sie ganz aus ihm zu verbannen. Es scheint ihm, daß die Sittlichkeit durch positive religiöse Gefühle Stärkung und Sicherheit erfährt. Auch die (deistischen) Ideen eines höchsten Wesens und einer sittlichen Ordnung, welche uns die Vernunft vermitteln kann, hält er für den Menschen zur Erhaltung in den Bahnen einer sittlichen Lebensführung für sehr wichtig.

Hasbach, Untersuchungen über Adam Smith.

derselben, welche zu keiner anderen Eigenschaft, die wir durch unsere eigenen Empfindungen, oder durch Schlüsse erkennen, gerechnet werden kann. Wenn wir diese Bestimmung ein Gefühl oder einen **angeborenen** Trieb nennen, so nehmen wir nicht an, daß dieselbe unter die niedere Art von Empfindungen gehöre... Sie kann ebensowol, als die Kräfte zu urteilen und zu schließen, in der Seele ihren beständigen Sitz haben..."

Wenn auch der letzte Endzweck durch eine Empfindung, oder durch eine Bestimmung des Willens festgesetzt wird, wirkt denn die Vernunft gar nicht zum Zustandekommen der sittlichen Urteile mit? Hutcheson läßt uns darüber nicht im Unklaren, daß er die Vernunft nur für ein **dienendes** Vermögen hält. Sie kann uns nur über die Mittel zum Zwecke unterrichten. Aber er gibt zu, daß der von der Natur dem Menschen verliehene, selbstherrlich entscheidende, moralische Sinn, welchen er auch moralische Fähigkeit (moral faculty) nennt, durch die Vernunft entwickelt und verfeinert werden kann, wie wir etwa unseren musikalischen Sinn auszubilden vermögen. So lehrt uns verständige Überlegung, daß das Mitleid oft schlimmere Folgen hat, als die strenge Vollziehung der Gerechtigkeit. Die Liebe gegen die Gesellschaft, der Eifer, die allgemeine Glückseligkeit zu befördern, veranlaßt uns unser Mitleid zu verändern und zu verbessern. Andererseits kann der moralische Sinn durch falsche Ideale, welche die Vernunft dem Menschen vorhält, gelähmt, verschlechtert werden. Von diesem Punkte aus suchte er nun auch die Einwendungen des ethischen Nominalismus gegen den ethischen Realismus zu entkräften. Es finden sich in den sittlichen Anschauungen verschiedener Völker und verschiedener Zeiten deshalb die größten Gegensätze, weil das moralische Gefühl bei verschiedenen Völkern, in verschiedenen Zeiten, unter verschiedenen Umständen ungleich gebildet ist. Ähnlich später Smith. Wenn die Gesetzbücher aller Völker nicht dieselben Normen der Gerechtigkeit aufweisen, so liegt es teilweise daran, daß das Gerechtigkeitsgefühl nicht überall gleichmäßig entwickelt ist.

Hutcheson ist, wie man sieht, der treue Schüler Shaftesburys geblieben. Aber man darf nicht übersehen, daß das moralische Gefühl des schottischen Denkers den aktiven Charakter der Reflexions-Affekte des Engländers verloren hat, seine Thätigkeit besteht darin, daß es billigt und mißbilligt. Er „aesthetisierte diese Affekte noch mehr, als schon sein Vorgänger gethan hatte — er stellte dieselben mit dem Schönheitssinn in noch engere Parallele" [1]).

In einem anderen wichtigen Punkte unterschied er sich ebenfalls von seinem Lehrer. Die ganze Konsequenz seines Systems drängte ihn davon ab, die Tugend in die Harmonie zwischen den selbstsüchtigen und geselligen Neigungen zu setzen; sie zwang ihn dazu, die Tugend in dem freien Wohlwollen zu suchen. „Keine Handlungen, wenn sie auch wirklich der Gesellschaft zum besten gereichen, werden mit dem Beifall, welcher für die Tugend bestimmt ist, beschenkt, wenn sie das Ansehen haben, daß sie aus keiner inneren Wohlgewogenheit gegen eine Person herfließen, noch sich auf solche Fähigkeiten gründen, welche in der handelnden Person eine Wohlgewogenheit natürlicherweise voraussetzen, oder wenigstens die Betrachtung des bloßen Eigennutzes ausschließen" [2]).

Hierauf gründet er seine Tugendlehre. Gleichgültig sind diejenigen Neigungen und Handlungen, welche auf unschuldige Vorteile der handelnden Person abzielen und wodurch zwar der Gesellschaft kein Nachteil zugezogen wird, die aber doch auf das Beste anderer gar nicht gerichtet sind. Andererseits verhinderte ihn die antik-moderne Tugendlehre Shaftesburys und die Zugehörigkeit zur britischen Nation daran, die Wege deutscher Buchgelehrten und Wortidealisten zu wandeln und das Wetten und Wagen, das Erwerben und Gewinnen zu verketzern. „Das ruhige Verlangen nach eigenem Vorteil", sagt er, „wird keines-

---

[1]) Gizycki a. a. O. S. 25.
[2]) Hutcheson S. 124.

wegs als ein Laster verworfen, ob es gleich nicht für eine Tugend angesehen wird. Keine von den wirklich natürlichen und eigennützigen Begierden und Leidenschaften werden an sich selbst als übel verworfen, wenn sie in gewissen Schranken bleiben. Es war für das gemeine Beste notwendig, daß dem Menschen solche Neigungen eingepflanzt wurden ... Eben daher rührt es, daß wir in andern einen geschäftigen Geist, eine anhaltende Arbeitsamkeit, Überlegung und Vorsicht, und eine besondere Geschicklichkeit in Verrichtungen, wenn sie nicht zur Beleidigung anderer, obwol außerdem bloß zur Beförderung des eigenen Vorteils, in Absicht auf Reichtum und Ehre, angewendet werden, allemal höher schätzen, als eine schläfrige, unthätige Trägheit." Und weiter „So hat sich die Weisheit und Güte des Urhebers der Natur darin geäußert, daß er uns zu der Übung dieser Kräfte geneigt geschaffen"[1]). Es sind das Urteile, die vor ihm Shaftesbury ausgesprochen hatte und nach ihm Adam Smith fast mit denselben Worten aussprechen wird. Von dem allgemeinen Wohlwollen und den liebreichen Neigungen zwar unterschieden, aber mit ihnen verwandt, weil sie die verächtliche Selbstliebe ausschließen, sind die Aufrichtigkeit, Wahrhaftigkeit, Tapferkeit und ein starkes Ehrgefühl. Sie werden von Hutcheson höher geschätzt als die genannten eigennützigen Neigungen.

Am höchsten aber steht die Liebe zunächst gegen die Verwandten, dann gegen die Gesellschaft, endlich „die ruhige, unveränderliche allgemeine Geneigtheit gegen das ganze System", weiter das Verlangen nach dieser moralischen Vortrefflichkeit. Vor allem aber haben wir nach Gerechtigkeit, Mäßigkeit, Standhaftigkeit zu streben[2]).

Zum Schlusse versuche ich dasjenige zusammenzutragen, wodurch Hutcheson erstens über Shaftesbury hinausgegangen, zweitens

[1]) a. a. O. S. 128.
[2]) S. 139.

von ihm abgewichen ist, drittens dessen philosophische Stellung verstärkt hat und wodurch zugleich Hume und Adam Smith beeinflußt worden sind. Über Shaftesbury hinausgegangen ist er in der feineren und entwickelteren Analyse des menschlichen Gefühl und Triebslebens. Als besonders wertvolles Ergebnis erscheinen seine Erörterungen über die menschliche Sympathie und ihre unter verschiedenen Umständen so verschiedene Wirkungsweise. Er ist von ihm abgewichen erstens in seiner Tugendlehre, deren rein socialer Charakter zum Widerspruch herausfordern mußte. Doch hat auch er dem Eigennutze insbesondere im wirtschaftlichen Leben sein volles Recht widerfahren lassen. Zweitens ist er von Shaftesbury abgewichen in der Charakterisierung des moralischen Sinnes. Dieser verliert seine treibende Kraft und sinkt zu einem passiven Gefühle der sittlichen Billigung und Mißbilligung herab. Vielleicht hängt es damit zusammen, daß er — und hierin besteht die dritte Abweichung — der positiven Religion und den deistischen Ideen in der Auswirkung der menschlichen Sittlichkeit eine viel größere Rolle zuweist als Shaftesbury. Er hat Shaftesburys philosophische Stellung verstärkt dadurch, daß er durch eine kritische Auseinandersetzung mit denjenigen, welche die sittlichen Urteile aus der Vernunft oder dem Selbstinteresse ableiten, die Basis der Gefühlsethik kräftigte. „Wenige Denker dieser Zeit", sagt Jodl, „haben den durchaus ursprünglichen und specifischen Charakter der sittlichen Werturteile so klar erkannt und mit solchem Nachdruck ausgesprochen als Hutcheson"[1]). Doch ist es ihm ebensowenig wie Butler gelungen, das sittliche Beurteilungsvermögen psychologisch hinreichend zu analysieren und die Bedeutung der Vernunft für die Entwicklung der sittlichen Urteile vermochte er nicht genügend zu würdigen. Hier war ein weites Feld für das philosophische Talent seiner Nachfolger.

---

[1]) a. a. O. S. 223.

III.

Hume[1].

An derjenigen Stelle, welche wir am Schlusse des vorhergehenden Abschnittes bezeichneten, setzte die wissenschaftliche Arbeit Humes ein, welcher andererseits [den Lockeschen Egoismus weiterbildete. Dadurch entstand nun eine Schwierigkeit; Hutcheson hatte ein angeborenes, sittliches Beurteilungsvermögen angenommen, wodurch er sich in den schärfsten Gegensatz zu Locke setzte.

Der doppelte Ausgang von Hutcheson und Locke legte es Hume nahe, nach einem Vermögen der sittlichen Beurteilung zu forschen, welches sich aus dem einfachen Besitz der menschlichen Natur erklärt, aber doch einen altruistischen Charakter hat. Er findet es in der Sympathie, welche, wie wir sahen, schon Hutcheson neben dem moralischen Gefühle aufgezeigt hatte. Aber die Sympathie Humes ist nicht die Sympathie Hutchesons. Der Versuch, sie psychologisch zu erklären, nimmt ihr den wohlwollenden Charakter. Denn die Sympathie ist nach Humes berühmtem Erstlingswerk ein Mitklingen fremder Empfindungen infolge der gleichen Organisation aller Menschen[2], sie entsteht dadurch, daß wir uns in ihre Lage versetzen, und ihre Gefühle nachbilden[3]. Die Sympathie hat also nach Hume einen durchaus

---

[1] Der dritte Band des ‚Treatise of Human Nature‘, welcher ‚Of Morals‘ handelt, erschien 1739, die Neubearbeitung seiner Ethik unter dem Titel ‚Inquiry concerning the principles of morals‘ 1752.

[2] The minds of all men are similar in their feelings and operations; nor can any one be actuated by any affection, of which all others are not, in some degree susceptible. As in strings equally wound up, the motion of one communicates itself to the rest; so all the affections readily pass from one person to another, and beget correspondent movements in every human creature. A Treatise on Human Nature, edited by T. H. Green & T. H. Grose Vol. II. S. 335. London 1882.

[3] The sentiments of others can never affect us, but by becoming in some measure our own in which case they operate upon us, by opposing and encreasing our passions in the very same manner, as if they had been originally derived from our own temper and disposition. a. a. O. S. 350.

egoistischen Charakter. Jedenfalls ist Wohlwollen, der Wunsch, daß es dem Andern wohlgehe und das Bestreben die Glück=seligkeit eines Andern unabhängig von unserer eigenen zu be=fördern, etwas ganz anderes.

Doch ist sich Hume in seiner Auffassung der Sympathie nicht gleich geblieben. In der zweiten Bearbeitung seiner Moral=philosophie hüllt Hume sie in ein sociales Gewand. Da nun die letztere „An Enquiry concerning the Principles of Morals" selbst von einem Philosophen[1]) seiner Darstellung der Ethik Humes als „maßgebend" zu Grunde gelegt wurde, so hätte ein Nicht=Philosoph kaum einen Grund, das ältere neben dem neueren Werke heranzuziehen, wenn es ihm nicht darauf ankäme, die Wurzeln des Moralsystems von Adam Smith bloßzulegen. Wir wenden uns zu einer Inhaltsangabe der eben genannten Schrift.

Hume erwähnt eingangs seiner Abhandlung, daß eine Meinungsverschiedenheit darüber bestehe, ob der Verstand oder das Gefühl das Fundament der Moral sei.

Er verschiebt die Lösung dieser Frage bis an das Ende seines Werkes, bereitet sie aber dadurch vor, daß er auf dem Wege der In=duktion die Eigenschaften, welche nach dem allgemeinen Bewußtsein verdienstlich sind, von denjenigen scheidet, welche allgemeinem Tadel begegnen und dann nach dem Grunde fragt, weshalb die einen als lobenswert, die anderen als tabelnswert bezeichnet werden[2]).

---

[1]) Gizycki, a. a. O. S. 32.
[2]) Hume fährt fort: „As this is a question of fact, not of abstract science, we can only expect success, by following the experimental method and deducing general maxims from a comparison of particular instances. The other scientifical method, where a general abstract principle is first established, and is afterwards branched out into a variety of inferences and conclusions, may be more perfect in itself, but suits less the imperfection of human nature, and is a common source of illusion and mistake in this as well as in other subjects. Men are now cured of their passion for hypotheses and systems in naturalphilosophy, and will hearken to no arguments but those which are derived from experience. It is full

Durch Hume wird die englische Ethik eine explikative Wissenschaft.

Hume findet nun auf dem bezeichneten Wege, daß Wohlwollen und Gerechtigkeit allgemeine Billigung erlangen: die Tugenden der Wohlthätigkeit und der Menschlichkeit, der Freundschaft und der Dankbarkeit, der natürlichen Liebe und des Gemeinsinnes „oder was auch immer aus einer zarten Sympathie mit Andern oder einer großmütigen Liebe zu unserer Art und Gattung hervorgeht". Wenn man wohlwollende und gerechte Handlungen lobe, fährt er fort, vergesse man niemals hinzuzufügen, daß sie der Gesellschaft nützlich seien.

Wohlwollen und Gerechtigkeit unterschieden sich aber dadurch, daß sie zwar beide wegen des Nutzens, den sie der Gesellschaft brächten, Beifall fänden, die Gerechtigkeit aber allein aus Zweckmäßigkeitsgründen gebilligt würde. Wo alle Güter in unbeschränkter Menge vorhanden, die Menschen nicht mehr selbstsüchtig wären, sei die Gerechtigkeit überflüssig. Auch lasse sich kein natürlicher Trieb nachweisen, der auf Verwirklichung der Gerechtigkeit hinziele; wir alle seien selbstsüchtig und die Güter, welche unsere Bedürfnisse befriedigen könnten, seien in nicht genügenden Quantitäten vorhanden. Man könnte nun vom Stand-

time they should attempt a like reformation in all moral disquisitions: and reject every system of ethics, however subtile or ingenious, which is not founded on fact and observation. Essays Moral, Political and Literary by David Hume, edited by Green and Grose Vol. II. S. 174. London 1882. Hieraus ersieht man auch, wie wenig gerecht Buckles Beurteilung des großen Denkers ist. „Und in der That ein Hauptmangel seines Geistes war eine Mißachtung der Thatsachen . . . . Bei ihm war die Verachtung der Thatsachen lediglich die Folge einer übertriebenen Hingabe an Ideen: er glaubte . . . daß Ideen wichtiger als Thatsachen sind . . . . sie müßten den ersten Platz in der Ordnung der Studien einnehmen und vor der Erforschung der Thatsachen entwickelt sein. Die Baconische Philosophie war ihm zuwider, weil sie . . . . stark auf der Notwendigkeit besteht, zuerst die Thatsachen zu sammeln und dann zu den Ideen fortzugehen . . . Hätte Hume Bacos Methode befolgt, immer vom Besondern zum Allgemeinen aufzusteigen u. s. w." Buckles Geschichte der Civilisation in England. Deutsch von Arnold Ruge. 3. Auflage. S. 451 ffg.

punkte Humes dagegen erwidern, daß durch die Sympathie mit den ungerecht Leidenden jener Mangel ausgeglichen würde, auf dem Boden des natürlichen Wohlwollens der Gerechtigkeitssinn entstehe, aber Hume entgegnet, daß der Nutzen der Gerechtigkeit nicht in jedem einzelnen Falle hervortrete und die Verwirklichung der höchsten Gerechtigkeit oft der Menschlichkeit widerstrebe. Dem Armen werde genommen, um dem Reichen zu geben, der Arbeitsame gezwungen für die Verschwender zu sorgen, die Lasterhaften mit den Mitteln ausgestattet, um sich selbst und Anderen zu schaden. Wenn wir alle einzelnen Fälle, die vor einem Gerichtshofe verhandelt würden, prüften, so möchte die Menschlichkeit fast ebenso oft eine Entscheidung gegen die Gesetze der Gerechtigkeit, als einen ihnen entsprechenden Urteilsspruch fordern. Aber das ganze System von Recht und Gesetz sei der Gesellschaft nützlich. Dadurch unterscheide sich jede Handlung, die aus Wohlwollen hervorgehe, daß sie einer bestimmten würdigen Person nütze [1]).

Der Nutzen der socialen Tugenden habe die Skeptiker veranlaßt, sie für Erfindungen kluger Staatsmänner zu halten. Durch die sittliche Erziehung würden sie jeder neuen Generation als lobenswert dargestellt. Wol räumt Hume der Erziehung einen großen Einfluß auf die Bildung des sittlichen Bewußtseins ein, aber alle moralische Billigung und Mißbilligung entstammen nicht jener Quelle. „Wenn die Natur keinen derartigen, auf

---

[1]) The utility resulting from the social virtues, forms at least a part of their merit and is one source of that approbation . . . . a. a. O. S. 176.

The necessity of justice to the support of society is the SOLE foundation of that virtue. a. a. O. S. 196.

Ich sehe mich gezwungen, an dieser Stelle den ‚Treatise of Human Nature' heranzuziehen. Es heißt B. III, P. III, Sect. 1: „The only difference betwixt the natural virtues and justice lies in this, that the good which results from the former, arises from every single act, and is the object of some natural passion: Whereas a single act of justice, consider'd in itself may often be contrary to the public good; and 'tis only the concurrence of mankind, in a general scheme or scheme of action, which is advantageous."

unsere ursprüngliche Gemütsverfassung gegründeten
Unterschied gemacht hätte, so würden die Wörter ehrenvoll und
schändlich, liebenswürdig und hassenswert, edel und verächtlich
niemals in irgend einer Sprache Eingang gefunden haben, noch
wären die Staatsmänner, wenn sie diese Ausdrücke erfunden
hätten, jemals imstande gewesen, sie verständlich zu machen, oder
ihren Zuhörern eine Vorstellung davon zu übermitteln"[1]). Sie
müßten also eine natürliche Schönheit besitzen. Da nun
ihr Verdienst in dem Nutzen für die Gesamtheit liege, so müsse
in uns ein Wohlgefallen an dem Zwecke vorhanden sein,
den sie zu erreichen die Tendenz hätten.

Woher aber dies Wohlgefallen, diese natürliche Liebe? Ent=
springt sie vielleicht dem Selbstinteresse oder geht sie aus groß=
mütigen Beweggründen hervor?

Gegen die Ableitung unseres Beifalls aus dem Selbstinteresse
spräche erstens der Umstand, daß wir das Gute auch in ent=
fernteren Zeiten billigten, wo doch keine Rücksicht auf unseren
Nutzen maßgebend sein könne, zweitens, was viel wichtiger sei,
daß wir verdienstliche Handlungen Anderer selbst dann billigten,
wenn sie uns schadeten: Erwägungen, welche schon Hutcheson angestellt
hatte. Also ist der Schluß unvermeidlich, daß verdienstliche Hand=
lungen Anderer unsere uninteressierte Billigung erhalten. Die
Glückseligkeit der Gesellschaft kann uns folglich nicht gleichgültig sein.

Nachdem Hume die Untersuchung bis zu diesem Punkte ge=
führt hat, erhebt er die Schlußfrage: Wie ist es denn psychologisch
zu erklären, daß uns das Glück der Menschheit nicht gleichgültig
ist? Er antwortet: Weil wir mit dem Vermögen der Sympathie
ausgestattet sind, welche also hier den Charakter von natürlichem
Wohlwollen annimmt. Wir sympathisierten mit Denjenigen,
welche durch die Handlungen Dritter berührt würden. Aber wir
schätzten auch Eigenschaften, welche nur dem Individuum
selbst nützlich seien, wie wirtschaftliche Rührigkeit[2]), Mäßigkeit,

---

[1]) a. a. O. S. 263.
[2]) In dem älteren Werke nennt Hume neben „Industry" auch noch
„frugality, oeconomy" B. III, P. III. S. 4.

Verstand. In diesem Fall sympathisierten wir mit der erfolg reichen Zukunft, welcher ein so begabtes Individuum entgegenginge.

Doch nicht allein die Andern oder dem Individuum selbst nützlichen Eigenschaften fördern unsern Beifall, sondern auch die dem Individuum oder Andern angenehmen, wie Heiterkeit, Würde, Mut, Gemütsruhe, Wohlwollen ohne Rücksicht auf seinen Nutzen als sanfte, liebenswürdige Eigenschaft, dann gute Manieren, Witz, rücksichtsvolles Benehmen, Reinlichkeit, Anmut und Grazie.

Die Ansdern oder dem Besitzer nützlichen und angenehmen Eigenschaften nennt also Hume Tugenden.

In einem Anhang „Über das moralische Gefühl" und in dem „Dialog" werden die Grundfragen aller Ethik zum Abschluß gebracht. Was ist nun das Fundament der Moral, Vernunft oder Gefühl? Hume entscheidet sich für das Gefühl. Die Vernunft urteilt nur über das Wahre und Falsche. Sie ist also wohl dazu imstande, uns über die verderblichen oder nützlichen Folgen menschlicher Eigenschaften aufzuklären, sie vermag die Mittel zur Erlangung des Glückes und zur Vermeidung des Unglücks aufzuzeigen, sie ermöglicht es uns, allgemeine Regeln zu bilden, die endgültige moralische Billigung oder Mißbilligung aber ist das Werk eines Gefühls und zwar eines Mitgefühls mit dem Glück der Menschen und des Unwillens über ihr Elend. Die Vernunft spiegelt die Gegenstände, wie sie sich in der Natur vorfinden, das Gefühl hat eine produktive Kraft, es breitet den glänzenden Schimmer oder den verblassenden Schatten der Liebe oder des Abscheus darüber. Die Bekämpfung der Lehre von der moralischen Verhältnismäßigkeit Clarkes ist ihm an dem Beispiel des Oedipus, welcher den Laios tötet, vorzüglich gelungen. In dem „Dialog" erklärt er die Verschiedenheit moralischer Anschauungen in verschiedenen Zeiten aus der Verschiedenheit des in verschiedenen Zeiten Nützlichen. Es seien Neuerungen in dem Kanon des Sittlichen vorhanden, das moralische Gefühl habe sich nicht verändert.

Wir sind mit der Darstellung der Humeschen Ethik zu Ende. Wodurch unterscheidet sie sich von der Moralphilosophie Hutchesons? Erstens in der Zerstörung eines neben andern Seelenkräften bestehenden moralischen Sinnes, zweitens in der verschiedenen Auffassung der Sympathie, drittens in der Verwischung der Unterscheidung zwischen Tugend einerseits und schätzenswerten Eigenschaften andererseits, viertens in der Berücksichtigung des utilitaristischen Gesichtspunktes.

Nach allen vier Richtungen bezeichnet Humes Philosophie einen großen Fortschritt, insbesondere in der Entfernung der engen Schranken des Tugendbegriffes Hutchesons und in der Anerkennung, daß der gesellschaftliche Nutzen beim Zustandekommen der sittlichen Normen nicht ohne Einfluß ist.

Aber andererseits hat er den Tugendbegriff in einer Weise erweitert, welche weit über das ethische Bewußtsein hinausgeht, und es läßt sich bezweifeln, daß die Rolle der Nützlichkeit von ihm überall richtig geschildert worden ist. Unklar und widerspruchsvoll ist die Stellung der Sympathie beim Zustandekommen der sittlichen Urteile und die Erklärung dieses Prozesses überhaupt. Die Wärme des Gefühls, welche die Schriften Shaftesburys und Hutchesons durchdringt, ist durch einen eisigen Hauch abgekühlt worden, welcher von Locke, Mandeville, Hobbes herüberströmt. Jodl sagt treffend: „In schroffem Gegensatz bildet bei ihm das Selbstische in der durch Heranziehung der Sympathie gemilderten und brauchbar gemachten Form die Grundlage seiner Theorie." Er vergißt nicht hinzuzufügen, daß die zweite Bearbeitung von Humes Ethik „ohne Frage das natürliche Wohlwollen des Menschen gegen Seinesgleichen viel stärker" betone als die erste, „die dafür die Sympathie viel mehr in den Vordergrund gerückt hatte. Manche Äußerungen der späteren Bearbeitung klingen fast geradezu polemisch gegen Humes eigene Sätze in dem früheren Werke"[1]).

Einen andern Mangel mußten Diejenigen in Humes ethischen Schriften finden, welche von einer philosophischen Morallehre

---
[1]) a. a. O. S. 235.

fordern, daß sie das Gefühl der Verpflichtung genügend erkläre oder zu erwecken vermöge. Wo aber Hume im zweiten Teile des Schlußkapitels von der ‚interested obligation' sittlich zu sein spricht, weiß er keine andern Motive anzuführen, als die Aussicht, daß man bei der Tugend das ganze Leben hindurch ruhig und heiter sein könne, daß die Betrüger nicht selten vom strafenden Arm der Gerechtigkeit erfaßt würden, daß die einzige Mühe, welche die Tugend verursache im richtigen Rechnen bestehe, und daß der Tugendhafte von angenehmen Gefühlen belebt werde im Bewußtsein, seine Pflicht gethan zu haben, in Frieden und Freundschaft mit den übrigen Menschen zu leben u. s. w. Es sind dies Erwägungen, welche uns Epikur, Helvetius und Bentham ebenfalls bieten könnten: eine Verpflichtung, sittlich zu sein, schließen sie aber nicht ein[1]).

Die Brücke, welche Hutcheson von der Ethik zur natürlichen Theologie geschlagen hatte, ist wieder abgebrochen. Ob sich der gekennzeichnete Mangel durch ihre Wiederherstellung beseitigen läßt?

IV.

Hartley[2]).

Wir haben vorher die Schwierigkeiten kennen gelernt, welchen Hume bei seinem Versuche begegnete, die Erscheinung des Sittlichen im Menschen ohne Annahme eines moralischen Sinnes zu erklären und dennoch von seinem Princip der Sympathie den Charakter des Egoismus fernzuhalten. Diese Schwierigkeit überwand bis zu einem gewissen Grade Hartley in seinem 1749 erschienenen Werke ‚Observations on man' durch die konsequente Anwendung der Associationspsychologie auf das Gebiet der sittlichen Erscheinungen.

---

[1]) Vgl. die entgegengesetzten Ausführungen Gizyckis a. a. O. S. 138 ff.
[2]) Auch Farrer, a. a. O. S. 173, weist auf die Verwandtschaft zwischen Smith und Hartley hin, die übrigens auch von Leslie Stephen bemerkt worden ist, aber er zweifelt daran, daß Smith ihn gekannt habe. Von wie geringer Wichtigkeit das ist, siehe Kap. II, Ende des ersten Abschnittes dieses Buches.

Hartley läßt sowol die altruistischen Gefühle, wie den moralischen Sinn aus Lust und Unlustempfindungen erwachsen. „Gleichartige Eindrücke haben die Tendenz, mit einander zu verschmelzen und psychische Gebilde von großer Festigkeit zu erzeugen, welche eine selbständige Existenz behaupten, die von dem Eintreten der ursprünglichen Veranlassung unabhängig ist. Wenn es anfangs lediglich die Gefühle eigenen Genusses waren, welche uns gewisse Handlungen, Eigenschaften und Personen wert machten, so wachsen Werturteile dieser Art doch sehr bald so enge mit den Objekten, auf welche sie sich ursprünglich bezogen, zusammen, so daß sie jener engeren Beziehung auf unser Ich nicht mehr bedürfen, um sich geltend zu machen ... So erlangen vermöge des gewissermaßen gegen sich selbst in Dienst genommenen Egoismus diese Associationen, ein verhältnismäßig spätes Produkt des geistigen Lebens, so große Stärke und Wirksamkeit, daß sie wie ursprüngliche und natürliche Dispositionen erscheinen und beinahe Instinkte genannt werden können"[1]).

Unsere Aufgabe erheischt es nicht, die Ausführungen Hartleys noch weiter zu verfolgen. Denn auch dieses Wenige genügt zur Erklärung, wie es nun möglich war, gewisse Thatsachen des sittlichen Lebens zu erklären, ohne sich von den Bahnen einer nüchternen Psychologie zu entfernen.

Hartley war wie Butler und Hutcheson aufrichtig religiös. Gott hat eben die an sich rein selbstsüchtige menschliche Natur so geschaffen, daß sie notwendig altruistische Empfindungen und den moralischen Sinn hervorbringen muß. Er „setzt den moralischen Sinn und die Gottesideen in ein Wechselverhältnis. Wenn Jener Gehorsam gegen Gottes Willen fordert, so wird wiederum der Gehorsam gegen Gott eine Richtschnur für den moralischen Sinn, bestimmt dessen Ungewißheiten und hebt die Widersprüche derselben, und es geht daher auch die Vollkommenheit beider Hand in Hand"[2]).

[1]) Jodl, a. a. O. S. 198.
[2]) Jodl, a. a. O. S. 200.

Zweites Kapitel.

Die Theorie der moralischen Gefühle.

Erster Abschnitt.
Der Stand der ethischen Forschung im Jahre 1759.

Wenn wir einen Blick auf die Entwicklung der modernen philosophischen Ethik in England bis zum Jahre 1759 werfen, so werden wir von Achtung über das Geleistete ergriffen. In den 112 Jahren, welche seit dem Erscheinen des Hobbes'schen Werkes ‚De Cive' verflossen sind, hat man das Wesen des Sittlichen von den verschiedensten Seiten zu ergründen gesucht. Es kommt in der That nur dieser kurze Zeitraum in Betracht, denn was früher ausgesprochen wurde, ist entweder nur Wiederholung früherer Lehren, gelegentliche Bemerkung oder wichtige Andeutung.

Will man sich den Stand der ethischen Forschung zur Zeit des Erscheinens der „Theorie der moralischen Gefühle" vergegenwärtigen, so erscheint fruchtbarer als eine Wiederholung der Geschichte der vorsmithischen Moralphilosophie eine Erörterung der Stellung der verschiedenen Philosophen zu den Grundfragen der Ethik. Als solche sind zu nennen: Welches ist der Ausgangspunkt des sittlichen Lebens? Welches ist das Princip der sittlichen Erkenntnis? Welches ist das Princip des sittlichen Handelns? Welche Rolle spielt der Egoismus im Bereich der Sittlichkeit? Welches ist die Stellung der Ethik zur Religion?

Auf die erste Frage: Welches ist der Ausgangspunkt des sittlichen Lebens? antwortet eine Reihe von Schriftstellern: Es ist ein Trieb, das Streben nach eigenem Wohle; eine andere: es ist die Vernunft; eine dritte: ein urteilendes Gefühl. In dieser zeitlichen Aufeinanderfolge sind die Antworten erfolgt, ohne daß jede dieser drei Gruppen etwa eine Periode ausschließlich beherrscht hätte.

Die Theoretiker des Egoismus stimmen in den Formulierungen ihres Princips nicht völlig überein. Hobbes könnte den Trieb definieren als Streben nach friedlicher Entwicklung und irdischem Vorteil, Locke als Furcht vor Ungemach und Hoffnung auf Belohnung, Mandeville und Helvetius als das Streben nach Ehre und Schätzung und der Furcht vor Schande. Damit ist also gesagt, daß das Sittliche im Egoismus wohl seinen Ursprung, aber nicht seine Ursache hat. Eine außer uns stehende Macht hat es so gefügt, daß einige Handlungen uns Lust, andere Schmerz schaffen. Hobbes könnte sagen: Die Naturordnung und der Wille der Autorität, Locke: das Gebot Gottes, des Gesetzgebers, der öffentlichen Meinung, endlich die Naturordnung, auf der die beiden letzten beruhen, Mandeville und Helvetius: der Wille der Staatsmänner.

Größere Übereinstimmung herrscht unter der zweiten Gruppe. Die sittlichen Wahrheiten sind der menschlichen Vernunft eingeboren.

Ein immerhin bemerkenswerter Unterschied ist in der dritten zu spüren. Shaftesbury findet den Ursprung des sittlichen Lebens in einem urteilenden und treibenden Gefühle, Butler in dem mit höchster Autorität ausgestatteten Gewissen, Hutcheson in dem unfehlbar urteilenden aber nicht antreibenden moralischen Gefühle, Hume in der späteren Bearbeitung seiner Ethik in dem Wohlwollen der menschlichen Natur, welches durch die Sympathie ethisch wirksam wird.

Wir stehen bei der zweiten Frage: Welches ist das Princip der sittlichen Erkenntnis? Die Theoretiker der ersten und zweiten Gruppe sagen: die Vernunft, die der dritten das Gefühl.

Stimmen nun auch die beiden ersten in der Antwort überein, so weichen sie doch bei näherer Betrachtung sehr von einander ab. Für die Vertreter der egoistischen Moral ist die Vernunft nur ein Mittel zur richtigen Lebensführung. Sie klärt den Egoismus über die Bedingungen des Genusses, den Charakter des Menschen, die herrschenden Meinungen auf, sie zeigt, was zu vermeiden und zu erstreben ist. Anders der Intellektualismus; nach ihm ist die Vernunft im Besitze der Wahrheit, sie braucht, wenn auch durch die Erfahrung angeregt, doch nur aus sich selbst zu schöpfen, um sich über das Angemessene und Unangemessene aufzuklären. Die dritte Richtung behauptet, daß ein Gefühl in uns urteilt. Doch sehen die Vertreter dieser Richtung sehr wol ein, daß die Vernunft im Entwicklungsgang des Sittlichen nicht unthätig ist.

Die dritte Frage betrifft das Princip des sittlichen Handelns. Die Theoretiker der ersten Gruppe bezeichnen das wohlverstandene Selbstinteresse als ein solches Princip, die der zweiten die aus der Vernunft folgenden Sätze über das Angemessene und Nichtangemessene, die der dritten das vom Gefühl oder Gewissen Gebotene.

Die vierte Frage geht auf die Rolle des Egoismus im sittlichen Leben. Hier begegnen wir einer Mannigfaltigkeit von Ansichten, die das ganze Gebiet erschöpft. In ihrer rohesten Form erscheint die Antwort bei Hobbes. Der Thor glaubt selbstloser Empfindungen fähig zu sein, aber er ist es nicht. Der Widerspruch seiner Behauptungen und Handlungen fällt dem ruhig Denkenden sofort auf. Er vermeint social zu sein, und er handelt stets, als ob er unter Dieben und Räubern lebe, er sieht nicht, daß er in der Gesellschaft nur seinen Vorteil sucht. Bei Mandeville und Helvetius wird das Dasein altruistischer Empfindungen und Handlungen zugegeben, aber es ist nur Schein, den jedoch allein die feinste psychologische Analyse zerstören kann. Es ist wahr, meint Hartley, daß alles Gefühl- und Triebleben in dem Egoismus wurzelt, aber durch einen merkwürdigen seelischen Prozeß entstehen altruistische Gebilde. Butler, welcher die zujammenhanglosen Andeutungen von Larochefoucault und Mandeville sauber ausführt, sieht die Theoretiker des Egoismus in einem Irrtum befangen, weil sie eine sehr wichtige Unterscheidung nicht zu machen vermögen, diejenige zwischen Selbstinteresse und Egoismus. Alle unsere Empfindungen wurzeln in uns, das Gegenteil läßt sich gar nicht denken, folglich ist alles Seelenleben egoistisch. Aber wir handeln nicht immer aus Selbstinteresse. Aus Selbstinteresse handeln, heißt den Andern zu einem Mittel unserer Zwecke machen. Wir handeln oft sehr gegen unser Interesse. Shaftesbury, Hutcheson und auch Hume sind davon überzeugt, daß der Mensch altruistische und egoistische Triebe hat. Sie stimmen darin überein, daß der Egoismus nicht das Princip, wohl aber ein Element des Sittlichen ist.

Die Darstellung der verschiedenen Meinungen, welche von den verschiedenen Schulen über das Verhältnis der Ethik zur Religion ausgesprochen worden sind, haben für unsere Aufgabe eine so geringe Bedeutung, daß ich nur kurz daran erinnere, wie Shaftesbury die erstere theoretisch von der letzteren getrennt hatte, wie Hutcheson, hierin mit ihm übereinstimmend, dagegen die praktische Wichtigkeit sowol der positiven Religion, wie der Naturreligion stärker hervorgehoben hatte, und wie dann endlich Hume auch an ihrem Einfluß auf das sittliche Leben der Menschen achtlos vorüberging, die noch Shaftesbury nicht ganz geleugnet hatte, wenigstens soweit die deistischen Ideen in Frage kommen.

Fassen wir die wichtigsten Ergebnisse dieser Ausführungen zusammen, so ist zur Zeit, als Adam Smith in die Erörterung der ethischen Probleme eintrat, folgendes der Stand der moralphilosophischen Erkenntnis.

Das psychologische Problem des Egoismus ist durch das Zusammenwirken einer Reihe hervorragender Männer gelöst, soweit die Entwicklung der Psychologie dies gestattete. Helvetius' Werk konnte demselben keine wesentlich neue Seite abgewinnen.

Der Streit zwischen Vernunft und Gefühl, als

Fundamenten der Moral, ist zu Gunsten des Gefühls entschieden; Hume hat die Intellektualisten überzeugend widerlegt. Der angeborene Charakter des moralischen Sinnes wurde von Jüngern Lockes bestritten und dieser von Hartley als ein erworbenes Vermögen betrachtet. An Stelle desselben finden wir in Humes Werken die zwischen Egoismus und Altruismus schillernde Sympathie, welche hier den Charakter eines selbstischen Mitklingens fremder Gefühle hat, und dort der wohlwollenden Sympathie Hutchesons nahekommt. Die Herleitung der moralischen Gefühle aus der Selbstliebe wird sowol von Hutcheson wie Hume zurückgewiesen.

Wenn auch der Letztere den Begriff der Tugend weiter faßt als Hutcheson, so ist doch in seinem System gleichsam ein Übergewicht für die Tugenden des Wohlwollens und der Liebe nicht zu verkennen. Der Charakter der Tugendlehre hat sich seit Shaftesbury nicht verändert, sie zeigt im Gegensatz zum christlichen Lebensideal einen antik-modernen Charakter.

Vergessen wir nicht hinzuzufügen, daß Hume in noch stärkerer wenn auch nicht in bewußterer Weise den Stoff aus der Erfahrung aufgenommen hat, daß er nachdrücklich die experimentelle Methode für die Ethik fordert und diese den Charakter einer „normativen" Wissenschaft verliert. Sie schreibt nicht mehr vor, was der Mensch thun soll, sondern sie erklärt die sittlichen Erscheinungen. Infolge ihres empirischen Charakters bringt die englische Moralphilosophie mit wachsender Feinheit in die Falten des menschlichen Herzens ein. Als Erwerbungen auf diesem Gebiete erwähnen wir die Sympathie Hutchesons und Humes, den Ahnungstrieb Butlers.

Es könnte entgegnet werden: aber hat Smith die früheren ethischen Systeme gekannt? Von dem Professor der Moralphilosophie ist es zu erwarten; überdies geht aus dem ganzen Werke, insbesondere aus dem siebenten Teile desselben, welches von den älteren Morallehren handelt, deutlich hervor, daß er mit denselben vertraut war. Man kann nur nicht mit positiver Gewißheit behaupten, daß er Hartley gekannt habe. Sicher ist es, daß dessen zehn Jahre vor der „Theorie der moralischen Ge-

4*

fühle" veröffentlichtes Werk „großes Aufsehen erregte". Im übrigen war Hartley nicht der erste Vertreter der Assoziationspsychologie. Die Epikureer hatten schon Seelengebilde altruistischen Charakters mit Hülfe des genannten Princips zu erklären gesucht. Auf Locke blickten die modernen Psychologen dieser Richtung als den Begründer ihrer Methode, obwol er sie nirgendwo dargestellt hat und sein ganzes Verdienst in dem entwickelnden Zuge seiner psychologischen Untersuchung liegt. Hume hatte sie mit aller Kraft gefördert und Hutcheson ihr gehuldigt. So waren also Anregungen dieser Art so zahlreich vorhanden, daß sie Smith auch ohne Hartley erreichen mußten.

Wir versuchen nun, den Inhalt der „Theorie der moralischen Gefühle" wiederzugeben.

Zweiter Abschnitt.

Inhaltsangabe der „Theorie der moralischen Gefühle".

1.
Die Grundbegriffe.

Der Begriff der Sympathie ist der Angelpunkt der „Theorie der moralischen Gefühle". Unter Sympathie versteht Smith jede Art des Mitgefühls; sie entsteht durch die Vermittlung der Einbildungskraft. Manchmal genügt der Anblick fremder Gemütsbewegungen, um entsprechende Empfindungen in uns zu erregen, aber im allgemeinen wird die Sympathie nicht so sehr durch den Anblick der Gefühle Fremder, als der Lage, in welcher sie sich befinden, erweckt. In dem letzteren Fall versetzt uns also unsere Phantasie in die Lage eines Andern und es entstehen nun Gefühle in uns, die den seinigen jedoch nicht immer zu entsprechen brauchen. So hat die Trauer, die uns beim Anblick eines Todten erfaßt, kein Gegenstück in seinen Empfindungen. Aber im Allgemeinen ist eine derartige Übereinstimmung vorhanden.

Für die Ethik Smiths hat die Sympathie eine viel höhere Bedeutung, er setzt sie gleich der moralischen Billigung. Mit andern Worten: sympathisieren wir mit einer Person, so billigen wir ihre Gefühle. Stimmen unsere Empfindungen nicht mit den ihrigen überein, so mißbilligen wir sie. Doch wird das Gefühl der Billigung oder Mißbilligung nicht immer durch einen Akt vorausgegangener Sympathie hervorgerufen. Wir bilden aus unserer Erfahrung über die Wirkungsweise unserer Sympathie allgemeine Regeln, welche uns in solchen Fällen leiten[1]).

Jeder Mensch hat ein starkes Bedürfnis nach Sympathie. Der Leidende begehrt nach derjenigen des Zuschauers und der Letztere möchte die Gefühle des Ersteren nachbilden. Aber die Empfindungen des Zuschauers erreichen nie die Gefühlsstärke des unmittelbar von Lust und Unlust Bewegten, weil sich in ihm sogleich das Bewußtsein einstellt, nicht selbst der direkt leidende Teil zu sein. Für den Freudigen oder Traurigen, welcher auf Mitgefühl Anspruch macht, erwächst daraus die Notwendigkeit, seine Empfindung auf die schwache Gefühlsstärke des unbeteiligten Zuschauers herabzustimmen. Auf diese zwei verschiedenen Anstrengungen, auf jene des Zuschauers, die Empfindung des Leidenden nachzubilden und auf diejenige des Leidenden, seine Empfindung so herabzustimmen, daß der Zuschauer sie teilen könne, baut Adam Smith zwei verschiedene Klassen von Tugenden auf: die liebenswürdigen freundlicher Humanität und die achtungswerten würdevoller Selbstbeherrschung. Unter Tugend versteht Smith eine ungewöhnliche Vortrefflichkeit gebilligter Eigenschaften.

Nach dem Vorhergehenden wird folgender Satz Smiths verständlich sein: "Und daher kommt es, daß viel für Andere und wenig für uns selbst zu empfinden, daß die Überwindung unserer selbstsüchtigen und die Ausbildung unserer wohlwollenden Gefühle die Vollkommenheit der menschlichen Natur ausmachen und allein in der Menschheit jene Harmonie der Gefühle und Leidenschaften hervorbringen können, in welcher alle ihre Anmut und Schicklichkeit liegen. Wie das große Gebot des Christentums heißt: Liebe deinen Nachbar wie dich selbst, so ist die Vorschrift

---

[1]) Diese Ausführungen möchten zu dem Irrtum verleiten, daß Smith überall von moralischer Billigung spreche, wo die Gefühle zweier Personen mit einander übereinstimmen. Er beschränkt jedoch den Begriff der moralischen Billigung auf solche Fälle, wo ein Objekt eine besondere Beziehung entweder auf uns selbst oder auf das Individuum hat, über dessen Gefühle wir urteilen. Besteht ein derartiges Verhältnis nicht und stimmen unsere Gefühle überein, so schreiben wir ihm Geschmack und gesundes Urteil zu, z. B. wenn wir dieselbe Landschaft, dasselbe Gemälde bewundern, von demselben Gedanken ergriffen werden.

der Natur, uns nicht mehr als unsern Nachbar zu lieben, oder was dasselbe ist, wie unser Nachbar uns zu lieben fähig ist"[1]).

Damit hat Smith den Boden für einige wichtige Erörterungen vorbereitet. Alle Gefühle, aus denen eine Handlung hervorgeht, können betrachtet werden in Beziehung auf die Ursachen, welche sie hervorgerufen haben, und die Wirkungen, welche die Gefühle anstreben. In der Angemessenheit oder Unangemessenheit, in dem Verhältnis oder Mißverhältnis der Gemütsbewegung zu ihrem veranlassenden Gegenstande oder Grunde besteht die Schicklichkeit oder Unschicklichkeit der nachfolgenden Handlung. In der wohlthätigen oder schädlichen Natur der Wirkungen, auf welche der Affekt hinzielt, liegt das Verdienst oder die Strafwürdigkeit der Handlung. Von dem Charakter der Empfindung hängt also der sittliche Wert der nachfolgenden Handlung ab. Das Urteil über Schicklichkeit oder Verdienstlichkeit spricht die Sympathie des unbeteiligten Zuschauers.

Smith bemerkt, daß die Philosophen, welche kurz vor ihm diese Probleme erörtert hätten, vorzugsweise die Wirkungen der Handlungen ins Auge gefaßt hätten.

2.
Schicklichkeit und Unschicklichkeit.

Smith geht zunächst das Reich der Leidenschaften durch und betrachtet sie auf ihre Schicklichkeit und Unschicklichkeit: auf diesem Wege werden wir ihn nicht immer begleiten. Im allgemeinen gewinnen sie, wie er ausführt, unsern Beifall, wenn sie einen gewissen Mittelton nicht überschreiten, doch hat dieser nicht in allen Leidenschaften dieselbe Lage. Ekelhaft ist der starke Ausdruck aller Begierden, die einen bloß körperlichen Ursprung haben. Mit Heißhunger und den Zeichen eines starken Geschlechtstriebes kann die Gesellschaft, welche sich nicht in gleicher Lage befindet, nicht sympathisieren und darum mißbilligt sie diese Gefühle. Dagegen ist es uns angenehm, unsere Gesellschafter mit gutem Appetit essen zu sehen, und eine gänzliche Unempfindlichkeit gegen

---

[1]) Theory of Moral Sentiments 1790, 6th ed. I, p. 47.

das andere Geschlecht macht einen Mann selbst vor Männern verächtlich. Es ist weiter unschicklich, aus körperlichem Schmerz laut aufzuschreien, denn der Unbeteiligte kann nur einen schwachen Grad körperlichen Schmerzes nachbilden. Anders verhält es sich mit den Leidenschaften, die aus der Einbildungskraft entspringen. Die Phantasie schmiegt sich der Einbildungskraft eines Andern leicht an: fehlgeschlagene Liebe, gekränkter Ehrgeiz verfehlen nie, die lebhafteste Sympathie zu erregen. Wenn die Phantasie des Betroffenen eine eigentümliche Richtung einschlägt, gelingt es der Phantasie des Zuschauers selten nachzukommen, und dann hört die Sympathie auf. Hieraus erklärt es sich, daß wir mit der ungewöhnlich heftigen Liebe zweier Personen verschiedenen Geschlechts selten sympathisieren, wohl aber mit den Gefahren, welche eine derartige Leidenschaft nach sich zieht. Ein Dichter darf aus diesem Grunde niemals Verliebte auf die Bühne bringen, die in voller Sicherheit von ihrem Glücke sprechen. Die ungeselligen Leidenschaften, Haß und Zorn, werden nur dann von uns gebilligt, wenn sie sehr herabgestimmt sind, erstens weil unsere Sympathie zwischen zwei Personen geteilt ist und zweitens, weil Nachempfindungen schwächer als Empfindungen sind. Wenn wir überzeugt sind, daß Jemandem ein Unrecht zugefügt ist, so bilden wir doch nur einen geringen Grad seines Unmuts nach. Wir bewundern ihn, wenn er trotz seines Mutes und obwohl es ihm nicht an Empfindung fehlt, sanft, geduldig, gutmütig bleibt, aber wir verachten ihn, wenn er sich necken und höhnen läßt, ohne den geringsten Versuch zu machen, sich zu wehren. Aus diesem Grunde ist es klug, geringe Verletzungen zu vernachlässigen, wir dürfen eine Beleidigung erst dann ahnden, wenn unsere Unempfindlichkeit uns verächtlich machen würde. Am meisten sympathisieren wir mit den geselligen Leidenschaften, mit Edelmut, Menschlichkeit, Freimütigkeit, Mitleid, gegenseitiger Freundschaft und Achtung. Da sich unsere selbstsüchtige Natur nie verleugnet, so sympathisieren wir am meisten mit kleinen Freuden und großen Schmerzen. „Ein Mensch, der durch irgend eine plötzliche Glücksumwälzung mit einmal in eine Stellung erhoben wird, welche weit über seiner früheren Lebenssphäre liegt, kann versichert sein, daß die Glückwünsche auch seiner besten Freunde nicht durchaus aufrichtig sind. Ein Emporkömmling, er habe so viel Verdienst wie er wolle, ist uns gewöhnlich unangenehm, und ein Gefühl des Neides hindert uns daran, von ganzem Herzen mit ihm zu sympathisieren"[1]). Auf dieser Beschaffenheit unseres Gemütes beruht es, daß wir über die kleinen Annehmlichkeiten des Lebens kaum zu viel Freude ausdrücken können, in diesem Falle sind wir der Sympathie der Andern stets sicher. Anders ist es mit den Schmerzen. Mit kleinen Verdrießlichkeiten sympathisieren wir selten. Im Gegenteil, wir finden sie belustigend. Leute von guter Lebensart verbergen daher auch stets das Mißvergnügen, welches ihnen unbedeutende Unannehmlichkeiten bereiten, oder fangen darüber zu scherzen an. Mit tiefem Unglücke sympathisieren wir dagegen sehr stark und aufrichtig. Nicht als ob die Sympathie mit großem Glücke unnatürlicher wäre, als das Mitleid, im Gegenteil, freudige Empfindungen sind angenehmer als die traurigen, aber der Neid, die Mißgunst, die Selbstsucht verhindern uns an dieser erfreulichen Sympathie, wenn der Glückliche uns nicht nahe steht.

Auf dieser Grundlage beruhen auch die Ausführungen unserer Philosophen über den Ursprung des Ehrgeizes und den Unterschied der Stände. Der Trieb, **ihre Lage zu verbessern**, sich auf der gesellschaftlichen Leiter zu erheben und so ein Gegenstand der Sympathie zu werden, läßt so Viele bedeutende Anstrengungen machen. Mit dem Armen, der dies nicht versteht, haben wir kein Mitgefühl, unsere Blicke sind auf die Reichen und Mächtigen gerichtet, denen wir gerne dienen[2]).

Doch wir übergehen die übrigen Erörterungen, welche weniger Bedeutung für uns haben und gelangen zu dem zweiten Kapitel

---

[1]) a. a. O. S. 94. Oder „So oft wir unsern Freunden von Herzen Glück wünschen, welches zur Schande der menschlichen Natur selten geschieht." a. a. O. S. 111.

[2]) Ein Gedanke, den wir bei Haller verwertet finden, Restauration der Staatswissenschaften.

des Werkes, welches Handlungen in Beziehung auf ihre Folgen
bespricht, ihre Verdienstlichkeit oder Strafwürdigkeit
ins Auge faßt.

3.

Verdienstlichkeit und Strafwürdigkeit.

Die Sympathie des Zuschauers ist wiederum der Schlüssel zum
Verständnis der Betrachtungen. Stellen wir uns zwei Personen
vor: Die eine hat eine Wohlthat empfangen, die andere ist beleidigt
worden, jene ist zur Dankbarkeit, diese zur Ahndung des
Unrechtes gestimmt. Wenn wir nun mit dem Beglückten sympathisieren,
scheint uns die Handlung, welche seine Dankbarkeit
hervorgerufen hat, einer Belohnung würdig, wenn wir mit dem
Traurigen sympathisieren, halten wir die Handlung, welche seinen
Ahndungstrieb erregte, einer Strafe wert. Um aber die Dankbarkeit
des Einen, den Schmerz des Anderen mit empfinden zu
können, müssen wir zuvor die Motive des Wohlthäters gebilligt,
diejenigen des Übelthäters mißbilligt haben. Billigen wir die
Motive des Wohlthäters nicht, so können wir auch die Dankbarkeit
des Beglückten nicht empfinden, mißbilligen wir die Beweggründe
des Übelthäters nicht, so vermögen wir den Ahndungstrieb
des Leidenden nicht zu teilen. So ist also das Urteil,
daß eine Handlung verdienstlich sei, das Ergebnis einer zweifachen
Sympathie: einer indirekten mit der Dankbarkeit des
Beglückten und einer direkten mit den Beweggründen des Wohlthäters.
Das Urteil, daß eine Handlung strafwürdig sei, ist das
Ergebnis der indirekten Billigung des Ahndungstriebes des Verletzten
und der direkten Mißbilligung der Beweggründe des Übelthäters.
Mit andern Worten: wir müssen die Gefühle des
Wohlthäters schicklich, diejenigen des Übelthäters unschicklich gefunden
haben, ehe sich unsere Sympathie dem Beglückten oder
Geschädigten zuwenden kann.

Nun hat Smith das Wesen zweier Tugenden enthüllt: der
Wohlthätigkeit und der Gerechtigkeit, welche in folgendem
Gegensatze zu einander stehen. Während die Wohlthätigkeit
positiv Gutes schafft und daher einer Belohnung würdig zu

sein scheint, bringt die Gerechtigkeit nichts positiv Gutes hervor. Wir können gerecht sein und doch ganz passiv bleiben. Der Mangel der Wohlthätigkeit ist darum gleichsam die Abwesenheit des Überflusses, der Mangel an Gerechtigkeit aber die Abwesenheit des Notwendigen. Sie ist eine Verletzung fremder Personen, ihres Eigentums oder Rufes und wird Unrecht genannt. Dagegen wird der Mangel an Wohlthätigkeit, selbst der schwärzeste Undank nicht als Verletzung betrachtet; die Wohlthätigkeit ist eben frei und kann daher auch nicht erzwungen werden. Wohl aber können wir gezwungen werden, Andere nicht zu verletzen, oder, wenn wir uns dies haben zu schulden kommen lassen, können wir dafür bestraft werden. Denn das Unrecht ruft den Ahndungstrieb wach, zunächst des Verletzten, dann, durch Sympathie vermittelt, der Zuschauer. Die Wohlthätigkeit erweckt dagegen Gefühle der Dankbarkeit zunächst in dem Beglückten, dann durch Sympathie vermittelt, in den Zuschauern. So verschieden aber auch Dankbarkeit und Ahndungstrieb zu sein scheinen, bei näherem Zusehn stellen sie sich als die zwei Formen des Vergeltungstriebes dar, welcher uns in dem einen Falle antreibt, Gutes mit Gutem und in dem Anderen Böses mit Bösem zu vergelten. Wiedervergeltung scheint das Gesetz der Natur zu sein.

Da nun Smith nur einen ungewöhnlichen Grad einer gebilligten Eigenschaft tugendhaft nennt, so können nicht alle wohlthätigen Handlungen tugendhaft genannt werden, auch wenn sie verdienstlich sind, an der Tugend haben nur diejenigen teil, in welchen ein über das Gewöhnliche hinausgehendes Maß von wohlwollender Sinnesart zum Ausdruck kommt. Wenn wir mit dieser Definition an die gerechten Handlungen herantreten, so kann die Frage erhoben werden, ob es überhaupt in Smiths System eine Tugend der Gerechtigkeit geben könne. Die Gerechtigkeit besteht ja darin, daß man Andere nicht beschädigt, sie weder verletzt, noch ihnen das Ihrige vorenthält. Niemand kann also in einem bestimmten Falle gerechter sein als der Andere. Denn wer mehr thut, als daß er sich der Beschädigung des Andern enthält, ist offenbar wohlthätig, aber nicht gerecht. Wer aber weniger thut, ist ungerecht. Wir können eine gerechte Handlung wohl schicklich nennen, wenn sie aus wohlwollender Gesinnung hervorgeht und einer anderen dieses Prädikat vorenthalten, falls die Handlung nur aus Furcht vor den üblen Folgen geschieht. Soll es in Smiths System eine Tugend der Gerechtigkeit geben, so kann sie nur darin gefunden werden, daß auch dem Feinde das Seinige gegeben werde. Ob ich hiermit die Meinung Smiths getroffen habe weiß ich nicht, er erörtert diesen Punkt nicht, ja er verwickelt sich in Widersprüche[1]).

Die Ungerechtigkeit löst also den Ahndungstrieb des Verletzten und der unbeteiligten Zuschauer aus. „Derjenige, welcher eine Ungerechtigkeit plant, fühlt dies, er erkennt, daß mit größter Schicklichkeit Gewalt gegen ihn gebraucht werden kann, sowohl von der Person, welche er schädigen will, als von Andern, entweder um die Ausführung seines Verbrechens zu hindern, oder um ihn zu bestrafen, wenn er es ausgeführt hat"[2]). Und vorher: „Da die Menschen die Gewalt billigen, mit der die durch

---

[1]) Dankbarkeit, hat er auseinandergesetzt, kommt wohlthätigen Handlungen zu, folglich nicht gerechten. Smith scheint aber diese Konsequenzen nicht vollständig zu ziehen und behauptet, die Beobachtung der Gerechtigkeit „seems scarce to deserve any reward", und „it is entitled to very little gratitude." Man sieht es schon der verschwommenen Form an, daß er die Schwierigkeit halb und halb empfindet, P. II, S. II, ch. 1. Noch ein anderer Punkt bleibt unklar. Die Wohlthätigkeit ist frei, die Gerechtigkeit nicht. Aber er behauptet, wir fühlten eine strengere Verpflichtung (a stricter obligation) gerecht als wohlthätig zu sein. Also doch auch eine Verpflichtung zur Wohlthätigkeit! Nur daß sie minder streng ist. Wie verträgt sich das mit dem Begriff der Wohlthätigkeit, die doch frei sein soll!

Was Farrer hierüber sagt, scheint mir nicht zutreffend. Er behauptet: „justice or the abstinence from injury to others, was, he held, the only virtue which, as men had a right to exact it from us, it was our duty to practise towards them." Nach dem Vorhergehenden läßt sich diese Auffassung nicht aufrecht erhalten. Auch was Farrer weiter anführt, daß die Regeln der Gerechtigkeit allein bestimmt und genau seien, hebt doch nicht auf, daß wir nach Smith eine allgemeine Verpflichtung zur Wohlthätigkeit haben, die nach unserem eigenen Ermessen bethätigt werden soll. Farrer, a. a. O. S. 181.

Mir scheint es, daß die Humesche Gegenüberstellung der ‚justice' und der ‚natural virtues' ihre Nachwirkungen bei Smith äußert.

[2]) S. 197.

Ungerechtigkeit bewirkte Verletzung gerächt wird, so müssen sie auch dasjenige billigen, was zur Verhinderung und Abwehr des Unrechts dient und geeignet ist, den Beleidiger von der Verletzung seiner Nachbarn abzuhalten."

Aber verurteilt denn Smith den Ahndungstrieb nicht? wird man fragen. Der Hinweis darauf, daß er die Idee der Gerechtigkeit psychologisch aus dem gebilligten Vergeltungstriebe erwachsen läßt, möchte zur Beantwortung genügen. Aber er verweist auch darauf, daß Ahndungstrieb und Dankbarkeit Gegenstücke seien und wenn man die letztere billige, den ersteren nicht mißbilligen könne. Zudem habe man gewöhnlich einen unmäßigen Ahndungstrieb im Auge, wenn man ihn table. Wir verweilen aber noch länger bei dieser Frage, weil sie uns zu den allerwichtigsten Überzeugungen unseres Denkers führt.

Nach ihm sind die Menschen tief selbstsüchtig. Sie fühlen sehr wenig für diejenigen, zu denen sie nicht in besonderer Beziehung stehen im Vergleich mit dem, was sie für sich selbst empfinden. Das Elend eines Andern, der nur ihr Nebenmensch ist, hat nur geringe Erheblichkeit für sie, verglichen mit der Bedeutung, welche sie ihrer kleinsten, eigenen Unbequemlichkeit beimessen. Doch zeigt auch diese selbstsüchtige Anlage die Weisheit der Natur. Niemand kann besser für den Menschen sorgen, als er selbst, und deshalb ist es recht und billig, daß er für sich selbst sorge. Allein der Mensch wird von seiner Selbstsucht nicht bloß zur Gleichgültigkeit verführt, er kann auf mancherlei Weise dazu gereizt werden, den Nebenmenschen zu schädigen, wozu sich ihm viele Gelegenheiten bieten. Deshalb senkte die Weisheit des Schöpfers den Ahndungstrieb in seine Brust. Er "scheint uns von der Natur zur Verteidigung und nur zur Verteidigung gegeben zu sein... Er treibt uns an, das Unglück, welches uns zugefügt werden soll, abzuwehren und das Zugefügte zu vergelten"[1]. Wie der Mensch handelt, so soll gegen ihn gehandelt werden. Wiedervergeltung scheint das große

---

[1] S. 196.

(Gesetz der Natur zu sein"[1]). Wessen Herz kalt gegen seine Nebenmenschen bleibt, der soll von der Liebe derselben ausgeschlossen sein, wer aber die Andern verletzt hat, dem soll das Übel zugefügt werden, das er ihnen zugefügt hat. Hätte aber Gott den Vergeltungstrieb nicht neben die Selbstsucht gesetzt, hätte der Mensch nicht das Bewußtsein, für Ungerechtigkeit Strafe zu verdienen, dann würden die Menschen wie wilde Tiere über einander herfallen[2]). Der Mensch würde sich in die Gesellschaft anderer Menschen begeben, wie wenn er in eine Löwengrube einträte.

So sind also nach unserem Philosophen, soweit wir ihn bisher kennen gelernt haben, die Selbstsucht, der Vergeltungstrieb und die Sympathie vermittelnde Einbildungskraft die wichtigsten seelischen Kräfte im Bereich des ethischen Lebens. Wir wollen eine Stelle hierhersetzen, die sie in ihrem Zusammenwirken zeigt. Wünscht der Mensch, daß der unparteiische Zuschauer die Grundsätze seiner Handlungsweise billigt, so muß er „die Anmaßung seiner Selbstliebe demütigen, und soweit herabstimmen, daß andere Menschen mit ihm sympathisieren können. Sie werden ihm erlauben, seine eigene Glückseligkeit höher zu schätzen und mit größerem Eifer zu verfolgen, als diejenige anderer Personen ... In dem Wettlauf um Reichtum, Ehre und Beförderung mag er so stark rennen, wie er kann, und jeden Nerv und jeden Muskel anspannen, um allen Mitbewerbern den Rang abzulaufen. Sollte er aber Einen zur Seite stoßen oder zu Boden werfen, dann ist die Nachsicht der Zuschauer zu Ende. Es ist eine Verletzung der Gleichheit des Spieles (it is a violation of fair play), was sie nicht zulassen können. Dieser Mensch steht ihnen ebenso nahe wie er selbst, sie können die

---

[1] S. 203 Retaliation seems to be the great law which is dictated to us by Nature.

[2] Eigentümlicherweise sagt Smith an einer andern Stelle: Nature, when she formed man for society endowed him with an original desire to please, and an original aversion to offend his brethren. P. III, ch. 2.

Selbstsucht nicht billigen, welche ihn sich dem Andern so sehr vorziehen läßt und vermögen es nicht mit dem Beweggrunde der Verletzung zu sympathisieren. Bereitwillig fühlen sie den natürlichen Ahndungstrieb des Verletzten nach und der Beleidiger wird der Gegenstand ihres Hasses und ihres Unwillens. Er erkennt es selbst und fühlt, daß ihre Gefühle in jedem Augenblicke gegen ihn losbrechen können"[1]).

Die Erklärung der Gerechtigkeit, welche wir auf den vorhergehenden Seiten gefunden haben, ist offenbar durchaus verschieden von derjenigen, welche Hume versuchte. Smith betont auch ausdrücklich gegen den Freund, daß sie ihre Wurzeln nicht in der Erkenntnis ihrer Notwendigkeit für das Bestehen der Gesellschaft habe. Allerdings sei die Erkenntnis ihrer Nützlichkeit manchmal notwendig, um das natürliche Gefühl nicht erschlaffen zu lassen, darum aber noch nicht als ihr Fundament zu betrachten. Unsere Teilnahme am Glück und an der Wohlfahrt der Individuen entspringe in den allermeisten Fällen durchaus nicht der Teilnahme an dem ruhigen Bestande der Gesellschaft. Nur wenige hätten über die Notwendigkeit der Gerechtigkeit zur Erhaltung der Gesellschaft nachgedacht, aber alle Menschen, auch die dümmsten und gedankenlosesten, verabscheuten Betrug, Treulosigkeit und Ungerechtigkeit und verlangten ihre Bestrafung. Wenn wir die Gerechtigkeit nur schätzten, weil sie zur Ordnung der Gesellschaft notwendig sei, wie käme es dann, daß unsere Vernunft uns hoffen lehre, die Ungerechtigkeit auch noch im künftigen Leben bestraft zu sehen?

Es offenbare sich in der Herleitung der Gerechtigkeit aus ihrer Notwendigkeit die Verwechslung von Endursache und wirkender Ursache, deren wir uns bei der Erklärung körperlicher Verrichtungen nie schuldig machten. Die Räder einer Uhr z. B. seien zu einem bestimmten Zwecke, zum Zeigen der Stunde, gemacht und eingerichtet. Wenn sie mit dem Verlangen ausgerüstet wären, diesen Zweck zu erreichen, so könnten sie ihn nicht

---

[1]) 207 u. 208.

beſſer erreichen. Dennoch ſchrieben wir das Verlangen nicht
ihnen, ſondern dem Uhrmacher zu, welcher die Räder durch eine
Feder in Bewegung ſetze, die ſich ihrer Funktion ebenſowenig
bewußt ſei, wie die übrigen Teile der Uhr. „Wenn wir durch
Naturtriebe zur Beförderung von Zwecken geleitet werden, welche
eine verfeinerte und erleuchtete Vernunft uns empfehlen könnte,
ſo ſind wir ſehr geneigt, dieſer Vernunft, als der wirkenden
Urſache, die Gefühle und Handlungen zuzuſchreiben, wodurch wir
jene Zwecke fördern, und irrtümlich für menſchliche Weisheit zu
halten, was die Weisheit Gottes iſt"[1]).

Es folgen nun Erörterungen über den Einfluß des Erfolges
auf die Verdienſtlichkeit und Strafbarkeit der Handlungen. Smith
legt ja das Sittliche in die Geſinnung, aber er verkennt die Bedeutung des Erfolges nicht. Und gerade ſeine Theorie eignet
ſich vorzüglich zur Erklärung dieſer Thatſache. Wenn es dem
Menſchen mit wohlwollender Abſicht nicht gelungen iſt, ſie zu
verwirklichen, ſo hat er Niemanden zur Dankbarkeit verpflichtet.
Der Zuſchauer kann alſo wohl mit der Abſicht, aber nicht mit
der Dankbarkeit ſympathiſieren und deshalb ſcheint ihm die
Handlung nicht verdienſtlich. Wenn der bösartige Menſch ſeine
Abſichten, einen Andern zu ſchädigen, nicht erreicht hat, ſo mißbilligen wir zwar ſeine Beweggründe, aber es fehlt uns die Veran-
laſſung, mit dem Vergeltungstriebe des Geſchädigten zu ſympathiſieren. Da nun die Abſichten ſo häufig vor den Menſchen
verborgen ſind, ſo wird die Welt dazu gedrängt, nach dem Erfolg
zu urteilen, was die Klage aller Zeiten geweſen iſt. Smith
ſieht auch hierin die Weisheit Gottes. Er wollte uns zur Ausführung guter Handlungen anſpornen und den Argwohn von
uns fernhalten.

4.
Gewiſſen und Pflichtgefühl.

Wir ſind zum dritten Kapitel gelangt. Es handelt vom
Grunde unſerer Urteile über unſere eigenen Geſinnungen und
unſer eigenes Betragen, ſowie vom Gefühle der Pflicht.

---
[1]) S. 216.

Wir alle wurden in der Gesellschaft geboren, die Handlungen Anderer wurden und werden von uns gebilligt oder mißbilligt. Ebenso stehen wir in jedem Augenblicke vor ihrem Gerichtshofe. Smith nimmt an, daß der ethische Prozeß in folgender Weise verläuft, woran jedoch zu zweifeln ist. Wir urteilen zuerst über die Andern, dann bemerken wir, daß sie auch uns beurteilen. So werden unsere Leidenschaften und Wünsche, Freuden und Schmerzen die Ursache neuer Wünsche, Abneigungen, Freuden und Schmerzen; der Wunsch erwacht in uns zu wissen, ob wir ihr Gefallen oder Mißfallen verdienen.

Ich teile mich gleichsam in zwei Hälften; der eine ist der vorausgesetzte unparteiische Zuschauer, dessen Empfindungen in Beziehung auf mein Betragen ich zu ergründen suche, indem ich mich in seine Lage versetze und nun die Betrachtung anstelle, wie es mir von seinem Standpunkte erscheinen würde. Der zweite ist der Handelnde, besser ich selbst, über dessen Betragen ich etwas zu erfahren wünsche. Wenn ich es billige, so ist eine Sympathie mit der Billigung des vorausgesetzten, gerechten Richters vorangegangen. Das Urteil, welches ich fälle, muß also stets eine geheime Beziehung zu den Urteilen haben, welche, wie ich glaube, Andere wirklich fällen, oder unter gewissen Bedingungen fällen würden, oder fällen sollten. So lernen wir die Zuschauer, die Beobachter unserer selbst zu werden. Ein Mensch, welcher außerhalb der menschlichen Gesellschaft aufwüchse, könnte natürlich kein sittliches Bewußtsein erlangen.

Sind also die Fähigkeit der Sympathie und das Bedürfnis nach ihr die Bildner unseres ethischen Selbst, so tritt dies auf einer folgenden Stufe des Versittlichungsprozesses noch deutlicher hervor. Aus unseren Erfahrungen entnehmen wir, daß die Tugend liebenswürdig, das Laster hassenswert ist: das heißt, wir beobachten, daß sie Gefallen oder Mißfallen in unsern Mitmenschen erregen. Wir lieben und bewundern diejenigen, welche die liebenswürdigen Eigenschaften besitzen. Liebe und Bewunderung lassen in uns den Wunsch entstehen, ebenso liebenswürdig und bewundernswert zu sein. Daher können wir nun auch nicht mit der bloßen Bewunderung Anderer zufrieden sein, wir müssen wenigstens selbst glauben, wegen derjenigen Eigenschaften bewundernswert zu sein, derentwegen sie bewundert werden. Um dieser Genugthuung teilhaftig zu werden, müssen wir die unparteiischen Zuschauer unseres eigenen Charakters und unseres Betragens geworden sein. Erscheinen wir uns so, wie wir wünschen, dann sind wir zufrieden. Das Gefühl der Selbstbilligung wird verstärkt, wenn wir finden, daß die Andern uns mit denselben Augen ansehen, wie wir uns selbst, denn das Bewußtsein, daß die Tugend der Gegenstand freundlicher Gefühle ist, ist die Quelle innerer Ruhe, wie der Argwohn des Gegenteils innere Qualen erzeugt. Dies führt uns zu der anderen Seite des seelischen Prozesses. Sie besteht in der Beobachtung, daß es Eigenschaften gibt, welche in Anderen Abneigung und Haß erregen und in dem hierdurch in uns hervorgerufenen Wunsche, es nicht zu verdienen, daß wir gerechterweise der Gegenstand solches Hasses werden. Die Liebe zur Liebenswürdigkeit, die Abneigung gegen die Hassenswürdigkeit sind also keineswegs gänzlich aus dem Streben nach Lob, dem Sträuben vor Tadel abzuleiten. Auf diesen Stamm ist gewissermaßen die Fähigkeit, Bewunderung zu empfinden, gepfropft und diese könnte nicht in uns entstehen, wenn wir nicht die Gabe der moralischen Billigung besäßen.

Durch die Gewohnheit lerne ich allmählich, mich ohne Mühe von dem Standpunkte des vorausgesetzten, unparteiischen Zuschauers zu betrachten, so wächst der „Mann in mir" heran, welcher das Gegenstück des „Mannes außer mir" bildet; in meiner Brust baute sich ein Gerichtshof auf, das Gewissen. Es wird so mächtig, daß der Tadel der Welt gewöhnlich seine Kraft verliert, wenn ich vor seinem Spruch bestehe, aber die innere Stimme kann durch den lärmenden Tadel unserer Umgebung so eingeschüchtert werden, daß uns nur die Hoffnung auf den göttlichen Richter zu trösten vermag. Entstanden aus Reflexen imaginärer fremder Urteile, wird das Gewissen immer kräftiger und allmählich selbstherrlich.

Das Gewissen entwickelt eine zwiefache Thätigkeit. Einmal billigt oder mißbilligt es als unparteiischer Zuschauer alle unsere Handlungen. Da in dem ethischen Prozesse aber auch Liebe und Bewunderung, Haß und Abscheu eine große Rolle spielen, so hält es uns zweitens zurück, die Interessen Anderer zu verletzen. So wird der Mensch, dessen ursprüngliche Triebe so selbstsüchtig sind, gemahnt, seine eigenen Interessen, die ihm doch stets so viel wichtiger sind, als diejenigen Anderer, höheren Zwecken zu opfern. „Nicht die sanfte Gewalt der Menschlichkeit, nicht der schwache Funke von Wohlwollen, welchen die Natur im menschlichen Herzen entfacht hat, läßt uns die stärksten Impulse der Selbstliebe überwinden; eine stärkere Macht, ein kräftigerer Beweggrund bethätigt sich bei solchen Gelegenheiten. Vernunft ist es, Grundsatz, Gewissen, der Zuschauer in unserer Brust, der Mensch in uns, der große Richter und Schiedsrichter unseres Betragens. Wenn wir im Begriffe sind, das Glück Anderer zu verletzen, dann ruft er uns mit einer Stimme zu, welche die übermütigste Leidenschaft übertäubt, daß wir nur Einer aus der Menge sind, in keiner Weise besser als irgend ein Anderer, und daß die schamlose und blinde Selbstsucht Vergeltung, Abscheu, Verachtung gegen uns heraufbeschwört"[1]). Nicht die Liebe zum Nächsten, auch nicht die Liebe zur Menschheit bewege zur Übung erhabener Tugenden, es sei eine stärkere Liebe, die Liebe zum Ehrenvollen und Edlen, zur Größe und Würde. Allein der innerliche Zuschauer ist nicht unfehlbar und muß zuweilen durch die Gegenwart des wirklichen aus dem Schlummer geweckt werden. Vor und während der Handlung sind wir oft dem größten Selbstbetrug ausgesetzt, und erst nach derselben gelangen wir zu der kühlen Erkenntnis des Geschehenen; wären wir mit einem moralischen Sinn begabt, so könnte die Selbsttäuschung nicht stattfinden. Doch hat die Natur zu der Schwachheit das Heilmittel gesellt. Aus unseren fortwährenden, durch das Urteil Anderer bestätigten Beobachtungen über das Betragen Dritter

---

[1]) S. 337.

ziehen wir allmählich allgemeine Regeln in Beziehung auf das
Schickliche und Unschickliche ab, welche uns im Augenblick der
Versuchung unterstützen. Die Achtung vor ihnen nennen wir
das Pflichtgefühl[1]). Es ist ein Princip von der größten
Wichtigkeit, da die große Menge ihre Handlungen allein nach
ihm zu lenken fähig ist. Das Handeln aus Pflichtgefühl darf
nicht mit dem Handeln aus Liebe, aus dem Sinn für Schicklich=
keit verwechselt werden.

Erhöht wird die Achtung vor jenen Regeln durch die
natürlich entstandene und von Überlegung und Philosophie be=
stätigte Meinung, daß sie die Gebote der Gottheit seien,
welche am Ende die Gehorsamen belohnen und die Ungehorsamen
bestrafen werde. Jene Meinung sei in heidnischer Zeit ent=
standen, wo der Mensch die Götter nach seinem Ebenbilde schuf.
Er schrieb ihnen Sympathie mit den menschlichen Zuständen zu,
so erschienen sie als Belohner des Guten, als Strafer der Un=
gerechtigkeit. Die philosophische Bestätigung der heidnischen
Lehre findet Smith in der bedingungslosen Beurteilung, welcher
unsere moralischen Fähigkeiten alle unsere Handlungen unter=
werfen. Vom Urteil des Auges über die Schönheit der Farben,
vom Urteil des Ohres über die Harmonie der Töne kann nicht
an einen höheren Gerichtshof appelliert werden. Und so ist es
mit unseren moralischen Fähigkeiten, sie entscheiden endgültig.
Was ihnen genehm ist, das ist schicklich und recht, das Gegen=
teil unpassend, unrecht.

Daher sind unsere moralischen Fähigkeiten offenbar dazu
bestimmt, die menschliche Natur zu leiten; was sie vorschreiben,
muß als Gesetz der Gottheit angesehen werden, welches sie durch
diese ihre Viceregenten promulgieren läßt. Alle allge=
meinen Regeln werden Gesetze genannt. Mehr als die Gesetze

---

[1]) Eine ähnliche Charakteristik des Pflichtgefühls bei Hume: „When
any virtuous motive or principle is common in human nature, a person,
who feels his heart devoid of that motive, may hate himself upon that
account, and may perform the action without the motive." Treatise of
Human Nature, B. III, P. II. S. 1.

der Bewegung verdienen die moralischen Regeln die Bezeichnung Gesetze. Denn sie sind von einem gesetzmäßigen Herrn vorgeschrieben und ziehen Belohnungen und Strafen nach sich.

Noch andere Betrachtungen bestärken uns in jenem Glauben. Die allgemeine Glückseligkeit scheint der Endzweck des Schöpfers zu sein. **Die Werke der Natur zielen alle auf Glückseligkeit hin. Indem wir aber nach den Geboten unserer moralischen Fähigkeiten handeln, befördern wir das Glück der Menschheit, wir werden gewissermaßen die Mitarbeiter Gottes.** Bemerkenswert ist es noch, daß Smith aus der Nichtübereinstimmung von Lohn und Strafe mit den Thaten der Menschen den Glauben an ein zukünftiges Leben herleitet.

5.
Die ethische Bedeutung der Nützlichkeit, Sitte und Mode.

Eine Frage, die Adam Smith schon früher berührt hatte, macht er im vierten Kapitel zum Gegenstande einer eingehenden Untersuchung, die Frage nämlich: Welche Wirkung hat die Nützlichkeit auf das Billigungsgefühl? Die Nützlichkeit sei eine Hauptquelle der Schönheit, die bequeme Einrichtung eines Hauses z. B. gewähre dem Zuschauer ebensoviel Vergnügen wie seine Regelmäßigkeit: das werde allgemein zugestanden. Nach einem großen Denker (Hume) gefalle die Nützlichkeit eines Objektes dem Besitzer desselben, weil es ihn stets an die Annehmlichkeit erinnere, welche es hervorzubringen vermöge; diese Empfindungen würden durch die Sympathie auf den Zuschauer übertragen.

Smith sucht dagegen zu beweisen, daß sehr oft das Nützliche wegen der Angemessenheit der Mittel zu den beabsichtigten Zwecken, ohne Rücksicht auf die möglichen Wirkungen, gefalle. Er erinnert an das uninteressierte Gefallen, welches eine ganz richtig gehende Uhr hervorbringe. So werde großer Reichtum oft als Mittel zur Glückseligkeit begehrt, ohne sie jedoch hervorbringen zu können. Aber es sei gut, daß die Natur uns auf diese Weise täusche. Die Freuden des Reichtums und menschlicher Größe betrachte die Phantasie als etwas Großartiges, Edles und Schönes, diese Täuschung sporne den Menschen zu unablässigem Fleiße an. Nur an unermeßlichen eigenen Genuß denke der Grundherr, aber er müsse den größten Teil seiner Reichtümer mit seinen Dienern teilen. „Die Reichen wählen nur das Kostbarste und Angenehmste vom Haufen. Sie verzehren wenig mehr als die Armen; trotz ihrer natürlichen Selbstsucht und Unersättlichkeit, obgleich sie nur auf ihre eigenen Bequemlich= keiten sinnen, ungeachtet der einzige Zweck, welchen sie durch die Be= schäftigung all' der Tausende zu erreichen suchen, die Befriedigung ihrer nichtigen und unersättlichen Begierden ist, teilen sie mit den Armen das Produkt aller ihrer Aufwendungen. **Sie werden von einer unsichtbaren Hand geleitet**, fast dieselbe Ver= teilung der Güter vorzunehmen, welche die Folge einer gleichen Teilung unter alle Bewohner sein würde. **Ohne es zu wollen, ohne es zu wissen, fördern sie so das Interesse der Gesellschaft und die Fortpflanzung der Gattung**"[1]).

Auch die Thatsache, daß großer Gemeingeist und edle Menschlichkeit durchaus nicht immer in demselben Menschen zusammenwohnen, scheint ihm für seine Behauptung zu sprechen. Reformen würden manchmal vorgeschlagen, um ein mehr schönes Ganze herzustellen, aus Liebe zum System, als aus Mitgefühl mit den Leiden unserer Mitbürger.

Auch Charaktere und menschliche Einrichtungen hätten eine gewisse Schönheit oder Häßlichkeit, insofern sie für den Bestand der menschlichen Gesellschaft nützlich oder schädlich seien. Wenn man diese Thatsache abstrakt betrachte, ohne sich durch die Analyse eines einzigen Falles aufzuklären, sei man geneigt, der Nützlichkeit oder Schädlichkeit zuviel Bedeutung einzuräumen. Wir billigten, behauptet Hume, die Tugenden eines Menschen nur deshalb, weil sie ihm oder Anderen nützlich seien, wir mißbilligten die Laster nur deshalb, weil sie dem Lasterhaften oder Andern schädlich seien. Es habe in der That, meint Smith, die Natur unser Billigungsgefühl so glücklich eingerichtet, daß es

---

[1]) S. 466.

Alles der Gesellschaft Schädliche mißbillige. Und doch sei nicht die Rücksicht auf die Nützlichkeit die erste oder wichtigste Quelle unserer Billigung und Mißbilligung. Von vornherein sei es unmöglich, daß wir einen Mann ganz aus demselben Grunde lobten, wie wir eine Kommode empfehlen. Es zeige aber auch die Erfahrung, daß das Gefühl der Billigung stets ein Urteil der Schicklichkeit einschließe, das von der Erkenntnis des Nutzens verschieden sei.

In dem fünften Buche untersucht Smith, ob Sitte und Mode das Gefühl moralischer Billigung beeinflussen. Er ist der Ansicht, daß dem so sei. Wer in schlechter Gesellschaft aufgewachsen ist, kann die Feinheit des moralischen Sinnes nicht erreichen, die den in wirklich guter Gesellschaft Geborenen zur andern Natur wird. Zur Zeit Karls des Zweiten erregten Leichtfertigkeit und Üppigkeit keinen Anstoß. Sie schienen die einem wahrhaft vornehmen Manne zukommenden Eigenschaften zu sein. Die Qualitäten, die wir herkömmlich an den Personen bestimmter Stände und Alter beobachten, werden für uns Maßstäbe, an denen wir alle Andern derselben Klassen messen. Jede Kulturstufe hat ihre eigentümlichen Tugenden, die von den auf ihr stehenden Menschen gebilligt werden. Der Wilde zeigt Verschlagenheit, Verstellung, Selbstbeherrschung, der verfeinerte Mensch Offenherzigkeit und Sentimentalität. Bei der Erklärung dieser letzten Thatsache lenkt nun Smith in die Bahnen Humes ein. Der Wilde muß verschlagen und empfindungslos sein, weil seine Lage diese Eigenschaft erfordert, der verfeinerte Mensch kann freimütig sein, seinen Gefühlen freien Lauf lassen, weil der gesellschaftliche Zustand die rauhen Tugenden nicht mehr erfordert.

Übrigens schreibt er Gewohnheit und Sitte keinen allzugroßen Einfluß auf die sittlichen Gefühle zu, ihre eigentliche Domäne sei Kunst und Luxus. „Die Gefühle der sittlichen Billigung und Mißbilligung gründen sich auf die stärksten und kräftigsten Leidenschaften der menschlichen Natur, sie lassen sich wohl ein wenig biegen, aber nicht ganz verändern" [1]).

---

[1]) II, S. 19.

6.
Die Tugendlehre.

Die fünf ersten Auflagen des Werkes schließen die syste=
matische Darstellung mit dem fünften Kapitel. Die sechste
Auflage schiebt ein Kapitel über den Charakter der Tugend
zwischen das fünfte und sechste ein. Da hie und da wichtige
Behauptungen auf Stellen desselben gestützt worden sind, so muß
daran erinnert werden, daß es kurz vor dem Tode Smiths,
31 Jahre nach dem ersten Erscheinen des Werkes, veröffentlicht
worden ist. Den Ausgangspunkt der Erörterung bildet einerseits
die Glückseligkeit, andererseits das Individuum.

Wenn wir den Charakter eines Menschen betrachteten, legten
wir an ihn zwei Maßstäbe an: erstens, wie er seine eigene Glück=
seligkeit, und zweitens, wie er diejenige anderer Menschen beeinflusse.
Die Tugend, welche unsere eigene Glückseligkeit hervorbringe, sei die
Klugheit. Da die Glückseligkeit hauptsächlich auf dem Besitze
der Gesundheit, hinreichenden Vermögens und der Aufrechterhaltung
des Ranges und der Würde in der Gesellschaft beruhe, so sei
der Kluge vorzugsweise auf die Erlangung und Erhaltung dieser
Güter gerichtet. Deshalb strebe er mehr nach Sicherheit des
Erworbenen als nach unsicherem Gewinn, er setze weder seine
Gesundheit, noch sein Vermögen, noch seinen guten Ruf aufs
Spiel. Weniger unternehmend als vorsichtig, suche er seine
Stellung zu erhalten und zu verbessern, sowohl durch Fleiß, Be=
harrlichkeit und gründliche Kenntnisse, wie durch Mäßigkeit und
eine gewisse Sparsamkeit. Er werde nie Andere durch List, Be=
trügerei, Anmaßung, oberflächliche und unverschämte Prätensionen
zu täuschen suchen. Bescheiden und einfach, auf seine Kenntnisse
und Fähigkeiten bauend, verschmähe er es, die Gunst der Clique
zu erwerben. Wenn er sich mit einer Gesellschaft dieser Art
einlasse, so geschehe es zu seiner Selbstverteidigung, nicht um
Andere zu täuschen. Immer aufrichtig, sei er nicht immer offen;
der Vorsicht in den Handlungen entspreche die Zurückhaltung in
der Rede. Der Überschwänglichkeit wenig geneigt, zeige er sich

für die Freundschaft sehr empfänglich, nicht für eine leidenschaftliche Freundschaft, sondern für treue Anhänglichkeit an wenige erprobte Gefährten. Weder glänzend in der Gesellschaft, noch geistreich in der Unterhaltung, beobachte er gewissenhaft die Gesetze des Anstandes und guter Sitte. Im Gemisse der Billigung seines Gewissens und anderer Menschen, lebe er um so zufriedener, als er allmählich die Früchte seines Fleißes und seiner Mäßigkeit ernte. Eine Störung der angenehmen Ruhe, deren er sich erfreue, suche er auf jede Weise abzuwehren: er strebe weder nach der Beteiligung an unsicheren Unternehmungen, noch nach der Übernahme neuer Verpflichtungen, oder der Einmischung in fremde Angelegenheiten und dem thörichten Ruhme, Einfluß zu haben. Ein Feind des Parteizwistes, selbst edlen Ehrgeizes wenig fähig, trete er nur dann in den Dienst seines Vaterlandes, wenn er bestimmt dazu aufgefordert würde. Wenn die Klugheit nur auf Gesundheit, Reichtum, Rang und Ruf gerichtet wäre, betrachte man sie als eine achtungswürdige, jedoch keineswegs als eine adelnde Tugend. Anders, wenn sie sich zu den großen Eigenschaften des Feldherrn und des Staatsmannes geselle. Die Unklugheit, oder die Unfähigkeit für sich selbst zu sorgen, werden von großmütigen und menschenfreundlichen Personen mit Mitleid, von weniger zartfühlenden vielleicht mit Verachtung, aber niemals mit Haß oder Unwillen betrachtet. Wenn sich Schurkerei mit Klugheit verbinde, werde sie in der Welt häufig mit Nachsicht betrachtet, dagegen verfalle die von Unklugheit begleitete Unredlichkeit dem Haß, der Verachtung und der Lächerlichkeit. Jener, in einigen Beziehungen nach den Lehren und dem Leben der Epikureer ins Moderne übersetzte, kluge Mann ist in den wichtigsten Zügen dem von unserem Philosophen entworfenen Bilde nachgezeichnet worden, um wenigstens eine annähernde Vorstellung davon zu geben, wie sein A. Smith Charaktere zu schildern versteht. Man glaubt zuweilen eine Übersetzung von La Bruyères: „Les caractères de notre siècle" vor sich zu haben. Um mit Theophrast zu wetteifern, dazu fehlt ihm die dramatische Lebendigkeit. Den übrigen Teil des Kapitels werden wir nun kürzer wiedergeben.

Der Charakter des Individuums kann zweitens ins Auge gefaßt werden, insofern er die Glückseligkeit anderer Personen schädigt oder fördert. Die Schädigung ist nur erlaubt, wenn der unparteiische Zuschauer unsere Gefühle billigt. Wer Niemandes Rechte verletzt ist gerecht. Der vollkommen Gerechte besitzt neben dieser negativen Eigenschaft auch positive Tugenden. Er ist gewöhnlich menschenfreundlich und wohlwollend. Nach diesen Vorbemerkungen untersucht Smith, in welcher Ordnung die Natur die Individuen unserer Sorge und Aufmerksamkeit anempfohlen habe.

Jeder Mensch ist zunächst sich selbst empfohlen, denn er ist in jeder Hinsicht fähiger als jeder Andere für sich selbst zu sorgen. In zweiter Linie stehen uns Eltern, Kinder, Geschwister nahe. Das innige Zusammenleben erzeugt Zuneigung, diese ist in Wirklichkeit nichts anderes als gewohnheitsmäßige Sympathie. So bringt auch der aus der Notwendigkeit entspringende Verkehr unter gutgearteten Menschen freundliche Beziehungen hervor. Am höchsten aber stellt Smith von allen Arten persönlicher Anhänglichkeit diejenige Freundschaft, welche auf gegenseitiger Achtung beruht und durch lange Bekanntschaft und Erfahrung besiegelt ist. Unserem besondern Wohlwollen hat die Natur unsere Wohlthäter empfohlen. Den Gegenstand „einer wohlwollenden Aufmerksamkeit bilden endlich die Reichen und Mächtigen einerseits, die Armen und Elenden andererseits". Die Unterstützung und Tröstung des menschlichen Elends hängt ganz von unserem Mitleid mit den Letzteren ab, der Friede und die Ordnung in der Gesellschaft, welche von größerer Wichtigkeit als selbst die Unterstützung der Elenden sei, von der Ehrfurcht vor Reichtum und Macht. Der Zug zu den Großen und Mächtigen sei so stark in unserer Natur, daß die Moralisten uns davor gewarnt hätten. „Aber die Natur hat weise gedacht, daß die Rangunterschiede, der Friede und die Ordnung der Gesellschaft sicherer auf der einfachen und greifbaren Verschiedenheit von Geburt und Glücksgütern ruhen würden, als auf der unsichtbaren und oft ungewissen Verschiedenheit von Weisheit und Tugend. Die blöden Augen des großen Haufens der Menschheit können die Ersteren ganz gut erkennen, nur mit Mühe

vermag der Scharfblick der Weisen und Tugendhaften die Letzteren
zu unterscheiden. Aus der Ordnung aller dieser Empfehlungen
leuchtet ebenfalls die wohlwollende Weisheit der Natur hervor"[1]).
Neben dem Individuum sind die Gesellschaften von Natur unserem
Wohlwollen empfohlen, vor allem der Staat, in welchem wir
geboren sind. Auch hierin sieht Smith eine Wirkung jener
Weisheit, welche das System der menschlichen Zuneigung eben=
sowohl ordnete, wie dasjenige jedes anderen Teiles der Natur[2]).
Von großer Wichtigkeit sind die allgemeinen politischen Grund=
sätze, welche A. Smith in diesem Abschnitte darlegt. Jeder
Staat zerfällt in Stände und Vereine mit besonderen Rechten,
Vorrechten und Freiheiten. „Jedes Individuum ist von Natur
seinem eigenen Stande mehr zugethan, als irgend einem andern.
Sein eigenes Interesse, seine eigene Eitelkeit, das Interesse und
die Eitelkeit mancher seiner Freunde und Genossen sind gewöhn=
lich nicht wenig damit verbunden. Es strebt nach Erweiterung
seiner Vorrechte und Freiheiten. Mit Eifer verteidigt es sie
gegen die Eingriffe jedes andern Standes oder Vereines"[3]).
Von der Art und dem Verhältnis der Stände, der Verteilung
von Freiheiten und Vorrechten hängt die Verfassung des Staates
ab, deren Beständigkeit auf der Fähigkeit jedes Standes beruht,
die unbefugten Eingriffe jedes andern Standes abzuwehren. Zur
Wohlfahrt und Sicherheit des Staates, dem alle Stände unter=
geordnet sind, mag zuweilen eine Verminderung der Rechte, Vor=
rechte und Freiheiten der einzelnen Stände notwendig sein. Viel=
leicht ist es schwer, die Mitglieder davon zu überzeugen. Obwohl
die Abneigung gegen Reformen ungerecht ist, so darf sie deshalb
nicht als nutzlos bezeichnet werden. „Sie zügelt die Neuerungs=
sucht, sie hat die Tendenz, das bestehende Gleichgewicht der
verschiedenen Stände zu erhalten, und während sie bisweilen
einige zur Zeit beliebte und volkstümliche Änderungen ver=
hindert, trägt sie in Wirklichkeit zur Beständigkeit und Dauer

---

[1]) II, 90.
[2]) II, 99.
[3]) II, 101.

des ganzen Systems bei"¹). Die Vaterlandsliebe schließe gewöhnlich zwei Principien ein: erstens Achtung vor der eingeführten Verfassung und den Gesetzen; zweitens den ernsten Wunsch, die Lage unserer Mitbürger möglichst sicher und glücklich zu machen. In Zeiten bürgerlicher Unruhen, wo selbst der Weise denken möge, daß eine Veränderung der Verfassung zur Erhaltung der öffentlichen Ruhe notwendig sei, werde die höchste politische Weisheit zur Beantwortung der Frage erfordert, ob der Patriot das alte System unterstützen oder dem kühnen, aber oft gefährlichen Geist der Neuerung folgen solle. Der humane Vaterlandsfreund mag Rechte, Vorrechte und Freiheiten von Individuen und Ständen bis zu einem gewissen Grade für einen Mißbrauch halten, aber er wird sich damit begnügen, das zu mäßigen, was er ohne große Heftigkeit nicht vernichten kann. Wenn er der eingewurzelten Vorurteile des Volkes nicht durch Vernunft oder Überlegung Herr werden kann, so wird er es nicht mit Gewalt anstreben. Er wird seine öffentlichen Anordnungen mit den bestehenden Gewohnheiten und Vorurteilen des Volkes in Einklang zu setzen suchen.

„Der Doktrinär dagegen (the man of system) dünkt sich sehr weise und ist oft von der vermeintlichen Schönheit seines eigenen idealen Regierungsplanes so eingenommen, daß er nicht die geringste Abweichung von irgend einem Teile desselben vertragen kann. Er führt ihn in seinem ganzen Umfange durch, ohne Rücksicht auf die großen Interessen oder die starken Vorurteile, welche ihm im Wege stehen mögen. Er scheint sich einzubilden, daß er die verschiedenen Mitglieder einer großen Gesellschaft mit ebensoviel Leichtigkeit ordnen könne, wie die Hand die Figuren auf einem Schachbrett verschiebt"²). „Eine allgemeine und selbst systematische Idee der Vollkommenheit von Verwaltung und Recht mag zweifellos zur Klärung der Ansichten des Staatsmannes nötig sein. Aber es ist der höchste Grad der

---

¹) II, 103.
²) II. 110.

Anmaßung darauf zu bestehen, daß Alles, was jene Idee zu erfordern scheint, eingeführt und zwar sofort ins Werk gesetzt werde."

Ich darf daran erinnern, daß diese Worte Jahre nach dem Erscheinen des nationalökonomischen Werkes, vielleicht zur Zeit, als das erste Gewittergrollen der französischen Revolution über den Kanal tönte, niedergeschrieben sind[1]).

Smith behandelt noch kurz das allgemeine Wohlwollen. Obwohl unser Wohlthun selten die Grenzen des Vaterlandes überschreiten könne, so vermöge unser Wohlwollen die Unermeßlichkeit des Weltalls zu umfassen, weil wir imstande wären, mit allen Wesen zu sympathisieren. Es errege aber nur echte Glückseligkeit auf der Folie des Glaubens, daß ein höchstes, wohlwollendes und allweises Wesen die Welt regiere und in ihr die größte Summe von Glückseligkeit erhalte. In diesem

---

[1]) Noch deutlicher fühlt man den Pulsschlag der Zeit in dem sehr lesenswerten Abschnitt „Use and abuse of general principles in politics" in Dugald Stewarts „Elements of the Philosophy of the Human Mind", welche während und nach der französischen Revolution veröffentlicht wurden. Smith und die Physiokraten werden dagegen in Schutz genommen, sie hätten die sofortige Verwirklichung ihrer Pläne gewünscht. In einer 1810 geschriebenen Note zu der 1793 gelesenen Biographie Smiths erklärt er die Gründe, welche ihn veranlaßt hätten, sich über den „Wealth of Nations" in einer allgemeineren Weise zu verbreiten, als er ursprünglich beabsichtigt habe. Zu jener Zeit, 1793, „it was not unusual, even among men of some talents and information, to confound, studiously, the speculative doctrines of Political Economy, with those discussions concerning the first principles of Government which happened unfortunately at that time to agitate the public mind. The doctrine of a Free Trade was itself represented as of a revolutionary tendency; and some who had formerly prided themselves on their intimacy with Mr. Smith, and on their zeal for the propagation of his liberal system began to call in question the expediency of subjecting to the disputations of philosophers, the arcana of State Policy, and the unfathomable wisdom of the feudal ages." Collected Works. X, S. 87.

Im Jahre 1828 schreibt er von der Lehre Smiths und Quesnays, sie sei, wie er glaube, geworden „the prevailing creed of thinking men all over Europe; and as commonly happens with prevailing creeds, has been pushed by many of its partisans far beyond the views and intentions of its original authors." a. a. O. VII, S. 108.

zusammenhange findet sich nun auch die bekannte Stelle:
„Der Weise und Tugendhafte ist zu allen Zeiten damit einverstanden, daß sein eigenes Privatinteresse dem öffentlichen Interesse seines besonderen Standes geopfert werde. Er ist immer gewillt, das Interesse dieses Standes dem größeren Interesse des Staates oder des Gemeinwesens, von dem er (der Stand nämlich) nur einen untergeordneten Teil bildet, zum Opfer zu bringen. Er sollte daher gleichfalls geneigt sein, alle jene untergeordneten Interessen dem größeren Interesse des Universums zu opfern, dem Interesse der großen Gesellschaft aller empfindenden und denkenden Wesen, deren unmittelbarer Leiter und Verwalter Gott selbst ist. Hat er sich voll und ganz mit der Überzeugung erfüllt, daß dieses wohlwollende und allweise Wesen in das System seiner Regierung kein partielles Übel aufnehmen kann, welches nicht für das allgemeine Beste notwendig ist: so muß er alle Unglücksfälle, welche ihn, seine Freunde, seine Gesellschaft oder sein Land treffen, als notwendig für den Wohlstand des Universums betrachten . . . Auch scheint die Ergebung in den Willen des großherzigen Weltenlenkers keineswegs über die Grenzen der menschlichen Natur hinauszugehen. Gute Soldaten, welche ihren Feldherrn lieben und achten, gehen oft mit größerer Freudigkeit und Munterkeit auf den verlorenen Posten, von welchem sie niemals zurückzukehren erwarten, als dahin, wo es weder Schwierigkeiten noch Gefahren gibt . . . . . Die Idee jenes göttlichen Wesens, dessen Wohlwollen und Weisheit von Ewigkeit her dies ungeheure Getriebe des Weltalls so anordnete und leitete, daß es jederzeit die größtmögliche Menge von Glück hervorbrachte, ist sicherlich von allen Gegenständen menschlicher Betrachtung bei weitem die erhabenste. Der Mensch, von dem wir glauben, daß er vornehmlich mit dieser erhebenden Betrachtung beschäftigt sei, verfehlt selten, der Gegenstand unserer höchsten Verehrung zu sein . . . . Doch ist die Verwaltung des Weltganzen, die Sorge für die allgemeine Glückseligkeit das Geschäft Gottes und nicht des Menschen. Ihm ist ein bescheideneres Los gefallen, welches mehr mit seinen schwachen Kräften und der

Enge seines Verständnisses zusammenstimmt: die Sorge für seine eigene Glückseligkeit, diejenige seiner Familie, seiner Freunde, seines Landes . . . . Die kühnste Spekulation kann kaum die Vernachlässigung der kleinsten Pflicht gutmachen"[1]).

So hat Smith drei Tugenden gefunden, Klugheit, Gerechtigkeit, Wohlwollen. Wer sie befolgt, die egoistischen und die altruistischen Triebe in richtiger Mischung und in richtiger Stärke vereinigt, ist vollkommen tugendhaft. Doch genügt die Kenntnis dieser Tugenden nicht: es muß die Selbstbeherrschung hinzutreten, um die Leidenschaften abzuwehren, welche zur Verletzung der gebilligten Grundsätze bewegen könnten. Unser Philosoph unterscheidet zwei Arten von Leidenschaften, diejenigen, welche selten aber heftig auftreten, so daß ihre Überwindung eine große Anstrengung kostet, und diejenigen, deren einmalige Beherrschung zwar leicht ist, deren fortgesetzte, unaufhörliche Forderungen aber auf große Abwege führen mögen. Die ersteren sind Furcht und Zorn, die letzteren die sinnlichen Begierden und die Sucht, den Beifall Anderer zu erwerben. Ihnen entsprechen die Tugenden der Tapferkeit, der Mannhaftigkeit, der Seelenstärke einerseits, der Enthaltsamkeit, Wohlanständigkeit, Sittsamkeit und Mäßigung andererseits. Diese Tugenden empfangen ihren Wert aus zwei Quellen. Sie sind erstens nützlich, sie gestatten uns jederzeit nach den Geboten der Klugheit, der Gerechtigkeit und des Wohlwollens zu handeln. Außerdem haben sie noch eine besondere Schönheit, einen eigenen und keinen abgeleiteten Wert, weil der unparteiische Zuschauer entweder mit der Stärke und Größe oder mit der unbeugsamen Stetigkeit der Anstrengung sympathisiert.

Da aber Smith den Ahndungstrieb für einen so wichtigen Besitz der menschlichen Natur hält, so lehrt er, daß der absolute Mangel an Zorn durchaus keine Tugend sei. Der richtige Ausdruck gerechten Unwillens wird gebilligt, gerechter Unwille aber ist zurückgehaltener, gemäßigter Zorn. Wenn der Zorn durch

---
[1]) II, 115—119.

die Furcht zurückgehalten wird, erweckt er keine Bewunderung. Es besteht der große Unterschied zwischen Furcht und Zorn, daß der letztere oft mit Mut verbunden ist. Daher ist die Beherrschung der Furcht immer ein Gegenstand der Sympathie. So edel erscheint uns die Bemeisterung von Zorn und Furcht, daß sie selbst da noch gefällt, wo sie einer tiefen Verstellung oder unversöhnlicher Rachgier die Wege ebnet. Weit weniger kann die Beherrschung jener zweiten Klasse von Leidenschaften zur Erreichung eines verderblichen Zweckes mißbraucht werden.

Die Billigung des unparteiischen Zuschauers wird nicht überall durch denselben Grad der Selbstbeherrschung hervorgerufen. Bei einer Klasse von Leidenschaften mißfällt mehr der Mangel, bei einer andern das Übermaß. Der unparteiische Zuschauer zeigt sich zur Sympathie mit denjenigen Leidenschaften geneigt, deren Empfindung dem Leidenschaftlichen angenehm ist, und zur Mißbilligung derjenigen, deren Empfindung dem Leidenschaftlichen Unlust verursacht. Der Mangel an Güte, Freundschaft, Liebe wird mehr mißbilligt, als das Übermaß derselben. Es sind dies die Leidenschaften, welche die Menschen eng mit einander verbinden. Anders ist es mit Zorn, Haß, Neid, welche die Menschen auseinander treiben. Hier mißfällt der Mangel weniger als das Übermaß. Smith fühlt sich aber auch hier wieder gedrungen, die Notwendigkeit eines gerechten Zornes hervorzuheben. „Der Mangel an schicklichem Unwillen ist ein sehr wesentlicher Fehler des männlichen Charakters und macht bei vielen Gelegenheiten einen Menschen unfähig, entweder sich selbst oder seine Freunde vor Ungerechtigkeit zu bewahren"[1]). Eine Nachwirkung dieser Ansichten finden wir in dem 1. Abschnitte des 5. Buches seines nationalökonomischen Werkes. Die Maßregeln und Eigenschaften, welche zur Verteidigung der Unabhängigkeit und Würde des Vaterlandes dienen, hat er dort mit einer Liebe behandelt, welche manchmal die Verwunderung seiner vermeintlichen Anhänger erregt hat. Dummheit und Feigheit sind für ihn die

---

[1]) II, 136.

schwersten Mängel des Mannes. Selbst der Mangel an Neid mißfällt. „Derjenige, welcher in wichtigen Angelegenheiten zahm zusieht, wie andere Menschen, denen keine derartige Erhebung zukommt, sich über ihn erheben, wird mit Recht als mattherzig verdammt"¹). Das Übermaß von Empfindlichkeit mißfällt ebensowohl wie der völlige Mangel an derselben. „Ein reizbares Gemüt, welches mit großer Lebhaftigkeit jede kleine Unannehmlichkeit empfindet, macht einen Mann in sich selbst elend und für andere Menschen lästig"²). Wenn der Empfindliche klug ist, wird er sich entfernt von dem Parteileben halten, weil es ein starkes Gemüt verlangt.

Smith untersucht noch den Hang zur Freude und die Selbstachtung und findet auch bei diesen, daß die Tugend in der Mitte liegt. Bei beiden ist uns das Übermaß weniger unangenehm als der Mangel an denselben. Die Erörterung fehlerhafter Selbstachtung enthält zwei Meisterwerke psychologischer Darstellung: die Beschreibung des Stolzen und des Eitlen. Lebhaft schildert er, wie der Mangel an richtiger Selbstschätzung von Menschen niedriger Gesinnung gewöhnlich mißbraucht wird.

Die drei Grundtugenden der Klugheit, Gerechtigkeit und des Wohlthuns werden uns sowohl durch unsere Triebe, die selbstsüchtigen und die wohlwollenden, wie auch durch die Billigung anderer Menschen empfohlen. Die Zuschauer sympathisieren mit der Sicherheit des Klugen, mit der Sicherheit der Umgebung der Gerechten, mit der Dankbarkeit der von Wohlthätigkeit Beglückten. Die Tugend der Selbstbeherrschung gefällt fast allein durch ihre Schicklichkeit.

7.
Die Kritik früherer ethischer Schriften.

Dieses ist das Moralsystem unseres Philosophen. Er sucht dessen Festigkeit durch eine Kritik früherer ethischer Lehrgebäude zu beweisen.

---

¹) II, 137.
²) II, 138.

Zwei Fragen müsse jedes System beantworten: Worin besteht die Tugend? Welches Vermögen empfiehlt uns den gebilligten Charakter? Auf diese beiden Fragen seien je drei Antworten gegeben worden.

Die Tugend bestehe nach den Einen in der richtigen Leitung aller unserer Gefühle oder der Schicklichkeit; nach Andern in der vernünftigen Verfolgung unseres Selbstinteresses oder in der Klugheit; nach einer dritten Klasse von Philosophen im uninteressierten Wohlwollen.

Das Princip der Billigung sehen die Einen in der Vernunft, die Andern in der Selbstliebe, die Dritten in einem unmittelbar entscheidenden Gefühle.

Mehr als diese drei Gruppen seien nicht möglich. Offenbar stehen deren Tugend- und Billigungsprincipien in innigster Verbindung.

Adam Smith bespricht nacheinander als Systeme der **Schicklichkeit** die Tugendlehre Platos, des Aristoteles und ausführlicher das ethische System der Stoiker, welche ihm augenscheinlich in einigen Grundansichten congenial sind. Jene feurige Vernunft der Stoa, welche das Weltall durchdringt und deren Gesetzen sich der Mensch freudig unterwirft, hat eine nicht zu verkennende Ähnlichkeit mit dem allwissenden, allgütigen Wesen Adam Smiths, welches die ganze Welt regiert und dessen Einrichtungen der Weise mit immer zunehmendem Verständnis bewundert. Neben den alten gehörten von den neueren die Systeme Clarkes, Wollastons und Shaftesburys hierher.

Smith meint, alle diese Systeme enthielten nur die Hälfte der Wahrheit. Obgleich die Schicklichkeit einen wesentlichen Bestandteil jeder tugendhaften Handlung bilde, sei sie doch nicht der einzige Bestandteil. Wohlthätige Handlungen besäßen noch eine andere Eigenschaft, vermöge deren sie neben der Billigung auch eine Belohnung zu verdienen schienen. Die Unschicklichkeit sei zweifellos ein Charakterzug aller lasterhaften Handlungen, weshalb aber einige nach der Meinung der Zuschauer Strafe verwirkt hätten, erkläre keines jener Systeme genügend. Außerdem fehle es in allen an einem Maßstabe, mit welchem die Angemessenheit des Affektes abgeschätzt werden könne. Das System, welches die Tugend in der Nützlichkeit bestehen lasse (Humes Ethik), habe wohl einen solchen Maßstab, aber Smith hält ihn nicht für richtig.

An der Klugheitslehre Epikurs tadelt er es, daß dieser Philosoph übersehen habe, wie die Gefühle, welche die Tugenden und die entgegengesetzten Laster in anderen Menschen erregen, viel heftigere Wünsche und Abneigungen hervorrufen, als ihre wohlthätigen und schädlichen Folgen für unsere körperliche Lust und Unlust. Liebenswürdig, achtungswert zu sein, schätze das natürlich veranlagte Gemüt mehr, als Wohlstand und Sicherheit; verhaßt, verächtlich zu sein, wäre schmerzlicher als alle körperlichen Schmerzen, welche unsere Handlungen hervorrufen könnten. Es sei aber erklärlich, wie Epikur zu diesem Systeme gekommen sei. Der Schöpfer habe es so eingerichtet, daß selbst in diesem Leben Tugend wahre Weisheit, das Laster kurzsichtige Thorheit sei. Wenn man nun mit Leuten zu thun habe, auf welche die natürliche Schönheit der Tugend keinen Einfluß besitze, so bleibe nichts anderes übrig, als sie auf die nützlichen und schädlichen Folgen ihres Betragens aufmerksam zu machen. Was an Epikurs System und verwandten am meisten zu loben ist, daß sie einen sicheren, unzweifelhaften Ausgangspunkt der ethischen Betrachtung in körperlicher Lust und körperlichem Schmerz aufzeigen, das erscheint Smith als die Befriedigung des insbesondere bei Philosophen beliebten Hanges, alle Erscheinungen aus so wenig Principien wie nur möglich abzuleiten, eine Neigung, welche ihnen erlaube, ihren Scharfsinn der Welt zu offenbaren. Schließlich hebt er noch hervor, daß die Tugend nach der Lehre Epikurs nur ein Mittel zur Erreichung eines Zweckes sei.

Als Systeme des Wohlwollens erwähnt er kurz diejenigen der Neuplatoniker, Cudworths, Mores und Smiths von Cambridge, ausführlicher dasjenige seines Lehrers Hutcheson. Zu tadeln findet er an diesem System, daß es die Billigung der niedrigeren Tugenden der Klugheit, Wachsamkeit, Umsicht, Mäßigkeit, Beständigkeit nicht hinreichend erkläre. Auch wären die wohlthätigen und schädlichen Wirkungen unserer Affekte die einzigen Eigenschaften, welche in Rechnung gezogen würden. Ihre Schicklichkeit oder Unschicklichkeit im Verhältnis zu der veranlassenden Ursache würden völlig übersehen. Doch hören wir Smith über den ersten Punkt selbst: „Die Sorge für unsere eigene Glückseligkeit und unser Privatinteresse erscheinen bei vielen Gelegenheiten als sehr lobenswerte Grundsätze. Die Gewohnheiten der Sparsamkeit, des Fleißes, der Besonnenheit, Aufmerksamkeit, Bedachtsamkeit werden nach allgemeiner Annahme aus selbstsüchtigen Beweggründen gepflegt und doch als sehr lobenswerte Eigenschaften gepriesen" [1]). „Wir sind nicht geneigt zu glauben, daß es einem Menschen an Selbstsucht fehle. Das ist keineswegs die schwache Seite der menschlichen Natur oder der Mangel, den wir zu argwöhnen geneigt sind. Wenn wir jedoch wirklich von einem Manne glauben könnten, daß er, abgesehen von der Rücksicht auf Familie und Freunde, nicht hinreichend für seine Gesundheit, sein Leben oder sein Vermögen besorgt wäre ... so würde das unzweifelhaft ein Mangel sein .... Sorglosigkeit und Mangel an guter Wirtschaft werden allgemein mißbilligt nicht als Fehler, die aus einem Mangel an Wohlwollen, sondern aus einem Mangel an schicklicher Aufmerksamkeit auf die Objekte des Selbstinteresses hervorgehen .... Das Wohlwollen mag vielleicht das einzige Handlungsprincip der Gottheit sein ... aber was auch immer der Fall bei der Gottheit sein mag, so muß doch ein so unvollkommenes Geschöpf wie der Mensch, dessen Dasein so vieler äußerer Dinge bedarf, oft aus ganz andern Beweggründen handeln. Die Lage des Menschen wäre hart, wenn jene Triebe, die infolge des Wesens unserer Natur oft unser Betragen beeinflussen sollten, keineswegs als tugendhaft erscheinen oder Achtung und Empfehlung von irgend Jemand verdienen könnten" [2]).

---

[1]) II, 294.
[2]) II, 294—297.

In einem Anhange untersucht Smith die Lehre Mandevilles. Seine Ausführungen sind um so wichtiger, als der Wunsch zu gefallen auch in seiner Moraltheorie verwertet ist. Seine Kritik richtet sich auf zwei Punkte: erstens die „Eitelkeit" oder den rationellen „Ehrgeiz", aus welchem nach Mandeville die Tugend hervorgeht und zweitens den Charakter seines Tugendbegriffes, welcher in Beziehung auf das handelnde Individuum die Seite der Selbstverleugnung zeigt. Smith sucht nachzuweisen, erstens, daß er drei seelische Triebe durcheinanderwerfe, die nur das Gemeinsame hätten, daß sie sich auf die Gefühle Anderer bezögen: die Liebe zur Tugend, um ehren- und achtungswert zu sein, die Liebe zum wahren Ruhme, um Ehre und Achtung zu erwerben und die Eitelkeit, die um jeden Preis nach Lob strebe; zweitens, daß der Charakter der Tugend nicht in völliger Selbstverleugnung liege. Nicht absolute Unempfindlichkeit verlangten verschiedene Tugenden, sondern eine solche Bändigung der Heftigkeit der Leidenschaften, daß sie weder das Individuum noch die Gesellschaft schädigten. Auch sein Satz, daß die Laster der Einzelnen Wohlthaten für die Gesamtheit seien, beruhe auf einem solchen Irrtum, da er manches als Laster betrachte, was kein Laster sei. Obwohl Smith das System Mandevilles völlig verwirft, so gesteht er zu, daß einiges Wahre darin enthalten sein müsse, sonst wäre dessen Erfolg unerklärlich.

Das Ergebnis seiner Untersuchung ist also folgendes: die Systeme der Schicklichkeit können die Forderung des Gemütes nach Strafe und Belohnung nicht hinreichend erklären, es fehlt ihnen auch an einem Maßstabe für die Beurteilung der Angemessenheit des Affektes. Das System, welches die Tugend in die Nützlichkeit setze, besitze einen solchen wohl, aber er genügt nach Smith nicht. Das wohlwollende System unterschätze die Tugenden der Klugheit und ermangele der Berücksichtigung der Angemessenheit der Affekte. Das System der Klugheit aber betone zu ausschließlich die Wirkungen der Handlungen auf körperliche Lust und Unlust; es fehle ihm an Verständnis für wichtige Seiten des sittlichen Lebens, insbesondere sei die Tugend nur ein Mittel zum Zwecke. Sie alle bedürfen also einer Ergänzung.

Der zweite Teil seiner Kritik umfaßt die verschiedenen Principien der Billigung.

Er behandelt zuerst diejenigen Systeme, welche das Billigungsprincip in der Selbstliebe finden. Da unter seinen Vertretern wenig Übereinstimmung herrsche, so legt er seiner Darstellung die Ethik des Thomas Hobbes zu Grunde. Dieses Verfahren erscheint mir unrichtig, seine Darstellung der Hobbesschen Lehre nicht ganz zutreffend.

Da der Mensch nur in der Gesellschaft leben könne, so betrachte er Alles, was die Gesellschaft fördere, als sich selbst zuträglich. Tugend sei also das der Gemeinschaft Nützliche, Laster das Gemeinschädliche. Die Neuheit dieser Idee lasse den Adepten gewöhnlich übersehen, daß er bisher Tugend und Laster unterschieden habe, ohne etwas von dieser Lehre zu wissen. Wenn die Anhänger derselben das Gefallen und Mißfallen zu erklären suchten, welches die Tugend und das Laster in vergangenen Zeiten, da doch vom persönlichen Nutzen und Schaden nicht die Rede sein könne, in uns hervorbringe, so tasteten sie nach der Idee der indirekten Sympathie. Die Sympathie könne aber als kein selbstsüchtiges Princip betrachtet werden. „Obgleich man sehr richtig sagen kann, daß die Sympathie aus einer eingebildeten Vertauschung der Lage mit der leidenden Person entspringt, so geht doch diese Vertauschung nicht in meiner Person und in meinem Charakter vor sich, sondern in der Person desjenigen, mit welchem ich sympathisiere. Wenn ich mit Dir um den Verlust Deines einzigen Sohnes trauere, so ziehe ich, um Deinen Schmerz zu teilen, nicht in Betracht, was ich, eine Person von solchem Charakter und Stande leiden würde, wenn ich einen Sohn hätte und dieser Sohn unglücklicherweise sterben sollte, sondern ich erwäge, was ich empfinden würde, wenn ich wirklich Du wäre, und ich tausche nicht nur die äußeren Umstände, sondern auch Person und Charakter mit Dir." Ein Mann vermöge auch mit einer Wöchnerin zu sympathisieren, aber es sei unmöglich, daß er sich vorstellen könne, er fühle ihre Schmerzen.

Denjenigen, welche das Billigungsprincip aus der Vernunft

erklären, gibt er zu, daß wir die allgemeinen Regeln der sittlichen Führung vermittelst der Vernunft aus den sittlichen Einzel=erfahrungen ableiten, aber diese letzteren beruhten unmittelbar auf einem Sinne oder Gefühle, welches in jedem einzelnen Falle entscheide: diese Handlung gefällt, jene mißfällt. Es gibt nun zwei Klassen von Moralsystemen, welche das Gefühl zum Billigungs=princip erheben, solche, welche einen eigenen moralischen Sinn annehmen, andere, deren Urheber, mit der Sparsamkeit der Natur bekannt, die Sympathie zur Vermittlerin ethischer Urteile machten. Gegen Hutcheson wendet er ein, es sei doch seltsam, daß ein Gefühl, welches die Vorsehung zum herrschenden Principe bestimmt habe, erst seit wenigen Jahren einen Namen bekommen habe. Seinem (Smiths) System zufolge entspringe das Billigungsgefühl bei der Beurteilung irgend eines Charakters oder irgend einer Handlung aus vier Quellen. Zuerst sympathisierten wir mit den Triebfedern des Handelnden, wir teilten zweitens die Dankbarkeit des Beglückten, drittens bemerkten wir, daß sein Betragen den allgemeinen Regeln gemäß sei, nach welchen jene beiden Sym=pathien im allgemeinen wirken und viertens gewähre die Be=trachtung, daß derartige Handlungen Teile eines sittlichen Ganzen zur Beförderung der Glückseligkeit entweder des Individuums oder der Gesellschaft seien, ihnen die Schönheit einer wohl=konstruierten Maschine. Wenn man in jedem einzelnen Falle die Wirkungen abziehe, die aus einer oder der andern vorgenannten Quellen fließen und noch ein Übriges finde, so möge man das einem besondern moralischen Sinn zuschreiben. Eine Kritik des Humeschen Billigungsprincips, welche sich im siebenten Kapitel findet, erwähnen wir aus Zweckmäßigkeitsgrundsätzen erst im folgenden Kapitel.

Das Ergebnis des zweiten Teiles seiner Kritik lautet also: ein Gefühl ist das Erkenntnisprincip der Ethik, aber die Vernunft spielt bei der Entwicklung des Sittlichen, wenn auch eine secundäre, so doch eine bedeutende Rolle. Das Resultat des ersten Teiles seiner Kritik war gewesen: ein System der Schicklichkeit, welches einen genauen Maßstab für die Angemessenheit der Affekte und Hand=

lungen besitzt und die Forderung des Gemütes nach Strafe und Belohnung zu erklären weiß, entspricht allen Anforderungen.

In dem letzten Abschnitt des letzten Teiles seines Werkes erörtert Smith die Weise, in welcher verschiedene Schriftsteller von den praktischen Regeln der Sittlichkeit gehandelt haben. Ganz bestimmte Vorschriften des sittlichen Verhaltens ließen sich nicht angeben, wohl sei es möglich, die Normen der Gerechtigkeit mit aller Klarheit zu entwickeln. Das aber sei noch nicht genügend geschehen, er selbst gedenke sie in einem späteren Werke darzulegen. Wir sehen hier das Verbindungsglied zwischen der zweiten und dritten Vorlesung. Denn wie sein Biograph mitteilt: In the third part, he treated at more length of that branch of morality which relates to justice, and which, being susceptible of precise and accurate rules, is for that reason capable of a full and particular explanation.

Drittes Kapitel.

Adam Smiths Stellung in der Geschichte der englischen Ethik.

Wer die Stellung eines Schriftstellers in der Geschichte einer Wissenschaft bezeichnen will, hat zweierlei zu erörtern. Erstens muß er die Anregungen klarlegen, welche der Gelehrte von seinen Vorgängern erfahren hat, deutlich machen, wie das Fremde von ihm benutzt worden ist, hervorheben, worin seine eigentümlichen Leistungen bestehen. Hierdurch fällt zugleich das hellste Licht auf seine geistige Physiognomie. Diese Untersuchung entspricht in unserem Falle auch einem Bedürfnis, da Verkleinerer unseres Altmeisters Adam Smith zum Plagiator Humes herabzudrücken versucht haben und diese Verleumdung in den Kreisen, für welche der Verfasser dieses Werkes schreibt, noch fortzuwirken scheint.

Wenn das Verhältnis des Schriftstellers zu seinen Vorgängern bekannt ist, dann muß zweitens seine wissenschaftliche Bedeutung gewürdigt werden. Mit andern Worten, es muß die Untersuchung folgen, wie weit seine Lehren die Probleme seiner Wissenschaft gelöst haben, und welche Mängel sie nach der Meinung des Kritikers aufweisen.

Mit diesen beiden Fragen treten wir nun an den Verfasser der „Theorie der moralischen Gefühle" heran.

Erster Abschnitt.
Adam Smiths Verhältnis zu seinen Vorgängern.

Die „Theorie der moralischen Gefühle" zeigt sowohl in ihrem dogmatischen wie in ihrem kritischen Teile, daß die gleichzeitigen ethischen Richtungen des Festlandes ganz ohne Einfluß auf Adam Smith gewesen sind, daß die Kontroversen zwischen Hobbes und seinen Gegnern keine aktuelle Bedeutung mehr für ihn gehabt haben, und daß er vollständig auf dem Boden der Shaftesburyschen Ethik steht. Dies offenbart sich am deutlichsten darin, daß er ein Gefühl als Fundament der Moral betrachtet und in seiner Tugendlehre keinen Affekt von der sittlichen Billigung ausschließt, wenn er einen bestimmten Grad nicht überschreitet.

Je weniger sich eine Wirkung der an erster und zweiter Stelle bezeichneten Richtungen nachweisen läßt, um so mehr verrät das Werk das eindringlichste Studium der Nachfolger Shaftesburys. Ja, man darf sagen, daß es eine Auseinandersetzung und Versöhnung zwischen den Theorien Hutchesons, Humes, Butlers und Hartleys bietet. In seiner Kritik hat Smith das nach seiner Meinung Falsche aus der Wissenschaft auszuscheiden gesucht, in seiner Untersuchung das nach seiner Überzeugung Wahre, welches er von allen Seiten nimmt, weiter entwickelt und in ebenso scharfsinniger wie geistreicher Weise mit einander verbunden. Der Nachweis dieser Behauptung kleidet sich am besten in die Form einer Vergleichung der Lehren Smiths mit denjenigen Hutchesons, seines Lehrers, welcher offenbar seine geistige Richtung am nachhaltigsten bestimmt hat.

Zunächst zeigt sich ein tiefgehender Unterschied in dem Ergebnis der psychologischen Analyse der menschlichen Natur. In Hutchesons Beschreibung halten sich die egoistischen und altruistischen Triebe die Wage. Wenn er sich auch darüber keiner Täuschung hingibt, daß im Gedränge des Lebens die Sorge für die Erhaltung der eigenen Existenz das Wohlwollen zurückscheucht, so meint er doch, daß die sociale Stimmung um so kräftiger durchbreche, wenn die eigenen Wünsche befriedigt seien. Aber auch den Egoismus betrachtet er als stets beschränkt durch die Sympathie und den moralischen Sinn.

Dagegen schildert Smith die ursprüngliche Anlage des Menschen als tief selbstsüchtig. Der Funke des Wohlwollens ist schwach und wird erst in der Familie durch das Zusammenleben entwickelt: ein Gedanke, der sich schon bei den Epikureern, insbesondere bei Lucrez, später bei Mandeville und Hartley, findet. Hätte nicht der Schöpfer in die Brust den Vergeltungstrieb gesenkt, dann würde der Mensch in der Gesellschaft seinesgleichen wie unter wilden Thieren leben. Nur durch die Furcht werden sie davon abgehalten, über einander herzufallen, zunächst durch die Furcht vor dem Zorn des Beleidigten, weiter durch die Furcht vor dem Ahndungstrieb der ganzen Gesellschaft, der sich durch die Fähigkeit des Mitempfindens auf alle Menschen nach dem größeren oder geringeren Grade ihrer eigenen Reizbarkeit fortpflanzt: denn wer wenig für sich empfindet, kann auch nur wenig für andere empfinden, endlich durch die Furcht vor dem eigenen Gewissen. Das Gute, das sie thun, geschieht gewöhnlich nicht aus Liebe zu dem Nächsten, sondern aus dem Streben, die Vollkommenheit anderer dadurch zu erreichen, daß sie selbst vollkommen werden.

Die Sympathie zeigt er überall in ihrer Wirkungsweise durch die Selbstsucht begrenzt. Wir sympathisieren lieber mit kleinen Freuden und großen Schmerzen, als mit großen Freuden und kleinen Schmerzen. Die kleinen Schmerzen der Andern sind uns angenehm, sie erlauben uns, die heitere, freudige Stimmung zu entwickeln, die für unsere Natur so wohlthätig ist. Dagegen regt sich bei dem Mitempfinden großer Freuden zu stark der Neid, die selbstsüchtige Bestie erwacht in uns. Kleine Schmerzen würdigen wir überhaupt nicht eines Mitempfindens. Ein Jeder thut wohl daran, sie vor den Andern zu verbergen. Wer sie Andern aufdrängt, kann ihres Mißfallens sicher sein. Derjenige, welcher von einem Gefühle bewegt wird, muß es mäßigen, damit die Anderen mitkommen können. Ein Jeder sieht wohl ein, daß die beiden Ratschläge, welche Smith vom Standpunkte der Selbstliebe gibt, von einer altruistischen Moral als Forderungen der Selbstentäußerung, der Menschenliebe gefordert werden können. Auch ist die Sympathie ein selbstisches Princip. Smith verneint es, aber seine Beweisführung hat mich nicht überzeugt. Durch Sympathie empfinden wir in unserer eigenen Seele einen schwächeren Grad desjenigen, was der Andere fühlt. Wir empfinden die Schmerzen des Andern, als wären es unsere Schmerzen. Die wunderbar klaren psychologischen Ausführungen Smiths in der Einleitung seines Werkes gestatten darüber keinen Zweifel. Ich setze die entscheidenden Sätze in der Ursprache hierher, damit garnichts durch die Übersetzung verloren gehe. „By the imagination we place ourselves in his situation, we conceive ourselves enduring all the same torments, we enter as it were into his body, and become in some measure the same person with him"[1]). Wie sucht sich nun Smith am Ende seines Werkes gegen die Behauptung zu retten, daß die Sympathie ein selbstisches Princip sei? Dadurch, daß er sich widerspricht. Vorher hatte er gesagt: ich empfinde, was Du empfindest, ich werde mit Dir gleichsam ein Leib und eine Seele. Und jetzt meint er: „This imaginary change is not supposed to happen to me in my own person and character, but in that of the person with whom I symphathize"[2]). Wie viel klarer, folgerichtiger ist da unser Schopen-

---

[1]) a. a. O. I, 3.
[2]) Theory II, 330.

hauer! „Wie ist es irgend möglich", schreibt er¹), „daß das Wohl und Wehe eines Andern, unmittelbar, d. h. ganz wie sonst nur mein eigenes, meinen Willen bewege, also direkt mein Motiv werde . . .? Offenbar nur dadurch, daß jener Andere, der letzte Zweck meines Willens wird, ganz so wie sonst ich selbst es bin . . . Dies aber setzt notwendig voraus, daß ich bei seinem Wehe als solchem geradezu mitleide, sein Wehe fühle, wie sonst nur meines, und deshalb sein Wohl unmittelbar will, wie sonst nur meines. Dies erfordert aber, daß ich auf irgend eine Weise mit ihm identificiert sei, d. h. daß jener gänzliche Unterschied zwischen mir und jedem Andern, auf welchem grade mein Egoismus beruht, wenigstens in einem gewissen Grade aufgehoben sei. Da ich nun aber doch nicht in der Haut des Andern stecke, so kann ich allein vermittelst der Erkenntnis, die ich von ihm habe, d. h. der Vorstellung von ihm in meinem Kopfe, mich so weit mit ihm identificieren, daß meine That jenen Unterschied als aufgehoben ankündigt."

Aber auch andere Ausführungen zeigen auf das bestimmteste, daß Smith die Sympathie ursprünglich durchaus als ein selbstisches, nicht als ein altruistisches Princip auffaßt. Weshalb sympathisieren wir sogern mit kleinen Freuden? Weil das Nachempfinden derselben angenehm ist. „Joy is a pleasant emotion and we gladly abandon ourselves to it upon the slightest occasion. We readily, therefore, sympathize with it in others, wherever we are not prejudiced by envy." Der Gram dagegen ist eine unangenehme Empfindung und darum sträuben wir uns, so lange wie wir nur können, gegen denselben. Unser Mitleid ist also nach Smith gewissermaßen ein Unterliegen unserer Natur unter der Wucht mitempfundenen fremden Elends. „Grief is painful, and the mind, even when it is our own misfortune, naturally resists and recoils from it. We would endeavour either not to conceive it at all, or to shake it off, as soon as we have conceived it" ²).

---

¹) Die beiden Grundprobleme der Ethik. S. 208. (Frauenstädt, Bd. IV.)
²) I, 99.

Es spricht gar nicht gegen Smith, daß wir bei reizbaren Personen, z. B. jungen Mädchen, ein größeres Maß von Mitleid, vielleicht gar eine eigentümliche Lust in dem Mitempfinden trauriger Gemütszustände finden. Die gewöhnliche, gesunde, entwickelte Natur, wie wir sie zu betrachten Gelegenheit haben, ist ganz entschieden nicht zu übermäßigem Mitleid geneigt.

Wo er aber an anderer Stelle[1]) sein Princip zu verteidigen sucht, stellt er sich von vornherein auf einen falschen Standpunkt. Der Organ der moralischen Billigung ist offenbar die Sympathie des Zuschauers, nicht diejenige des Leidenden; er argumentiert aber vom Standpunkte des Letzteren. Man hätte deshalb die Sympathie zu den egoistischen Principien gezählt, weil in der Freude über die moralische Billigung Anderer ein Versprechen fremder Hülfe liege und weil die Sympathie des Andern unsere Freude erhöhe. Dagegen sei zu bemerken, daß uns Sympathie auch dort erfreue, wo die Hoffnung auf fremden Beistand gar keine Rolle spiele, z. B. wenn Andere über unsere Scherze lachten, und daß die Sympathie durchaus nicht immer die Freude erhöhe, sondern nur den Schmerz vermindere. Wir wollen von dem gewundenen Charakter der Beweisführung in den letzten Worten absehen und erklären, daß Smiths Erörterungen uns überzeugt haben; aber sie beweisen leider nicht, was er beweisen möchte, nämlich daß die Sympathie des Zuschauers, welche er doch als das Princip moralischer Billigung betrachtet, ein altruistisches Gefühl sei.

Es scheint mir, daß wir in der „Sympathie" Smiths ganz dasselbe Vermögen vor uns haben, welches in dem älteren Werke Humes auftritt. In der späteren Schrift desselben Verfassers erhielt sie einen altruistischen Charakter. Smith konnte ihm darin nicht folgen; aber er entsetzte sich augenscheinlich vor seinem Princip, und daher die Versuche, welche wir kennen gelernt haben, den selbstischen Charakter desselben zu läugnen.

Es tragen also alle Elemente, aus denen Smith seine

---
[1]) P. I, S. I, Ch. I.

moralische Welt aufbaut, einen selbstischen Charakter: der natürliche Egoismus, der Vergeltungstrieb, der Drang nach Vollkommenheit und die Sympathie. Wie Jemand, der das Buch mit Aufmerksamkeit gelesen hatte, behaupten konnte, in demselben sei von allen andern Triebfedern des menschlichen Handelns als dem Wohlwollen abgesehen, ist geradezu unbegreiflich. Smiths ethisches Werk ist keine Theorie des Gemeinsinnes.

Das Gewicht der vorangegangenen Erörterungen wird vielleicht verstärkt, wenn ich zum Schlusse noch mit ein paar Worten auf den eigentümlichsten Zug der Smithschen Theorie eingehe. Das Princip alles tugendhaften Handelns ist nach ihm die Liebe zum Ehrenvollen und Edlen, der Trieb der Achtung und Billigung Anderer und unserer selbst würdig zu sein. Verschieden ist es von dem Begehr nach dem wahren Ruhme, verschieden von dem eitlen Wunsche, Lobsprüche zu ernten. Daß sein praktisches Princip ein, wenn auch im edelsten Sinne, egoistisches ist, wird Niemand bestreiten. In hohem Maße beachtenswert erscheint es mir aber, daß Smith sich durch die Aufzeigung des Ehrgefühls[1]) als einen der kraftvollsten Vertreter des modernen Individualismus offenbart und daß er in seiner Analyse einen großen Fortschritt über Larochefoucault, Mandeville, Helvetius vollzogen hat; sie blieben bei den niederen Formen des Ehrgeizes und der Eitelkeit stehen.

Die vorhergehenden Ausführungen dürften dargethan haben, daß die Ansicht Smiths vom menschlichen Wohlwollen und von der Sympathie derjenigen Hutchesons geradezu entgegengesetzt ist; über den moralischen Sinn haben wir an anderer Stelle zu handeln. Smith stimmt mit seinem Lehrer in denjenigen Ausführungen am meisten überein, worin Hutcheson den menschlichen Egoismus charakterisiert. Im ganzen und großen, insbesondere in der Lehre von der Sympathie, verrät die Psychologie Smiths unverkennbar den Eindruck, welchen Humes „Treatise" auf ihn

---

[1]) Über das Ehrgefühl siehe auch Jakob Burckhardt, Die Kultur der Renaissance in Italien (II, S. 202, 3. A.), in welchem Werke sich eine Fülle von feinen Ausführungen und Andeutungen für Denjenigen findet, welcher die Entwicklung des modernen Individualismus verfolgt.

gemacht hat. Aber in der Gesamtauffassung der menschlichen
Natur ist Smith nach meiner Meinung noch hinter Hume zu-
rückgegangen, er nähert sich den Hobbes und Mandeville. Von
diesen scheidet ihn aber wieder vielerlei, z. B. die Annahme
eines, wenn auch ursprünglich schwachen, Wohlwollens in der
menschlichen Natur, eines nicht ursprünglichen, aber sekundär
auftretenden Triebes nach Vollkommenheit, nach Tugend, die
metaphysische Wertung auch der selbstischen Triebe als gott-
gewollter Mittel zu dessen Zwecken. Dazu kommt dann noch
ein Einschlag der Gedanken Butlers, von ihm hat er den Ahnbungs-
trieb übernommen. So zeigt also schon Smiths Psychologie
eine Mittelstellung zwischen verschiedenen Richtungen, aber kaum
ein originelles Element.

Von Hutcheson unterscheidet sich Smith zweitens in der
Tugendlehre. Wie Smith in der Psychologie den Egois-
mus zur Geltung gebracht hat, so in der Tugendlehre die
Tugenden des Egoismus. An drei Stellen hat er seine Ansicht
über die Tugenden der Selbstliebe auseinandergesetzt: in dem
Kapitel, welches über Verdienst und Strafe handelt, in der
Tugendlehre und in der Auseinandersetzung mit Hutcheson. Fassen
wir sie kurz zusammen.

In dem selbstischen Streben nach Ehre, Macht und Reichtum findet er nichts Tadelnswertes. Bleibt es in den Grenzen
der Gerechtigkeit, wie noch näher ausgeführt werden wird, so ist
es tugendhaft. Jeder kann am besten für sich selbst sorgen, und
so ists gut, daß er für sich selbst sorge. Er findet es tadelnswert, wenn wir nicht den Regeln der Klugheit folgen. Die all-
tägliche Sorge für Heller und Pfennig soll nur aus Grundsatz
betrieben werden: wo es sich um größere Objekte der Ehre und
des Reichtums handelt, ist es unrecht, nicht mit Ernst und
Energie nach ihrer Erlangung zu streben. Mit Liebe hat er die
Tugenden des klugen Mannes ausgemalt: er tadelt es an Hutcheson, daß er alle Vorzüge, die unser Fortkommen in der Welt
sichern, nicht als tugendhaft betrachtet. Wohl möge das Wohlwollen das Princip des Handelns der Gottheit sein, ein so

armseliges Wesen, wie der Mensch, müsse manchmal aus ganz andern Beweggründen handeln.

Wenn er auch die Selbstliebe billigt, so billigt er damit nicht die Selbstsucht, denn die Selbstsucht schädigt den Andern. Ein Jeder mag und darf in dem Wettbewerb um Ehre, Reichtum und Macht Nerv und Muskel auf das äußerste anstrengen, um alle seine Mitbewerber aus dem Felde zu schlagen, aber er soll Niemanden durch unbillige Mittel benachteiligen. Freie Konkurrenz in den Schranken der Gerechtigkeit, das ist das Ideal, welches ihm für den wirtschaftlichen Verkehr der Menschen vorschwebt. „Though every man may, according to the proverb, be the whole world to himself, to the rest of mankind he is a most insignificant part of it. Though his own happiness may be of more importance to him than that of all the world besides, to every other person it is of no more consequence than that of any other man"[1]).

Wenn selbst Hutcheson[2]) und vor ihm Shaftesbury jene auf das individuelle Wohl gerichteten Bestrebungen billigten, wie viel mehr mußte dies von Smith geschehen! Die Gerechtigkeit ist eine Pflicht, die Jedem auferlegt ist, nicht aber die Wohlthätigkeit. Nur einige Klassen von Menschen sind unserm Wohlwollen empfohlen, insbesondere unsere Familienangehörigen und unsere Freunde u. s. w.

Wir müssen uns weiter erinnern, daß Smith lehrte, das Streben nach Reichtum und Ehre sei dem Ganzen dienlich. Der Einzelne glaube eine unendliche Zahl von Genüssen zu erreichen, indem er nach irdischen Glücksgütern strebe, die Hand des Urhebers der Dinge habe es aber so gefügt, daß er damit die allgemeine Glückseligkeit fördere.

Beschließen wir diese Ausführungen mit dem Hinweis darauf, daß er in dem gerechten Zorn, in der Ahndung der an uns verübten Ungerechtigkeit durchaus keine Verletzung göttlicher Gebote sieht. Im Gegenteil, auch der Ahndungstrieb ist göttlicher Einsetzung.

---
[1]) I, 206.
[2]) S. S. 86 dieser Schrift.

Leicht ist es zu erkennen, daß Smith durch die Betonung der Tugenden der Selbstliebe wieder in die Bahnen Shaftesburys einlenkte; vielleicht war dieser Schritt unmittelbar durch den Vorgang Humes veranlaßt. Daß unser Philosoph in der Tugendlehre keine neuen Gesichtspunkte eröffnet hat, dürfte keinem Widerspruch begegnen.

Smith unterscheidet sich drittens von Hutcheson durch eine verschiedene und viel eindringlichere Analyse des sittlichen Beurteilungsvermögens. Hutcheson hat Recht, so könnte er sagen, ein Gefühl entscheidet, was sittlich und was unsittlich ist, aber dieses Gefühl ist kein angeborener Sinn, sondern die Sympathie. Besäßen wir einen angebornen Sinn, so wäre es unmöglich, daß er uns in Augenblicken der Versuchung nicht kräftiger unterstützte. Die Sympathie aber ist an sich nichts Anderes, als das Nachfühlen fremder Schmerzen und Freuden. Ein sittliches Urteil kommt erst dadurch zu Stande, daß wir die fremden Gemütsbewegungen mit den unsrigen vergleichen und je nach der Übereinstimmung und Nichtübereinstimmung ein billigendes oder mißbilligendes Urteil sprechen. Im letzten Grunde ist der Maßstab unserer sittlichen Urteile **unser eigenes Triebleben**. Daß sich allgemein anerkannte Urteile dieser Art bilden können, ist ein Beweis dafür, daß das Triebleben aller Menschen im ganzen und großen gleich ist.

Die Annahme eines Billigungsvermögens, so könnte Smith fortfahren, erschöpft aber den Inhalt der sittlichen Erfahrung nicht. Denn unsere Sympathie ist nicht immer die des unparteiischen Zuschauers, der unparteiische Zuschauer ist nur eine Voraussetzung, ein Geschöpf unserer Phantasie; wir sind geneigt, die bösen Affekte und Handlungen unserer Freunde zu beschönigen und das Unrecht, welches an unsern Feinden begangen wird, gutzuheißen. Erfahrungsgemäß ist es auch nicht notwendig, daß wir in jedem einzelnen Falle uns in die Seele des Handelnden oder Leidenden versetzen, um ein sittliches Urteil zu fällen. Und drittens: kann ein sittliches Billigungsgefühl die treibende, die verpflichtende Kraft erklären, welche die sittlichen Urteile entwickeln? Erst die Erinnerung an die frühere Wirkungsweise der Sympathie, der Trieb nach Vollkommenheit, die Annahme und Erklärung des Gewissens und des Pflichtgefühls löst den unaufgehellten Rest. Unsere Triebe, die Phantasie, das Gedächtnis und die Vernunft wirken zur Ausgestaltung des sittlichen Lebens zusammen.

Ein Rückblick auf die Entwicklung der englischen Ethik von Shaftesbury bis auf unsern Altmeister beweist, daß Smith in der Lehre von dem Fundamente der Moral Humes Lehre von der Sympathie und vom Pflichtgefühl, diejenige Butlers vom Gewissen und vielleicht Hartleys von der Entstehung des moralischen Gefühls durchgebildet und kombiniert hat, aber es wird nicht minder deutlich, in wie feiner, eigenartiger, produktiver Weise diese Ausgleichung von ihm vollzogen worden ist.

Zweifellos hat Hume dem Freunde mit dem Princip der Sympathie den Weg gewiesen, aber wie hat Smith die fremde Lehre verbessert und durchgebildet!

Smith hat auch die Verwandtschaft seines Systems mit demjenigen Humes nicht geleugnet, sondern ausdrücklich auf sie aufmerksam gemacht. Die Stelle findet sich in der Kritik der früheren Moralsysteme. Es wurde in der Inhaltsangabe der „Theorie der moralischen Gefühle" erwähnt, daß sie erst später folgen werde. Es heißt dort: „Es gibt noch ein anderes, von meinem verschiedenes System, das unsere sittlichen Gefühle aus der Sympathie zu erklären sucht. Es ist dasjenige, welches die Tugend in die Nützlichkeit setzt, und das Vergnügen, welches der Zuschauer bei Überschauung der Nützlichkeit einer Eigenschaft empfindet, aus seinem Mitgefühl mit der Glückseligkeit Derer, welche hiervon berührt werden, erklärt. Diese Sympathie ist sowohl von derjenigen unterschieden, vermöge deren wir die Beweggründe des Handelnden billigen, als auch von der andern, durch welche wir die Dankbarkeit der Personen nachempfinden, welche durch seine Handlungen gefördert werden. Es ist dasselbe Princip, vermöge dessen uns eine wohlersonnene Maschine gefällt.

7*

keine Maschine kann aber der Gegenstand einer der beiden letzterwähnten Sympathien sein"¹).

In diesen Ausführungen sind seine Verbesserungen der Humeschen Lehre angedeutet. Wir wollen diesen Punkt noch etwas ausführen. Smith hat erstens das Princip der Sympathie einheitlich gefaßt und angewandt, er schwankt nicht wie Hume. Seine Sympathie ist zweitens nicht ein Mitfühlen mit allgemeinen Wirkungen²), sondern ein Mitempfinden konkreter Gefühle. Drittens beschränkt er die Sympathie nicht auf die Wirkungen der Handlungen, sondern dehnt sie auf die Triebfedern der Handelnden aus. Hierdurch gab er dem Ethischen seinen wahren Charakter zurück³). Viertens gelang es ihm auf Grund seiner Theorie, der Gerechtigkeit eine psychologische Basis zu geben.

Von welcher Wichtigkeit dies für die Ethik war, geht daraus hervor, daß hervorragende Geschichtschreiber dieser Wissenschaft diesen Punkt besonders hervorgehoben haben. Smith weicht nach Vorländer⁴) darin von Hume ab, "oder geht vielmehr einen bedeutenden Schritt weiter, daß er das sympathetische Gefühl des Zuschauers nicht nur in seiner Richtung auf die Wirkungen, sondern auch auf die Motive der Handlungen betrachtet und dann auch das aus der wirklichen oder vorgestellten Sympathie entstehende sittliche Gefühl des Handelnden selbst, das Gewissen, ins Auge faßt." Und an einer andern Stelle: "Daß die Gerechtigkeit auch positiv im Gewissen ihre Grundlage habe, sucht

---

[1] II, 357.

[2] Humes Worte lauten: "When any quality, or character, has a tendency to the good of mankind we are pleas'd with it, and approve of it; because it presents the lively idea of pleasure: which idea affects us by sympathy, and is itself a kind of pleasure." Treatise, III, III, 1.

[3] Nicht als ob Hume diesen nicht erkannt hätte. "'Tis evident," sagte er, "that when we praise any actions, we regard only the motives that produced them, and consider the actions as signs or indications of certain principles in the mind and temper." Treatise B. III, P. II, S. 1 anfangs.

[4] Vorländer, Geschichte der philosophischen Moral, Rechts- und Staatslehre der Engländer und Franzosen. 1855, S. 493.

Smith zu zeigen im Widerspruch mit seinem Vorgänger"¹).
„Das ‚Principle of Sympathy‘," sagt Gizycki, „war zuerst von
Hume wissenschaftlich eingehend behandelt und zur Erklärung
der moralischen Phänomene mit Erfolg benutzt worden; die Be=
deutung und die weite Wirkungssphäre der Sympathie in der
Moral vermochte er aber noch nicht völlig zu erkennen und zu
würdigen: die Sympathie faßte er im wesentlichen und ganz
allgemein auf als Teilnahme an Anderer Wohl oder Wehe,
Glück oder Elend überhaupt. Smith dagegen ... stellte ... die
Sympathie mit den besonderen Affekten und Gesinnungen in
den Vordergrund; und die ursprünglichen Affekte und Ge=
sinnungen, die nach ihm die höchste Bedeutung für die Moral
haben, sind jene beiden, die in der Humeschen Affektentheorie sich
kaum erwähnt fanden: Dankbarkeit und Rache, die beiden
Gestaltungen des Vergeltungstriebes"²)....

Jodl hebt hervor, welche Mühe es Hume gekostet, den
spezifischen Charakter der sittlichen Werturteile festzuhalten.
„Diesen Mangel in der Humeschen Begriffsbestimmung hat Smith
mit Schärfe erfaßt und an verschiedenen Stellen in der Weise
bezeichnet, daß er betont, die sittliche Billigung könne unmöglich
ein Gefühl derselben Art sein, wie jenes, womit wir etwa ein
wohlangelegtes Gebäude oder eine gut arbeitende Maschine be=
trachteten. Zwar ist Smith weit entfernt, dieser Anschauung
alle Gültigkeit abzusprechen: Die Nützlichkeit spielt wirklich eine
große Rolle in unsern Gefühlen der Billigung oder Mißbilligung;
aber gleichwohl sind dieselben nach Ursprung und Wesen von
der Wahrnehmung des Nutzens oder Schadens verschieden"³).
Smith habe den psychologischen Vorgang, durch welchen sittliche
Urteile zu Stande kommen, deutlicher beschrieben, als Hume.
„Fragt man nach der Quelle unserer sittlichen Urteile, so kann
die Antwort nur folgendermaßen lauten: sie ruhen auf den Ge=
fühlen der Dankbarkeit und des Ahndungstriebes, beide als Ge=

---

¹) a. a. O. S. 500.
²) Die Ethik David Humes. S. 201.
³) a. a. O. S. 246.

ftaltungen eines allgemeinen Vergeltungstriebes, in ihrer durch
Sympathie uns vermittelten Form. Dies ist ohne Frage eine
außerordentlich wichtige Ergänzung der Theorie Humes. Wir
haben nicht nur eine psychologisch vertiefte Erklärung des Her=
gangs beim Zustandekommen sittlicher Urteile, sondern namentlich
auch die Beseitigung eines Mangels der Humeschen Theorie:
daß sie nämlich gerade das im eminenten Sinne Ethische, die
Gesinnung, zu sehr hinter dem äußerlichen Erfolg hatte zurück=
treten lassen." Damit habe Smith „einen wichtigen, vielfach ver=
nachlässigten Bestandteil des sittlichen Bewußtseins wieder in
sein Recht eingesetzt" [1]).

Weiter betont der erwähnte Schriftsteller, daß Hume ver=
geblich nach einer Gefühlsgrundlage für die Gerechtigkeit gesucht
habe. „Dieser Schwierigkeit . . . . wird nun durch Smith ab=
geholfen: in dem natürlichen, mit dem menschlichen Wesen aufs
engste verknüpften Vergeltungstriebe, auf welchen schon Shaftes=
bury gelegentlich aufmerksam gemacht hatte, ist eine solche Ge=
fühlsgrundlage für die Gerechtigkeit gewonnen, viel unmittelbarer
und energischer wirkend, als die kühle und verstandesmäßig be=
rechnende Messung des Schadens, den ein Bruch der Rechts=
ordnung für den Bestand der Gesellschaft haben müßte" [2]).

Wir kommen zu einem andern Punkte. Es wurde vorher
behauptet, daß Smith die „Sympathie" Humes durch die Lehre
vom Gewissen ergänzt habe und daß sich in dieser Darstellung
eine Durchdringung der Ansichten von Butler und Hartley zeige.
Aber wie originell ist diese Auseinandersetzung! Butler ver=
mochte das Gewissen noch nicht psychologisch zu erklären, was
erst Hartley gelang. Aber die Darstellung Smiths weicht doch
bedeutend von derjenigen dieses Vorgängers ab. Die Smithsche
Erklärung zeichnet sich aus durch die Einfachheit und Ungezwungen=
heit des Aufbaues aus den Elementen seiner Theorie. Wir
wollen einige dieser Urteile durch die Aussagen verschiedener
Philosophen bekräftigen.

[1]) a. a. O. S. 247.
[2]) a. a. O. S. 248.

Über die Einführung des Gewissens in die Theorie der moralischen Empfindungen behauptet Zobl: „Hierin liegt eine der wertvollsten und wichtigsten Bereicherungen, durch welche Smith die Theorie Humes ergänzt hat. Der imperativische Charakter, die innere Triebkraft des Sittlichen, welche nach Gestaltung im Leben drängt, die unnachsichtige Strenge der Selbstbeurteilung im Gewissen, das Alles war bei Hume nicht zu seinem vollen Rechte gekommen.... Ein Vergleich der Abschnitte in Humes Ethik, welche von der sittlichen Verpflichtung handeln, mit dem entsprechenden Teile der Smithschen Theorie ist vom höchsten Interesse und zeigt den Fortschritt, welchen Smith über Hume hinaus gethan hat, aufs deutlichste"[1]).

Über das Verhältnis Smiths zu seinen Vorgängern betreffs der Lehre vom Gewissen meint Leslie Stephen: „Wenn wir uns der alten Analogie der Uhr bedienen dürfen, so meint Butler, daß der Zeiger des Gewissens stets auf die Pflicht weise und daß seine Gebote sich selbst rechtfertigen. Hutcheson sagt, daß infolge einer prästabilierten Harmonie der Zeiger des moralischen Sinnes auf die Handlungen gerichtet sei, welche das größte Glück erzeugen. Hartley und Adam Smith bemühen sich, die Uhr in ihre Teile zu zerlegen und den Mechanismus zu beschreiben, durch welchen dieses Ergebnis erzielt wird"[2]).

Wir hatten bisher nur Gelegenheit, die Abweichungen der Theorie der moralischen Gefühle von der Lehre Hutchesons zu verfolgen. Gedenken wir auch der Übereinstimmung. Beide Denker lassen die Ethik auf einem metaphysischen Gerüste ruhen, welches nur hie und da sichtbar wird, aber den Charakter des Ganzen bestimmt und daher besprochen werden muß. Dies Gerüst sind die deistischen Ideen in der Gestalt, welche sie nach der Aufnahme der Philosophie Newtons und Shaftesburys an-

---

[1]) a. a. O. S. 255.
[2]) History of English Thought in the 18th century. 1881, II S. 78.

genommen hatten. Die ganze Welt wie die menschliche Seele eine vollkommene Maschine aus der Hand eines höchst weisen, wohlwollenden Wesens, bestimmt die allgemeine Glückseligkeit ohne sein gelegentliches Zuthun auszuwirken. Es ist nicht meine Aufgabe, noch einmal bei dieser Weltanschauung zu verweilen oder den Einschlag der deistischen Ideen in die Theorie der moralischen Gefühle genau nachzuweisen, sondern aus ihr drei Züge der Smithschen Ethik zu erklären.

Vor allem wird hieraus die eigentümliche Stellung Smiths zum Humeschen Utilitarismus deutlich. Wenn man nur die Kritik Smiths über diese Seite der Humeschen Ethik in dem 7. Teile der „Theorie der moralischen Gefühle" liest, so könnte man fast meinen, die beiden Systeme wären in diesem Punkte gleich, so sehr ist Smith auch hier bemüht, seine Verdienste nicht allzusehr hervorzuheben, und als Schüler des ältern Freundes hervorzutreten. Er schreibt dort: „Das System, das die Tugend in die Nützlichkeit setzt, fällt ebenfalls mit demjenigen zusammen, welches sie in der Schicklichkeit bestehen läßt. Nach diesem System werden alle diejenigen Eigenschaften des Gemütes, welche entweder der Person selbst oder Andern angenehm oder vorteilhaft sind, als tugendhaft gebilligt, die entgegengesetzten aber als lasterhaft mißbilligt. Jeder Affekt ist nützlich, wenn er auf einen gewissen, gemäßigten Grad beschränkt bleibt und jeder Affekt ist schädlich, wenn er die richtigen Grenzen übersteigt. Diesem System zufolge besteht daher die Tugend nicht in irgend einem bestimmten Affekte, sondern in dem schicklichen Grade aller Affekte. Der einzige Unterschied zwischen ihm und demjenigen, welches ich zu gründen bestrebt war, besteht darin, daß es die Nützlichkeit und nicht die Sympathie oder den entsprechenden Affekt des Zuschauers zum natürlichen und ursprünglichen Maßstabe dieses schicklichen Grades macht"[1]).

In dem Kapitel über „die Nützlichkeit" zeichnet Smith die fundamentale Verschiedenheit der Anschauungen. An andern

---

[1]) II, S. 300.

Orten mehr zerstreut finden wir ihre tiefere Begründung. Seine Ansicht im Zusammenhang ist kurz folgende.

Da der Zweck des Weltenlenkers bei der Einrichtung der Weltmaschine und der Maschine der menschlichen Seele die allgemeine Glückseligkeit war, so muß auch das moralische Gefühl — um einen abgekürzten Ausdruck zu gebrauchen — welches sich infolge eines natürlichen Vorganges im Menschen entwickelt, die Eigenschaft haben, zu seinem Teile die allgemeine Glückseligkeit zu befördern. Alles, was der moralische Sinn billigt, muß der Gesellschaft nützlich sein. Es ist eine prästabilierte Harmonie zwischen dem Sittlichen und Nützlichen vorhanden. Das Nützliche ist die Folge des Sittlichen und nicht umgekehrt ist das Sittliche die Folge des Nützlichen. Die Menschen folgen nur ihrem Trieb- und Gefühlsleben, wenn sie sittlich sind, damit bewirken sie unbewußt das Nützliche. Hume ist also im Irrtum, wenn er das Nützliche für das Primäre hält und glaubt, wir billigten gewisse Eigenschaften, weil sie nützlich wären.

Im Zusammenhange hiermit erklärt sich seine weitgehende Billigung des wirtschaftlichen Egoismus. Die menschliche Seele ist eine Maschine im Kleinen, jeder ihrer Triebe und jede ihrer Fähigkeiten ist ein Rad in dem göttlichen Uhrwerke. Es wäre also die höchste Vermessenheit, einen Trieb oder eine Fähigkeit tadeln zu wollen. Sondern uns ziemt es nur, die Pläne Gottes zu begreifen, soweit sie für uns begreiflich sind. Und da sehen wir klar, daß der wirtschaftliche Egoismus, wenn er sich in den vom moralischen Gefühle bezeichneten Grenzen hält, der **Gesellschaft** förderlich ist. Der Einzelne, welcher diesem Hange folgt, vermeint nur sein eigenes Interesse zu verfolgen, thatsächlich ist er ein Instrument in der Hand des Höchsten, um die allgemeine Glückseligkeit zu befördern.

Drittens sucht Smith die durch Shaftesbury und Hume gelockerten oder abgerissenen Fäden zwischen Ethik und Religion wieder anzuknüpfen. Hutcheson drang darauf, „daß die Vollendung der Sittlichkeit nur durch die Religion erfolgen könne"[1]). Der-

---
[1]) Jodl, a. a. O. S. 226.

selben Überzeugung ist Adam Smith. Wer die Äußerungen Smiths mit den entsprechenden Hutchesons vergleicht, wird eine merkwürdige Übereinstimmung finden. Wir gedenken noch einer andern Übereinstimmung zwischen Smith und Hutcheson, womit wir die Erörterung des Verhältnisses unseres Philosophen zu seinem Vorgänger beschließen wollen. Smith und Hutcheson erklären das Sittliche aus der im Wesentlichen identischen Organisation aller Menschen. Die Anlagen der Menschen sind aber erfahrungsgemäß einer großen Verfeinerung, Verbildung, ja teilweise einer bedeutenden Veränderung fähig, so auch die sittliche Anlage. Die Herleitung des Sittlichen aus der gleichen menschlichen Organisation führt sie der Annahme eines im wesentlichen gleichen ethischen Codex aller Zeiten und aller Völker entgegen und bringt sie in Widerspruch mit den Thatsachen der großen örtlichen und zeitlichen Verschiedenheit der sittlichen Normen, welche der sociale Utilitarismus so leicht erklären kann. Aus dieser Notlage muß sie nun die Veränderlichkeit der sittlichen Anlage befreien, wie wir bei Hutcheson und in der Inhaltsangabe der „Theorie der moralischen Gefühle" gesehen haben[1]).

Die historische Stellung Smiths ist nach dem Vorhergehenden klar erkenntlich. Smith bildet den Abschluß der englischen Ethik des 18. Jahrhunderts. Was an allen früheren Richtungen berechtigt war, findet sich nach Ausscheidung der Irrtümer in seinem Werke wie in einem Brennpunkte vereinigt. Dies ist nicht so zu verstehen, als ob nun in England die Ethik keine Pflege mehr gefunden hätte. Die Verquickung von Christentum und Utilitarismus trieb während seiner Lebenszeit kräftige

---

[1]) Ich kann mit Farrer nicht übereinstimmen, wenn er sagt, Smith „seems to have wished to convey the idea that he did regard morality as relative to time, place, and circumstance . . . ., and not as absolute, eternal or immutable." a. a. O. S. 181. Smith hat Veränderungen des sittlichen Bewußtseins angenommen, aber er war weit davon entfernt, die Relativität der moralischen Gebote zu lehren.

Schößlinge, an Hutcheson schloß sich enger die schottische Schule an, Bentham erweckte den socialen Utilitarismus Humes in origineller Form. Was wir meinen, ist dies. Die nationalen Züge der englischen Ethik des 18. Jahrhunderts: Gefühlsgrundlage des Sittlichen, socialer Utilitarismus, Psychologismus sind hier harmonisch verschmolzen. Es war unmöglich, von den Grundlagen Smiths über Smith hinauszugehen. Sollte etwas Neues geschaffen werden, so mußte man neue wissenschaftliche Elemente einführen.

Weil Smith den Abschluß einer wissenschaftlichen Bewegung bezeichnet, dashalb hat er keine Schüler. Derjenige, welcher am meisten von ihm gelernt hat[1]), hat sich niemals zu ihm bekannt: es ist unser Immanuel Kant. Und ob man Leslie Stephen zu seinem Jünger rechnen kann, welcher das Princip der Sympathie wieder belebt hat[2]), vermag ich nicht zu entscheiden.

Unser Urteil wird in mehreren Punkten von Philosophen bestätigt. Stäudlin urteilt: Er ist „einzig in seiner Art, er steht allein da und es ist auch nicht bekannt, daß er Nachfolger und Anhänger gefunden hätte"[3]). Und Wundt schreibt: „Mit Adam Smith hat die ältere Entwicklung der englischen Moralphilosophie ihren Abschluß und ihren Höhepunkt erreicht. Die von Hume begonnene psychologische Analyse des Sittlichen ist von ihm mit einer für den Zustand der Psychologie seiner Zeit bewundernswerten Meisterschaft zu Ende geführt und von den heterogenen Bestandteilen der Verstandesmoral, die von Hume nicht überwunden waren, befreit worden"[4]).

Und welches Licht fällt auf die geistige Physiogno-

---

[1]) A. Oncken, Adam Smith und Immanuel Kant. Leipzig 1877 S. 85—105. Die von Oncken in geistvoller Weise dargelegte Übereinstimmung von Smith und Kant findet mehr und mehr Zustimmung. Vgl. Jodls Urteil a. a. O. S. 419. Übrigens hat schon Garve auf die Ähnlichkeit aufmerksam gemacht, „Die Ethik des Aristoteles". Breslau 1798. S. 164—166.
[2]) Wundt, Ethik 1886. S. 291.
[3]) Stäudlin, Geschichte der Ethik, S. 880.
[4]) a. a. O. S. 346.

wie Smiths? Daß er eine hervorstechende Gabe produktiver
Kritik besaß, daß er mit großem Scharfsinn die Schwächen und
Fehler seiner Vorgänger erkannte und diejenigen Elemente ihrer
Lehre, welche ihm den erfahrungsmäßigen Inhalt und Charakter
des Sittlichen zu bilden schienen, zu entwickeln und zu einem,
abgesehen vom 6. Buche der letzten Auflage, durch Einheitlich=
keit und Harmonie ausgezeichneten System zu verschmelzen ver=
stand. Die Talente produktiver Kritik und schöner Systematik
sind die am meisten auffallenden Züge seines Verstandes. Er
blendet nicht durch geistvolle Auffassung, welche sich bald als
einseitig oder gar als falsch erweist, dafür ist er zu besonnen
und umsichtig; er erhebt nicht durch neue orginelle Gedanken,
die erst Generationen ganz zu entwickeln verstehen, dazu ist sein
Geist zu sehr auf die Durcharbeitung des Geleisteten gerichtet:
aber er entschädigt durch die Architektonik des Erkannten. Kurz:
er ist kein Pfadfinder der Ethik, sondern ein kritischer, syste=
matischer Kopf. Unter einem systematischen Kopf verstehe ich
einen Menschen, welcher das Bedürfnis fühlt und die Fähigkeit
besitzt, die zerstreuten Erkenntnisse, die über einen Gegenstand er=
worben worden sind, zu sammeln, nach richtigen Principien zu
ordnen und wenn möglich die Lücken auszufüllen. Das verträgt
sich wohl mit einzelnen Fehlern im Grundrisse.

Steht diese Geistesrichtung nicht im Widerspruch mit der
psychologischen Begabung, die an ihm gerühmt wird? Ohne
Zweifel. Diese setzt Sinne voraus, die immer bereit sind, zu
empfinden, einen Geist, immer bestrebt, das Empfundene zu
verarbeiten. Dagegen ist die geistige Arbeit Smiths undenkbar
ohne geistige Konzentration, die sich gegen die Außenwelt ab=
schließt. Seine Biographen heben auch diese Eigenschaft
hervor; sie zeigte sich in seiner gewohnheitsmäßigen Zerstreuung,
Geistesabwesenheit, vollständigen Unfähigkeit, einen ausgedehnten
Verkehr mit Menschen zu unterhalten, endlich in den vielen
falschen Urteilen, die er über Personen nach kurzer Bekanntschaft
fällte. Seine psychologischen Ausführungen machen auch selten
den Eindruck eines Mannes, welcher die Wirklichkeit spontan in

sich einsaugt, um einen Ausdruck Storms zu gebrauchen. Viele seiner Beobachtungen finden sich bei älteren Schriftstellern: andere sind Folgerungen aus gewissen Prämissen; immer erscheint die psychische Thatsache als sein analysierter, geistig verarbeiteter Eindruck und in Verbindung mit einem Princip. Sein Biograph erwähnt, daß er für die unbedeutendsten Vorkommnisse des Lebens eine Theorie in Bereitschaft hatte. Weiter soll die Existenz der planmäßigen, methodischen Beobachtung nicht geleugnet werden. Ein Geist, wie derjenige Smiths, bringt hierzu besondere Vorzüge mit. Und schließlich, alle praktische Psychologie setzt nicht nur ein feines Beobachtungsvermögen, sondern auch ein scharfes Zergliederungsvermögen, reinliche Begriffsbildung, kurz Abstraktion voraus Diejenige Frucht seiner Psychologie, welche die Geschichtschreiber der Ethik stets bewundert haben: „daß das genau entsprechende Gegenstück des Rachegefühls die Dankbarkeit ist und beide als Gestaltungen eines allgemeinen Vergeltungstriebes aufzufassen sind", ist doch nicht auf dem Boden der Beobachtung, sondern eines grüblerischen Geistes gewachsen. Mit Recht schreibt Gizycki diesen Gedanken „Smiths Tiefblicke" zu [1]).

Wenn wir nach diesen Erörterungen ein Endurteil über Smith als Philosophen fällen sollen, so wird man ihn nicht zu den schöpferischen Geistern rechnen können; schlechthin neue Gedanken sind fast gar nicht bei ihm nachzuweisen. Ist dies aber ein Tadel? Wie viele wahrhaft ursprüngliche, schöpferische Geister gibt es denn in der Philosophie? Wer von einem Philosophen fordert, daß er die Welt mit einem nagelneuen System beglücken soll, der weiß weder, wie viel geistige Kraft durch die Sucht nach dem Originalen unnütz verbraucht wird, noch besitzt er Verständnis für die Entwicklung der Philosophie im allgemeinen und der englisch-schottischen Ethik im besonderen [2]). Über die Letztere schrieb vor

---

[1]) a. a. O. S. 204.
[2]) Derartigen originaldurstigen Geistern empfiehlt es sich, das Gedicht vorzuhalten, welches Goethe gewidmet hat:

vierzig Jahren ein deutscher Philosoph die folgenden Worte, deren Richtigkeit vielleicht diese Darstellung bezeugt: „Überhaupt ist es an der Zeit, ohne Übertreibung wie Unterschätzung ein gerechtes Urteil über jene Schule festzustellen, deren eigentümliche Vorzüge anzuerkennen, eine zur Überlieferung gewordene Mißachtung abgehalten hat. Diese Vorzüge sind, wie wir schon früher andeuteten, die allgemein nationalen. Auch in der Wissenschaft stecken sich jene Denker nur begrenzte, ihnen erreichbare Aufgaben, und ihr nüchtern abwägender Verstand bringt auf klare, verständliche Resultate. Endlich knüpfen sie genau an einander an und lassen, wie die Franzosen, die wissenschaftliche Tradition walten: und so kann man nicht ohne Bewunderung sehen, wie sie in ihren ethischen Systemen zwar ein begrenztes Gebiet, dies aber völlig erschöpfend in allen dabei sich darbietenden Möglichkeiten umschließen"[1]).

So muß Smith zu den hervorragendsten Philosophen Englands gezählt werden.

Ist es notwendig, zum Schlusse in der Form eines Anhangs noch ein Wort über Smiths Stellung zu Hume hinzuzufügen? Die vorhergehenden Ausführungen haben hoffentlich dargethan, daß Smith dem Freunde gegenüber dieselbe geistige Selbständigkeit und Unabhängigkeit bewahrt hat, wie in seinem Verhältnisse zu den übrigen englischen Philosophen, daß er weit davon entfernt war, die Ähnlichkeit seines Systems mit dem Humeschen zu leugnen, ja die Übereinstimmung geflissentlich und in einer Weise hervorhob,

---

Den Originalen.
Ein Quidam sagt: „Ich bin von keiner Schule!
Kein Meister lebt, mit dem ich buhle:
Auch bin ich weit davon entfernt,
Daß ich von Toten was gelernt."
Das heißt, wenn ich ihn recht verstand:
„Ich bin ein Narr auf eigne Hand."

[1]) Immanuel Hermann Fichte: System der Ethik, 1850, I, S. 512. „Der Deutsche," sagt derselbe, „in dem seltsamen Irrwahn, stets mit durchaus Neuem hervortreten zu müssen, das alles Bisherige auf den Kopf stellt, giebt sogleich ganze weltumschaffende Systementwürfe." S. 11.

welche seine Bescheidenheit wie die Hochschätzung des Freundes gleichmäßig bezeugen¹).

Schon äußere Gründe sollten, so scheint es, davon abhalten, Smith einen Plagiator Humes zu nennen, eine genaue Vergleichung der beiden Werke ist nicht erforderlich. Wie ist es möglich, daß Smiths „Theorie" in immer neuen Auflagen erscheint, Humes Werke über die Grenzen seines Vaterlandes hinaus bekannt werden und Niemand im ganzen achtzehnten Jahrhundert den Diebstahl entdeckt? Erst im letzten Viertel des neunzehnten ist Jemand so scharfsichtig, den Lug und Trug zu durchschauen! Und was für ein gutmütiger Mensch muß Hume gewesen sein, daß er bis zu seinem Tode mit dem Diebe in innigster Freundschaft lebt!

Im übrigen liegt es mir fern, zu glauben, daß sich Humes Einfluß nur auf die Punkte beschränkt habe, die hier zur Darstellung gekommen sind. Wer Humes ‚Treatise' einmal in der Hand gehabt hat, wird noch viel mehr Übereinstimmendes gefunden haben. Da aber das Vorstehende schon genügt, um den Eindruck zu zerstören, daß Smith ein origineller Geist gewesen sei, so hat das Aufsuchen von kleinen Ähnlichkeiten für uns keinen Zweck. Aus diesen Gründen halte ich es auch für bedeutungslos, daß Farrer und Zeyß²) Übereinstimmungen zwischen Smith und Pope entdeckt haben; daß Dr. Gillies — was an und für sich viel wichtiger ist — auf eine Stelle bei Polybius hingewiesen hat, welche in der That mit dem wichtigsten Grundgedanken Smiths eine überraschende Ähnlichkeit zeigt³) und Smith

---

¹) Wenn ich also Starzynskis Ausführungen in seinem bekannten Werke nicht zustimmen kann, so bin ich doch weit davon entfernt, so geringschätzig davon zu reden, wie es zuweilen geschehen ist. Demgegenüber ist es angezeigt, auf das maßvolle Urteil hinzuweisen, welches ein gewiß kompetenter Gelehrter, Jodl nämlich, gefällt hat a. a. O. S. 419 (Anmerkung 46).

²) Farrer a. a. O. S. 174. Zeyß, Adam Smith und der Eigennutz, 1889, S. 41.

³) Polybius behauptet, in den Menschen entstünden die Begriffe des Ehrenhaften und Schändlichen durch die Betrachtung der Folgen der Handlungen, welche Andern vorteilhaft oder schädlich seien, indem sie erwögen,

unzweifelhaft bekannt war, da Hume sie in der ‚Inquiry concerning the principles of morals' citiert; daß endlich Dugald Stewart, um den Freund gegen Gillies zu verteidigen, ein halbes Dutzend Stellen aus Butlers ‚Sermons' abschreibt, welche darthun sollen, daß Smith seine Lehre von der Sympathie nicht von dem griechischen Geschichtschreiber, sondern von dem englischen Bischofe erhalten habe[1]).

Wenn so nur wenig übrig bleibt, was Smith eigentümlich gehörte, und wir ihn gering schätzen möchten, so brauchen wir uns nur vorzustellen, daß etwa Jemand aus den vorhandenen Forschungen mit kritischem Geschick ein alles Wertvolle sammelndes System der Sociologie aufbaute, um den richtigen Standpunkt für seine Beurteilung zu finden.

was ihnen selbst in ähnlichen Fällen durch Undank, Feigheit u. s. w. zustoßen könne. Polybius leitet also das Moralische aus dem Egoismus und der Reflexion ab und unterscheidet sich folglich deutlich von A. Smith. Hume rechnet Polybius deshalb zu den Philosophen, welche hätten „assigned this selfish origin to all our sentiments of virtue". Inquiry concerning the principles of morals, a. a. O. Sect. V. S. 204. Aber Polybius kommt doch Smith sehr nahe, indem er nicht bloß die Reflexion bei dem Zustandekommen der sittlichen Urteile thätig sein läßt, sondern auch die Sympathie. Wenn Jemand seinem Wohlthäter Übles zufüge „it is certain that all men must be shocked by such ingratitude, through sympathy with the resentment of their neighbour." Die Stelle findet sich bei Dugald Stewart, Collected Works VI, S. 411 und X, S. 82.
[1]) Stewart a. a. O. S. 412 ff.

Zweiter Abschnitt.

Beurteilung der Theorie der moralischen Gefühle.

In diesem Abschnitt wird folgende Ordnung beobachtet werden. Zuerst bespreche ich einige Fehler, welche mir das Werk zu haben scheint. Für diesen Teil bitte ich um Nachsicht, da ich keinen Gewährsmann für meine Kritik anführen kann. Darauf möchte ich Smith gegen einige, wie ich glaube, unberechtigte Angriffe verteidigen. An dritter Stelle will ich die Vorzüge des Werkes erörtern. Dabei werde ich im letzten Teil reichlich die Aussprüche hervorragender Fachmänner über die „Theorie der moralischen Gefühle" anführen, sowohl um meinem Urteil mehr Kraft zu geben, als auch um darzuthun, daß die Hochschätzung Smiths, wenigstens in Deutschland, die Regel bildet.

Ein Tadel, den ich vorzubringen habe, betrifft die Einheitlichkeit des Systems. Smith hat sein Werk eine Theorie der moralischen Gefühle genannt. Dieser Titel entspricht vollständig dem Inhalt des Werkes, wenn wir das 6. Buch der letzten Auflage, seine Tugendlehre, ausscheiden. Die 5 ersten Bücher geben uns einen zusammenhängenden Aufschluß über die Ursachen, welche im Menschen sittliche Gefühle hervorrufen und sie schildern die Wirkungen der sittlichen Gefühle auf das Leben der Menschen. Zu diesen Wirkungen gehört die Billigung bestimmter Eigenschaften, welche, wenn sie in einem hervorragenden Grade bei einem Menschen auftreten, Tugenden genannt werden. Smith hat folgerichtig die Lehre von den Tugenden eng mit den übrigen theoretischen Ausführungen verbunden.

Er erwähnt und bespricht sie dort, wo sie gewissermaßen aus den Billigungsprincipien hervorgehen. Es wäre kein Verstoß gegen die Einheitlichkeit seines Systems gewesen, wenn er in einem Kapitel alle Eigenschaften, welche nach seiner Lehre gebilligt werden, zusammengefaßt und geordnet hätte.

Dies that jedoch Smith nicht, sondern in einem Kapitel, welches in keinem organischen Verhältnis zu den vorhergehenden steht, gibt er uns seine Lehre von den Tugenden. Daß sie gebilligt werden, vernehmen wir hier und dort; aber es ist nur ornamentales Beiwerk. Auf eine Entwicklungsgeschichte des Sittlichen pfropft er eine dogmatische Tugendlehre. Zeigt dieser Mangel allein schon die nachlassende Spannkraft des Geistes, so offenbaren die Ausführungen neben einigem Ausgezeichneten viel greisenhafte, rührselige Gesprächigkeit.

Zwei andere Einwände richten sich gegen die Lehre selbst. Ich suche nachzuweisen, daß die Smithsche Theorie wichtige Seiten unserer Erfahrung vom Sittlichen nicht genügend zu erklären vermag.

Es ist einer der größten Vorzüge des Smithschen Werkes, daß es den Utilitarismus der Tugendlehre und die Gefühlsgrundlage des Sittlichen vereinigt. Aber die metaphysische Basis des Smithschen Utilitarismus scheint mir sehr angreifbar zu sein. Ich weiß wohl, daß diejenige Weltanschauung, welche Mechanismus und Teleologie nicht als Gegensätze betrachtet, keineswegs widerlegt ist. Der Einwand, den ich hier erhebe, trifft auch nicht sie. Aber wer bedenkt, wie verschieden die sittlichen Anschauungen der Völker und Zeiten, ja der Stände und Klassen eines Volkes sind, hat von dem gekennzeichneten Standpunkte keine andere Erklärung für diese Erscheinung als die Annahme, daß Gott die verschiedenen Völker und die Völker verschiedener Zeiten so verschieden konstruiert habe, daß stets ihr sittliches Gefühl dasjenige billige, was nach den örtlichen und zeitlichen Umständen den verschiedenen Völkern nützlich sei. Diese Annahme ist aber so künstlich, daß Niemand sie wird aufrecht erhalten können. Man braucht die Entwicklung und Verbildung

des sittlichen Sinnes, die gewiß sehr Vieles erklären, nicht zu
beseitigen, wenn man der Erkenntnis des Nützlichen einen wich=
tigen Einfluß auf den Wandel der sittlichen Anschauungen zuschreibt.
Diese Erkenntnis muß allerdings, um jene Wirkung hervorzurufen,
durch die Sympathie mit den Empfindungen konkreter oder vor=
gestellter Personen belebt werden. Mit andern Worten: es muß
eine Versöhnung zwischen Hume und Smith stattfinden.

Das nicht genügende Verständnis Smiths wie Hutchesons
für die Gegensätze und Widersprüche der sittlichen Normen hängt
wahrscheinlich damit zusammen, daß beide in den Anschauungen
des Naturrechtes zu befangen waren. Wie dieses ein für alle
Zeiten und Völker geltendes Recht annahm, so glaubten sie an
eine für alle Zeiten und Völker geltende Sittlichkeit. Sie seien
noch nicht vorhanden, meinten sie, weil der moralische Sinn noch
nicht gleichmäßig entwickelt sei und falsche Ideale ihn verderbten.
Die Ausbildung eines übereinstimmenden humanen Rechtes werde
außerdem durch die Selbstsucht der Fürsten und herrschenden
Klassen vereitelt. Der hervorragende Philosoph und Historiker,
welcher so viel weiter und vorurteilsloser sah, blieb von diesen
Irrtümern verschont, aber er besaß nicht die ganze Wahrheit.
Hutchesons Lehre von der Veränderlichkeit des sittlichen Sinnes scheint
mir eine große Entdeckung; an diesen Gedanken kann man wahr=
scheinlich die Evolutionstheorie anknüpfen, wobei natürlich Smiths
Meinung von der geringen Veränderlichkeit der moralischen An=
lagen ganz verschwinden müßte.

Ein zweiter Einwand betrifft den Mangel jedes Unterschiedes
zwischen objektiver und subjektiver Sittlichkeit. Die tägliche Er=
fahrung zeigt einem Jeden, daß dem Kinde sittliche Normen ein=
geprägt werden, lange bevor es anfangen konnte, die Empfindungen
Anderer sympathisch nachzubilden, zu billigen oder nicht zu billigen
und so den Stoff zur Bildung des Gewissens und von Lebens=
regeln zusammenzutragen. Sie zeigt weiter, daß die sittlichen
Normen, welche von außen an den Menschen herantreten, keines=
wegs immer feste Wurzeln im Gemüte des Menschen schlagen.
Den besten Beweis liefern die Lehren des selbstverleugnenden,

ascetischen Christentums, welche von nur Wenigen befolgt werden, einem großen Teile der Übrigen, wo das Christentum äußerlich große Autorität besitzt, Gelegenheit zur Heuchelei und zu salbungsvollem Gerede geben und von einem anderen Teile auf die köstlichste Weise in ihr Gegenteil verdreht werden: christian practice made easy! Die bezüglichen Erfahrungen Mandevilles in England bilden sehr wahrscheinlich den Nährboden seiner pessimistischen Auffassung von der Existenz des Sittlichen. Die tägliche Erfahrung lehrt außerdem, daß etwas in uns lebt und wirkt, was dem von Shaftesbury und Hutcheson beschriebenen moralischen Sinne entspricht, was bestimmte Eigenschaften billigt und mißbilligt und sich nicht scheut, gelegentlich dem allgemein Angenommenen und Hergebrachten zu widersprechen[1]).

Wer also eine unsere Erfahrung befriedigende Darstellung der Ethik geben will, muß zwei Fragen beantworten: Wie entsteht das Sittliche außer uns? Wie entsteht das Sittliche in uns?

Ältere Systeme wußten den Gegensatz der objektiven und

---

[1]) Farrer meint, daß die Sympathie zur Erklärung der sittlichen Erscheinungen in uns nicht genüge. „The constant pressure of authority exercised as it is by domestic education, by government, by law, and by punishment, must first be brought to bear on such actions before the feeling of moral disapprobation can arise with regard to them. The association of the pain of punishment with certain actions, and the association of the absence of such pain (a negative pleasure) with certain others, enforces the natural dictates of our sympathetic or selfish emotions, and impresses on them the character of morality, of obligation, and of duty." a. a. O. S. 198. Wie man sieht, berühren sich Farrers Kritik und die meinige nur flüchtig. Ich halte es für das Wichtigste, daß zuerst die Existenz der sittlichen Normen außer uns erklärt werde. Farrer operiert mit ihnen als mit bekannten Größen und behauptet, daß durch ihre Einwirkung auf unser Triebleben das Sittliche in uns entstehe. Seine Erklärung scheint mir nicht genügend. Es kann keinem Zweifel unterliegen, daß die objektiven Normen zum Zustandekommen sittlicher Urteile mitwirken, aber sie verleihen nicht bestimmten Handlungen den Charakter des Moralischen oder Unmoralischen. Wie sagt Hume? „Wenn die Natur keinen derartigen auf unsere ursprüngliche Gemütsverfassung gegründeten Unterschied gemacht hätte, so würden die Wörter ehrenvoll und schändlich u. s. w. niemals in irgend einer Sprache Eingang gefunden haben." Vgl. S. 41 dieser Schrift.

subjektiven Sittlichkeit zu würdigen. Bei Hobbes und Mandeville finden wir einerseits den Willen des Gesetzgebers, andererseits das wohlverstandene Selbstinteresse, bezüglich den rationellen Ehrgeiz. Cumberland gründet die objektiven, sittlichen Normen auf die guten und bösen Folgen, welche nach der gottgewollten Naturordnung bestimmten Handlungen folgen, die subjektive Sittlichkeit auf die Erkenntnis der Naturordnung und die sociale, wohlwollende Menschennatur. Bei Locke stoßen wir auf das göttliche Gesetz, welches direkt durch die Offenbarung, indirekt durch die Naturordnung zu uns gelangt. Auf der Letzteren ruhen das bürgerliche Gesetz und das Gesetz der öffentlichen Meinung. Diesen objektiven Mächten steht das Subjekt mit seiner Empfindungsfähigkeit für Lust und Unlust und dem Vermögen, aus seinen Erfahrungen Urteile über schädliche und nützliche Handlungen zu bilden, gegenüber. So entsteht das (subjektive) Sittengesetz, welches der Kluge aus dem Streben nach Glück, dem Sträuben vor Schmerz befolgt.

Ist aber der Born aller Sittlichkeit eine in allen Individuen wesentlich gleiche Naturanlage und ein endgültig entscheidendes Gefühl, dann produziert der normale Mensch, unabhängig vom Anderen, den gleichen Inhalt der sittlichen Normen, unter Nachhülfe der Vernunft, mit größerer oder geringerer Stärke nach der individuellen Begabung aus sich selbst heraus. Dann geht der Unterschied von objektiver und subjektiver Sittlichkeit verloren. Das trifft auf die Shaftesburysche Schule zu, nur daß das Individuum nach der Lehre von Smith zur Bildung sittlicher Urteile der Anregung durch seine Umgebung bedarf. Das Sittliche ist für ihn eine gesellschaftliche Erscheinung, wie das Naturrecht ein gesellschaftliches Phänomen ist. Beide, Sittlichkeit und Recht, schlummern im Individuum, sie werden durch die Gesellschaft erweckt.

Ist dieser Tadel berechtigt, dann wird ein Einwurf beseitigt, welcher nicht selten gegen das Werk Smiths erhoben wird. Man behauptet: Weit davon entfernt, eine auf sich beruhende Theorie des sittlichen Lebens zu geben, setzt Smith sittliche Normen voraus. Wir messen den ethischen Wert der Handlungen Anderer, aber woran messen wir ihn? Doch wohl an unseren sittlichen Anschauungen. Wir sehen, daß Andere unsere Handlungen billigen oder mißbilligen. Woran messen sie dieselben? An ihrem moralischen Selbst. Das Maß, welches Smith bieten kann, ist ein schon vorhandener, moralischer Zustand.

Diese Beweisführung scheint mir verfehlt. Smith behauptet, daß wir den Wert der Handlungen messen an unsern korrespondierenden Gefühlen, daß diese Gemütsbewegungen ihre Grundlage haben in unseren ursprünglichen a n g e b o r e n e n, nicht anerzogenen Gemütsanlagen. Aus diesen Erfahrungen wachsen dann allmählich die sittlichen Normen heraus. Smith würde nicht geleugnet haben, daß ein Erwachsener nicht immer die Gefühle Anderer nachbildet, weil er einen Schatz von sittlichen Grundsätzen besitzt. Aber diese verstandesmäßigen Grundsätze können keinen andern Inhalt haben, als die spontan erzeugten, durch Vergleichung erzeugten Gefühlsurteile. Denn beide ruhen ja auf dem in allen Menschen wesentlich gleichen Triebleben und der Sympathie. So glaube ich, daß diejenigen, welche jene Einwürfe erheben, zwei Seiten des Smithschen Systems nicht erkennen: erstens die mangelnde Unterscheidung von subjektiver und objektiver Sittlichkeit und zweitens, daß die „Theorie der moralischen Gefühle" den Charakter einer Entwicklungsgeschichte des Sittlichen hat.

Jener Tadel hat aber auch seine Ursache in dem direkten Angriff gegen das Fundament der Smithschen Theorie. „Die Motive des Wohlthäters billigen und direkte Sympathie mit denselben fühlen", schreibt Gizycki, „sind also nach Smith äquivalente Begriffe." Der schottische Philosoph glaube in vielen Fällen ein moralisches Phänomen durch die einfache psychologische Erscheinung der affectuum imitatio erklärt zu haben, wo diese überhaupt gar nicht im Spiele sei, „sondern reines moralisches Billigen oder Mißbilligen ohne affectuum imitatio"[1]).

---

[1]) a. a. O. S. 217.

Auch diesen Tadel kann ich nicht als begründet anerkennen. Ich glaube, daß wir in der That die Handlung eines Andern billigen, wenn wir seine Gemütsbewegung völlig, wenn auch intensiv weniger stark, nachbilden. Nur kann uns unsere erworbene sittliche Erziehung lehren, daß die Handlung trotzdem tadelnswert ist, und so geraten wir in einen Konflikt zwischen Gefühl und Vernunft. Dies spricht aber nicht gegen Smith. Nebenbei möchte ich bemerken, daß auch Smith die moralische Billigung oder Mißbilligung ohne affectuum imitatio sehr wohl kennt.

Dies führt zu einem andern Punkte. Derselbe Kritiker tadelt es an Smith, daß er die einfache Empfindung des moralischen Billigens in jedem einzelnen Falle aus vier verschiedenen Quellen ableite. Die Stelle, worauf Gizycki sich hier bezieht, findet sich bekanntlich in Smiths Polemik gegen einen „moralischen Sinn". Er zählt dort vier verschiedene Quellen auf, aus denen in jedem Fall die moralische Billigung hervorgehe. Gizyckis Tadel ist durchaus berechtigt, aber ich glaube fast, daß Smith mit ihm übereingestimmt haben würde, wenn er auf diesen Punkt aufmerksam gemacht worden wäre[1]).

Einem andern Tadel kann ich dagegen nicht zustimmen. Cousin hat in seiner scharfen Kritik Smiths, welche sich im zweiten Bande seiner „Histoire de la philosophie morale au 18ième siècle" befindet, den „unbeteiligten Zuschauer" aufs Korn genommen. Daß die sittlichen Urteile fortwährend durch Liebe und Haß, Wohlwollen und Rachsucht getrübt werden, darüber kann kein Zweifel bestehen. Wenn sich im Verkehr etwas herausbildet, was annähernd einer gerechten Würdigung der Menschen

---

[1]) Ich schließe dies aus Folgendem. Smith sagt zwar: „When we approve of any character or action, the sentiments which we feel, are, according to the foregoing system, derived from four sources." Aber eine halbe Seite weiter heißt es: „After deducting, in any one particular case, all that must be acknowledged to proceed from some one or other of these four principles —" hieraus glaube ich entnehmen zu dürfen, daß er nicht gemeint habe, daß in jedem einzelnen Falle alle Billigungsprincipien wirksam seien.

entspricht, so liegt das daran, daß die verschiedenen Urteile von sittlich gebildeten Menschen neutralisiert werden. Smith hat dies vielleicht übersehen. Aber, soviel ich mich erinnern kann, hat er den „unbeteiligten Zuschauer" in der „Theorie der moralischen Gefühle" immer nur als ein Geschöpf der Phantasie betrachtet, als eine „Voraussetzung" Desjenigen, welcher über seinen eigenen Wert oder Unwert ins Klare kommen will[1]). Bei diesem Prozesse existiert der Unbeteiligte aber auch wirklich, obgleich nur in der Vorstellung. Er scheidet aus den sittlichen Urteilen das Unreine aus, ermöglicht die Entstehung des Gewissens und des Pflichtgefühls, kurz, er ist der Schöpfer des individuellen Sittlichen.

Jedoch ist der unbeteiligte Zuschauer nicht bloß in der Phantasie anzutreffen. Er kommt täglich zum Vorschein, wenn die Zeitungen über Verbrechen berichten. Er kennt die Personen nicht, aber er bildet ihre Empfindungen nach und seine Gefühle ändern sich, wie neue Mitteilungen das Verhältnis zwischen Thäter und Opfer verschieben.

Einiges in Cousins Kritik halte ich geradezu für sophistisch. Er nennt denjenigen Zuschauer unparteiisch „qui n'éprouve dans un moment donc aucun sentiment". Ein derartiger unparteiischer Zuschauer existiert überhaupt nicht und kann so lange nicht existieren, als die Menschen nicht in der Retorte gemacht werden. So gelangt Cousin zu dem eigentümlichen Satze: „en obéissant à sa sympathie, il ne serait plus impartial et en maintenant son impartialité, il ne serait plus dans les conditions de la sympathie." Das Ergebnis seiner Erörterung ist dies: Smith habe zum Princip seines Werkes die Sympathie unter der Herrschaft der Vernunft machen müssen. Das wäre aber der Ruin seines Princips gewesen. „Introduire dans les décisions de la sympathie un élément rationel qui supplée à leur insuffisance, c'est déserter le système de la

---

[1]) Farrer und Dugald Stewart behaupten, daß Smith auch den Ausdruck „abstract man" gebraucht habe. Diese außerordentlich lehrreiche Bezeichnung, welche uns den klarsten Einblick in Smiths Gedankengang gibt, fehlt in denjenigen Ausgaben, welche mir vorlagen.

sympathie." Ganz abgesehen von der Richtigkeit der Behauptung, daß die Sympathie unter der Herrschaft der Vernunft stehen müsse, kann ich nicht erkennen, daß diese Korrektur der Ruin seines Princips gewesen sei. Smith hat der Mitwirkung der Vernunft bei der Entwicklung des Sittlichen einen so großen Platz eingeräumt, daß er ihn noch erweitern könnte, ohne inkonsequent zu sein.

Nach diesen Erörterungen vermögen wir einen andern Einwurf zu beurteilen. Wenn das Sittliche, heißt es, seinen letzten Grund in unserm Triebleben hat, weshalb ist der umständliche Prozeß einer Spiegelung **unserer** Gefühle in **Andern** nötig, damit sie zur sittlichen Erkenntnis gelangen, und ihrer Gefühle in uns, damit wir moralische Urteile fällen? Sprechen denn unsere Gemütsbewegungen nicht eine viel verständlichere Sprache zu uns, als die reflektierten zu ihnen und umgekehrt?

Zweifellos thun sie das, aber eben deshalb fehlt auch dem Leidenden die Ruhe, ein Urteil zu fällen. Hierzu ist außerdem eine Vergleichung nötig, welche der Unbeteiligte besser vornehmen kann, als der Leidende. Die Erfahrung lehrt auch Jeden, daß er seine ethische Erkenntnis mehr durch die Beobachtung Anderer als durch Selbstbeobachtung, etwa nach geschehener Tat, bereichert hat.

Noch ein Anderes kann jetzt erörtert werden. Die vorhergehenden Ausführungen beweisen, daß Smith ganz konsequent verfuhr, als er die sittliche Erkenntnis mit der Beobachtung Anderer beginnen ließ. Denn seiner Theorie liegt ja die stillschweigende Voraussetzung zu Grunde, daß der Inhalt des Sittlichen von jedem Menschen neu **entwickelt** wird. Darin täuschte er sich aber, denn das Sittliche tritt an Jeden als etwas Fertiges von außen heran, ehe er selbständig zu urteilen beginnt.

Ein anderer Tadel, welcher gegen die „Theorie der moralischen Gefühle" gerichtet ist, hat viel Zustimmung gefunden. Mit großer Einhelligkeit haben die Geschichtschreiber der Ethik geurteilt, daß dem ethischen Werke Adam Smiths ein Moralprincip fehle. Kosegarten, ein strenger Kantianer, hat in seiner Übersetzung des ethischen Werkes Smiths für siebenzehn Moralsysteme einen Imperativ aufgestellt. Derjenige A. Smiths lautet nach ihm: „Handle so, daß die Menschen mit den Triebfedern und der Tendenz deiner Handlungen sympathisieren können." Rosegarten vermißt die „Reinheit und Bestheit" des Princips. Es qualifiziere sich keineswegs zum obersten Moralprincip, weil ihm „Erstheit, Allgemeingültigkeit und absolute Notwendigkeit" fehle. Das Princip der Sympathie möge immerhin „eine Ratgebung der Klugheit sein." Ein „praktisches" Gesetz wird es nicht heißen können"[1]). Und Gizycki meint, daß die „Principien Aristoteles' und Smiths streng genommen gar keine Principien sind"[2]).

J. H. Fichte ist der Überzeugung, „daß er (Smith) nach der ganzen Anlage seiner Theorie keineswegs eine Untersuchung über den Ursprung des moralischen Sinnes, sondern eine Art von Maß- und Kunstlehre des unfehlbar angemessenen Handelns habe aufstellen wollen". Seine Lehre von der Sympathie sei brauchbar als äußerliches Kennzeichen für die Angemessenheit der Handlungen, aber sie ermangle „aller sittlichen Erhabenheit, denn sie entbehrt geradezu die Selbständigkeit, Selbstgenüge des Sittlichen"[3]).

Diese Zeugnisse ließen sich leicht vermehren, aber es ist nicht notwendig, denn sie beweisen genügend, daß man im vorigen Jahrhundert, in der Mitte des unsrigen und in der Gegenwart stets denselben Eindruck von dem Werke gehabt hat. Sie decken auch hinreichend den Punkt auf, wo der Irrtum beginnt.

Diese Kritiker mißkennen den wissenschaftlichen Charakter des Smithschen Werkes. Es ist kein Lehrbuch der praktischen Ethik, sondern eine Darstellung des Ursprungs und der Entwicklung der sittlichen Gefühle. Dies hat Fichte vollständig verkannt. Die Sympathie ist in erster Linie ein Entwicklungsprincip des Sittlichen, nebenbei auch ein praktisches Princip. Smith hat ursprünglich keine normative Ethik, sondern eine explikative Ethik geschaffen. Sein Meisterwerk dieser Richtung

---

[1]) S. 431 und Vorrede.
[2]) a. a. O. S. 198.
[3]) a. a. O. I, S. 557, 558.

hat dann in der letzten Auflage durch die Hinzufügung der
Tugendlehre an Wert eingebüßt. Smith konnte daher auch dem
kategorischen Imperativ keine andere Aufmerksamkeit schenken, als
eine psychologische. Hätte er aber einen kategorischen Imperativ
aufstellen wollen, dann würde er nicht wie derjenige lauten,
welchen ihm Rosegarten andichtet, sondern etwa folgendermaßen:
Handle nach Gewissen und Grundsätzen[1])!

Im übrigen soll nicht bestritten werden, daß das Werk
Adam Smiths reich genug ist, um auch eine Klugheitslehre zu
geben; nur liegt dem Schriftsteller diese Absicht fern. Er zieht
wie wenige den Vorhang von manchen Rätseln des ethischen
Lebens fort. Wem in hohem Maße die Gabe verliehen ist, sich
in die Seele der verschiedensten Personen zu versetzen, was ohne
große Welt- und Menschenkenntnis nicht möglich ist, der besitzt
die Fähigkeit, in allen Lagen des Lebens taktvoll, ja nach der
Meinung der Welt, welche nicht in die Herzen sieht, sittlich zu
handeln. Er mag der konsequenteste Egoist sein, aber er wird
stets das Rechte thun, nie über die sittlichen Anforderungen seiner
Umgebung hinausgehen, nie hinter ihnen zurückbleiben und wegen
seiner Biederkeit, Rechtschaffenheit, seines Wohlwollens, Pflicht=
gefühls gepriesen werden. Und neben ihm mag ein Mann von

---

[1]) Daß Smith die Sympathie nicht für das praktische Princip der
Moral gehalten habe, scheint mir aus folgender Stelle sehr deutlich hervor=
zugehen: „Upon whatever we suppose that our moral faculties (Ge=
wissen und Pflichtgefühl) are founded, whether upon a certain modifi-
cation of reason, upon an original instinct, called a moral sense, or upon
some other principle of our nature, it cannot be doubted, that
they were given us for the direction of our conduct in this life." P. III,
ch. 5. Mit andern Worten: Vernunft, moralischer Sinn, Sympathie sind
zur Erklärung der „moral faculties" herangezogen worden, aber sie sind
nicht identisch mit ihnen. Daß Gewissen und Pflichtgefühl im Menschen
vorhanden sind, daß „they carry along with them the most evident badges
of this authority, which denote that they were set up within us to be
the supreme arbiters of all our actions", Alles dies steht nicht in Frage,
sondern nur, wie sie psychologisch zu erklären sind.

Die Frage Jouffroys, wie es denn komme, daß ein Instinkt wie
die Sympathie sich zum Richter über andere erhebe, wird durch das Vorher=
gehende mit erledigt. Übrigens ist die Sympathie kein Instinkt.

wirklich ernster Sittlichkeit, welcher streng nach den erworbenen oder überkommenen Grundsätzen, ohne nach rechts und links zu blicken, handelt, das Übelwollen der Andern erregen, welche aus diesem Grunde seine Worte verdrehen und seinen Handlungen unedle Motive unterlegen. Solche und ähnliche Folgerungen können wir aus dem Werke ziehen, ohne daß der Verfasser die Absicht hätte, uns etwa zu lehren: Seid klug! Paßt Eure sittlichen Grundsätze Eurer Umgebung an! Seid nicht großmütig mit Menschen von niedriger Gesinnung! Seid nicht wohlwollend gegen Egoisten, denn sie verstehen Eure Großmut, Euer Wohlwollen nicht, weil ihnen die korrespondierenden Triebe fehlen, sie halten diese Eigenschaften für Thorheit, aus der sie möglichst viel Nutzen ziehen müssen. Je mehr Ihr ihnen gebt, um so mehr lachen sie über Eure vermeintliche Dummheit und verachten Euch.

Das ist in der Tat einer der großen Vorzüge des seltenen Werkes, daß es ebensoviel anregt, wie es gibt. Und dies wegen seines psychologischen Charakters.

In ihm liegt ein Reiz, daß Garve schreiben konnte: „Die Entwicklung seines eigenen Systems steckt in der Geschichte der Moralphilosophie und in dem Inhalte derselben ein so helles Licht auf, daß ich aus seinem Werke über die moralischen Empfindungen, dessen ersten Grundsatz ich für ungereimt erkläre, doch mehr gelernt zu haben bekenne, als aus den Werken vieler anderer, in ihren Principien untadelhaften und in ihren Beweisen weit strengeren Moralisten" [1]. Stäudlin, der neben „hellen Seiten" mangelhafte Anwendung und Durchführung der Principien, ungenügende Anordnung des Stoffes rügt, gesteht, daß Smith sehr tief in die Natur der moralischen Empfindungen eingedrungen sei und darüber „einen Reichtum feiner, seltener, neuer Bemerkungen" geliefert habe [2]. Wir wollen endlich noch ein Urteil Jodls hierher setzen, das uns besonders treffend erscheint. „Gerade durch ihren psychologischen Charakter eignet sich die

---

[1] a. a. O. S. 161.
[2] Stäudlin, Geschichte der Moralphilosophie. 1822. S. 890.

Theorie Smiths so vortrefflich zur Erklärung des Fließenden, Unbestimmten, Subjektiven, welches, wie die Erfahrung lehrt, von der Erscheinung des Ethischen unabtrennbar ist. Denn die strenge, vernünftige Allgemeinheit und Notwendigkeit, welche der Rationalismus vom Ethischen fordert, existiert … doch keineswegs erfahrungsgemäß als eine Eigenschaft des vorhandenen Sittlichen, sondern nur als ein ideales Postulat an die zu verwirklichende Sittlichkeit." Sie erkläre „vollkommen den Zustand des sittlichen Bewußtseins, wie er sich als der gewöhnliche und wirkliche der allgemeinen Erfahrung darstellt; gleichförmig bis auf einen gewissen Grad, soweit eben die Bedingungen der menschlichen Organisation und die allgemeinen Verhältnisse der Urteilenden gleichförmig sind; verschieden, in sofern leicht der Eine sympathisch nachzuempfinden und sich anzueignen vermag, was einem Anderen widerstrebt"[1]).

Die hohe Befriedigung, welche die Vertiefung der ethischen Erkenntnis und die Gewährung eines tiefen Blickes in die moralische Welt gewähren, wird durch den Charakter wahrer Menschlichkeit vermehrt, welche Smiths Buch durchweht. Derjenige wird ihn besonders stark empfinden, welcher einmal völlig den ascetischen Einfluß des einen oder des anderen christlichen Bekenntnisses innerlich erfahren hat oder durch eine verschrobene moralphilosophische Schule gegangen ist[2]). Neben Spinozas Ethik wird er wahrscheinlich „die Theorie der moralischen Gefühle" als sittliche Befreierinnen betrachten. Durch Shaftesbury und Hume waren die fehlerhaften Grundanschauungen der christlichen Ethik entfernt worden, das Große und Ewige: die Verinnerlichung des Sittlichen, das Gebot der Liebe und Wahrhaftigkeit waren geblieben. Dreierlei wird ihn besonders fesseln: alle Triebe sind an sich berechtigt, der Vergeltungstrieb ist für das Gedeihen der

---

[1]) a. a. O. S. 251.
[2]) Es berührt sehr eigentümlich, auch Smith einmal von dem „present depraved state of mankind" reden zu hören (Anhang zu P. II, S. 1). Übrigens dieselbe Anschauung auch bei den Stoikern.

Gesellschaft notwendig, die Sorge für die eigene Glückseligkeit steht sittlich ebenso hoch, wie die Sorge für das Glück Anderer.

Und doch ist Smith durchaus nicht von Begeisterung für die menschliche Natur erfüllt. Im Gegenteil, überall betont er ihre tiefe Selbstsucht. In sein Werk ist etwas von dem Geiste des Hobbes oder Pufendorfs eingedrungen: sucht die Menschen zu Freunden zu machen, denn sie vermögen Euch auf vielerlei Weise zu schaden. Um so sonderbarer berührt deshalb die Behauptung, daß ein völliger Widerspruch zwischen seinem ethischen und seinem nationalökonomischen Werke vorhanden sei.

Als einen weiteren Vorzug betrachte ich die ethische Luft des Buches, deren Wärme und Kraft eine ernste sittliche Stimmung im Leser erzeugt.

Hierzu kommt der schon früher erwähnte Vorzug der Theorie, daß sie die Nützlichkeit der Tugendlehre und die Gefühlsgrundlage des Sittlichen zu vereinigen weiß und die Psychologie des subjektiv Sittlichen in hervorragendem Grade gefördert hat.

Auch der kritische Bestandteil ist von großem Werte. Jodl nennt diese Erörterung „ein Meisterstück wahrhaft produktiver Kritik: reich an feinen und treffenden Bemerkungen und dabei von wundervoller Unparteilichkeit"[1]. Mit dieser Kritik wurde der Ethik nicht nur vorübergehend genützt. Über die derselben zu Grunde liegende Unterscheidung von Princip und Fundament der Moral meint Jodl: „Ihre klare, begriffliche Unterscheidung zum ersten Mal bestimmt ausgesprochen und als Einteilungsgrund verwendet zu haben, ist ein nicht gering zu schätzendes Verdienst"[2]. Auch die Tatsache, daß sie noch weiterhin in der Philosophie angewendet worden ist, z. B. von Schopenhauer[3], beweist für ihre Vortrefflichkeit. Jodl steht mit seinem Urteil nicht allein. Vor ihm hatte schon Stäudlin die kritischen Ausführungen für einen „besonders schätzbaren Teil dieses Werkes" erklärt[4].

---

[1] a. a. O. S. 245.
[2] S. 244.
[3] Siehe seine lichtvolle Auseinandersetzung in der Schrift über die Grundlage der Moral. Sämtliche Werke. Bd. IV, S. 136. Leipzig 1874.
[4] a. a. O. S. 895.

Nach alledem kann es nicht befremden, daß Gizycki von der „Theorie der moralischen Gefühle" sagt: „Smiths großes Werk gehört zu den reichhaltigsten der gesamten Morallitteratur überhaupt"[1]).

Wenn wir nach dieser Charakteristik der Ethik unseres Philosophen uns fragen: Was dürfen wir von seinem nationalökonomischen Werke erwarten? so dürfte die Antwort lauten: Gewissenhafte umfassende Studien der vorhandenen Litteratur, fruchtbare Kritik, Vermittelung zwischen den Gegensätzen, sorgfältige Ausführung der für richtig gehaltenen Gedanken, Einsicht in das psychologische Getriebe wirtschaftlicher Handlungen, lebendige Schilderungen ökonomischer Vorgänge, die sittliche Teilnahme eines gerechten, wohlwollenden Mannes, welcher die Bedeutung und die Grenzen des Egoismus erkennt; aber auch Abneigung gegen diejenige Wissenschaft, welche ein besonderes Gewicht auf richtige Definitionen und eine streng festgehaltene Terminologie legt, die zeitweilige Abwesenheit konsequenten, abstrakten Denkens, eine breite, ermüdende Darstellung, welcher der Faden des Gedankens manchmal verloren geht und den abgebrochenen stets künstlerisch, aber nicht immer logisch wieder anzuknüpfen weiß: Alles in einer wohlklingenden, durchsichtigen Sprache, welche in ihrer blühenden Fülle den männlichen Charakter unseres Philosophen nicht zur Erscheinung bringt.

Aber ob er in späteren Jahren das wieder zu leisten vermag, was ihm in der ersten Hälfte der Dreißig gelang?

---

[1]) a. a. O. S. 203.

Viertes Kapitel.
Die natürliche Theologie Adam Smiths.

Das Naturrecht, wie es von Pufendorf begründet worden war, enthielt drei Bestandteile: die natürliche Theologie, die Ethik und das Naturrecht im engeren Sinne.

Pufendorfs System der natürlichen Religion umschließt spekulative und praktische Sätze. Folgendes sind die spekulativen: Es gibt einen Gott, wofür Pufendorf den kosmologischen, physiko-theologischen und den historischen Beweis beibringt; Gott ist der Schöpfer des Weltalls; es gibt eine Vorsehung; mit der Natur des höchsten Wesens ist jede Unvollkommenheit unvereinbar. Die praktischen Sätze beziehen sich auf den Kultus, der innerlich und äußerlich sein kann. Der innere Kultus besteht darin, daß man Gott ehrt, liebt, auf ihn hofft, sich in seinen Willen ergibt und ihn fürchtet. Der äußere Kultus schließt folgende Pflichten ein: Dank für alles empfangene Gute, unbedingter Gehorsam gegen seine Befehle, Bewunderung seiner unendlichen Größe, Gebet um Zuwendung des Notwendigen und Abwendung des Übels, Schwören nur beim Namen Gottes, Vorsicht, wenn man von Gott spricht, Trefflichkeit aller Handlungen in Beziehung auf Gott, äußere Verehrung, Beobachtung des Naturgesetzes.

An anderer Stelle wurde ausgeführt, daß das Pufendorfsche System nach Frankreich und nach England verpflanzt wurde und daß Hutcheson in Schottland die neue Wissenschaft bearbeitete.

Aus Leechmans Bericht über Hutchesons Leben ersieht man, daß die wiederkehrenden Vorlesungen des schottischen Philosophen sich auf die natürliche Theologie, die Sittenlehre, die Rechtsgelehrsamkeit und die Staatskunst erstreckten. Diese vier Gebiete bildeten die „moral philosophy" des Schotten. Als Smith zum Professor der Moralphilosophie ernannt worden war, hielt auch er vier Vorlesungen, die mit denjenigen Hutchesons übereinstimmen. Ferguson erweiterte den Umfang der Moralphilosophie, seine „Grundsätze der Moralphilosophie" enthalten sieben Teile, unter ihnen finden sich jene vier angeführten. Der dritte Teil, überschrieben „die Wissenschaft von Gott", enthält die natürliche Theologie, der vierte die Ethik, der fünfte die Rechtswissenschaft, der siebente die Staatskunst und die Staatsökonomie.

Was Smith in seiner Vorlesung über „die natürliche Theologie" gelehrt habe, darüber sind wir ganz im allgemeinen unterrichtet. Stewart teilt mit, daß er darin die Beweise für das Dasein Gottes vorgetragen, von dessen Eigenschaften und den Grundtrieben und Anlagen der menschlichen Natur, auf welche sich die Religion stütze, gehandelt habe. Dieses Zeugnis ist zu mager, um einen befriedigenden Einblick in den Inhalt seiner Vorlesung zu gestatten.

Wir sind aber vielleicht im stande, uns eine ungefähre Vorstellung von seiner Vorlesung zu machen, wenn wir zeitgenössische Werke über denselben Gegenstand auf ihren Inhalt untersuchen und dann die in den Werken Smiths zerstreuten religiösen Lehren mit jenen vergleichen. Zwei Werke werden uns einige Dienste leisten, zuerst Hutchesons „System of moral philosophy" und zweitens die erwähnten „Grundsätze der Moralphilosophie" von Ferguson. Wir nehmen damit Smith gleichsam in die Mitte. Hutchesons Werk erschien 1755, Fergusons Buch im Jahre 1769.

Wenn nun dagegen eingewendet werden sollte, daß Smith schon vor 1755 die natürliche Theologie vorgetragen habe, so muß daran erinnert werden, daß er die Vorlesungen Hutchesons gehört hatte. In dem „System of Moral Philosophy" haben wir aber das ganze System des schottischen Philosophen vor uns.

Der neunte und zehnte Abschnitt des ersten Buches enthalten

Hutchesons „natürliche Theologie". Der erstere ist überschrieben: Die Pflichten gegen Gott und die richtigen Begriffe von seiner Natur.

Er führt dort aus, daß der Glaube an Gott stets bestanden habe, eine Rasse habe ihn der andern übermittelt. Die Furcht vor Übeln und das Verlangen nach Schutz gegen sie, wo alle sichtbaren Kräfte dazu nicht hinreichend gewesen, habe die Menschen auf die Untersuchung der Gottheit geführt. Die natürliche Begeisterung und Bewunderung, welche aus der Betrachtung der großen und schönen Werke der Natur entsprängen, hätten Andere angeregt, ihrem Ursprung nachzugehen.

Den Beweis vom Dasein Gottes sieht er in der Zweckmäßigkeit, Ordnung, Kunst und Macht, die sich überall in der Welt offenbarten, nicht nur in der Bewegung der Gestirne, sondern auch im Bau der tierischen Körper, in ihrer Fortpflanzung und in andern Stücken. Da nun Pflanzen und Tiere ihre Struktur weder ihrer eigenen Weisheit noch ihren Erzeugern verdankten, so müsse ein erster, ordnender Geist vorhanden sein. Die wesentliche, beständige und unveränderliche Eigenschaft des höchsten Wesens setzt er in ein ursprüngliches Wohlwollen und in eine Neigung zur Mitteilung der Glückseligkeit. Dies geht nach seiner Meinung hervor einmal aus der Undenkbarkeit anderer Eigenschaften in einem höchsten Wesen, zweitens aus den Werken Gottes. Der ganze Bau der Welt habe die Erhaltung des Lebens, das Vergnügen, die Glückseligkeit dieser oder jener Wesen zur Absicht. Das Dasein des Übels beweise nichts gegen die Güte Gottes. Er geht umständlich alle Einwürfe durch, welche aus der Existenz des Übels gegen die Güte Gottes ins Feld geführt worden sind, und verweist schließlich auf ein zukünftiges Leben als die Lösung aller Disharmonien. Die andern Eigenschaften Gottes sind nach ihm folgende: er ist ein Geist, unendlich, einzig, allgegenwärtig, alles durch die Vorsehung ordnend, heilig, gerecht.

Der zehnte Abschnitt handelt von den Neigungen und Pflichten und der Ehrfurcht gegen Gott.

Die Pflichten gegen Gott erkennen wir aus dem moralischen

Gefühl. „Das moralische Gefühl selbst scheint der besondere Teil unserer Natur zu sein, welcher am meisten geschickt ist, diese Übereinstimmung einer jeden vernünftigen Seele mit der großen Quelle unseres Wesens und aller Vollkommenheiten zu befördern, da es alle moralische Vortrefflichkeit unmittelbar billigt, die Seele mit der Liebe desselben erfüllt und dieser Liebe als der höchsten Vortrefflichkeit der Seele Beifall gibt".

Die Verehrung, welche wir den göttlichen Eigenschaften schuldig sind, ist innerlich und äußerlich. Zu der ersteren Art gehört die Erregung der Bewunderung dieses unermeßlichen, ursprünglichen Wesens durch häufige Betrachtung, weiter Achtung und Liebe gegen Gott, Vertrauen und Ergebenheit in seinen Willen, Dankbarkeit und Demut, Mitleid gegen den Nächsten. Aber auch die äußerliche Verehrung ist notwendig. Sie ist der natürliche Ausdruck dieser frommen Empfindungen und Neigungen.

Wer die natürliche Theologie Pusendorfs mit derjenigen Hutchesons vergleicht, wird den Einfluß Shaftesburys und Newtons erkennen. Das Knochengerüst der Vernunftreligion ist stehen geblieben, aber es ist gleichsam mit dem Fleisch der Gefühls= religion umkleidet worden.

Betrachten wir nun noch kurz Fergusons System der natürlichen Theologie. Es zerfällt in drei Teile. Das erste Kapitel handelt vom Dasein, das zweite von den Eigenschaften Gottes, das dritte von der Unsterblichkeit der Seele. Der zweite praktische Teil, welcher sich ebensowohl bei Pusendorf wie bei Hutcheson findet, fehlt hier also.

Ferguson geht von der Allgemeinheit des Glaubens an Gott aus, welcher seine Begründung durch die Wahrnehmung der Endursachen in der Natur erhält. „Die Endursachen können als die Sprache angesehen werden, in welcher das Dasein Gottes den Menschen offenbart worden." Als Eigenschaften Gottes führt er auf: Einheit, Macht, Weisheit, Güte und Gerechtigkeit. Be= weise der Güte sieht er in der Hervorbringung empfindender und denkender Wesen, dem Grab des Guten, der jedem dieser Wesen zu teil wurde und in der Ordnung, die zur Erhaltung dieser

Wesen und ihrer Glückseligkeit festgesetzt worden ist. In hergebrachter Weise wird auch des physischen und moralischen Übels gedacht. Aus der Güte und Gerechtigkeit Gottes folgert er die Unsterblichkeit der Seele. Der Untergang der tierischen Naturen ist notwendig, denn „die Welt würde mit Tieren überfüllt werden, wenn eine Generation der andern nicht Platz machte. Aber die Geisterwelt kann ohne Unbequemlichkeit nebeneinander zunehmen".

Nachdem wir hiermit die Aufgaben der Wissenschaft der natürlichen Theologie vor und nach Smith kennen gelernt haben, ist es möglich, das System Adam Smiths teilweise zu rekonstruieren.

Erste Frage: Glaubt Smith an einen Gott? Die Darstellung der „Theorie der moralischen Gefühle", welche wir im zweiten Kapitel dieser Schrift gegeben haben, zeigt auf das deutlichste, daß er von dem Dasein eines persönlichen Gottes überzeugt war.

Zweite Frage: Welches sind die Eigenschaften Gottes? Die Eigenschaften, welche für den Menschen am meisten hervortreten, sind Weisheit und Güte. Das allmächtige Wesen hatte nur einen Endzweck der Schöpfung: die allgemeine Glückseligkeit. Seine unendliche Weisheit machte ihm die Erreichung dieses Zweckes möglich. Das Übel ist ein Mittel zur Erzeugung der allgemeinen Glückseligkeit. Es beliebte Gott, diese Welt gleich einer Maschine so anzuordnen, daß sie ohne sein unmittelbares Eingreifen besteht. Smith hat eine ähnliche Auffassung von den Menschen und der Menschenwelt. Er sieht überall ein großartiges Räderwerk. Gott stattete den Menschen mit der Selbstsucht, dem Vergeltungstriebe, der Sympathie und dem Triebe nach Vollkommenheit aus. Sie wirken im Einzelnen das Sittliche aus und ermöglichen das Zusammenleben, die Harmonie Aller. Die Intelligenz, welche das höchste Wesen dem Menschen verlieh, setzt ihn in den Stand, Regeln der Sittlichkeit abzuziehen, die nun als Gebote Gottes angesehen werden müssen. Die Güte Gottes ersieht man daraus, das er uns ein unmittelbares Gefallen am Sittlichen gab, auch ohne daß wir seine Bedeutung für unsere Glückseligkeit durchschauen. Er hat es so eingerichtet, daß schon in diesem Leben Tugend wahre Weisheit, Laster kurzsichtige Thorheit ist. Die Weisheit Gottes senkte auch den Erwerbtrieb in unser Gemüt. Der Mensch strebt nach Reichtum und selbstsüchtigem Genuß, aber er ist nur ein Werkzeug in der Hand des Allmächtigen, der hierdurch der Menschheit die größte Summe irdischer Güter zukommen lassen wollte. So groß erweist sich diese göttliche Kraft, daß sie trotz der Thorheit der Staatsmänner den Fortschritt der Menschheit hervorzubringen vermag. Und so verhält es sich mit vielem Andern, wir tadeln die Einrichtung der Welt, weil wir die Weisheit des Schöpfers nicht erkennen. Die Welt urteilt nach dem Erfolge, das ist die Klage aller Zeiten, aber Gott hat auch das zu unserem Besten so angeordnet. Wir sind Verehrer von Rang und Reichtum, auch hierin sieht Smith die Weisheit Gottes.

Was er in dem dritten Teil gelehrt habe, wo er von den Anlagen und Trieben handelte, auf welche sich die Religion stützt: das ist unmöglich zu entscheiden. Ob er dort wie Hutcheson Furcht und Bewunderung zur Quelle der Religion gemacht, ob er sie in der Existenz der menschlichen Gefühle, des Gewissens und der natürlichen Sittengebote gefunden, ob er die Religion aus dem Wunsch nach Unsterblichkeit und dem Gefühl des Zwiespalts über die mangelnde Gerechtigkeit auf dieser Welt oder aus der menschlichen Erkenntnis habe entspringen lassen, wer kann darüber genügenden Aufschluß geben?

Ich kann nur eine Vermutung aussprechen. Wenn wir uns erinnern, in welcher logischen Weise er die Theorie der moralischen Gefühle mit dem angekündigten Werke zu verbinden sucht, wie er stets bestrebt ist, einen ununterbrochenen Zusammenhang der Teile seiner Schriften dem Leser zum Bewußtsein zu bringen, so kann ich nicht umhin zu glauben, daß er im dritten Teile bei den Thatsachen des sittlichen Lebens, bei dem Gewissen und dem Pflichtgefühl verweilt, diese Erscheinungen mit der so selbstsüchtigen Menschennatur kontrastiert und hierauf die

Entwicklung der sittlichen Anlagen als Aufgabe einer besonderen Vorlesung in Aussicht gestellt habe. Bestärkt werde ich in dieser Hypothese durch den Fortfall des zweiten, praktischen Teiles der natürlichen Theologie, welcher diese Verbindung gehindert haben würde. Zudem faßt er ja die Pflichten gegen Gott vorzugsweise als Befolgung der natürlichen Sittengebote auf, die also erst in der Ethik behandelt zu werden brauchten. Ist meine Vermutung richtig, dann würde sie es auch erklären, weshalb Smith die psychologischen Voraussetzungen seiner Theorie in seinem ethischen Werke nicht weiter bespricht.

So viel geht aus dem Vorhergehenden hervor, daß die dem ethischen Werke zu Grunde liegenden metaphysischen Ansichten und sehr wahrscheinlich auch die Psychologie Smiths in seiner „natürlichen Theologie" vorhanden waren.

Im übrigen hat Smith auf dem Gebiete der natürlichen Theologie keine neuen Wahrheiten entdeckt, denn alles war eingefügt in das von Pufendorf hergestellte Gerüst und der Inhalt bewegt sich in dem hergebrachten Geleise des optimistischen englischen Deismus, wie er aus dem Geiste Newtons und Shaftesburys wiedergeboren und von Hutcheson weiter ausgebildet worden war. An diesen schließt sich Smith sehr nahe an: ein neuer Beweis von dem tiefgehenden Einflusse seines Lehrers und ein neuer Beitrag zur Charakteristik des Smithschen Geistes und der Smithschen Weltanschauung.

Zweites Buch.

Politische Ökonomie.

Die „Untersuchung über den Reichtum der Völker" enthält ein wenig vollendetes System der theoretischen Nationalökonomie, Grundsätze der Volkswirtschaftspolitik und ein Lehrgebäude der Finanzwissenschaft, dessen erster Teil jedoch nicht bloß von den Staatsausgaben handelt, sondern eine Darstellung der Politik gibt. Hierdurch werden drei Fragen gegeben: Wie ist das System der theoretischen Nationalökonomie entstanden? Hat Smith die Grundsätze der Volkswirtschaftspolitik von Andern entlehnt? Welches war die Entwicklung der Finanzwissenschaft bis auf Adam Smith? Eine vierte Frage betrifft die Entstehung des Systems der politischen Ökonomie, welches von Adam Smith begründet worden ist. Ihre Erörterung schicken wir der Darstellung der Geschichte der Finanzwissenschaft aus Gründen voraus, welche im Texte erledigt werden.

Wir finden in dem Werke einen großen Reichtum historischer und sociologischer Ausführungen, über deren Stellung im Systeme im fünften Kapitel berichtet wird. Über die Methode Adam Smiths sind die Meinungen geteilt, ihre Untersuchung bildet den Gegenstand des sechsten Kapitels.

Erstes Kapitel.

Die Entwicklung des Smithschen Systems der theoretischen Nationalökonomie.

Es ist eine der auffallendsten Lücken in der Litteraturgeschichte unserer Wissenschaft, daß die Entfaltung des Systems der theoretischen Nationalökonomie nirgendwo genügend dargestellt ist. So viel ich sehen kann, ist auch Niemandem diese Lücke aufgefallen. Wenn man den Paragraphen 39 des gründlichen Werkes von Kautz liest, so sieht man, daß der Verfasser das Problem nicht einmal gestellt hat. Und obwohl Dühring den „Fehler der bisherigen Geschichtsbeiträge" rügt, ist auch er nicht weiter vorgedrungen. Selbst Eisenhart, der es in seiner trefflichen Geschichte der Nationalökonomie meisterhaft verstanden hat, in echt historischer Weise die Entwicklung der Litteratur aus der Evolution der wirtschaftlichen Zustände zu erklären, hat sich die Frage nicht vorgelegt. Dasselbe gilt von Mac Culloch, Hildebrand, Walcker, Cossa und Ingram.

Der Grund dieses Fehlers liegt darin, daß die Geschichtschreiber nur die nationalökonomischen Schriften und Werke in Betracht zogen. Die ältere Litteratur unserer Wissenschaft hat aber einen wesentlich politischen Charakter, sie ist aus Anlässen der Wirklichkeit, zur Lösung schwebender Fragen, zum Zwecke der Durchführung von Reformen entstanden. Zur Begründung ihrer Forderungen mußten die Nationalökonomen sich auf theo=

retische Erkenntnisse stützen. So ist die ältere italienische Litteratur reich an vorzüglichen Ausführungen über das Geld, die englische über das Bevölkerungsgesetz, Wesen des Reichtums, Geld, Handelsbilanz, Arbeit, Zins. Aber hierin liegen die Keime der theoretischen Nationalökonomie als einer systematischen Wissenschaft nicht. Jene Lehren treten vereinzelt, zusammenhanglos, zuerst in der Form roher Induktionen auf.

Die Keime der systematischen theoretischen Nationalökonomie finden sich in einer fremden Wissenschaft, im Naturrechte. **Aus einem Bestandteile des Naturrechts hat sich allmählich das System unserer theoretischen Wissenschaft entwickelt.** Eine vorhandene Form nimmt einen immer reicheren Inhalt nationalökonomischer Erkenntnisse auf, wie im Folgenden bewiesen wird.

Der Verfasser hat dabei durchaus nicht die Absicht, jeden naturrechtlichen Schriftsteller auf seine nationalökonomischen Ausführungen zu prüfen. Er will nur Untersuchungen über Adam Smith liefern und berücksichtigt daher diesen Zweig der Wissenschaft nur so weit, als es für die Erkenntnis Adam Smiths notwendig ist. Er beschränkt sich auf diejenigen Schriftsteller welche sehr wahrscheinlich Smith bekannt gewesen sind.

Vor ihm hat Roscher in der naturrechtlichen Litteratur Umschau gehalten. Der ausgezeichneten Darstellung der naturrechtlichen Nationalökonomie in seiner Geschichte der Nationalökonomie in Deutschland ermangelt nur die Erkenntnis, daß die Naturrechtslehrer die Bildner des Systems der theoretischen Nationalökonomie gewesen sind. Von Cossa ist in seinem geschätzten „Guida" das Durchbrechen nationalökonomischer Lehren bei Hutcheson verzeichnet, aber nicht die Thatsache bemerkt worden, welche für uns die einzig wichtige ist.

1.
Hugo Grotius[1]).

Der erste, noch wenig entwickelte Keim einer Theorie der Nationalökonomie liegt verborgen in Hugo Grotius' berühmtem Werke „Über das Recht des Krieges und Friedens". Sie findet sich im zwölften Kapitel des zweiten Buches, welches von den Verträgen handelt. Das ist charakteristisch. Die Vertrags= und Tauschgesellschaft bildet die Voraussetzung aller Ausführungen. Durch diese Pforte tritt die junge Nationalökonomie ins Dasein.

Grotius geht aus von dem Begriffe der auf den Nutzen Anderer abzielenden Handlungen. Alle Handlungen, welche einem Andern nützlich sind, heißen, mit Ausnahme der wohltätigen, Kontrakte. Bei den Kontrakten fordert die Natur Gleichheit, so daß aus der Ungleichheit der Benachteiligte ein Recht erlangt.

---

[1]) Ich behandle nicht die Quelle der nationalökonomischen Erkenntnisse des Niederländers. Es wäre gewiß eine anziehende Aufgabe, zu untersuchen, ob die Lehren der römischen Juristen und der Kanonisten von Grotius und seinen Nachfolgern benutzt worden sind. Sie wäre auch leicht, da Endemann in seinen bekannten Aufsätzen über die nationalökonomischen Grundsätze der kanonistischen Lehre und Tydemann in der Dissertation „Disquisitio juridico-politica de oeconomiae politicae notionibus in Corpore Juris Civilis Justinianeo," Leyden 1838, den Stoff zusammengetragen und nach den einschläglichen Gesichtspunkten geordnet haben. Vergleiche auch Herrmann: Dissertatio sententias Romanorum ad Oeconomiam nationalem pertinentes exhibens, 1823. Anderes findet sich bei Xenophon, Plato (im Staat schon die Bezeichnung des Lohnes als Preises der Ware Arbeit, B. II), insbesondere bei Aristoteles. Hierüber zum Teil die bekannte Dissertation von Hildebrand: Xenophontis et Aristotelis Doctrina de Oeconomia Publica, 1845.

Die Gleichheit besteht teils in Handlungen, teils in dem Gegenstande. Dabei kommt er nun auf den Maßstab für den Wert der Sachen zu sprechen. Dieser sei zunächst die Dringlichkeit des Bedürfnisses, aber auch der Luxus sei von Einfluß. Die wichtigsten Dinge ständen unter ihrem Werte im Preise, wenn sie im Überfluß vorhanden wären. Auf den Preis hätten die Mühe und die Auslagen der Kaufleute Einfluß. Der Preis schwanke oft plötzlich nach der größeren oder geringeren Zahl der Käufer, des Geldes oder der Ware. Nebenumstände wirkten ein, wie Vorliebe, Gefälligkeit u. s. w. Im 16. Paragraphen setzt er auseinander, daß nicht alle Monopole gegen das Naturrecht seien, doch verurteilt er das Monopol zum Zwecke der künstlichen Preissteigerung. Im 17. geht er zur Lehre vom Gelde über. „Eine Sache, die zum Maßstab für Andere dienen soll, muß selbst von einer am wenigsten schwankenden Beschaffenheit sein; solche sind unter den marktgängigen Sachen das Gold, das Silber und das Kupfer. Denn sie gelten beinahe überall und an allen Orten gleich. Wie indeß andere Sachen, deren der Mensch bedarf, bald im Überfluß, bald zu wenig vorhanden sind, so gilt auch das Geld bald mehr, bald weniger, wenn es auch von gleichem Gehalte und Gewichte ist."

Grotius geht vom Kaufe zu Pacht und Miete über, denn diese stehen dem Kaufe am nächsten, und es gelten für beide dieselben Regeln. Es entsteht nun die Frage, ob für ein Darlehen Zins bezahlt werden soll. „Wenig paßt der Grund, daß das Geld an sich keine Früchte trage. Denn auch die Häuser und andere Sachen tragen von Natur keine Frucht; erst die menschliche Tätigkeit zieht einen Nutzen aus ihnen." Als Zins ist nicht zu betrachten „die Entschädigung für den entgangenen Gewinn nach Abzug der dazu nötigen Arbeit und des blos gehofften Gewinns". Ebenso wenig „die Entschädigung für den Aufwand dessen, der Vielen Geld leiht und es dazu vorrätig hält, sowie für die Gefahr des Verlustes, wo keine genügende Bürgschaft gegeben wird"[1]).

---

[1]) Eine eingehende Darstellung des Hugo Grotius bei Laspeyres:

Hier haben wir in nuce das ganze System der späteren theoretischen Nationalökonomie. Es ruht auf der Grundlage der Tauschgesellschaft, deren Glieder sich durch Verträge verpflichten. Voraussetzung ist Gleichheit beim Kontraktabschlusse. Die naturrechtliche Erörterung der Verträge führt zu Ausführungen über Wert, Preis, Geld, Pacht, Zins. Auch die innige Verbindung der Lehre vom Preise mit der Lehre vom Einkommen, die wir noch bei Smith antreffen, ist hier vorhanden.

Doch verfolgen wir die Entfaltung dieses Teiles des Naturrechtes noch weiter. In den Werken der beiden andern Mitbegründer desselben, bei Hobbes und Spinoza[1]) kann ich keinen Gedanken finden, der der Entwicklung der Lehren besonders förderlich gewesen wäre[2]).

2.

Pufendorf[3]).

Ein Fortschritt über Grotius zeigt sich schon äußerlich darin, daß die nationalökonomischen Lehren bei Pufendorf zwar noch

---

Geschichte der volkswirtschaftlichen Anschauungen der Niederländer und ihrer Litteratur zur Zeit der Republik. Leipzig 1863. S. 3 ff.

[1]) Laspeyres a. a. O. S. 21 ff.

[2]) Vergleiche die abweichende Ansicht Roschers über H. in seiner Abhandlung „Zur Geschichte der englischen Volkswirtschaftslehre" S. 48 ff. Hobbes' Theorie und Politik der Volkswirtschaft findet sich in Kap. XIII, § 14 „De Cive". Er zählt dort 4 Quellen des Nationalreichtums auf: Arbeit, Sparsamkeit, die natürlichen Erträge des Landes und Meeres, Heeresmacht. Die beiden ersteren seien die notwendigen, die dritte nützlich (größerer Reichtum oder bei gleichem Reichtum mehr Bürger), die vierte (Rom, Athen) nicht besser als Würfelspiel. Auf die drei ersten muß sich die Pflicht der Herrscher richten: 1. Gesetze gegen Trägheit, Anregung zum Fleiße, insbesondere zur Schiffahrt (durch welche die Erzeugnisse der Arbeit beinahe nur mit Arbeit erkauft werden), Hochhaltung des Handwerkes und der Mathematik. 2. Luxusgesetze. 3. Begünstigung des Landbaus und des Fischfangs, Gesetze, welche deren Ertrag vermehren. — Daß die theoretischen Ausführungen aber wenig Wirkung gehabt haben, wird man bald sehen.

[3]) Ich benutze Pufendorfs „De officio hominis et civis juxta legem naturalem" in der Übersetzung von Barbeyrac „Les Devoirs de l'Homme et du Citoyen." Amsterdam 1718.

immer im Rahmen des Naturrechtes, aber doch schon gesondert in einem Kapitel für sich auftreten.

Das vierzehnte des 1. Buches ist überschrieben „Über den Preis der Dinge und der Handlungen", es enthält im Umriß ein System der Nationalökonomie. Pufendorf geht von der Notwendigkeit des Austausches der Güter aus, da ein Jeder nicht Alles hat, was er zum Leben braucht. Der Austausch war schwierig, da sich die Dinge und die Dienste (die Handlungen) schwer mit einander vergleichen ließen. So legte man den Dingen eine moralische Quantität (quantité morale) bei, mit deren Hülfe man sie aneinander messen konnte. Diese Quantität oder dieses Maß ist der Preis. Den Preis teilt er in den den Dingen eigentümlichen oder anhaftenden Preis und den äußerlich heraustretenden, wirkungskräftigen Preis ein[1]). Der erstere ist die den Dingen und Handlungen, welche in den Verkehr kommen, anhaftende Fähigkeit, unsere Bedürfnisse zu befriedigen, der andere haftet am Gelde.

Pufendorf macht schon die in den Handbüchern später immer wiederkehrende Bemerkung, daß viele nützliche Dinge keinen Preis haben, entweder weil sie immer gemeinsam bleiben müssen, oder weil sie nicht vertauscht werden können, oder weil sie immer nur als Anhängsel eines andern Dinges erscheinen, z. B. die Luft, das Meer, schöner Sonnenschein, der Schatten u. s. w.

Unter den äußeren Ursachen, welche den Preis erhöhen oder erniedrigen, nennt er die S e l t e n h e i t der Dinge, insbesondere, wenn sie aus fremden Ländern herübergebracht werden müssen. „Daher kommt es, daß der Luxus und die Eitelkeit der Menschen sie eine Menge von Dingen kaufen läßt, die das menschliche Dasein recht wohl entbehren kann, z. B. die Perlen und die kostbaren Steine." Was aber solche Dinge betrifft, welche täglich fortwährend gebraucht werden, so erhöht hier das Bedürfnis oder die Notwendigkeit verbunden mit der Seltenheit am meisten den Preis. Bei Kunstwerken bezahlt man außer der Seltenheit

---

[1]) Prix propre ou intrinsèque et Prix virtuel et éminent.

die Feinheit und Schönheit der Arbeit, zuweilen auch den Ruf des Künstlers, die Schwierigkeit des Werkes u. s. w.

Den **Preis der Arbeit** bestimmen die Mühe und Schwierigkeit derselben, die Geschicklichkeit, welche man aufwenden muß, um sie leisten zu können, ihre Nützlichkeit, die Zahl der Leute, welche imstande oder willens sind, dasjenige zu verrichten, was man gebraucht.

Endlich erwähnt er den **Affektionspreis**. Er vergißt nicht den Einfluß, welchen das **Recht auf den Preis** hat. Im Naturzustande, also dort, wo volle Freiheit herrscht, bestimmt der Vertrag über den Preis, in der bürgerlichen Gesellschaft kommen als Preisbestimmungsgründe Verwaltungsakte und Gesetze hinzu. Dies gilt, wie er ausdrücklich bemerkt, auch für den Preis der Arbeit.

Verfolgt man die **Preise im Handel**, so sieht man, daß die Kaufleute sich ihre Mühe, ihre Auslagen bezahlt zu machen suchen, über den Preis aber entscheiden nicht die Kosten, sondern die Zahl der Käufer, die Menge des Geldes oder der Waren. Wo die Ware den Käufer sucht, wird sie billig verkauft, teuer, wenn das Umgekehrte der Fall ist. Wenn gegen bar verkauft wird, sind die Preise niedriger, als beim Kreditgeschäft.

Der Austausch der Güter macht das **Geld** nötig. Aus Gründen der Teilbarkeit und der Solidität wird es am besten aus den edlen Metallen hergestellt. Es ist zwar die Aufgabe des Fürsten, den Wert der Münzen zu bestimmen, aber er muß sich doch dabei nach dem Werte richten, welchen es bei allen benachbarten Völkern hat, um nicht den Verkehr zu lähmen. Die Vermehrung des Goldes und Silbers erniedrigt seinen innern Wert[1]) im Verhältnis zum Preise der Landgüter und der andern Dinge, die davon abhängen.

Im 15. Kapitel werden die verschiedenen Kontrakte abgehandelt: Tausch, Kauf, Miete.

Aus dieser Skizze ist ersichtlich, daß wir bei Pufendorf den

---

[1]) La valeur intrinsèque de la monnaie.

Ansatz zu einer Unterscheidung von Gebrauchswert und Tausch=
wert besitzen, er untersucht die Umstände, welche den Tauschwert
erhöhen oder erniedrigen, er zeigt schon, daß die Verkäufer den
Preis ihren Produktionskosten gemäß zu stellen suchen, aber
andere Mächte über denselben entscheiden, er hat die Lehre vom
Arbeitslohn ziemlich eingehend behandelt.

3.
Christian Wolff.

In den ökonomischen Erörterungen des Thomasius ist ein
auffallender Rückschritt hinter Pufendorf zu verzeichnen. Geradezu
dürftig sind die Ausführungen in dem Kapitel „De officiis circa
rerum pretia" seines Werkes „Fundamenta Juris Naturae et
Gentium". Dagegen ist von Wolff ein so großer Fortschritt
vollzogen worden, daß er neben Hutcheson und Quesnay als
einer der Triumvirn erscheint, welche die naturrechtliche National=
ökonomie auf ihren Höhepunkt geführt haben. Wenn man die
drei Männer vergleicht, so zeigt sich gewissermaßen vorbildlich der
Unterschied der deutschen und der fremden Nationalökonomie:
bei Wolff verhältnismäßig wenig ökonomische Kenntnisse, dagegen
ein wahres Schwelgen in Definitionen, Distinktionen, Divisionen
und umständlichen Beweisführungen; bei jenen ein Zurücktreten
des formalen Elementes, dafür unendlich viel mehr Einsicht in
die ökonomische Welt. Wolffs naturrechtliche Nationalökonomie
ist die gelehrte systematische Nationalökonomie.

In dem 4. Bande seines massigen „Jus Naturae et Gentium"
ist das zweite Kapitel „De pretio rerum et pecunia" zu 100
Seiten angeschwollen. Da ich keine Litteraturgeschichte schreibe,
so darf ich mich der Wiederholung des in der naturrechtlichen
Nationalökonomie überall Wiederkehrenden enthalten, ich beschränke
mich daher auf die Verzeichnung des Neuen, welches Wolff bringt.

Wolff unterscheidet verschiedene Kategorien von Gütern
und stellt für jede Kategorie besondere Preisbestimmungs=
gründe auf.

Zunächst für die **natürlichen** Güter. Der Preis derselben hängt ab von der Arbeit und den Auslagen, welche zur Erlangung derselben gemacht worden sind[1]). Er führt als Beispiel Heu und Fische an. Wenn man letztere fangen will, muß man Mühe aufwenden und Instrumente gebrauchen, welche allmählich abgenützt werden.

Sobald das **Privateigentum** eingeführt ist, erhöhen sich die Kosten um Dasjenige, was dem Besitzer für die Überlassung seines Gutes gegeben werden muß[2]). Er führt als Beispiel den Vogelfang auf dem einem Andern gehörigen Gebiete an. Das für die Ausübung des Rechtes gezahlte Geld, er nimmt zwei Thaler an, wird im Preise der gefangenen Vögel angesetzt.

Weshalb muß aber für die Benutzung eines Gutes etwas bezahlt werden? Weil man für die Benutzung des von dem Gute repräsentierten Geldes etwas erhalten kann. Nun entsteht die weitere Frage: Weshalb wird für die Benutzung des Geldes etwas gegeben? Weil man aus Naturgütern einen Ertrag haben kann. Er stellt daher folgenden Satz auf: „Wenn aus irgend einer Sache natürliche Früchte erlangt werden, so ist der für die Überlassung des Geldes gezahlte Preis, worin jene Sache geschätzt wird, so hoch anzusetzen, wie die Früchte, nachdem die Produktionskosten abgezogen sind"[3]).

Ist das nicht der Keim der von Böhm=Bawerk so genannten „Fruktifikationstheorie"?

Der Preis der **Gewerksprodukte** muß umfassen den Preis der Arbeit, Kosten und den Zins des aufgewandten Kapitals[4]).

---

[1]) In definiendo rerum naturalium pretio aestimandae sunt operae ac impensae in eas percipiendas, vel acquirendas factae. § 308.

[2]) Si res naturales percipiendi, vel acquirendi jus unicuique fuerit liberum in definiendo earum pretio id non attenditur: ast si fuerit in dominio, in eodem definiendo aestimandus quoque est ejus usus. § 309.

[3]) Si ex re quadam percipiuntur fructus naturales, usus pecuniae, qua res ista aestimatur, tanti aestimandus, quanti aestimandus fructus, demtis impensis ac operis in perceptionem factis. § 312.

[4]) In definiendo pretio rerum industrialium aestimari debent

Der Preis der Kunstwerke muß umfassen den Preis des Stoffes, sowie der Arbeit und die Kosten, welche aufgewendet werden mußten, damit sie hergestellt werden konnten[1]).

Wenn man von dem Preise der Gewerksprodukte die Produktionskosten abzieht, so müssen sie dem Preise der natürlichen Produkte gleich sein[2]).

Liegt hier nicht auch im Keim die physiokratische Lehre von der Unfruchtbarkeit der Gewerbsleute?

Auch Wolff definiert den Lohn als Preis der Arbeit[3]). Er unterscheidet zwischen Wert und Preis, entwickelt ausführlich die Lehre vom Gelde und geht dann zum Begriff der Münze über[4]). Er macht auch eine Distinktion zwischen Einkünften und Einnahmen. Unter der letzteren versteht er die in Geld bestehenden Einkünfte. Wolff nimmt auch den Luxus, den Geiz und andere böse Eigenschaften in die Nationalökonomie auf.

Das nun folgende 3. Kapitel handelt ähnlich wie bei Pufendorf De actibus beneficis obligatoriis, seu contractibus beneficis. Hier findet sich wieder eine zahllose Menge von Definitionen, Distinktionen, Beweisen, unter anderen auch eine Münzlehre, im vierten Kapitel eine Definition der Ware[5]).

Ich gehe nun zu Hutcheson über und werde dessen Lehre ausführlich darstellen, weil sich in Smiths „Reichtum der Völker" unzweifelhafte Ähnlichkeiten mit Hutchesons Werk nachweisen lassen.

---

operae, impensae et usus pecuniae quae pro fundo seu re immobili datur. §. 313.

[1]) In definiendo pretio rerum artificialium aestimari debent materia ex qua eaedem conficiuntur, opera, qua producuntur et impensae faciendae ut produci queant. § 314.

[2]) Res industriales, deductis operis ac impensis, aequiparantur naturalibus . . . . Inter has et istas non alia datur differentia, nisi quod hae operas humanas et certas impensas exigunt, quatenus eae sine his praestari nequeunt, quibus illae non indigent. § 315.

[3]) Pretium operarum dicitur Merces, idiomate patrio der Lohn. § 327.

[4]) Moneta vocatur pecunia in certas partes divisa et signata. § 339.

[5]) Res quae emitur venditurve, dicitur Merx. Subinde vocabuli significatus restringitur ad res mobiles: quod imprimis in sermone nostro vernaculo obtinet, quando id, quod venditur, Ware appellamus. § 943.

4.
Hutcheson.

Hutcheson ist, wie schon erwähnt, der englische, durchaus selbständige Bearbeiter des Naturrechtes, wie es von Pufendorf geschaffen worden war. Im zweiten Buch seiner „Sittenlehre der Vernunft" handelt der zwölfte Abschnitt „vom Werte der Güter im Handel und der Natur des Geldes". Der Zusammenhang der nationalökonomischen Lehren mit den vorangehenden, wie die Anordnung der Teile des Kapitels erinnert an Pufendorf. Doch sind Hutchesons nationalökonomische Kenntnisse viel größer als diejenigen Pufendorfs, insbesondere hat er den Begriff der Arbeit in einer so entschiedenen Weise betont, daß es viel wahrscheinlicher ist, Smith habe diesen Begriff zunächst von Hutcheson überkommen, als von seinem Freunde Hume. Hutcheson hat in umfassender Weise Ergebnisse der englischen Nationalökonomie für die naturrechtliche Nationalökonomie verwertet. Auf diesen Punkt werde ich am Schlusse dieses Paragraphen noch zurückkommen.

„Im Handel", beginnt Hutchesons Darstellung, „muß es sich oft zutragen, daß einer solcher von meinen Gütern bedarf, die von großem Nutzen und langer Dauer im menschlichen Leben sind, und eine lang anhaltende Arbeit, sie zu erlangen oder auszuarbeiten erfordert haben; da er doch keine von den Gütern, welche ich nötig habe, oder nicht in gehöriger Menge besitzt. Oder es können die von seinen Gütern, deren ich bedarf, von solcher Art sein, daß sie nur einen geringen Nutzen schaffen, oder durch wenig Arbeit zu erlangen sind. Ich muß andere aufsuchen, die die Güter besitzen, deren ich bedarf, und zwar in einer Menge, die ihren Wert bis zum Werte meiner Güter erhöht, und ebensoviel Arbeit erfordert hat, und alsbann müssen die Güter auf beiden Seiten geschätzt werden."

Als Preisbestimmungsgründe der Güter führt Hutcheson zwei an, „die häufige Nachfrage, die durch einen Nutzen, dessen

Viele bedürfen, entsteht, und .. die Schwierigkeit, sie zu erlangen und zum menschlichen Gebrauche zuzubereiten. Wenn gewisse Güter in diesen Absichten gleich sind, so sind die Menschen bereit, sie unter einander zu vertauschen... Wo keine Nachfrage ist, da ist kein Wert, die Schwierigkeit zu erlangen mag auch noch so groß sein. Und wo keine Schwierigkeit zur Erlangung oder Zubereitung stattfindet, da kann die häufigste Nachfrage keinen Preis hervorbringen, wie wir am frischen Wasser in unserem Himmelsstrich sehen. Ist die Nachfrage nach zweierlei Arten von Gütern gleich, so richtet sich der Preis nach der Schwierigkeit, und wo die Schwierigkeit gleich ist, nach der Nachfrage."

Er erklärt im Folgenden, daß unter der Schwierigkeit, ein Gut zu erlangen, nicht bloß die Arbeit verstanden werden müsse, welche zur Herstellung derselben erforderlich sei, sondern auch alle andern Umstände, welche einen Überfluß der verlangten Güter und Arbeiten erschweren, z. B. die Seltenheit der Materialien, Zufälle, welche reiche Ernten verhindern, große Fähigkeiten und Geschmack der Künstler, welche die Güter hervorbringen.

Der 2. Paragraph handelt von einem allgemeinen Maße.

„Um den Wert der Güter auf eine zum Handel geschickte Art zu bestimmen, müssen sie auf beiden Seiten auf ein gewisses Maß gebracht werden, das nämlich dem Werte von gewisser Tage Arbeit, von gewissen Mengen von Getreide, von einer gewissen Anzahl Vieh einer Art, von einem gewissen Maße dieser oder jener Erdfrucht, oder von einer gewissen Schwere jedes Metalls gleich ist."

Die Anführungszeichen weisen darauf hin, daß Hutcheson sich bewußt ist, die Arbeitstheorie von einem Andern entlehnt zu haben.

Die Eigenschaften des vollkommensten Maßes sind diese. Es muß eine allgemein begehrte Sache sein, bequem zu tragen, leicht teilbar und dauerhaft. Es folgt nun eine nichts Bemerkenswertes enthaltende Auseinandersetzung, weshalb man edle Metalle wählte. Sie wurden zuerst im Verkehr gewogen, erst späteren Datums sind die Münzen. „Das Gepräge zeigt uns die öffentliche Bürgschaft eines ganzen Staates für das Gewicht und den Gehalt an, so daß wir nicht nötig haben, sie zu probieren, zu wiegen oder zu teilen."

Im Handel gilt die Münze dagegen nur als eine Ware.

„Handelnde Nationen können den Wert ihrer Münzen, insofern er sich auf andere Güter bezieht, nicht über den innerlichen Wert an Metall erhöhen, oder ihn tiefer heruntersetzen. Das Geld wird im Handel allemal ebenso wie andere Güter geschätzt, und sein Wert richtet sich nach der Seltenheit des Metalls, denn an der Nachfrage fehlt es niemals. Ein Gesetz kann nur die eingeführte Benennung der Stücke und Unzen verändern und also wirklich innerhalb des Staates die rechtmäßigen Schulden, die nach den vorigen Benennungen gemacht worden sind, verringern oder vermehren, aber der Handel überhaupt richtet sich allemal nach dem natürlichen Wert. Wenn ein Staat alle Bergwerke auf der Welt in seiner Gewalt hätte, so könnte er den Wert der Metalle oder des Geldes in Absicht auf andere Güter wirklich erhöhen, wenn er nur einen kleinen Teil davon durch Handel in der Welt ausbreitete; oder ihn durch Allgemeinmachung einer größeren Menge erniedrigen. Wir beklagen uns gemeiniglich, daß der Preis der Arbeiten und der Güter durch den großen Überfluß dieser Metalle gestiegen sei, und glauben, daß beide bei größerer Seltenheit derselben wohlfeiler zu haben gewesen . . .

„Aber einen Tag lang zu graben oder zu pflügen war einem Menschen vor tausend Jahren ebenso beschwerlich, als heutzutage, ob er gleich nicht so viel Silber dafür erhielt, und ein Scheffel Weizen oder Ochse waren damals ebenso bequem, den menschlichen Körper zu ernähren, als jetzt, da wir sie gegen viermal so viel Silber eintauschen.

„Eigentlich bleibt der Wert der Arbeit, des Getreides, des Viehes fast beständig einerlei, weil sie immer gleich nützlich sind, wenn nicht neu erfundene Arten den Acker zu bebauen oder Weiden anzulegen einen größeren Überfluß davon hervorbringen."

Es ist überflüssig, darauf hinzuweisen, daß wir bei Smith denselben Ausführungen begegnen[1]).

Hutcheson untersucht im Folgenden, welche Folgen die Verdoppelung des Nennwertes der Münzen hätte. Dann „würden die Preise der Güter dem Namen nach in einem eben solchen Verhältnisse steigen". Für den Scheffel Weizen, der früher 10 Schillinge kostete, würde man nun 20 zahlen müssen. Erhielte sich im Innern der frühere Geldwert, so würden die fremden Nationen die Münze nachmachen, so daß deren Nennwert nicht mehr ihrem Metallwert entspräche. Der außerordentliche Gewinn, der nun zu machen wäre, „würde so viele anlocken und eine solche Nachfrage verursachen, daß die Preise unserer Güter von selbst nach und nach wieder bis zu eben der Menge Gold oder Silber steigen würden, worauf sie vorher gewesen . . . . und dann hätte dieser ungeheure Gewinnst ein Ende."

Die natürlichen Preise der importierten Güter würden sofort in die Höhe gehen.

Es findet sich also bei Hutcheson die Bezeichnung „natürlicher Preis".

Hutcheson untersucht nun die Folgen einer Erniedrigung in der Benennung der Münzen. Es „müssen alle namentlichen Preise der Güter fallen".

---

[1] z. B. „Equal quantities of labor, at all times and places, may be said to be of equal value to the laborer. In his ordinary state of health, strength and spirits, in the ordinary degree of his skill and dexterity, he must always lay down the same portion of his ease, his liberty and his happiness. The price which he pays must always be the same, whatever be the quantity of goods which he receives in return for it." — „Equal quantities of labor will at distant times be purchased more nearly with equal quantities of corn, the subsistence of the laborer, than with equal quantities of gold and silver, or perhaps of any other commodity. Equal quantities of corn, therefore, will at distant times, be more nearly of the same real value." Wealth of Nations I, 5.

Hutcheson hat also auch schon die Bezeichnung nominal price, die bei Smith bekanntlich Geldpreis im Gegensatz zum Sachpreis (Preis in Arbeit ausgedrückt) bedeutet.

Unser Autor untersucht den Einfluß einer Veränderung des Geldes auf Gläubiger und Schuldner. „Die Erniedrigung des Geldes thut allen denen Schaden, die schuldig sind, . . . die Vermehrung in den Benennungen hat eben die umgekehrten Wirkungen auf der andern Seite." Er zeigt wie das zu gering geschätzte Geld exportiert, das zu hoch geschätzte dagegen importiert wird. „Eine solche Ungleichheit entsteht oft, wenn auch der Wert zur Zeit der Prägung richtig bestimmt gewesen ist, wenn entweder die Minen eines Metalls zu überflüssig gegen das andere werden, oder ein gewisses Metall durch häufige Ausführung oder mancherlei Anwendung zu Ausschmückungen und Zieraten selten wird."

Die Ergiebigkeit der Bergwerke bewirkt eine Wertverminderung der Metalle, wenn gleich keine Veränderung in der Benennung dasselbe anzeigt. „Und so ist der Wert des Goldes und Silbers in den letzten zwei Jahrhunderten über die Hälfte gefallen, ob wir gleich gemeiniglich sagen, daß die Preise der Güter gestiegen sind. Würden die Bergwerke ganz und gar erschöpft und die Menge dieses Metalls durch vielerlei Anwendung zu Geschirren, Schmuck und Ausputzung der Häuser und Zimmer verringert, so würde ihr Wert wieder steigen, oder wir würden vielmehr sagen, daß der Wert der Güter fiele."

Hutcheson geht nun zu einer Betrachtung über, die wir kurz hierher setzen wollen, weil es sich wiederum zeigt, wie bedeutend der Einfluß dieses Mannes auf Smith gewesen ist.

„Das allgemeine Maß verändert sich immer auf eine unmerkliche Art, und wenn wir also eine gewisse Besoldung festsetzen wollten, die allemal die Bedürfnisse des Lebens zu verschaffen im Stande sein, oder diejenigen, denen sie gehört, geschickt machen sollte, sich allemal nach einerlei Rang aufführen zu können: so dürfte man sie weder nach den zu einer Zeit eingeführten gesetzlichen Benennungen, noch nach einer gewissen

Anzahl Unzen an Gold und Silber bestimmen. Ein Befehl des Staates kann die gesetzmäßigen Benennungen verändern, und der Wert der Unzen kann nach der Menge der Metalle ab- oder zunehmen. Auch könnte man Jemandem eine solche Besoldung nicht in gewissen Mengen von allerhand künstlichen Arbeiten ansetzen, weil seine Erfindungen, welche die Arbeit erleichtern, den Wert solcher Güter sehr erniedrigen können."

Hier ist also schon der Gedanke ausgesprochen, daß der Wert der Güter durch geringere Mengen hervorbringender Arbeit, welche zu ihrer Herstellung erforderlich sind, vermindert wird.

Doch wir lassen Hutcheson weiter sprechen.

„Die unveränderlichste Besoldung wäre, gewisser Tage Menschen Arbeit, oder eine gewisse Menge von Gütern, die durch bloß ungekünstelte Arbeit hervorgebracht werden oder zum menschlichen Leben unentbehrlich sind. Gewisse Mengen von Getreide kommen einem solchen durchgehends gleichen Maße am nächsten"[1]).

Von geringerer Wichtigkeit ist dasjenige, was er über die Preise im Handel sagt. Der Kaufmann muß alle seine Kosten wiedererstattet erhalten und außerdem einen Gewinn machen, was deshalb gerecht ist, weil der Wert der Waren durch die Bemühungen des Kaufmanns steigt.

---

[1]) „When a landed estate, therefore, is sold with a reservation of a perpetual rent, if it is intended that this rent should always be of the same value, it is of importance ... that it should not consist in a particular sum of money. Its value would in this case be liable to variations of two different kinds; first to those which arise from the different quantities of gold and silver which are contained at different times in coin of the same denomination; and secondly, to those which arise from the different values of equal quantities of gold and silver at different times ... the rents ... reserved in corn have preserved their value much better ... than those ... reserved in money. Vorher hatte er bemerkt: The distinction between the real and the nominal price of commodities and labor, is not a matter of mere speculation, but may sometimes be of considerable use in practice." W. o. N. I, cap. 5. Die historische Methode Smiths bringt es nun mit sich, daß er historische Beispiele anführt.

Hier ist also auch schon der Ansatz zu der Lehre von der Produktivität des Handels vorhanden, die wir später bei Smith finden, und die er bei der Kritik der Physiokraten verwertet.

Auch der Konjunkturengewinn des Kaufmanns läßt sich dadurch rechtfertigen, daß ihn zufällige Verluste treffen.

Der dreizehnte Abschnitt, welcher die Kontrakte bespricht, bringt einige weitere nationalökonomische Erörterungen.

Im 6. Paragraphen erwähnt er drei Arten von Gegenständen, die verliehen werden können: 1. Äcker, Heerden, Gärten, 2. Häuser, 3. Geld. Die ersteren bringen einen natürlichen Nutzen. Es ist daher nur gerecht, daß die Überlassung der Nutzung derselben eine Vergeltung verdient. Die Häuser bringen zwar keine natürlichen Früchte, da sie aber Kosten und Arbeit erfordert haben und dieselben auf Herstellung fruchtbarer Güter hätten verwandt werden können, so kann der Eigentümer einen Preis für die Nutzung derselben verlangen.

Wie steht es mit dem Gelde? Ist der Zins gerecht? Derjenige, welcher mit Hülfe einer vorgeschossenen Summe Geldes größere Vorteile erreicht, als ihm ohne dieselbe möglich gewesen wäre, muß billigerweise dem Gläubiger einen Teil des Gewinnes geben. Derselbe muß wenigstens dem gleich sein, den der Gläubiger erhalten haben würde, wenn er solche Dinge, die von Natur fruchtbar oder einträglich sind, dafür gekauft hätte.

Es ist also schon vor Turgot die von Böhm-Bawerk Fruktifikationstheorie genannte Zinslehre von Hutcheson mit großer Klarheit vorgetragen worden[1]).

„Hieraus", meint Hutcheson „erhellt die Billigkeit der eingeführten Verzinsung des Geldes, obgleich dies seiner Natur nach

---

[1]) „Soweit meine Kenntnis der volkswirtschaftlichen Litteratur reicht, muß ich Turgot für den Ersten halten, der auch für den ursprünglichen Kapitalzins eine wissenschaftliche Erklärung gesucht und damit das Problem des Kapitalzinses in seinem vollen äußeren Umfang gestellt hat." v. Böhm-Bawerk: Geschichte und Kritik der Kapitalzinstheorien. S. 70.

keine Früchte bringen kann. Die Häuser geben keine Frucht und mehren sich auch nicht, so wenig als einige ackerbare Felder es ohne große Arbeit thun. Eine mühsame Bearbeitung des Geldes im Handel oder durch Manufakturen macht es zum fruchtbarsten Gute. Würde es verboten, Zinsen zu nehmen, so würde Niemand leihen, es müßte denn aus christlicher Liebe geschehen, und viele fleißige Leute, die keine Gegenstände des Mitleidens sind, würden außer Stand gesetzt werden, sich auf eine dem gemeinen Wesen außerordentlich vorteilhafte Weise zu bereichern."

Was Hutcheson über die Ursachen der Zinshöhe sagt, ist so charakteristisch, daß ich es ganz hierher setze. „Die Zinsen verändern sich nach dem Zustande des Handels und der Menge des Geldes. In einem neu eingerichteten Lande oder in einem solchen, das erst anfängt zu handeln, wo noch wenig Hände oder wenig Geld auf diese Weise beschäftigt werden, kann man durch kleine Summen viel gewinnen. Und weil man an solchen Orten für jede Summe mehr Güterrenten (das heißt: Grundrenten, landrents) als in Ländern, die durch den Handel blühen und am Gelde einen Überfluß haben, kaufen kann: so ist es billig, daß die Zinsen höher steigen. Es wird auch Niemand anders als auf hohe Zinsen Geld ausleihen. Der Vorteil, den man durch jede Summe machen kann, ist so groß, daß er die Kaufleute oder die Käufer in den Stand setzt, sie zu geben. Beschäftigen sich viele Menschen durch den Handel, oder haben große Summen darinnen ihren Umlauf, so wird, weil die Menschen nach dem Verhältnis ihrer größeren Kapitale von geringeren Gewinsten leben können, der Gewinnst, den man durch jede vorgeschossene Summen machen kann, kleiner, und die Zinsen, die der Handelsmann zu geben imstande ist, müssen also auch fallen. In dem Maße, wie das Geld überflüssiger wird oder weniger Zinsen trägt, werden immer Mehrere geneigt, Landgüter zu kaufen, als vorher, und diese neue Nachfrage steigert den Preis derselben, so daß man nunmehr für jede Summe weniger Güterrenten als vorher kaufen kann."

Ich brauche wohl kaum darzulegen, daß hier einige wichtige

Sätze der späteren Smithschen Nationalökonomie im Keime vorhanden sind:
1. daß der Zinsfuß der Gewinstrate folgt;
2. daß der Zinsfuß in Kolonialländern sehr hoch ist, und
3. daß der sinkende Zinsfuß den Preis der Landgüter steigert.

„Aus eben der Ursache", fährt Hutcheson fort, „ist auch ein Jeder mit geringeren Zinsen zufrieden als vorher, da er mehrere Güterrenten dafür hatte erhalten können. Man muß zufrieden sein, wenn sie das jährliche Einkommen, das uns unser Geld, wenn wir es an Güter gewendet hätten, verschafft haben würde, um so viel übersteigen, daß die größere Weitläufigkeit oder die Gefahr, die das Ausleihen uns verursacht, dadurch ersetzt wird. Alles dies findet sich bei den Zinsen von selbst, ohne den Beistand der Gesetze."

Hutcheson spricht sich für Zinsfreiheit aus. Bei der Erörterung der Folgen einer Zinstare nimmt er ein rein mechanisches Geschehen an. „Werden die Zinsen durch das Gesetz zu sehr heruntergesetzt, so werden wenige geneigt sein, Geld wegzuborgen, sie werden erst suchen Landgüter zu kaufen. Steigen diese durch die häufige Nachfrage, so daß man dabei wenig gewinnen kann, so werden begüterte Leute sich auf den Handel oder die Manufakturen legen. Leute, die zu solchen Gewerben nicht erzogen sind, oder die ruhig leben wollen, werden allemal geschäftige Handelsleute finden, die mit Freuden auf höhere als die festgesetzten Zinsen borgen und die Gesetze durch Abrechnungen oder andere jährliche Vergütungen zu hintergehen wissen."

Die Zinstaxen sind nützlich gegen Wucherer und für den Fall, daß die Parteien keinen Zins festgesetzt haben. In einem reinen Ackerbaustaate könnte das Zinsverbot durchgeführt werden. „Wo aber die Stärke eines Staates vom Handel abhängt, würde ihm ein solches Gesetz zum unfehlbaren Untergange gereichen."

Dies sind die nationalökonomischen Lehren Hutchesons. Sie erscheinen noch im Rahmen des Naturrechtes, sie sind aber schon so entwickelt, daß sie unfehlbar dieses Gehäuse brechen müssen.

Wenn wir uns erinnern, daß Hutcheson in der Zeit von 1730 bis 1746 in Glasgow lehrte, also zu der Zeit, wo nach Roscher unsere Wissenschaft überall stagnierte, dann muß Hutcheson als einer der bedeutendsten Nationalökonomen seiner Zeit betrachtet werden.

Waren nun einige der von ihm dargelegten theoretischen Anschauungen bisher niemals ausgesprochen worden?

Petty hatte schon in seinem „Treatise of taxes and contributions" ausgeführt, daß der Preis jedes Gutes von der zu seiner Hervorbringung nötigen Arbeit abhänge. Wenn in zwei Gütern gleiche Quantitäten von Arbeiten verkörpert seien, so wäre das eine der natürliche Preis des andern. Weiter sucht Petty nach einem Preismaß, welches auf Grundstücke und Arbeit gleichmäßig angewandt werden kann. Als ein solches empfiehlt er den durchschnittlichen Nahrungsbedarf eines Mannes für einen Tag[1]). Auch sind Petty die Folgen nomineller Werterhöhungen des Geldes rücksichtlich aller Warenpreise und Kreditverhältnisse klar[2]).

Auch Locke, welcher den Wert aller Güter[3]), nicht bloß des Grundes und Bodens, hauptsächlich aus der aufgewandten Arbeit herleitet, sucht nach einem unveränderlichen Preismaß. „Das vornehmste Brotkorn", sagt er, „in England also der Weizen, ist das geeignete Preismaß für lange Zeiträume, insbesondere um ewige Renten danach zu bestimmen. Von Jahr zu Jahr freilich, wegen der Verschiedenheit der Ernten, schwankt es stark im Preise"[4]).

Von verschiedenen Nationalökonomen war also die Arbeit als die wichtigste Quelle des Reichtums eines Landes bezeichnet

---

[1]) Roscher, Zur Geschichte der englischen Volkswirtschaftslehre. S. 75, 76.
[2]) a. a. O. S. 81.
[3]) ... labour makes the far greatest part of the value of things we enjoy in this world: and the ground which produces the materials, is scarce to be reckoned in, as any, or at most, but a very small part of it. Two Treatises of Government. II, § 42. Zur Verdeutlichung führt er Brot, Wein und Tuch an.
[4]) Roscher a. a. O.

worden, und diese Lehre war durch Mandevilles viel verbreiteteres und viel gelesenes Buch zum geistigen Gemeingut geworden. Ob nun Hutcheson Petty, Locke, Mandeville gekannt hat — unzweifelhaft die beiden letzteren — oder ob ein Mittelsmann zwischen jenen älteren Nationalökonomen und dem jüngeren steht, beide Fragen sind für unsere Aufgabe gleichgültig. Jedenfalls ist Hutcheson nicht der erste, welcher Arbeit und Getreide als Preismaß aufgestellt hat.

Ebenso gleichgültig ist für unsere Zwecke die Beantwortung der Frage, woher Hutcheson die für ihre Zeit bemerkenswerten nationalökonomischen Einsichten hatte. Den großen Reichtum der englischen Litteratur an derartigen Einsichten ersieht man am besten aus Roschers mehrfach erwähnter Abhandlung.

Für uns war es allein von Wichtigkeit, festgestellt zu haben, wie weit die theoretische Nationalökonomie in der Moralphilosophie des Lehrers von Adam Smith vorgeschritten war.

5.
Der Einfluß dieser Schriftsteller auf Adam Smith.

Wer die Entwicklung der Lehren der theoretischen Nationalökonomie in den naturrechtlichen Schriften auf den vorhergehenden Seiten verfolgt hat und darauf das erste Buch des Smithschen „Nationalreichtums" vergleicht, wird meine Behauptung nicht bestreiten, daß sich in der systematischen Anlage, in den Begriffen, in den theoretischen Wahrheiten eine sehr große Übereinstimmung findet. Dort wie hier die Tauschgesellschaft, die Lehre vom Werte, welcher sich in den Gebrauchs- und Tauschwert spaltet, die Lehre vom Preise, vom Gelde, vom Zins und Lohne, die innige Verbindung von Preis- und Einkommenlehre. Diese Anordnung des Stoffes ist größtenteils das Werk Pufendorfs.

Ziehen wir aus dem Vorhergehenden noch einige Folgerungen. Die Werke von Grotius und Pufendorf erschienen schon im 17. Jahrhundert, die große Darstellung des Naturrechts Wolffs wurde 1741—1749 veröffentlicht, die kleine, die „Institutiones", 1750, Hutchesons System der Moralphilosophie im Jahre 1755.

Wenn wir nun weiter erwägen, daß Smith dessen Vorlesungen gehört hatte — Hutcheson starb 1746 — und Humes „Essays" im Jahre 1752 die Presse verließen, so kann gar kein Zweifel darüber bestehen, daß Smith schon eine bedeutende Kenntnis der Nationalökonomie haben mußte, ehe die Thätigkeit der Physiokraten begann. Er mußte sie haben, denn er war gezwungen, das Naturrecht vorzutragen, und es bedarf keines ernsthaften Beweises, daß er das Buch seines Lehrers und das seines Freundes gelesen haben wird. Quesnays Artikel „Fermiers et Grains" wurde erst 1756 veröffentlicht, sein „Tableau Economique" noch zwei Jahre später.

Eine andere Folgerung bezieht sich auf die Methode des Nachweises, daß Smith den größten Teil seiner Erkenntnisse von den Physiokraten entlehnt habe. Wenn man ganz äußerlich verglichen hat, wie Smith einen Begriff definiert und wie der Physiokrat ihn definiert und daraus wichtige Schlüsse auf die Abhängigkeit des Schotten von den Franzosen zieht, so ist die Beweisführung so lange ungenügend, als nicht bewiesen ist, daß das Naturrecht die Definition nicht schon enthält. Denn die Nationalökonomie Smiths wie diejenige der Physiokraten ist aus dem Naturrechte hervorgegangen.

Aber selbst damit ist noch nicht allen Anforderungen genügt. Auch in den gelehrten Darstellungen der Politik ist nationalökonomisches Material vorhanden, welches sowohl von den Physiokraten wie von Adam Smith benutzt werden konnte. Und endlich darf man nicht vergessen, daß England eine reiche volkswirtschaftliche Litteratur vor Smith und den Physiokraten hervorgebracht hatte, die Smith in der Ursprache zur Verfügung stand und, teilweise ins Französische übersetzt, in Frankreich zur Entwickelung der nationalökonomischen Theorie beigetragen hat[1]).

---

[1]) Diese Thatsache dürfte wohl so bekannt sein, daß es kaum nötig ist, bei Asgil, Locke, Davenant, Mandeville, Vanderlint, Child zu verweilen, um so mehr, als auch Männer wie Morellet und Turgot dieses Verhältnis offen eingestanden haben. Bei Vanderlint die Bezeichnung „nett rent" für „produit net". Vergleiche Dugald Stewart, Collected Works X, S. 88 ff.

Gerade als Smith nach Glasgow kam, wurden mehrere der besten älteren Schriften von der dortigen Universitätsbruckerei neu veröffentlicht¹).

Damit will ich aber keineswegs leugnen, daß er viel von den Physiokraten gelernt hat; man muß nur, wie mir scheint, in dem Nachweis dieses Abhängigkeitsverhältnisses viel vorsichtiger und umsichtiger sein, als man bisher gewesen ist. Überhaupt kennen wir die vorsmithsche englische wirtschaftliche Litteratur nicht genau genug, um über diesen Punkt ein hinreichend begründetes Urteil abzugeben. Mit ziemlich großer Sicherheit kann man dagegen den Einfluß der physiokratischen Lehre auf das Smithsche System nachweisen.

6.
Die Physiokraten.

An einer andern Stelle habe ich dabei verweilt, daß auch in Frankreich ein System der theoretischen Nationalökonomie zuerst im Anschluß an das Naturrecht entwickelt worden ist. Um kein Mißverständnis hervorzurufen, bemerke ich, daß ich nicht schlechthin von theoretischen Erkenntnissen spreche, die auch dort schon früher in theoretischen und praktischen Darstellungen der Politik vorkommen.

Der Begründer der physiokratischen Theorie ist François Quesnay. Es läßt sich nicht verkennen, daß sie ein ganz anderes Gesicht zeigt, als diejenige, welche wir bisher kennen gelernt haben. Ganz abgesehen davon, daß sie hier eng verbunden mit dem „Droit Naturel" auftritt, während sie in dem weiten System des deutsch-englischen Naturrechtes nur ein oder zwei, aber ziemlich selbständige Kapitel einnimmt, liegt die unüberbrückbare Kluft

---

¹) Um 1750 wurden neu herausgegeben: Child, Discourse of Trade; Laws Essay on Money and Trade; Gees Trade and Navigation of Great Britain considered; Berkeleys Querist und Sir William Pettys Political Arithmetic. Stewart a. a. O. S. 95. Wahrscheinlich ist damit die Zahl der englischen Schriftsteller, welche damals wieder ans Licht gezogen wurden, nicht erschöpft.

zwischen beiden darin, daß die deutsch-englische naturrechtliche Nationalökonomie die Theorie in eine Lehre von den Erscheinungen aufgehen läßt, welche durch den Austausch von Gütern und Arbeiten hervorgerufen werden, während die Physiokraten den gesamten Prozeß der Produktion, Verteilung und Verzehrung der Güter zum erstenmale einer genauen Analyse unterwerfen. Die deutsch-englische Nationalökonomie setzt die Tauschgesellschaft voraus, die französische den volkswirtschaftlichen Organismus. Jene ist von Philosophen und Juristen begründet und weiter entwickelt worden, diese ist ursprünglich das Werk eines Arztes und Naturforschers, welcher durch seine Fachwissenschaft an diese Art der Betrachtung gewöhnt worden war.

Aber auch in der physiokratischen Schule bemerken wir das Hereinbrechen einer anders gearteten Theorie. Letrosnes „Intérêt Social" schließt sich ziemlich eng an das deutsch-englische Naturrecht an. Letrosne war ein Jurist, der schon in seiner Jugend eine „Methodica juris naturalis cum jure civili collatio" verfaßt hatte, zu einer Zeit, da Quesnay noch nicht über Naturrecht und Nationalökonomie geschrieben hatte. Das Werk handelt im ersten Kapitel vom Werte, im zweiten vom Tausche und Kaufe, im dritten von der Funktion des Geldes beim Tausche, im vierten von der Cirkulation, hieran schließt sich die physiokratische Doktrin in engerem Sinne. Auch Turgot zeigt sich von beiden Seiten beeinflußt. Seine „Réflexions" werden durch das Bild der Tauschgesellschaft eröffnet, die Vorstellung des Organismus tritt zurück.

Letrosne erinnert in starker Weise an die naturrechtliche theoretische Nationalökonomie, wie sie von Pufendorf geschaffen worden war. Seine Lehre läßt uns daher um so deutlicher den Unterschied dieser und der Quesnayschen erkennen. Im Folgenden sollen die wichtigsten Züge der Theorie dieses Mannes dargestellt werden. Um diese schärfer hervortreten zu lassen, sehe ich von den Geldoperationen, der Lehre von der Überwälzung der Steuern und dem privatwirtschaftlichen Element, welches sich auch schon, wenn auch wenig entwickelt, in der Einkommenlehre Quesnays findet, vollständig ab. Die volkswirtschaftliche Auffassung wird um so mehr zu ihrem Rechte kommen.

Die auf Arbeitsteilung beruhende Volks- und Staatswirtschaft hat ihren materiellen Existenzgrund in einem Überschuß (Reinertrag), welchen der Ackerbau über die Produktionskosten zu liefern vermag. Die Erde ist mithin die einzige Quelle alles Reichtums, welcher jährlich durch die menschliche Arbeit reproduziert werden muß. Nur die Arbeit der ackerbauenden Klasse ist im volkswirtschaftlichen Sinne produktiv, jener Überschuß ist das Ergebnis ihrer Arbeit, weshalb Quesnay sie auch die classe productive nennt. Sie liefert den Gewerbs- und Kaufleuten die Unterhaltsmittel und den ersteren außerdem noch die Stoffe, welche sie bearbeiten, dafür erhält sie Produktivgüter und Verzehrgüter zurück. Die Thätigkeit dieser Individuen besteht nur darin, daß sie vorhandene Stoffe umformen und verteilen. Im volkswirtschaftlichen Sinne ist sie daher eine unfruchtbare Klasse (classe stérile, classe stipendiée bei Turgot). Der höhere Wert der von dieser Klasse umgeformten und verteilten Güter ist gleich dem Werte der von ihr während der Arbeit verzehrten Unterhaltsmittel. Die Grundbesitzerklasse (classe propriétaire, classe disponible bei Turgot) erhält ihren Anteil am jährlichen Wirtschaftsertrage, ohne in der Wirtschaft tätig zu sein, sie ist daher für anderweitige Arbeit frei (classe disponible). Einen Teil ihres Einkommens verwendet sie auf den Ankauf von Gewerbeprodukten, so daß die classe stérile teilweise durch das produit net unterhalten wird. Der Anteil der classe propriétaire ist die Vergeltung für die Dienste, welche sie oder ihre Vorfahren der Gesellschaft dadurch leisteten oder leisten, daß sie zum Zweck der Aufschließung des Bodens Kapital (avances foncières) mit dem letzteren verbunden haben oder verbinden. Die Ausgaben für den Souverän müssen ebenfalls aus dem Reinertrag bestritten werden. Das Einkommen wird von Baudeau auch 'als Zins eines Kapitals, der „avances souveraines" aufgefaßt.

Der Reinertrag darf eine bestimmte Grenze nicht überschreiten, ohne die Volks- und Staatswirtschaft zu stören. Aus dem Rohertrag müssen zuerst die gesamten landwirtschaftlichen Produktionskosten bestritten werden. Sie (les reprises du cultivateur) bestehen erstens aus dem Ersatz des abgenutzten, stehenden Kapitals (avances primitives), zweitens aus dem vollen Ersatz des umlaufenden Kapitales (avances ou dépenses annuelles), drittens aus einer Risikoprämie für unvorhergesehene Verluste, wie Hagelschlag, Überschwemmung u. s. w.

Nicht nur von den Geldoperationen und der Grundsteuer ist, wie erwähnt, im Vorhergehenden abgesehen worden, sondern auch von dem privatwirtschaftlichen Elemente der physiokratischen Theorie. Dupont gibt die volkswirtschaftliche Fassung der Einkommenlehre am reinsten und klarsten [1]), bei Quesnay kreuzen sich beide [2]), Turgot hat der Lehre von den Einkommenzweigen eine entschieden privatwirtschaftliche Färbung gegeben [3]).

Der Wert der physiokratischen Theorie, verglichen mit den nationalökonomischen Lehren des deutsch-englischen Naturrechtes, tritt deutlich hervor. Dort ist eine Einfachheit und Einheitlichkeit der Auffassung, welche alle Erscheinungen aus einem Princip abzuleiten versteht, die Einzelgebiete auf einander zu beziehen und die Volkswirtschaft in die innigste Beziehung zur Staatswirtschaft zu setzen weiß: kurz eine **organische Auffassung** der **Volkswirtschaft** und **Staatswirtschaft**, welche nun auch das Problem der volkswirtschaftlich **nützlichen** Arbeit erst lösen lehrte. Der zweite große Fortschritt, den wir Quesnay verdanken, besteht in der kraftvollen Einführung der Begriffe des

---

[1]) De l'origine etc. § III und IV.

[2]) Les **intérêts des avances** . . . des cultivateurs doivent donc être **compris dans leurs reprises annuelles**. Analyse du T. E. Daire. Physiocrates I. 62.

[3]) Comme eux (die Unternehmer in Industrie und Handel) ils (die Pächter) doivent recueillir, outre la rentrée de leurs capitaux, c'est à dire de toutes leurs avances 1° un **profit égal** au revenu qu'ils pourraient acquérir avec leur capital sans aucun travail 2° le salaire et le prix de leur travail, de leurs risques, de leur industrie 3° de quoi entretenir leur capital ou les fonds de leurs avances primitives en remplaçant annuellement le dépérissement des effets employés dans leur entreprise, les bestiaux qui meurent, les outils qui s'usent etc. Réflexions § 63.

Kapitals, der Grundrente in die junge Wissenschaft, der dritte in der volkswirtschaftlich begründeten, zusammenhängenden Darstellung der Lehre von den Einkommenszweigen.

Die Elemente dieser Theorie waren vor Quesnay vorhanden: z. B. die Lehre von dem Verhältnis von Ackerbau zu den übrigen Zweigen der Volkswirtschaft bei Cantillon, die Lehre von der Überwälzung der Steuern bei Locke und Anderen; wahrscheinlich bestand das ganze Verdienst Quesnays darin, sie zu einer haltbaren Theorie vereinigt zu haben. Doch ich verweile bei diesem Punkte nicht, das ist die Aufgabe desjenigen, welcher die lang versäumte gründliche Darstellung des Physiokratismus bewältigen wird. Es wird sich dann, wie ich glaube, ebenfalls zeigen, daß die Vertreter dieser Lehre, welche auch nach der Darstellung Smiths so stark übereinzustimmen scheinen, große Verschiedenheiten unter einander aufweisen. Manches hat Turgot ergänzt und verbessert, aber auch Einzelnes verschlechtert. Er hatte mehr Sinn für das Einzelne, Quesnay mehr Begabung für die Entwicklung des Systems; Turgot übersah die Wirklichkeit völliger und objektiver, so daß die Lehre vom Handel und Gewerbe mehr zu ihrem Rechte kam, Quesnay kannte nur eine Seite des wirtschaftlichen Lebens gründlich, weil aus eigner Anschauung, dafür entschädigte er durch den Tiefblick, der den verborgenen Beziehungen der Dinge nachzuspüren liebt; Quesnay ist der Vater der organischen Auffassung der Volkswirtschaft, Turgot trägt ein stark privatwirtschaftliches Element in die junge Wissenschaft hinein.

7.
Der Einfluß der Physiokraten auf das Smithsche System.

Fragen wir nun, welche Spuren hat der Physiokratismus in dem Systeme Adam Smiths hinterlassen, so ergibt sich Folgendes. Sein Werk ist der Ort, wo die beiden naturrechtlichen Ströme zusammenfließen. Es ist oft auf das eigentümliche Schauspiel hingewiesen worden, welches die Vereinigung der

Arve mit der Rhone unterhalb Genf gewährt. Die Fluten der lehmigen Arve und der blauen Rhone bleiben noch eine Strecke scharf geschieden. Daran erinnert nun der „Reichtum der Völker". Smith hat es nicht vermocht, die nationalökonomischen Lehren des deutsch-englischen Naturrechtes mit den physiokratischen zu verschmelzen. Von dieser Seite betrachtet steht sein national= ökonomisches Werk weit unter seinem ethischen. Englisches und Französisches geht neben einander her, daher jene mangelhafte Ordnung des Stoffes, worüber sich die Franzosen beklagt haben.

In der Einleitung zum ganzen Werke ist die organische Auffassung der Physiokraten, wie mir scheint, von allen Ein seitigkeiten gereinigt, zu spüren, der wichtigste Teil des zweiten Buches hätte wahrscheinlich ohne den Vorgang der Physiokraten nicht geschrieben werden können. Gehen wir nun aber von der oben erwähnten Einleitung zur Betrachtung des ersten Buches über, so befinden wir uns sofort auf dem Boden des deutsch= englischen Naturrechtes, nämlich der Tauschgesellschaft. Diese Tauschgesellschaft muß erklärt werden. Wie Turgot eröffnet auch Smith sein Werk mit der Lehre von der Arbeitsteilung. Während aber nun der Franzose mit der Entwicklung der natür= lichen Grundlagen der Arbeitsteilung anfängt, hebt Smith die ökonomischen Vorteile der Arbeitsteilung hervor. Smith hat dabei wahrscheinlich Einiges aus Ferguson geschöpft, aber näher lag ihm auch hierin die Anregung, welche durch Hutcheson gegeben worden war[1]). Abgesehen von der Lehre von der Grund-

---

[1]) Hutcheson sagt im 4. Abschnitt des 2. Buches, überschrieben „Die verschiedenen Stände der Menschen": „Es ist bekannt, daß eine gewisse An= zahl Menschen, zwanzig zum Exempel, durch ihre Arbeiten die Notwendig= keiten und Bequemlichkeiten des Lebens weit mehr befördern können, wenn einer Person eine gewisse einzelne Art von Arbeit, zu welcher sie sich bald geschickt machen kann, und einer anderen Person wiederum eine andere Art Arbeit angewiesen wird, als wenn jeder von diesen zwanzigen verbunden wäre, wechselsweise mit allen verschiedenen Arten von Arbeiten, die zur Notwendigkeit und Bequemlichkeit des Lebens erfordert werden, sich zu be= schäftigen, ohne zu einer einzigen hinlängliche Geschicklichkeit zu besitzen. Im ersten Falle bringt eine jede Person eine große Anzahl von Werken einer Art hervor, und kann einen Theil derselben gegen die von andern

rente, ist das ganze erste Buch in seinen Grundzügen nichts weiter
als die nationalökonomische Theorie der Naturrechtslehrer: die
Lehre vom Tausche, vom Gebrauchs= und Tauschwerte, vom
Gelde, vom Preise, die Preislehre ist eng verbunden mit der
Einkommenlehre, mit der Lehre vom Zins, Gewinn und Arbeits=
lohn. In dieses Gerüst ist nun ein reiches historisches und
sociologisches Material hineingearbeitet worden, welches sich weder
bei den Naturrechtslehrern noch bei den Physiokraten findet.
Außerdem hat Adam Smith die Lehren auf eine psychologische
Basis gestellt. Es sind dies Elemente, deren Ursprung wir da=
her an dieser Stelle nicht weiter nachgehen können. Wir werden
einer späteren Untersuchung ein genaueres Verständnis vor=
behalten müssen.

Die Betrachtung des Systems der theoretischen National=
ökonomie Adam Smiths ist damit beendet, denn die drei folgen=
den Bücher geben Erkenntnisse anderer Art. Wir sind also im
stande ein Gesamturteil über jenen Teil des „Reichtums der Völker"
auszusprechen. Dabei fällt uns dreierlei auf.

Erstens läßt sich die Behauptung, daß Smith unter dem
geradezu überwältigenden Einflusse der Physiokraten gestanden
habe, nicht aufrecht erhalten. Es ist in seinem Werke sogar ein
Überschuß nach der deutsch=englischen Seite zu spüren, wie es
von dem Lehrer des Pufendorf=Hutchesonschen Naturrechtes nicht
anders zu erwarten ist. Gerade das Wichtigste, die organische
Auffassung der Volkswirtschaft, ist sehr verblaßt. Wie mir scheint,
ist von Smith jene Seite des Physiokratismus nicht einmal deut=
lich erkannt worden. Ich schließe dies aus seiner Darstellung
der physiokratischen Lehre. Sie ist klar, aber auch flach und

---

hervorgebrachten Werke vertauschen, wenn er ihrer benötigt ist", u. s. w.
Daher die Vorteile großer Gesellschaften. Sittenlehre d. B. I, S. 429.
K. Marx hat mit großer Richtigkeit auf die ursprüngliche Quelle der mo=
dernen Lehre von der Arbeitsteilung hingewiesen: das 2. Buch des Plato=
nischen Staates.

betont die privatwirtschaftliche Seite zu entscheiden; sie schließt sich mehr an Turgot als an Quesnay an.

Zweitens zeigt Smith auch in dem nationalökonomischen Werke das Bestreben, das Wahre und Richtige von verschiedenen Seiten zu nehmen. Aber er entwickelt nicht mehr das Geschick des jüngeren Smith, der die „Theorie der moralischen Gefühle" schrieb.

Smith offenbart drittens in seiner Untersuchung über den „Reichtum der Völker" ebensowenig wie in seiner Ethik den Charakter schöpferischer Genialität. Dafür entschädigt er durch die Freude am Tatsächlichen, die Neigung, die abstrakten Sätze durch ein reiches geschichtliches und statistisches Material zu illustrieren und das Ganze durch Beschreibungen und historische Ausführungen zu beleben.

Vielleicht wird dem Verfasser der Vorwurf nicht erspart, daß seine Darstellung unvollständig sei. Denn wenn auch der Anteil des Naturrechtes und des Physiokratismus an der Entwicklung der Nationalökonomie eine genügende Würdigung gefunden hätte, so seien doch Hume und James Stuart zu kurz gekommen. Und doch behauptet kein Geringerer, als sein Biograph Dugald Stewart: The Political Discourses of Mr. Hume were evidently of greater use to Mr. Smith, than any other book that had appeared prior to his lectures.

Niemand kann eine höhere Meinung von der Bedeutung der beiden Schotten haben, als ich. Es wäre auch leicht zu beweisen, daß Humes Lehre vom Gelde und die von ihm vorgetragenen Erörterungen über die Zinsbestimmungsgründe, andererseits James Stuarts Bevölkerungstheorie, seine über mehrere Bücher zerstreute Lehre vom Lohne, seine eingehende Behandlung des Geld- und Münzwesens, sein Preis- und Zinsgesetz ihre tiefen Spuren im „Wealth of Nations" zurückgelassen haben. Aber alles das steht in keiner Beziehung zu meinem Gegenstande. Denn ich habe mir nicht die Aufgabe gestellt, die Entwicklung der nationalökonomischen Lehren zu verfolgen und in jedem einzelnen Falle zu entscheiden, was in der „Untersuchung

über den Reichtum der Völker" den Erkenntnissen der deutsch=
englischen Naturrechtslehre, vorzugsweise Hutchesons, dann der
Physiokraten, Humes, Stuarts, Fergusons und Anderer zuge=
schrieben werden muß und was Adam Smith der eigenen Ge=
dankenarbeit verdankt, sondern ich habe mir nur vorgenommen, die
Entwicklung des Smithschen Systems der theoretischen
Nationalökonomie zu verfolgen. Darf ich aber über jenen
Punkt ein Urteil abgeben, ohne es eingehend zu begründen, so
behaupte ich, daß sein größtes theoretisches, selbständiges Ver=
dienst in der kräftigen Durch= und Weiterbildung der zuerst von
den Physiokraten im Zusammenhange vorgetragenen Lehre von
den Einkommenzweigen besteht. Auch in ihr tritt, wie überall, der
früher erwähnte Vorzug der Beibringung eines wertvollen socio=
logischen und geschichtlichen Materials hervor.

Damit hoffe ich die in diesem Kapitel gestellte Aufgabe ge=
löst zu haben. Aber der aufmerksame Leser wird einen Nach=
weis vermissen: wie sich denn das nationalökonomische Element
aus dem Naturrechte gelöst habe und zu einer selbständigen
neuen Wissenschaft geworden sei.

Dieser wird sich erst nach einer Betrachtung der Smithschen
Volkswirtschaftspolitik, die vorzugsweise im vierten Buche ent=
halten ist, erbringen lassen. Zu ihr wende ich mich im folgen=
den Kapitel.

Das Verbindungsglied zwischen der Theorie und der
Politik der Volkswirtschaft, das dritte Buch, braucht uns in
diesem Zusammenhange wenig zu beschäftigen. Sein Platz im
System ist folgender. Smith hat am Ende des zweiten Buches
von der volkswirtschaftlich nützlichsten Verwendung der Kapitalien
gesprochen und darauf eine Ordnung der natürlichen Aufeinander=
folge der verschiedenen Zweige der Volkswirtschaft begründet.
Er findet nun auch, daß diese Ordnung mit den Trieben der
Menschenbrust merkwürdig zusammenstimmt. Es ist jene früher
besprochene präſtabilierte Harmonie zwischen dem der Gesellschaft

Nützlichen und den Instinkten, welche Gott in unsere Seele gepflanzt hat, so daß sie, ohne daß der Mensch es beabsichtigt, die allgemeine Glückseligkeit hervorbringen müssen, falls sie nicht auf Abwege gebracht werden. Wenn also jene natürliche Ordnung, welche ihre feste Stütze in den Trieben der Menschen hat, tatsächlich nicht beobachtet worden ist, wie Smith historisch nachzuweisen unternimmt, wenn Handel und Industrie vor der vollständigen Sättigung des Ackerbaues mit Kapital erstarkt sind, ja erst dem Ackerbau zu seiner Blüte verholfen haben, so müssen die natürlichen Triebe durch eine künstliche, fehlerhafte Politik von der geraden Bahn abgelenkt worden sein und diese Politik muß sich, weil sie den Regungen unserer sittlichen Natur entgegentritt, nicht nur ungerecht, sondern auch der Volkswirtschaft schädlich erwiesen haben.

Nachdem er im dritten Buch eine geschichtliche Übersicht über die Entwicklung der mittelalterlichen Volkswirtschaft gegeben hat, führt er den induktiven Nachweis jener Schädlichkeit im vierten Buche. Erst am Schlusse zieht Smith den Schluß aus seinen Beweisen in der Form einer Bestimmung der wahren Aufgabe des Staates, die nur im Schutz des Volkes nach außen und innen und in der Herstellung bestimmter Einrichtungen besteht, welche man von dem Selbstinteresse der Bürger nicht erwarten kann. Hierdurch bahnt er sich dann auch den Übergang zum fünften Buche, seiner Finanzwissenschaft, die von den Ausgaben und Einnahmen handelt, welche infolge der Staatsthätigkeit notwendig werden, bezüglich erhoben werden müssen.

Ich habe mir nicht die weit von Adam Smith abführende und in das Gebiet der Wirtschaftsgeschichte gehörige Aufgabe gestellt, die Gründe, welche Smith für die Schädlichkeit des Merkantilsystems anführt, einer Prüfung zu unterwerfen, sondern eine oft erhobene Frage einer Lösung näherzuführen, welche die Stellung Smiths in der Geschichte der politischen Ökonomie klarer erkennen läßt. Es ist behauptet worden, Smith habe die Grundsätze wirtschaftlicher Freiheit von den Physiokraten übernommen, ja man hat gemeint, er habe jene politischen Grundsätze aus den Werken der älteren englischen Nationalökonomie entlehnt.

In meiner Schrift über die allgemeinen philosophischen Grundlagen der von Quesnay und Smith begründeten politischen Ökonomie habe ich zu beweisen gesucht, daß die Grundsätze wirtschaftlicher Freiheit, welche Smith vorträgt, Folgerungen aus dem Naturrechte Lockes und der Philosophie Shaftesburys sind. Ich beabsichtige nicht diese Ausführungen zu wiederholen, sondern durch den Nachweis, daß Smith aus der früheren Litteratur jene Grundsätze in der von ihm beliebten Gestalt nicht entnommen haben kann, meine früher ausgesprochene Meinung zu stützen.

Nachdem wir nun den systematischen Zusammenhang des „Wealth of Nations" kennen gelernt haben, komme ich auf das dritte Buch zurück und ich will mit ein paar Worten den Gegensatz gegen James Stuart hervorheben, welcher das ganze dritte Buch durchzieht. Stuarts Endziel ist der Nachweis, wie sich aus dem gebundenen Ackerbaustaat der beweglichere Gewerbe- und Handelsstaat mit seinem entwickelten Kredit, mit Steuern und der Staatsschuld der neueren Zeit gebildet hat. Diese Entwickelung erzählt er jedoch nicht, sondern sie ist für ihn der Faden, an welchen er seine tiefgehenden, aber auch schwerfälligen theoretischen Erörterungen reiht. Seine Darstellung des belebenden Einflusses von Industrie und Handel auf den Ackerbau ist außerordentlich belehrend, man spürt überall den Geist eines wirklich bedeutenden Theoretikers. Gänzlich ferne liegt es ihm, in jener Entfaltung eine Verkehrung der natürlichen Ordnung zu sehen und er besitzt eine zu große Kenntnis der Volkswirtschaft und der Menschen, um von der Herstellung der völligen wirtschaftlichen Freiheit einen Zustand allgemeiner Harmonie und Glückseligkeit zu erwarten.

Vor jenem tiefen, originellen Nationalökonomen, welcher unsere Wissenschaft mit einer ganzen Reihe selbständiger und wertvoller Forschungen bereichert hat, aber fast Alles in unbeholfener Form vorbringt, hebt sich das Wesen Adam Smiths um so klarer ab:

ein Meister der Form und Darstellung, fremde Anregungen geistvoll und selbständig benutzend, weiter entwickelnd und zu einem lebensvollen historischen Gemälde vereinigend, das Ganze mit einem philosophischen Gedanken durchleuchtend und auf ein neues System der Volkswirtschaftspolitik hinweisend: kurz der nationalökonomisch unbedeutendere Mann der Form und der Kritik, der philosophische Doktrinär, der Vorkämpfer für einen radikalen Wechsel der Volkswirtschaftspolitik.

Zweites Kapitel.

Hat Adam Smith die Grundsätze wirtschaftlicher Freiheit von früheren Schriftstellern übernommen?

Der Glaube ist weit verbreitet, daß A. Smith seine liberalen wirtschaftspolitischen Grundsätze von den Physiokraten entlehnt habe. Bereits im vorigen Jahrhundert hielt es Dugald Stewart für nötig, ihn gegen diese Meinung in Schutz zu nehmen. Der Biograph läugnet nicht, daß diejenigen Grundsätze, „welche die Freiheit des Handels und des Gewerbefleißes betreffen, mit der Theorie der französischen Ökonomisten sehr genau übereinstimmen". Aber wenn die Franzosen ihr Lehrgebäude auch früher bekannt gemacht hätten, so stände doch die Originalität des Smithschen Systems der Volkswirtschaftspolitik für den aufmerksamen Leser der „Untersuchung über den Reichtum der Völker" fest. „Könnte darüber noch ein Zweifel übrig bleiben", schreibt er, „so würde er dadurch gehoben werden, daß die politischen Vorlesungen Smiths, die im Wesentlichen die ganze Theorie der Untersuchung enthalten, schon in dem Jahre 1752 oder 53 in Glasgow gehalten worden sind, zu einer Zeit, da noch kein französisches Werk über diese Materie vorhanden war, das ihm zum Wegweiser bei dieser Untersuchung hätte dienen können[1]". (Dugald Stewart verkennt nicht, daß sein Beweis „einigermaßen zwei-

---

[1] Die deutschen Stellen nach der Übersetzung von Garve.

deutig scheinen" könnte, „weil er nur auf dem beruht, was die Zuhörer von Vorlesungen, die vor vierzig Jahren gehalten worden sind, sich aus denselben erinnern können, eine Erinnerung, die wahrscheinlich nicht bestimmt und deutlich mehr sein kann." Es existiere aber ein von Smith geschriebener Aufsatz aus dem Jahre 1755, in welchem folgende Stelle vorkomme: „Der Mensch wird von gewissen Staatsleuten und politischen Projektmachern als ein bloßes Material zu politischen Maschinen angesehen. Sie stören die Natur alle Augenblicke in dem Laufe, welchen sie mit ihren Ursachen und Wirkungen in den menschlichen Angelegenheiten nimmt; und doch darf man sie nur gehen lassen und ihr zur Verfolgung ihrer Endzwecke freien Spielraum verschaffen: wenn sie dieselben zu stande bringen soll. . . . Wenig mehr gehört dazu, um einen Staat von der tiefsten Barbarei auf den möglichst hohen Flor zu bringen, als Friede, geringe Auflagen und eine leibliche Rechtsverwaltung. Alles andere bringt der natürliche Lauf der Dinge von selbst hervor. Jede Regierung, welche diesem natürlichen Laufe entgegenarbeitet, welche die Dinge in einen Weg, den sie sonst nicht nehmen würden, hineinzwingt und die Fortschritte der Gesellschaft an gewissen Stellen zurückhält, handelt unnatürlich, und muß also, wenn sie diese Maßregeln durchsetzen soll, unterdrückend und tyrannisch wirken."

Für Denjenigen, welcher die Überzeugung gewonnen hat, daß Smith seine liberalen wirtschaftspolitischen Grundsätze aus den Schriften der Physiokraten entnommen habe, bleibt als Ausweg aus dem Dilemma die Vermutung, daß sich Stuart täusche: der Aufsatz werde später als im Jahre 1755 geschrieben worden sein. Doch diese Annahme ist belanglos, wie uns folgender Teil zeigt. Es heißt nämlich weiter: „Ein großer Teil der in diesem Aufsatze angezeigten Sätze sind von mir umständlich in Vorlesungen behandelt worden, die ich noch bei mir habe, geschrieben von der Hand eines Schreibers, der vor sechs Jahren meinen Dienst verlassen hat. Ich habe sie von dem ersten Winter an, da ich den Glasgowschen Lehrstuhl bestieg, alle Jahre und noch zuvor in Edinburg, das letzte Jahr meines dasigen Aufenthaltes, in meinen Vorlesungen vorgetragen. Eine große Menge Zuhörer an dem einen oder anderen Orte können als Zeugen hiervon auftreten und es außer Zweifel setzen, daß es ursprünglich meine Begriffe sind."

Wenn nun die wirtschaftspolitischen Grundsätze zu jenem großen Teil von Sätzen gehören, die er schon in Edinburg vor getragen hat, dann wird der Zeitpunkt, in welchem Adam Smith die neuen Ideen erfaßte, noch weiter zurückverlegt. Das letzte Jahr, welches Smith in Edinburg verlebte, ist 1750 oder 1750—1751, im Jahre 1751 wurde er zum Professor der Logik in Glasgow ernannt. Um diese Zeit waren nicht einmal die „Essays" von Hume erschienen, von physiokratischen Schriften zu geschweigen. Da mit diesem Aufsatze allen Behauptungen, Smith sei in seiner Wirtschaftspolitik durch die Physiokraten beeinflußt worden, der Boden entzogen wird, so bleibt den Anhängern der entgegengesetzten, weitverbreiteten Meinung nur die Behauptung, daß er nicht echt sei, oder Adam Smith darin nicht die Wahrheit spreche. Die Untersuchung der Echtheit des Aufsatzes und der Zeit seiner Abfassung ist daher bedeutungsvoll für die Würdigung der wissenschaftlichen Stellung des berühmten Schotten. Zur Lösung dieser Frage fehlt mir das Material. Aber ich glaube beweisen zu können, daß seine Formulierung des Grundsatzes wirtschaftlicher Freiheit durchaus verschieden von der physiokratischen ist. Allein, so wird entgegnet werden, die Frage ist noch immer eine offene: Sind die liberalen Grundsätze nicht schon vor den Physiokraten von früheren Schriftstellern Adam Smith übermittelt worden?

Diese Untersuchung habe ich angestellt und ich glaube den Beweis führen zu können, so weit meine Kenntnis der hierher gehörigen Litteratur reicht, daß die in jenem Aufsatze ausgesprochenen Grundsätze wirtschaftlicher Freiheit in der Form weder in der nationalökonomischen noch in der naturrechtlichen Litteratur vor Adam Smith auftreten.

Ich habe, wie erwähnt, an anderer Stelle zu zeigen versucht, daß die in jenem Aufsatze enthaltenen Gedanken sich eng an die Shaftesburysche Weltanschauung anschließen und andererseits eine theoretische Weiterentwicklung des Lockeschen Rechtsstaates zum freien Wirtschaftsstaat darstellen. Hierin liegt für mich der beste Beweis für die Echtheit des Aufsatzes und dafür, daß Adam Smith die Grundsätze wirtschaftlicher Freiheit selbständig und zwar auf rein philosophischem Wege aus den Voraussetzungen der Shaftesburyschen Ethik und des Lockeschen Rechtsstaates hergeleitet habe. Aus dem naiven, aber konsequenten Radikalismus, welchen Smith dort an den Tag legt, gewinne ich die Überzeugung, daß es eine Jugendarbeit Smiths ist und diese Überzeugung erhält eine besondere Stütze in der Thatsache, daß der ältere Smith in dem „Reichtum der Völker" dem Staate Aufgaben zuweist, welche der jugendliche Smith noch nicht gekannt hatte. Hierin zeigt sich nach meiner Meinung der Einfluß, welchen die Physiokraten auf ihn ausgeübt haben, nicht aber in der Übermittelung der Grundsätze der wirtschaftlichen Freiheit.

Diese Ausführungen einer früheren Schrift und die nun folgenden ergänzen sich hoffentlich zu dem Nachweise, daß die freiheitlichen Grundsätze der Smithschen Wirtschaftspolitik nicht von Anderen entlehnt sind.

Ich wende mich zum Beweise. Die Frage ist zu beantworten, ob in der nationalökonomischen oder naturrechtlichen Litteratur schon vor den Jahren 1750—1755 die Ansicht auftritt, daß die Natur gewisse Endzwecke verfolge, daß sie zu deren Erreichung freien Spielraum haben müsse, daß sie durch die Thätigkeit von gewissen Staatsmännern und politischen Projektenmachern in ihrem natürlichen Laufe gestört werde, der schon Alles ohne Zuthun des Staates hervorbringe.

Erster Abschnitt.
Die Grundsätze wirtschaftlicher Freiheit in der nationalökonomischen Litteratur.

1.
Die Holländer und Engländer[1]).

Die Grundsätze wirtschaftlicher Freiheit werden in der neueren Zeit zuerst in Holland und am entschiedensten von Pieter de la Court ausgesprochen. Da sein berühmtes Werk unter dem Titel „Mémoires de Jean de Wit" in das Französische übersetzt wurde, so hat er auch unzweifelhaft die Meinungen der Politiker anderer Nationen beeinflußt, sobald sich bei ihnen ein dem holländischen ähnlicher Zustand der Volkswirtschaft herausbildete. So scharf sich nun auch bei Pieter de la Court die Forderung der Gewerbe- und Handelsfreiheit ausgesprochen findet, so sind doch fast alle seine Argumente Zweckmäßigkeitsgründe. Deshalb trägt er auch hie und da Meinungen vor, welche gegen den Begriff der Handelsfreiheit verstoßen. Auch dasjenige, was bei den Verfechtern der Handelsfreiheit im 18. Jahrhundert vorangestellt wird: die nationalökonomische Darlegung, daß die merkantilistische Geld- und Handelsbilanztheorie falsch sei, findet sich bei ihm

---

[1]) Ich übergehe aus naheliegenden Gründen die Italiener. Welche Fortschritte der Grundsatz wirtschaftlicher Freiheit in Florenz um die Wende des Mittelalters gemacht hatte, siehe Pöhlmann, Die Wirtschaftspolitik der Florentiner Renaissance.

kaum angedeutet. Laspeyres hebt noch hervor, „daß De la Court kein Freihändler im Sinne von Adam Smith ist. Er ist nicht Freihändler um der Konsumenten, sondern um eines bestimmten Produktionszweiges, um des Handels willen"[1]. Radikaler als seine Handelspolitik, ist seine Gewerbepolitik. Von der Deduktion seiner Grundsätze aus andern Principien als dem Selbstinteresse ist wenig zu spüren, die philosophische Seite fehlt ganz und gar.

In der zweiten Hälfte des 17. und im Anfange des 18. Jahrhunderts werden Handels- und Gewerbefreiheit von Engländern, im Anfang des 18. Jahrhunderts die Ausfuhrfreiheit von Franzosen, vornehmlich im Interesse des Ackerbaues, gefordert. In England sind ihre wichtigsten Vertreter: Sir Josiah Child, Sir Dudley North, in Frankreich Boisguillebert und D'Argenson.

Child ist noch weit davon entfernt, das unbeschränkte Gewährenlassen der Volkswirtschaft zu empfehlen. Er zeigt sich als großen Befürworter eines niedrigen Zinsfußes[2]), als warmen Verehrer der Handelsbilanztheorie[3]), er meint, daß für ein Land der Verbrauch fremder Manufakturwaren verderblich sei[4]), er preist an den Holländern die „großen Aufmunterungen welche Erfindern von Staatswegen gewährt werden[5]), er will diejenigen Handelszweige begünstigt wissen, die verhältnismäßig am meisten Schiffahrt erfordern[6]). Child verfährt am radikalsten in der Gewerbefrage, dort greift er so ziemlich Alles an, aber auch nur aus Zweckmäßigkeitsgründen. Wenn also Roscher von ihm sagt: „Überhaupt ist Child in der Regel ein warmer Befürworter der Gewerbe- und Handelsfreiheit[7])", so muß der Aus-

---

[1]) Laspeyres, Geschichte der volkswirtschaftlichen Anschauungen der Niederländer. 1863. S. 20.
[2]) Roscher, Zur Geschichte der englischen Volkswirtschaftslehre. S. 59.
[3]) a. a. O. S. 61.
[4]) S. 61.
[5]) S. 63.
[6]) S. 64.
[7]) S. 65.

druck „in der Regel" stark hervorgehoben werden. Child ist, wie man sieht, ein verständiger, gemäßigter Merkantilist.

Der Kern der Lehren von Sir Dudley North ist eine Kritik der theoretischen Anschauungen des Merkantilismus, in zweiter Linie der volkswirtschaftspolitischen, welche auf jenen fußen: also der Geld- und der Handelsbilanztheorie des Merkantilisten. Ihre Geldtheorie ist in zwei Gestalten vorhanden, in einer roheren: der Reichtum besteht in Gold und Silber; in einer feineren: alle Hemmungen im volkswirtschaftlichen Organismus werden durch Geld entfernt. Gegen die erste wendet sich Norths Satz: Geld ist nur eine Ware, an der sowohl Mangel wie Überfluß sein kann, gegen die zweite ein anderer Satz: Stockungen rühren her nicht von Geldmangel, sondern von Überfüllung des heimischen Marktes, Störung des auswärtigen Verkehrs, Abnahme des Verbrauchs[1]).

In seiner Kritik der Handesbilanztheorie entfernt er sich von dem engen, nationalen, privatwirtschaftlichen Standpunkte, der ihrer Aufstellung zu Grunde liegt und springt auf den weiten, kosmopolitischen, volkswirtschaftlichen über. „In Handelssachen verhalten sich die einzelnen Nationen zur Welt ganz ebenso, wie die einzelnen Städte zum Reiche, die einzelnen Familien zur Stadt. Im Handel bildet die ganze Welt nur ein Volk, und die einzelnen Nationen sind die Individuen dieses Volks[2])". Auf diesen theoretischen Lehren fußt nun die von ihm vorgetragene Wirtschaftspolitik, die vorzugsweise die staatliche Regelung des Geldverkehrs verwirft. Es „reguliert sich das Ebben und Fluten des Geldes schon von selbst, auch ohne Zuthun der Staatsmänner[3])".

„Auch in anderen Stücken", schreibt Roscher, „ist North für Handelsfreiheit." Die Inhaltsangabe Roschers bringt den triftigsten Beweis dafür bei. Jede Gunst, welche dem einen Handelszweige oder Interesse einem anderen gegenüber zu teil wird, ist ein Mißbrauch). Kein Handel kann für das Publikum

---

[1]) Roscher a. a. O. S. 88.
[2]) S. 89.
[3]) S. 89.

unvorteilhaft sein. Wo immer die Kaufleute gedeihen, da gedeihet auch das Publikum. Kein Volk ist durch Staatsmaßregeln reich geworden, sondern Friede, Fleiß und Freiheit verschaffen Handel und Reichtum. Wahrung des Friedens, Aufrechterhaltung guter Justiz, Freiheit der Schiffahrt vermehren das Kapital des Volkes und bewirken Überfluß an Gold und Silber[1]). So klingt also auch hier seine Beweisführung in „Gold und Silber" aus.

Es ist immerhin nur ein begrenzter Gesichtskreis, den North vor uns aufthut, mehr ist auch in einem Schriftchen von 42 Seiten nicht zu erwarten. North ist aber der konsequenteste Verteidiger der Handelsfreiheit, den die englische Nationalökonomie des 17. Jahrhunderts aufzuweisen hat.

Davenant nennt Roscher „fast einen Anhänger der Handelsfreiheit . . . den strengen Prohibitivsystemen seiner Zeit gegenüber"[2]). Derselbe Mann, der früher gemeint hatte, Alles müsse schlecht gehen, wo die Menschen bloß ihr Privatinteresse zu fragen brauchten, spricht in seiner letzten Schrift die Überzeugung aus, „man solle den Handel nur seinen eigenen Lauf nehmen lassen, dann werde er seine Kanäle schon selbst finden". Und: „die Vorsehung hat deswegen die Natur der verschiedenen Länder so verschieden eingerichtet, damit sie sich gegenseitig aushelfen möchten"[3]). Nichtsdestoweniger ist er aber gegen jede Unabhängigkeit der Kolonien, jeder eigene Gewerbfleiß derselben ist Davenant ein Gräuel[4]).

Das anonym erschienene Buch „A discourse of trade, coyn and paper-credit" steht nach Roscher „der Handelsfreiheit viel näher als dem gewöhnlichen Merkantilsysteme, doch ist der Verfasser hier wie überall nicht völlig konsequent"[5]).

Die beiden hervorragenden englischen Schriftsteller, welche die volkswirtschaftliche Praxis der Holländer ihren Landsleuten

---
[1]) S. 90, 91.
[2]) S. 113.
[3]) S. 114.
[4]) S. 116.
[5]) S. 141.

als Muster vorgehalten haben, sind doch weit davon entfernt, kurzer Hand Handelsfreiheit zur Hebung aller Schäden zu fordern, obwohl sie auch diese betonen. Die Mittel, welche Raleigh empfiehlt, sind folgende: offizielle Leitung des Handels durch eine Kommission, Verbot der Ausfuhr unfertiger Gewerbsprodukte, Gestattung der Kohlenausfuhr, aber nur auf englischen Schiffen, Hebung der Fischerei, Erhöhung des Geldwertes[1]). Das Charakteristische in Sir William Temples „Observations upon the United Provinces of the Netherlands" ist die Aufdeckung der psychischen Faktoren, welche die Blüte der niederländischen Volkswirtschaft geschaffen haben. Die große Volksmenge, welche in dem kleinen Lande zusammengedrängt ist, zwingt die Besitzenden zur Sparsamkeit, die Nichtbesitzenden zur Anspannung aller Kräfte, um sich vor der Not zu schützen[2]). Der solide, auf Gebrauchsgegenstände gerichtete Luxus wird gepflegt, der unsolide, auf Verbrauchsgegenstände gerichtete, ist verpönt[3]). Wo sie mit Sachverständigen, gleich ihnen selbst, verkehren, sind sie ehrlich, sonst suchen sie aus der Einfalt und Unwissenheit ihrer Gegner Nutzen zu ziehen[4]). Er lobt ihre Ordnung, das genauste Vorausberechnen aller Ausgaben[5]). Dort habe der Mensch über die Natur triumphiert.

Der durch Sir William Temple offenbar so stark beeinflußte Mandeville hat richtige Ansichten vom Gelde, er hat die Bedeutung der individuellen Triebe für die Volkswirtschaft sehr stark hervorgehoben, aber in seiner volkswirtschaftspolitischen Anschauung ist er ein Merkantilist, seine Volkswirtschaftspolitik dreht sich um den Staatsmann und die Handelsbilanz.

In den dreißiger Jahren des 18. Jahrhunderts tritt Vanderlint in seiner Schrift „Money answers all things" für die Handelsfreiheit ein. Seine Beweisführung ist kurz folgende.

---

[1]) S. 33.
[2]) S. 127.
[3]) S. 129.
[4] S. 132.
[5]) S. 129.

Jedes Land besitzt ihm eigentümliche Waren, welche dazu bestimmt sind, die Grundlage des Handels zwischen den verschiedenen Nationen zu bilden. Wenn die Natur ein Land besser ausgestattet hat, als andere, so wird es mehr Geld empfangen, hierdurch werden die Warenpreise und die Löhne verhältnismäßig steigen. Vanderlint meint also wohl, daß der Einfluß des Tausch=mittels die natürlichen Vorteile wieder ausgleiche. In Beziehung auf diese Waren ist der Freihandel die einzig richtige Politik.

Wie verhält es sich mit den übrigen? Sie zerfallen in zwei Klassen: erstens in solche, welche bei uns teurer sind, als sie das Ausland liefern kann, welche wir jedoch ebenso billig herzu=stellen vermögen und zweitens in solche, deren Produktionskosten sich bei uns trotz aller Anstrengungen immer höher belaufen werden, als diejenigen fremder Erzeuger. Mit allen Mitteln sollten wir uns bemühen, die ersteren billiger zu liefern. Wenn ich Vanderlint richtig verstehe — es liegen mir nur einzelne, von Stewart ange=führte Stellen vor — so glaubt er, daß der Freihandel einen Zwang auf die Verbilligung der Waren ausübe. Sinken aber trotz der internationalen Konkurrenz die Warenpreise nicht, so zeigt sich, daß die bei uns teureren Waren eigentümliche Produkte des Auslandes sind, die wir daher gut thun, von dort zu beziehen.

Der Freihandel ist folglich die wahrhaft nützliche Politik. Er erlaubt es, die eigentümlichen Produkte der Fremde mitzu=genießen, er spornt die heimische Produktion zur höchsten Kraft=anstrengung an, er entscheidet untrüglich darüber, was wir produzieren und was wir kaufen sollen. „Alle Völker der Erde", sagt Vanderlint, „sollten als eine Körperschaft von Kaufleuten betrachtet werden, welche ihre verschiedenen Beschäftigungen zum gegenseitigen Vorteil und Nutzen betreiben"[1]).

Es ist mehrmals behauptet worden, daß Hume bei der Abfassung seiner volkswirtschaftlichen Aufsätze vieles von Vander=lint entlehnt habe. Was zum Beweise dieser Behauptung ange=führt wird, lenkt den Blick darauf, daß Manches von dem, was

---

[1]) Siehe die Auszüge aus Vanderlint bei Dugald Stewart, Collected Works. X S. 89.

Vauderlint zugeschrieben wird, sich schon bei älteren Schrift=
stellern findet. Aehnliche Bemerkungen wie diejenigen, welche
über das Verhältnis Smiths zu den Physiokraten am Ende des
vorigen Kapitels gemacht wurden, möchten hier am Platze sein,
doch wir haben uns nur mit der Frage zu beschäftigen, welches
Humes Verhältnis zu der wirtschaftlichen Freiheit ist. Hier
aber zeigt sich doch eine sehr große Verschiedenheit.

Er hat ein großes Mißtrauen gegen allgemeine Grundsätze
in der Politik: All general maxims in politics ought to be
established with great caution[1]). Obwohl er von der Selbst=
sucht der Menschen überzeugt ist und, wie Mandeville, in ihren
Leidenschaften die Motoren der Volkswirtschaft erblickt, so schließt
er doch nicht, daß die größte Verkehrsfreiheit hergestellt werden
müsse. „Liberty", meint er, „must be attended with particular
accidents and a certain turn of thinking"[2]). Sein Kopf ist
zu hell, um die rechtliche Freiheit mit der materiellen Freiheit
zu verwechseln: „Can we seriously say", schreibt er, „that a poor
peasant or artizan has a free choice to leave his country, when
he knows no foreign language or manners, and lives from day
to day, by the small wages which the acquires[3])"?

Seine Abneigung gegen allen Doktrinarismus, die schon aus
dem Vorhergehenden hervorgeht, tritt auch sonst zu Tage. In
den „Essays" wird einer ökonomischen, prästabilierten Harmonie,
welche auf der Verteilung verschiedener Güter und Talente über
verschiedene Länder beruht, zweimal gedacht. Auch bekämpft
er sehr energisch die Handelsbilanz= und Geldtheorie der Merkan=
tilisten wie die Handelseifersucht der Zeit. Wäre Hume ein
Freund der allgemeinen Maximen, so würde er wohl aus seinen
Vordersätzen die Notwendigkeit des unbedingten Freihandels ge=
folgert haben. Das thut er jedoch nicht: „All taxes, however,
upon foreign commodities, are not to be regarded as prejudi-
cial or useless, but those only which are founded on the

---

[1]) Essays in der früher genannten Ausgabe I. S. 374.
[2]) S. 297.
[3]) S. 451.

jealousy above-mentioned. A tax on German linen encourages home manufactures, and thereby multiplies our people and industry. A tax on brandy encreases the sale of rum, and supports our southern colonies. And as it is necessary, that imposts should be levied, for the support of government, it may be thought more convenient to lay them on foreign commodities, which can easily be intercepted at the port, and subjected to the impost"[1]).

Hier zeigt sich also Hume als Schutzzöllner.

Derjenige, welcher Adam Smith in England in Beziehung auf die Befürwortung wirtschaftlicher Freiheit am nächsten kommt, ist Josuah Tucker. Die „Four Tracts" wurden zu spät, nämlich erst im Jahre 1774, veröffentlicht, als daß an eine Beeinflussung des Aufsatzes und des Werkes von Adam Smith gedacht werden könnte, dagegen erschien eine Schrift von ihm schon im Jahre 1755, von der Sivers mitteilt, daß sie „durchaus für Handels- und Gewerbefreiheit" eintrete. Er suche „den Nutzen nachzuweisen, den die kenntnisreichen, fleißigen und wohlhabenden Ausländer dem Staate bringen würden". Der Schwerpunkt der Schrift liege „in der Frage: was ist die Ursache, daß ein Teil der Bevölkerung keine Beschäftigung und Arbeit findet?" Es sei unmöglich, „daß in allen Gewerben zugleich zu viele Menschen beschäftigt sind, sondern nur möglich, daß in einem Gewerbe im Verhältnis zu anderen zu viele sind". Diese Übel werden „schnell beseitigt, wenn die Arbeiter von einem Gewerbe zum anderen übergehen, daher alle Schranken, die den Übergang hindern, aus einem vorübergehenden Übel ein dauerndes machen"[2]).

Es ist also vor Smith die Lehre von der wirtschaftlichen Freiheit vorhanden: am nächsten kommen ihm Pieter be la Court, Sir Dudley North, Vanderlint und Tucker. Ob er den Ersteren

---
[1]) I, S. 343.
[2]) Dr. von Sivers: Turgots Stellung in der Geschichte der Nationalökonomie. 1874. S. 11.

gekannt, ist fraglich, aber durchaus nicht unwahrscheinlich, da das Werk unter dem Titel ‚Mémoires de Jean de Wit' schon vor Smiths Geburt ins Französische übersetzt worden war. Sehr unwahrscheinlich ist es aber, daß er die Schrift Norths gelesen habe, denn sie verschwand auf rätselhafte Weise und blieb über hundert Jahre lang verborgen. Sehr wahrscheinlich ist es, daß ihm Tuckers Broschüre und Vanderlints Schrift zu Gesicht gekommen sei, da Turgot die erste der Ehre einer Übersetzung ins Französische für würdig hielt und die zweite sehr beachtet wurde.

Bei den übrigen Schriftstellern erscheinen die liberalen Grundsätze mit merkantilistischen Ansichten durchsetzt, hier wird mehr die Handelsfreiheit, dort mehr die Gewerbefreiheit hervorgehoben, sie werden nicht zusammenhängend vorgetragen, die Herleitung aus einem obersten Princip fehlt.

Aber in beiden Klassen von Schriften fehlt gerade dasjenige, was Smith charakterisiert: **die philosophische Grundlage einer freiheitlichen Wirtschaftspolitik.** Sehen wir, ob wir sie bei den Franzosen finden.

2.
Die Franzosen und Justi.

Von den Franzosen wird vorzugsweise **Boisguillebert** als Verteidiger der Grundsätze wirtschaftlicher Freiheit in Anspruch genommen. Aber sein Bild ist von Cohn und Oncken so deutlich gezeichnet worden, daß man sieht, als principieller Befürworter der wirtschaftlichen Freiheit kann er nicht gelten. Der Mann, welcher zugleich die Ausfuhrfreiheit des Getreides befürwortet und die Einfuhrfreiheit verbieten möchte, welcher Ausfuhrprämien für das Getreide wünscht und Preistaxen im inneren Verkehr empfiehlt, der kann doch nicht einmal ernsthaft als Vertreter der Handelsfreiheit, viel weniger der wirtschaftlichen Freiheit, betrachtet werden. Bei Boisguillebert findet sich auch die Ansicht von der natürlichen Harmonie der Interessen verschiedener Länder, aber sie war zu jener Zeit weit verbreitet, auch bei Praktikern kann sie nachgewiesen werdern. Aus Boisguillebert brauchte Smith diese Anschauung nicht zu entnehmen, falls dies die philosophische Grundlage seiner Wirtschaftspolitik sein sollte, Hugo Grotius hatte sie schon ausgesprochen. Sie ist es auch nicht. Mit wie wenig Recht V a u b a n als Freihändler gekennzeichnet wird, der nur eine andere Steuerverfassung, eine allgemeine, gleich= mäßig veranlagte, bewegliche Einkommensteuer wünscht, im übrigen dem Merkantilismus sehr nahe steht, das hat Oncken gezeigt[1]). Daß die handschriftlich verbreiteten Memoiren D'Argensons, des Vorläufers der Physiokraten, in den Jahren 1750—52 bis zu Adam Smith nach Glasgow gedrungen seien, ist undenkbar[2]). Übrigens werde ich zu zeigen versuchen, daß die Ansicht D'Argensons mit derjenigen Smiths nicht übereinstimmt.

Die Betrachtung der französischen Litteratur kann folg= lich jenes eben über die englische ausgesprochene Urteil nicht umstoßen. Die gelegentliche Empfehlung einer einzelnen oder mehrerer Maßregeln wirtschaftlicher Freiheit aus Zweckmäßig= keitsrücksichten macht keinen Politiker zum Vertreter des öko= nomischen Liberalismus, sonst müßte auch unser J u s t i dafür gelten, der doch in theoretischer und in praktischer Hinsicht ein Merkantilist ist; denn er fordert vernünftige Freiheit im Inter= esse der Bevölkerungsvermehrung, er bekämpft Staatsbergwerke und staatlichen Gewerbebetrieb, er polemisiert gegen die Zünfte und will das Innungswesen nicht auf Manufakturen und Fabriken übertragen wissen, er erwartet den Flor der Landwirtschaft von dem Eigentum der Bauern an ihren Grundstücken u. s. w.[3]).

[1]) Oncken, Die Maxime Laissez faire et laissez passer, ihr Ursprung, ihr Werden. 1886. S. 49 ff.
[2]) Über D'Argenson siehe Oncken a. a. O. S. 53 ff.
[3]) Staatswirtschaft, 2. Aufl. I, S. 165, 247, 248, 264, 292 ff., 527.

Zweiter Abschnitt.

Die Grundsätze wirtschaftlicher Freiheit in der naturrechtlichen Litteratur vor Smith und den Physiokraten.

Die Ansicht, daß das Naturrecht vor Quesnay und Smith die Grundsätze voller wirtschaftlicher Freiheit enthalten habe, ist grundlos. Einen entschieden freiheitlichen Charakter gewinnt das moderne Naturrecht erst bei Locke, aber auch bei ihm sind sie noch nicht vorhanden.

Ich werde den Beweis führen, indem ich die Werke der Lehrer des systematischen Naturrechts, welche Smith bekannt sein konnten, auf ihren Inhalt an liberalen wirtschaftspolitischen Maximen durchmustere. In der Volkswirtschaftspolitik des Hobbes, deren in dem vorhergehenden Kapitel Erwähnung gethan wurde[1]), ist nichts Hierhergehöriges zu finden; der theologisch-politische Traktat Spinozas trägt einen ausgeprägt freiheitlichen Charakter, aber die Fragen der Wirtschaftspolitik haben für ihn geringe Bedeutung[2]). Christian Wolff, der naturrechtliche Repräsentant des aufgeklärten Absolutismus, fällt selbstverständlich nicht in den Rahmen unserer Betrachtung. So bleiben uns drei Männer: Grotius, Pufendorf und Hutcheson, welche wir auf ihr Verständnis für wirtschaftliche Freiheit zu prüfen haben.

---

[1]) S. S. 142 d. S. Anm. 2.
[2]) Vergl. Lasveyres S. 21 ff.

1.
Grotius.

Bei Grotius ist am entwickeltsten die Lehre von der Zwischen=
handelsfreiheit. Der Durchzug durch Länder, Flüsse und im
Eigentum befindliche Meeresteile muß für Menschen und Waren
gestattet sein. „Niemand darf den Handel des einen Volkes mit
einem anderen entfernteren verhindern, da dessen Gestattung der
menschlichen Gesellschaft zum Segen und niemand zum Nachteil
gereicht"[1]). Zur Stütze seiner Ansicht führt er eine Reihe von
Zeugnissen aus klassischen Autoren an, welche eine Interessenharmonie
zwischen den einzelnen Ländern annehmen. Ein Durchgangszoll
darf nur erhoben werden, wenn er den Charakter einer Gebühr
trägt[2]). Auch darf ein dauernder Aufenthalt den aus ihrer
Heimat vertriebenen Fremden nicht abgeschlagen werden. Be=
finden sich innerhalb des Schutzgebietes verlassene und wüste
Ländereien, so haben die Ankömmlinge einen Anspruch auf sie[3]).
Das grotianische Naturrecht erkennt auch die Freiheit an, bei Nach=
barvölkern Ehen zu suchen und einzugehen[4]). Einzelne Indivi=
buen haben das Recht der Auswanderung, wenn sie vor dem Ab=
ziehen ihren Verpflichtungen gegen die bürgerliche Gesellschaft
nachkommen, nicht aber größere Massen[5]). Von der persönlichen
Freiheit denkt übrigens Grotius nicht gerade hoch. Eine voll=
ständige Sklaverei hat nach der natürlichen Auffassung keine
Härte, denn jene dauernde Verbindlichkeit wird durch die dauernde
Ernährung ausgeglichen, die oft den Tagelöhnern abgeht[6]).

Nicht viel fruchtbarer sind die Freiheitsgesetze der wirtschaft=
lichen Welt, welche sich abgesondert betrachten lassen. Sehr viel=
deutig ist der Satz, daß es Jedem frei stehen müsse, sich Lebens=

---
[1]) Grotius (Kirchmanns Übersetzung) I, S. 255.
[2]) S. 256.
[3]) S. 257, 258.
[4]) S. 260.
[5]) S. 313.
[6]) S. 315.

bedürfnisse, wie Nahrungsmittel, Kleider, Arznei um einen
billigen Preis zu verschaffen. Will man dies als Forderung der
Handels- oder Gewerbefreiheit interpretieren, so wird man sich
mit folgendem Satze zunächst auseinandersetzen müssen. „Aber
für den Verkauf des Seinigen gilt nicht das gleiche Recht.
Denn Jedem steht frei, was er will zu erwerben oder nicht zu
erwerben. So ließen die Belgier früher keinen Wein und aus-
ländische Waren in's Land, und von den arabischen Nabadäern
berichtet Strabo, daß einige Waren eingeführt, andere verboten gewesen"[1]). Aehnlich verhält es sich mit der Bestimmung,
daß was einem Volke erlaubt sei, auch anderen gestattet werden
müsse. Ist es nun aber gestattet, daß zwei Länder einen Vertrag
mit einander schließen dürfen, wonach das eine seine Früchte nur
dem andern verkaufen darf? Grotius antwortet: „Ich halte dies für
zulässig, wenn das kaufende Land bereit ist, sie auch andern um
einen billigen Preis abzulassen. Denn den andern Völkern kann es
nicht darauf ankommen, von wem sie ihre Lebensbedürfnisse ein-
kaufen; einen Gewinn vor den andern sich zu verschaffen, ist aber
erlaubt, vorzüglich wenn hinzukommt, daß das eine Volk, welches
sich das ausbedungen hat, das andere in seinen Schutz nimmt
und davon Unkosten hat"[2]). Nicht gerade im Charakter strenger
wirtschaftlicher Freiheit ist seine Lehre von den Monopolen.
„Nicht alle Monopole sind gegen das Naturrecht; denn mitunter
kann das Staatsoberhaupt sie aus einem triftigen Grunde und
zu einem vorgeschriebenen Preise zulassen... Auch Privatpersonen
können ein solches unter billigen Maßnahmen einführen"[3]). Ich
erwähne endlich noch, daß Grotius zu den Verfechtern des mare
liberum gehört[4]).

So wird es schwer, in Grotius einen konsequenten Verteidiger wirtschaftlicher Freiheit zu sehen. Meines Erachtens
sind seine naturrechtlichen Grundsätze, soweit sie sich auf das

---

[1]) S. 259.
[2]) S. 261.
[3]) S. 418.
[4]) S. 246 ff.

wirtschaftliche Leben beziehen, nichts anderes als philosophische Stützen der volkswirtschaftlichen Praxis eines Zwischenhandelsvolkes [1]).

2.
Pufendorf.

Pufendorf spricht edel von der Menschenwürde, die so groß sei, daß, wenn man die Frechheit eines Menschen, der uns beleidigt hat, dämpfen wolle, man als letzten Trumpf noch immer die Worte besitze: Trotzdem bin ich kein Hund, ich bin ein Mensch ebenso gut wie Du. Gerade bei ihm sieht man, wie sehr das Naturrecht auf die Entwicklung der Ueberzeugung wirken mußte, daß alle Menschen sich als gleich betrachten müßten [2]). Deshalb verurteilt aber Pufendorf die Sklaverei ebensowenig wie Grotius, er legt dem Herrn nur die Pflicht auf, über den Sklaven nicht wie über andere Güter zu verfügen. Er findet es ebenfalls gerechtfertigt, daß Sklavenkinder wieder Sklaven werden. Pufendorf rüttelt auch nicht an dem Verhältnis von Herrn und Diener, er schärft aber dem Ersteren Rücksicht auf die Kräfte und Fähigkeiten des Letzteren ein.

Die wirtschaftspolitischen Grundsätze zeigen deutlich, daß er im Zeitalter des Merkantilismus lebte, denn er bringt sie bei seiner Steuerlehre vor. Da der Fürst nur durch die Bürger reich werden kann, so darf er Nichts vernachlässigen, um ihnen Unterhalt und Vermehrung ihrer Güter zu verschaffen. „Er muß so verfahren, daß sie aus ihren Landgütern und ihren Gewässern den ganzen Gewinn ziehen, den man sich aus ihnen versprechen darf, daß sie ihren Gewerbfleiß auf Sachen richten, die im Lande selbst wachsen oder sich dort vorfinden, daß sie unter keinen Um-

---

[1]) Im Kampfe für das Mare liberum galt der Streit nach Laspeyres besonders zwei Punkten. „Man wollte sich die Freiheit bewahren, in den brittischen Gewässern dem einträglichen Häringsfang obzuliegen und den Handel nach Indien zu betreiben." S. 159. Das wäre eine Bestätigung meiner Auffassung.

[2]) Siehe Pufendorf (Barbeyrac), Les Devoirs de l'Homme et du Citoyen. 4. A. Amsterdam 1718. Liv. I. chap. VII. „De l'obligation où sont tous les hommes de se regarder les uns les autres comme naturellement égaux.

ständen die Arbeit Anderer kaufen, wenn sie etwas selbst herstellen können (qu'il n'achètent point le travail d'autrui pour tout ce qu'il peuvent faire eux-mêmes commodément); hierzu müssen die mechanischen Künste gefördert und begünstigt werden. Es ist auch sehr wichtig den Handel, insbesondere die Schiffahrt zur Blüte zu bringen." Pufendorf bringt weiter auf Luxusgesetze „welche die überflüssigen Ausgaben verbieten, insbesondere solche, welche die Reichtümer der Einwohner und der Unterthanen in's Ausland gehen lassen"¹). Der Souverän hat endlich das Recht, durch Gesetze im Interesse des Gemeinwohles vorzuschreiben: erstens, welchen Gebrauch Jeder von seinen Gütern machen darf, was sich gegen Spieler, Verschwender richtet; zweitens, wie viel Jeder besitzen darf, damit die Bürger nicht zu reich werden; drittens, welche Arten von Waren man kaufen darf, damit fremde Güter abgehalten werden können²).

Hiernach wird es deutlich sein, daß Pufendorf wohl als eine Säule des Merkantilismus, nicht aber als ein Verteidiger wirtschaftlicher Freiheit gelten kann.

3.
Hutcheson.

Hutcheson, der englische Bearbeiter des Pufendorfschen Naturrechtes, ist in seinen ethischen Lehren ein Schüler Shaftesburys, in seinen politischen ein Anhänger Lockes. Deßhalb wird auch von ihm die individuelle persönliche Freiheit viel stärker betont als von Grotius und Pufendorf, aber, nach seinen wirtschaftspolitischen Grundsätzen betrachtet, ist er ein Merkantilist, so sehr er in seiner theoretischen Ueberzeugung den Gegnern der Merkantilisten beigezählt werden muß. Es ist von der größten Wichtigkeit, dies im Auge zu behalten, da ein oberflächliches Lesen der von Leechman verfaßten Biographie unseres Philosophen insbesondere Denjenigen leicht zu der Ansicht verführen könnte, Hut-

---

¹) S. 367.
²) S. 394.

cheson sei ein Verteidiger der wirtschaftlichen Freiheit, welcher die schrittweise Entfaltung des modernen Individualismus, der modernen Freiheitsidee nicht kennt. Leechman sagt nämlich von ihm: „Da er alle Jahre Gelegenheit hatte, in seinen Vorlesungen den Ursprung der Regierung zu erklären und die verschiedenen Arten derselben gegen einander zu halten, so ließ er sich besonders angelegen sein, die wichtigsten Vorteile, welche die Freiheit im Staat und in der Religion der menschlichen Glückseligkeit bringt, einzuschärfen. Da die Liebe zur Freiheit und der Eifer, sie zu befördern, seine eigentlichen Grundsätze waren, so pflegte er sich bei denselben allemal sehr weitläufig, mit Anführung der bündigsten Beweise und mit dem ernstlichen Vorsatz der Überzeugung aufzuhalten, und er war so glücklich, daß wenige seiner Zuhörer, mit was für Vorurteilen sie auch zu ihm gekommen waren, ihn ohne den vorteilhaftesten Begriff von den Meinungen, die er in diesem wichtigen Punkte annahm und verteidigte, verließen" [1]).

Hutcheson zeigt sich denn auch überall in seinem Werke als ein warmer Freund religiöser, politischer, individueller Freiheit, von der wirtschaftlichen Freiheit weiß er noch nichts. Da er der Lehrer Smiths war, wird eine eingehende Darstellung seiner freiheitlichen Grundsätze zur Notwendigkeit.

Die angeborenen Rechte des Menschen bilden bei ihm schon einen hervorragenden Teil seines Naturrechtes [2]). Er zählt folgende auf. 1. Jeder Mensch hat ein Recht zum Dasein und zur Vollkommenheit des Körpers. Er darf nicht willkürlich getötet oder verstümmelt werden. 2. Jeder Mensch hat ein natürliches Recht auf den freien Gebrauch seiner Fähigkeiten, sofern daraus Anderen kein Nachteil erwächst. Da die Begründung dieses Rechtes am nächsten mit Smiths Ansicht verwandt ist, so empfiehlt sich die wörtliche Wiedergabe. „Da die Natur einem jeden Menschen ein Verlangen nach seiner eigenen Glückseligkeit

---

[1]) S. 30. Die Biographie ist Hutchesons Werke vorgedruckt. Ich citiere nach der erwähnten Übersetzung Lessings.
[2]) II. Buch, 5. Abschnitt.

und viele zärtliche Neigungen gegen andere, welche mit ihm in naher Beziehung stehen, eingepflanzt und jeden mit Verstand und thätigen Kräften, nebst einem natürlichen Antrieb, dieselben zu den Endzwecken dieser natürlichen Neigungen anzuwenden, versehen hat, so ist es klar, daß **jeder Mensch ein natürliches Recht hat, seine Kräfte nach seinem eigenen Gefallen zu diesen Endzwecken, bei solchen Arbeiten oder Belustigungen zu gebrauchen, woraus den Personen oder Gütern Anderer kein Nachteil erwächst; so lange kein allgemeiner Vorteil diese Arbeit notwendig haben will**[1]), oder aber erfordert, daß seine Handlungen nach der Vorschrift anderer eingerichtet werden müssen. **Dieses Recht nennen wir die natürliche Freiheit**... Von diesem Recht der natürlichen Freiheit werden wir nicht nur durch unsere eigennützigen Neigungen, sondern auch durch viele großmütige Neigungen, und unser moralisches Gefühl unterwiesen." 3. Jedes vernünftige Wesen hat ein natürliches Recht „in Ansehung seiner spekulativen und praktischen Neigungen .. seinem Gutdünken und seiner spekulativischen Neigung nach zu urteilen." Sobald seine Meinungen dem Staate gefährlich werden, kann man es aus dem Staat entfernen. 4. Jeder hat ein Recht über sein eigenes Leben. 5. Ein Jeder hat ein Recht, dasjenige durch unschädliche Mittel in Besitz zu nehmen, was noch nicht occupiert ist. 6. „Jede unschuldige Person (hat) ein natürliches Recht mit allen denjenigen, welche mit ihr Gewerbe zu treiben geneigt sind, in eine Gemeinschaft oder in einen Tausch gewisser Dienstleistungen zu treten." 7. Jede rechtschaffene Person hat ein natürliches Recht zu dem unschuldigen Charakter der Rechtschaffenheit und Ehrbarkeit. 8. Jeder Person steht ein angeborenes Recht zu, mit einer andern einwilligenden Person in eine eheliche Verbindung zu treten.

---

[1]) Es muß heißen: „solange kein öffentliches Interesse seine Arbeit notwendig erfordert" (while no more public interests necessarily requires his labours). Derartige Übersetzungsmängel dürften doch darthun, daß für die wissenschaftliche Darstellung die Anführung des Originals den Vorzug verdient.

An anderer Stelle und in einem andern Zusammenhange erkennt er den Bürgern, wenn sie durch keine Vorstellungen Beschwerden abstellen können, das Recht zu, den Staat zu verlassen. Für die Bürger eines eroberten Staates betont er dies insbesondere [1]. Hutcheson wendet sich auch entschieden von den Ansichten ab, welche von Grotius und Pufendorf über die Sklaverei vorgetragen worden waren. Er sucht ausführlich Aristoteles zu widerlegen [2]. Weiter lehrt er, daß die Kinder von Sklaven als Freigeborene betrachtet werden sollen [3]. Dagegen befürwortet er die Sklaverei für solche Menschen, die sich und ihre Familien durch Laster ins Verderben gestürzt haben [4].

Hieraus ersieht man, daß er trotz des Ausgangs von Locke und der Annahme der Menschenrechte die Freiheit noch nicht völlig als ein Recht des Subjektes auffaßt. Das Ausgehen vom System, vom Ganzen, die Gegenüberstellung von Rechten und **Pflichten** ist noch so mächtig in ihm, daß er Jeden zur Arbeit gezwungen wissen will, wenn er nicht Sicherheit gibt, daß er der Gesellschaft nie zur Last fallen wird [5]. Von der Wichtigkeit der „Kinderaufziehung" hat er so hohe Vorstellungen, daß er meint „den ehelosen Stand lästig zu machen und weniger zu ehren, dazu hat sie (die Gesellschaft) die wichtigsten Ursachen" [6]. Ja nach ihm muß die Hauptabsicht aller Gesetze sein und die Bemühung des Gesetzgebers dahingehen „durch gerechte und wirksame Mittel die wahren Grundsätze der Tugend zu befördern, wodurch die Menschen zur Gottesfurcht und Gerechtigkeit ihres Nächsten geführt werden" [7]. Zu den vorzüglichsten Tugenden gehört der Fleiß. Wie soll der Staat den Fleiß fördern?

Nicht bloß wegen des absonderlichen Gedankenganges unseres Philosophen will ich die Antwort Hutchesons ganz hierher setzen,

[1] S. 1008 u. 1010.
[2] S. 444 ff.
[3] S. 801.
[4] S. 791.
[5] S. 672.
[6] S. 668.
[7] S. 932.

sondern und insbesondere deßhalb, weil er an dieser Stelle seine wirtschaftspolitischen Grundsätze abhandelt. Die Auffassung der Wirtschaftspolitik als ethischer Maßregel ist ebenso charakteristisch für den Schotten, wie die Besprechung der Wirtschaftspolitik bei der Steuerlehre für Pufendorf.

„Der Fleiß ist die natürliche Quelle des Reichtums[1]), der Grund zu allem Vorrat, den eine Nation in andere Länder schaffen, und dadurch ihre Macht und Reichtümer erlangen kann. Der fleißige Ackerbau muß die Lebensmittel und was zu Manufakturen gehöret, liefern: und durch die mechanischen Künste muß die bequeme Ausführung der Güter veranstaltet werden. Die Güter, welche auswärts geschickt werden, müssen überhaupt von allen Auflagen frei sein: und ebenso sollte es auch mit dem, was die Künstler notwendig brauchen, so viel möglich gehalten werden, damit kein anderes Land eben diese Güter auf einem fremden Markte heimlich verkaufen könnte. Wenn ein Land gewisse Dinge allein besitzet, so kann man bei ihren Ausfuhren ganz sicher einige Auflagen darauf legen: sie müssen nur so eingerichtet sein, daß dadurch der auswärtige Abgang nicht gar aufgehoben wird.

„Wenn ein Volk zum Fleiße nicht ist angehalten worden, so verursacht der wohlfeile Preis der Lebensmittel nur noch eine größere Trägheit. Das beste Mittel dawider ist, wenn man nicht nur auf die Ausfuhr der überflüssigen Lebensmittel gewisse Belohnungen setzet, sondern auch die Anzahl des Volkes, das sie verzehren kann, zu vermehren suchet, so wird alsdann ein Jeder, wenn sie theuer zu werden anfangen, mehr Fleiß und Mühe, sich dieselben zu verschaffen, anwenden müssen. Man sollte daher arbeitsame Ausländer in das Land ziehen, und alle fleißige und emsige Leute unter uns in Ruhe wohnen lassen. Man sollte das Volk sich zu verheiraten anhalten, sonderlich diejenigen, welche schon Kinder zur Arbeitsamkeit aufziehen. Auf die unverheirateten

---

[1]) Lessing übersetzt „industry" mit Fleiß, es bedeutet auch die wirtschaftliche, emsige Tätigkeit. Das Charakteristische des Englischen geht ebenfalls verloren. Hutcheson schreibt: „Industry is the natural mine of wealth."

sollte man größere Auflagen machen, weil sie dem Staate keine neuen Unterthanen verschaffen. Man muß ferner alle thörichten Begriffe von dem schlechten Werte der mechanischen Künste zu unterdrücken und Leute von Stande oder Vermögen dahin zu bringen suchen, daß sie sich mit diesen Dingen ebenfalls beschäftigen. Die Faulheit muß man wenigstens mit einer zeitlichen Knechtschaft bestrafen. Die auswärtigen Waren muß man auch ins Land bringen und wenn es nötig scheint, Belohnungen darauf setzen, damit wir alle etwas zu thun haben, und, wenn wir sie verarbeitet wieder wegschaffen, unsere Mühe hernach wieder bezahlt werden kann. Fremde Manufakturen und Produkte muß man dem der sie verbraucht, sehr theuer machen, wenn man die Einführung derselben überhaupt nicht verbieten kann, damit sie wenigstens von Geringern, die weit mehr als die Reichen würden nötig haben, nicht können verbraucht werden. Vornehmlich aber muß man die Schiffahrt oder Verführung sowohl der fremden als einheimischen Waren, als ein wichtiges Stück des Fleißes, der allen Profit der Handlung übersteiget, empor zu bringen bemüht sein, zumal da es ebenfalls die Vertheidigung auf der See zuwege bringt"[1]).

Aus dieser Lessings nicht würdigen Übersetzung geht klar hervor, daß Hutcheson von wirtschaftlicher Freiheit keine Ahnung hat. Alle vorgeschlagenen Maßregeln, wie Ausfuhrprämien, Vermehrung der Bevölkerung zur Steigerung des Preises und der wirtschaftlichen Thätigkeit, ganz im Geiste Sir William Temples und Mandevilles, die Unterdrückung thörichter Begriffe, die Faulheit mit Knechtschaft bestraft, Verteuerung fremder Manufakturen, Schiffahrt auch als Mittel zur Verteidigung, sie tragen doch alle den merkantilistischen Charakter an der Stirn. Und diese Ansicht wird dadurch bestätigt, daß er an anderer Stelle ausdrücklich einschärft: zu den Hauptabsichten der Gesetze gehöre es auch, daß sie das Volk auf die beste Weise in den Gebrauch ihrer Rechte sowohl in Ansehung der öffentlichen als Privatgüter

---

[1]) S. 942, 943.

unterrichten und sie zu einer klugen Art, den Ackerbau, Manu=
fakturen und Handlung anzulegen, anhalten¹). Es muß endlich
noch hinzugefügt werden, daß das 6. Grundrecht, aus welchem
man ja die Forderung der Gewerbefreiheit herleiten könnte, aus=
drücklich durch den darauf folgenden Satz beschränkt wird:
„Eine dritte Person würde sich einer Beleidigung schuldig machen,
wenn sie die Wahl dieser Person hindern oder einschränken wollte,
wofern ihr nicht ein Recht zusteht, die Handlungen derselben
einzurichten" ²).

So sieht es also im Systeme Hutchesons mit der Freiheit;
betrachten wir nun, wie sich unser Philosoph mit dem anderen
Grundbegriffe des durch Locke umgestalteten Naturrechts abfindet.
Das Privateigentum begründet er wie Locke vor und die Physio=
kraten nach ihm. Nichts vermag die Menschen zu einem an=
haltenden Fleiße so sehr zu ermuntern, „als die Hoffnung, daß
sie oder ihre Abkömmlinge, oder andere ihnen werte Personen
künftig Reichtümer, Bequemlichkeiten und Vergnügungen ge=
nießen . . . . . Diese ganze Hoffnung gründet sich auf die
Sicherheit der Früchte ihrer Arbeit und auf den freien
und ungehinderten Gebrauch derselben" ³). Aber er bildet den
Eigentumsbegriff nicht so schroff aus, wie die Physiokraten und
er meint, daß das Eigentum „mit allen seinen unschuldigen Be=
fugnissen" doch zu Unbequemlichkeiten führen möge. Er glaubt,
daß sie durch eine censorische Gewalt und durch Gesetze, welche
die Erziehung, Testamente und Erbfolge betreffen, verhütet
werden können⁴). Bei dieser Gelegenheit wendet er sich gegen
den Platonischen Kommunismus mit den Worten: „Allein es
scheint ein zu stolzes Unternehmen dieses feinen Geistes zu sein,
die offenbare Einrichtung des Schöpfers umzukehren und das,
was in der menschlichen Seele so tiefe Wurzeln gefaßt hat,
auszurotten; und es ist eine eitle Vermessenheit,

---

¹) S. 952.
²) S. 442.
³) S. 473.
⁴) S. 476.

etwas besser machen zu wollen, als der Gott der Natur es geordnet hat. Die Neigungen von weiterem Umfange werden niemals, wenn die besonderen wegfallen, die gemeinen Menschen so eifrig machen und ihnen soviel Vergnügen gewähren, als es, unserer Einrichtung nach, zur Ermunterung des Fleißes und der Glückseligkeit" offenbar notwendig ist. Mit diesen Anschauungen von der sittlichen Bedeutung des Privateigentums stimmt es überein, daß er im politischen Interesse die Anhäufung allzugroßen Reichtums in wenigen Händen gesetzlich verhindern möchte, aber sich auch gegen die Beschränkung auf ein zu geringes Vermögen erklärt, weil es „dem Fleiße derjenigen, die zum Handel und Manufakturen die Geschicktesten sind, den Mut" benimmt. In allen Staatsformen sei es kein geringer Vorteil, wenn die gemeinen Pächter oder Landleute in guten Umständen wären[1]).

Nachdem wir die Werke der drei großen Vertreter des Naturrechtes auf ihren Inhalt an wirtschaftspolitischen Grundsätzen untersucht haben, kann es gar keinem Zweifel unterliegen, daß Adam Smith aus dem Naturrechte die Grundsätze wirtschaftlicher Freiheit viel weniger entnehmen konnte, als aus den nationalökonomischen Werken der Holländer und Engländer. Sie vertreten die merkantilistische Politik viel reiner, als die besprochenen nationalökonomischen Schriftsteller. Es zeigt sich bei Hutcheson, daß auf der naturrechtlichen Grundlage der „Natürlichen Freiheit" nicht notwendigerweise ein freiheitliches wirtschaftspolitisches Gebäude errichtet zu werden brauchte. Ebensowenig hatte Locke aus der politischen Freiheit die wirtschaftliche hergeleitet[2]). Denn, was politische Theorien fortbildet, ist nicht eine den Begriffen

---

[1]) S. 867.
[2]) Locke hat die Grundsätze wirtschaftlicher Freiheit nicht aufgestellt, auch bekennt er sich zu einigen der theoretischen Lehren des Merkantilismus, z. B. der Handelsbilanztheorie. Die einzige Stelle, die man bei flüchtiger Betrachtung als Befürwortung wirtschaftlicher Freiheit deuten könnte, ist folgende: „That prince who shall be so wise and godlike, as by established laws of liberty to secure protection and encouragement to the honest industry of mankind, against the oppression of power and narrowness of party, will quickly be too hard for his neighbours." Two Treatises II,

innewohnende Triebkraft, sondern es sind die äußern Verhältnisse in ihrem Einfluß auf den Willen der Menschen. Die Mühe des Theoretikers ist natürlich geringer, wenn frühere Lehren schon Ansätze zu seinen Doktrinen zeigen. Dies scheint hier der Fall. Hutcheson, obwohl noch vollständig Merkantilist und Anhänger einer organischen Staats= und Gesellschaftsanschauung, ist durch die Aufnahme der natürlichen Arbeitsfreiheit über Locke hinaus= gegangen. An diesen Begriff konnte Smith anknüpfen, er konnte ihn weiterentwickeln, bis er die Staats= und Gesellschaftsanschauung Hutchesons völlig zertrümmert hatte. Ist diese Ansicht richtig, dann bildete Hutcheson das Mittelglied zwischen Locke und Smith. Eine Bestätigung möchte man vielleicht darin finden, daß ja auch im „Wealth of Nations" die Lehre von der wirtschaftlichen Freiheit in der Gestalt einer gelegentlichen Aufzeigung von wirtschaftlichen Urrechten der Menschheit auftritt. Es läßt sich aber dagegen die unleugbare Thatsache anführen, daß der Aufsatz keineswegs den Einfluß des subjectiven Naturrechts verrät. Der Grundton jener jugendlichen Theorie klingt metaphysisch, das Naturrecht Lockes macht sich erst in der Darstellung der Staats= zwecke geltend.

Höchst wahrscheinlich hat also die wirtschaftspolitische Ent= wicklung Smiths zwischen der Abfassung des Aufsatzes und der= jenigen seines nationalökonomischen Werkes darin bestanden, daß er erstens im Anschluß an Hutcheson die Lehre von der wirt= schaftlichen Freiheit als eine Summe von wirtschaftlichen Ur= rechten formulierte, wozu ihn die Vorlesung über das Naturrecht auffordern mochte, und daß er zweitens von den Physiokraten den „dritten Staatszweck" übernahm.

Doch wir haben zunächst noch die Frage zu beantworten, ob nicht die im Aufsatz niedergelegten Ansichten die physio= kratischen sind.

§ 12. Der Zusammenhang ergibt, daß Locke meint, ein konstitutionelles Staatswesen würde auch der Volkswirtschaft nützlich sein. Übrigens be= trachtet er diese Betrachtung nur als eine nebensächliche. Er fügt hinzu: „but this by the by".

Dritter Abschnitt.

Die Grundsätze wirtschaftlicher Freiheit in den Schriften der Physiokraten.

Wir haben die Physiokraten nicht unter die vorschmithschen Naturrechtslehrer eingereiht und zwar aus zwei Gründen. Erstens ist das physiokratische Naturrecht zu einem wirtschaftlichen Naturrecht zusammengeschrumpft, so daß man es nicht neben den großen Systemen des natürlichen Rechtes erwähnen darf, und zweitens werden die Grundsätze wirtschaftlicher Freiheit von einigen Schriftstellern ebenfalls von politischen Gesichtspunkten ausgesprochen. Mit andern Worten, die Grundsätze des ökonomischen Liberalismus sind in den Schriften der Physiokraten in zwei verschieden Formulierungen vorhanden: die eine hat eine psychologische Grundlage und trägt einen Zweckmäßigkeitscharakter, die andere ruht auf naturrechtlicher Basis und führt sich als eine Forderung der Gerechtigkeit, als das Gebot Gottes ein.

Die erstere findet sich bei dem Marquis d'Argenson, den die Physiokraten für einen der ihrigen hielten[1]), und bei Gournay, richtiger in Turgots „Eloge de Gournay". Ob in diesem Aufsatze die Meinung Gournays oder Turgots enthalten ist, weiß ich nicht; es ist aber auch ohne Bedeutung, da es uns ja bloß auf die Form der Lehre ankommt.

---

[1]) „Den die Physiokraten stets mit besonderer Vorliebe als einen ihrer Vorläufer betrachtet haben". Oncken, Die Maxime laissez faire et laissez aller S. 54.

D'Argenson geht in seiner Forderung voller wirtschaftlicher Freiheit von der Selbstliebe des Einzelnen aus. Die Erfahrung lehre: „Jedermann arbeitet für sich selbst, Ehre und Gewinn leiten jeden Menschen zwar im Einzelnen, allein es entsteht daraus ein gemeinsames großes Ganze (un grand tout), wie es aus einer staatlichen Leitung nie hervorgehen kann"[1]). „Wenn man den Lebensmittelhandel frei lasse, so werde der Eigennutz der Kaufleute schon dafür sorgen, daß der Markt hinreichend mit Korn versehen sei, und das jedenfalls auf bessere Weise, als es die ausgezeichnetste Regierungskunst zu thun vermöge. Die Privatthätigkeit besorge alles am besten auch für das Gemeinwohl"[2]). „Jeder sei durch den Eigenvorteil darauf hingewiesen, das vollkommenste Fabrikat herzustellen ... Sein Eigenvorteil treibt ihn von selbst dazu, den Weg zu wandeln, der auch für die Allgemeinheit der vorteilhafteste ist"[3]). Auf Grund der Überzeugung, daß das Selbstinteresse sowohl das Eigenwohl als auch das allgemeine Wohl herstelle, verlangt er unbedingte wirtschaftliche Freiheit, Fortfall aller Leitung der Volkswirtschaft durch den Staat. „Laissez faire, telle devrait être la devise de toute puissance publique, depuis que le monde est civilisé[4]) ... Il est vrai que c'est la seule et entière liberté qui peut bien régir le commerce, l'agriculture et les moeurs .... Pour mieux gouverner il foudrait gouverner moins"[5]). Von seiten des Staates bedürfe es einzig und allein guter Richter, Unterdrückung der Monopole, eines für alle Einwohner gleichen Schutzes, unveränderlicher Münzen, Wege und Kanäle; par delà ces articles les autres soins sont vicieux[6]).

Denselben Gedankengang, aber breiter ausgeführt, findet man in Turgots „Eloge de Gournay". Gournay, sagt Turgot, habe aus

---

[1]) Oncken S. 70.
[2]) S. 66.
[3]) S. 73.
[4]) S. 66.
[5]) S. 61.
[6]) S. 71.

seiner kaufmännischen Erfahrung einige Grundsätze abgezogen, die er als „Maximen des gewöhnlichen gesunden Menschenverstandes" betrachtet habe, die aber von andern als ein „neues System" verschrieen worden seien[1]). Das vermeintliche System des Mannes habe nur auf dem einen Satze beruht: „Im allgemeinen kennt Jedermann sein eigenes Interesse besser, als ein Anderer, dem dieses Interesse gleichgültig ist." Daraus habe Gournay geschlossen, daß, wenn das Interesse der Einzelnen mit dem allgemeinen Interesse zusammenfalle, man nichts Besseres thun könne, als die Menschen thun zu lassen, was ihnen beliebe. Er habe es aber für unmöglich gehalten, daß in dem sich selbst überlassenen Handel das Einzelinteresse nicht mit dem Gesamtinteresse übereinstimme. Der Staat könne nur von zwei Gesichtspunkten aus ein Interesse am Handel haben: 1. daß Niemand dem Andern einen beträchtlichen Schaden zufüge, 2. daß sich der Reichtum vermehre, damit der Staat seine Aufgabe zu erfüllen vermöge. Von beiden Gesichtspunkten sei er daran interessiert, daß es nicht an Getreide fehle.

Diese Forderungen erfülle aber der wirklich freie Handel. Was den ersten Punkt betrifft, so führe die freie Konkurrenz dazu, daß der Verkäufer gute Waren liefere und einen die Fortführung der Produktion ermöglichenden Preis erlange, und daß der Käufer gute Waaren zum niedrigsten Preis erhalte. Zwar gebe es spitzbübische Kaufleute und thörichte Konsumenten, aber die Erfahrung werde schon einen Jeden über sein Interesse belehren. Der Käufer werde sich nicht mehr an den Kaufmann wenden, welcher ihn betrogen habe und Dieser werde so für seinen Betrug bestraft. Im übrigen könne es nicht die Aufgabe des Staates sein, dafür zu sorgen, daß Betrügereien niemals vorkämen. Dies würde zugleich die wohlthätigen Wirkungen der Freiheit aufheben und die Waren um die Kosten der staatlichen Überwachung und Leitung verteuern. In Beziehung auf den zweiten Punkt leuchte es ein, daß der Staat nur dann reich werden könne,

---

[1]) Daire, Oeuvres de Turgot I, S. 270 ff.

wenn er einem Jeden die Freiheit gebe, reich zu werden, „l'Etat n'ayant de richesses réelles que les produits annuels de ses terres et de l'industrie de ses habitants". Den dritten Punkt führt er nicht weiter aus, da Herbert und Quesnay ihn hinreichend behandelt hätten. „Il suit de cette discussion que, sous tous les points de vue par lesquels le commerce peut intéresser l'Etat, l'intérêt particulier abandonné à lui-même produit toujours plus sûrement le bien général que les opérations du gouvernement, toujours fautives et nécessairement dirigées par une théorie vague et incertaine."

Gournay habe aus diesen Betrachtungen die Notwendigkeit der vollen Handelsfreiheit, der Arbeitsfreiheit, der Absatzfreiheit, der Kapitalfreiheit und der Freiheit von den unzähligen, die wirtschaftliche freie Bewegung hindernden Steuern geschlossen.

Ich glaube nicht, daß von einem andern Schriftsteller des 18. Jahrhunderts die Grundsätze der wirtschaftlichen Freiheit so zusammenhängend und so ausführlich ausgesprochen worden sind, wie von Turgot in dem „Éloge de Gournay". Ihre Formulierung erinnert an diejenige der Vertreter des Freihandels im 19. Jahrhundert, z. B. an Prince Smith; andererseits hat sie ihren Ursprung wahrscheinlich in den Schriften der Engländer und Holländer.

Sowohl d'Argenson wie Gournay sind also Empiriker, und sie verlangen die wirtschaftliche Freiheit aus Zweckmäßigkeitsgründen. Der Erstere beruft sich außerdem auf die Geschichte zum Beweise, daß die Freiheit Wohlstand schaffe[1]). Dagegen ruht die freiheitliche Wirtschaftspolitik Quesnays durchaus auf naturrechtlicher Grundlage. Das Universum ist nach seiner Ansicht das Werk eines gütigen Wesens, welches Alles aufs Vollkommenste eingerichtet hat. Da nun der Mensch auf die Erde zu seiner Existenz angewiesen ist, so muß sich aus einer Betrachtung der Naturordnung und der menschlichen Natur erkennen lassen, welches Verhalten Gott von den Menschen erwartet.

---

[1]) Onken S. 59.

Alles, was der Erhaltung, dem Fortschritte, der Glückseligkeit des Menschengeschlechtes förderlich ist, muß als ein Gebot Gottes betrachtet werden. Durch die Erkenntnis der physischen und ethischen Gesetze, welche dem Menschengeschlechte am nütz lichsten sind, gelangt man zur Erkenntnis der natürlichen, gerechten Ordnung Gottes. Der Ausgangspunkt der Betrachtung ist das Individuum. Da es von Gott geschaffen ist, so muß in seiner leiblichen und geistigen Organisation der Schlüssel zur Erkenntnis der natürlichen Ordnung liegen.

Nun hat die Natur unter Strafe des Schmerzes und selbst des Todes dem Menschen die Pflicht der Selbsterhaltung auferlegt. Aus dieser Pflicht fließt das Recht der Selbsterhaltung und das ausschließliche Eigentum an seiner Person. Folglich hat er auch das Recht durch Occupation und Arbeit die zu seiner Erhaltung nützlichen Dinge zu erwerben und das Erworbene zu behalten. Dem ausschließlichen Rechte entsprechen Pflichten: sie bestehen in der Achtung des ausschließlichen Eigentums des Anderen an seiner Person und an dem von ihm Erworbenen. Da die Natur den Individuen ungleiche Fähigkeiten gegeben hat, so müssen sich Ungleichheiten des Vermögens ergeben, welche durch das Naturrecht gerechtfertigt sind. Doch anerkennt Mercier auch eine natürliche und nicht notwendige Ungleichheit.

Die von der Erde freiwillig gebotenen Güter genügen nicht zur Erhaltung einer zahlreichen Bevölkerung, aber der Geschlechtstrieb des Menschen reizt ihn zur Vermehrung seiner Art. Also legt die Natur dem Menschen die Pflicht auf, die Unterhaltsmittel zu vermehren. Da nun die Kultur Aufwendung von Kapital und Arbeit voraussetzt, so schreibt die Natur das Eigentumsrecht an Grund und Boden vor. Denn wer es dem Menschen nehmen wollte, der verletzte das ausschließliche Eigentum an seiner Person und an den von ihm erworbenen Dingen. Mit dem Eigentumsrechte an Grund und Boden ist das Eigentumsrecht an den Früchten gegeben. Obgleich nun durch das Privateigentum an Grund und Boden Viele von dem Privateigentum ausgeschlossen werden, so erhalten sie ein Recht auf den Mitgenuß der Ernte, wenn sie sich nützlich machen. Das gilt für die Pächter, welche Anlage- und Betriebskapital aufwenden, und für sich die eine Gefahrprämie einschließende Verzinsung des ersteren und den völligen Ersatz des letzteren verlangen müssen. Was dann übrig bleibt, geht als produit net an die Grundeigentümer. Von einem möglichst großen produit net ist die materielle Glückseligkeit und die Vermehrung der Bevölkerung abhängig. Da mit aber der produit net möglichst groß sei, ist es notwendig, daß die Arbeit mit möglichster Sparsamkeit geschehe. Diese macht die Konkurrenz notwendig, die Konkurrenz setzt voraus erstens die größte Freiheit in der Verwendung des persönlichen und sachlichen Eigentums, zweitens die größte Sicherheit der durch diese Verwendung erworbenen Güter. „On ne pourrait gêner", so faßt Dupont das Ganze zusammen, „en quoique ce fût, la liberté de l'emploi des propriétés personnelles, mobilières ou foncières, sans diminuer le produit net de la culture, et par conséquent l'intérêt que l'on trouve à cultiver, et par conséquent la culture même, et par conséquent la masse des productions consommables, et par conséquent la population". Und er fährt fort: „Se livrer à cet attentat(!), ce serait déclarer la guerre à ses semblables(!); ce serait violer les droits et manquer aux devoirs institués par le Créateur(!!); ce serait s'opposer à ses décrets autant que le peut notre faiblesse, ce serait commettre un crime de lèse-majesté divine et humaine(!!)")".

Mit ähnlichen Gründen wird dann auch die Gewerbe- und Handelsfreiheit verfochten. Kaum sind irgendwo die Forderungen wirtschaftlicher Freiheit mit so viel fanatischer Glut ausgesprochen worden, wie von Dupont de Nemours. Dieser Grad von Doktrinarismus wäre aber unverständlich, wenn er nicht auf dem Glauben beruhte, daß die wirtschaftliche Freiheit ein göttliches Gebot sei.

Eine natürliche Folgerung aus diesen Voraussetzungen ist

---

[1] Daire, Physiocrates I, S. 346.

der Satz, daß nur der Gewinn gerecht ist, welcher sich bei völliger wirtschaftlicher Freiheit ergibt. Diese Konsequenz hat Baudeau gezogen. Tout profit est juste quand il y a pleine liberté[1]). Damit jene höchste Freiheit und Sicherheit bestehen könne, müssen die gesellschaftlich verbundenen Menschen sich gegenseitig ihr Eigentum verbürgen und es mit allen ihren physischen Kräften schützen. Hierzu ist die Einsetzung einer Obrigkeit erforderlich, welche die von dem höchsten Wesen vorgeschriebenen Gesetze zu deklarieren hat. L'autorité souveraine n'est pas instituée pour faire des lois, car les lois sont toutes faites par la main de celui qui créa les droits et les devoirs … Les ordonnances des souverains, qu'on appelle lois positives ne doivent être que des actes déclaratoires de ces lois essentielles de l'ordre social.

Der Unterschied in der Begründung der wirtschaftlichen Freiheit bei Quesnay und seinen Schülern einerseits, Gournay und D'Argenson andererseits springt so in die Augen, daß er kaum einer Erörterung bedarf. Jene suchen zu beweisen, daß sie natürlichen Rechtes, diese, daß sie zweckmäßig und nützlich sei. Doch darf die materielle Übereinstimmung nicht übersehen werden. Die Gerechtigkeit der freien Konkurrenz ruht doch auch bei Quesnay auf dem Erfahrungssatze, daß der Mensch dann am sparsamsten und thätigsten ist, wenn es sich um sein eigenes Wohl handelt. So hat ihn Gott geschaffen, also will er eine Rechtsordnung, welche dieser Anlage den größten Spielraum gewährt. Deshalb konnte ein Lobredner Quesnays von ihm sagen: „il a réuni les hommes par le lien puissant de l'intérêt calculé". Und ein Anderer: „l'auteur est parti de l'intérêt calculé des hommes pour arriver aux résultats que dicte sévèrement leur droit naturel[2])".

[1]) a. a. O. II, S. 729.
[2]) Oncken, Oeuvres de Quesnay. S. 69 u. 152.

Vierter Abschnitt.

Die Ergebnisse.

Die vorhergehende Untersuchung hat dargethan, daß Grundsätze wirtschaftlicher Freiheit schon vor den Physiokraten ausgesprochen worden waren. Abgesehen von Pieter de la Courts Werke treten sie nur stückweise auf; auch fehlt fast überall die radikale Konsequenz, welche wir bei den Ökonomisten und Adam Smith bemerken. Nach dem für die Freiheit des Zwischenhandels eintretenden Hugo Grotius sind es holländische und englische Nationalökonomen, welche zuerst Maximen des ökonomischen Liberalismus in einer die allgemeine Aufmerksamkeit erregenden Weise verfechten; d'Argensons nur handschriftlich verbreitete Ansichten kommen bei der Beurteilung Adam Smiths nicht in Betracht. Zudem werden die älteren, wertvollen Werke der nationalökonomischen Litteratur Englands um 1750, zur Zeit, als Adam Smith nach Glasgow kam, von der dortigen Universitätsbuchdruckerei neu veröffentlicht: also mehrere Jahre vor dem litterarischen Auftreten Quesnays und Turgots, soweit es für unsere Frage von Belang ist. Des Letzteren „Eloge de Gournay" wurde ja 1759 geschrieben, Quesnays nach 1758 veröffentlichtes „Droit Naturel" in Dupont de Nemours' „Physiocratie" 1768 neu herausgegeben; Mercier de la Rivières „L'ordre naturel et essentiel des sociétés politiques" erschien erst 1767, folglich zur Zeit, als Smith Frankreich schon verlassen hatte.

Aus diesen Gründen glaube ich, daß die Behauptung, Smith habe die Grundsätze wirtschaftlicher Freiheit von den Physiokraten entlehnt, nicht aufrecht erhalten werden kann. Um jene Maximen kennen zu lernen, brauchte er nicht zu warten, bis die Schriften der Physiokraten nach Schottland gelangten, es lag ihm gewiß viel näher, aus den Quellen zu schöpfen, aus welchen die Physiokraten schöpften.

Diese Überzeugung wird aber noch verstärkt durch eine Vergleichung der Formulierung der wirtschaftspolitischen Maximen bei den Physiokraten und Adam Smith. Die Ersteren gehen entweder von dem menschlichen Selbstinteresse oder von den Trieben des Individuums aus, Smith aber von der Natur und ihren Endzwecken. Sie stellen den ökonomischen Liberalismus hin entweder als eine zweckmäßige Maßregel, oder als eine naturrechtliche Forderung, Smith begnügt sich damit, die künstlichen Projekte der Staatsmänner als schädliche Eingriffe in den natürlichen Lauf der Dinge zu kennzeichnen. Die Physiokraten sind entweder Praktiker oder Naturrechtslehrer, Smith ist Metaphysiker. Die Weltanschauung, welche aus den politischen Lehren Smiths hervorblickt, ist dieselbe, welche die „Theorie der moralischen Gefühle" trägt und von Shaftesbury und Hutcheson begründet und ausgestaltet worden war. Das ethische Werk und der politische Aufsatz werden um dieselbe Zeit entstanden sein.

Man wird weiter bemerkt haben, daß der Grundsatz wirtschaftlicher Freiheit in der Formulierung des Aufsatzes von 1755 aber auch nicht in der nicht-physiokratischen Litteratur auftritt. Wir finden nationalökonomische Beweisführungen, psychologische Erörterungen, Zweckmäßigkeitserwägungen, aber keineswegs die Lehre von der Natur und ihren Endzwecken. Sollen wir also annehmen, daß die frühere Litteratur gar nicht auf Adam Smith eingewirkt habe? Keineswegs.

Ich halte es für wahrscheinlich, daß von Smith zuerst ein allgemeines, unbestimmtes, liberales Princip aus den Prämissen der Shaftesburyschen und Lockeschen Philosophie entwickelt worden ist, daß dann die Lektüre Pieter de la Courts, Vanderlints,

Tuckers, jedenfalls Humes[1]) seinem Geiste den Anstoß gab, die neue Forderung des ökonomischen Liberalismus, wenn nicht zu ziehen, so doch bewußt zu präzisieren. Wahrscheinlich ist das während seines Glasgower Aufenthaltes geschehen, wo ja die alte Litteratur ihre Wiederauferstehung feierte und ein freihändlerischer volkswirtschaftlicher Club[2]) bestand, welcher ihm gewiß die Anregung zu einer noch klareren Ausgestaltung seiner freiheitlichen Grundsätze in der Richtung zum ökonomischen Liberalismus gab. Hier wird Smith aber nicht bloß als Nehmender, sondern auch als Gebender aufgetreten sein, er hat vielleicht die liberale Wirtschaftspolitik durch philosophische Gründe und die Anführung der Gedanken früherer Theoretiker gestützt. So mag sich allmählich eine „communis opinio" herausgebildet haben, die in ihre verschiedenen konstitutiven Elemente aufzulösen, für Männer der Praxis und Vorkämpfer der wirtschaftlichen Reform gewiß kein Grund vorlag[3]). Und da nun damals Grundsätze wirtschaftlicher Freiheit in Frankreich und England von den verschiedensten Standpunkten ausgesprochen wurden, so hat möglicherweise ein anderer Gelehrter, College, Theoretiker[4]) auch die

---

[1]) The political Discourses of Mr. Hume were evidently of greater use to Mr. Smith, than any other book that had appeared prior to his lectures. Essays on Philosophical Subjects by the late Adam Smith, 1795. S. LXXIX.

[2]) Über ihn berichtet Bagehot, Adam Smith as a person. Fortnightly Review 1876. Schon Dugald Stewart schreibt dem Aufenthalte Smiths „in one of the most enlightened mercantile towns in this island, and the habits of intimacy in which he lived with the most respectable of its inhabitants", insbesondere aber der ununterbrochenen Freundschaft mit Oswald einen bedeutenden Einfluß auf dessen Beschäftigung mit der politischen Ökonomie zu. Ja, er behauptet, Smith habe eine Anzahl von Kaufleuten zu seinen Ansichten bekehrt; a. a. O. S. LI.

[3]) „The bulk of mankind", sagt Stewart, „incapable themselves of original thought, are perfectly unable to form a conception of the nature of the injury done to a man of inventive genius, by encroaching on a favourite speculation;" a. a. O. S. LXXX. Theoretiker, Gelehrte können jedenfalls dieses Unvermögens nicht geziehen werden.

[4]) „For reasons known to some members of this society" fährt Stewart fort, „it would be improper . . . to revive the memory of private

Smithsche metaphysische Begründung des ökonomischen Liberalismus mit in Beschlag genommen, was um so leichter möglich war, als ja die Smithsche Weltanschauung sich keineswegs durch Originalität auszeichnete. Doch ist die Stewartsche Darstellung trotz aller Rücksicht auf das Andenken des Freundes so gehalten, daß man sieht, sein Biograph hielt Smiths Verdacht für unbegründet[1]).

Doch wie sich auch immer die Sache verhalten haben mag, Smith sah sich veranlaßt, dasjenige, was er für sein geistiges Eigentum hielt, bekannt zu machen. Daß er seine Ansprüche mit der größten Aufrichtigkeit erhoben habe, dafür spricht sowohl sein Charakter, wie die Intelligenz der Mitglieder der Gesellschaft, welcher er seinen Aufsatz vortrug. Nun ist es im höchsten Maße interessant zu sehen, daß Dugald Stewart keine bestimmte Formulierung der Grundsätze des ökonomischen Liberalismus mitteilt, sondern nur eine allgemeine philosophische Theorie. Wären aber Maximen der bezeichneten Art in dem Aufsatz vorhanden gewesen, dann würde er sie dem Leser gewiß nicht vorenthalten haben[2]).

So weist Alles darauf hin, daß Smiths Liberalismus auf dem Boden der teleologisch-mechanistischen Weltanschauung gewachsen ist. Nachdem sich unser Philosoph, angeregt durch Rede und Schrift, mit der Idee der wirtschaftlichen Freiheit erfüllt hat, wird in seinem Naturrecht, das er regelmäßig vortragen muß, der Geist des ökonomischen Liberalismus mächtig geworden sein. Die Lehre Hutchesons von der „natürlichen Freiheit" fortbildend, entwickelt er ein System von wirtschaftlichen Urrechten, welcher

---

differences". Hieraus schließe ich, daß es ein „gelehrter" Zank war; auch die „rival claims" weisen in diese Richtung.

[1]) Smith habe den Aufsatz geschrieben „in order to prevent the possibility of some rival claims which he thought he had reason to apprehend": sein Unwille sei „perhaps unavoidable" gewesen; bei derartigen Gelegenheiten ziehe man nicht genügend in Betracht „those plagiarisms which ... do not necessarily imply bad faith in those who are guilty of them".

[2]) Der Aufsatz ist wahrscheinlich vom Sohne Stewarts vernichtet worden, wie mir von kompetenter Seite vor einigen Jahren auf meine Anfrage nach seinem Inhalte mitgeteilt worden ist.

ich in meiner eingangs erwähnten Schrift gedacht habe. Zugleich wird dann die Überzeugung von der Macht und Würde des menschlichen Selbstinteresses, die ja so häufig in Verbindung mit der Idee der wirtschaftlichen Freiheit auftritt, das Ihrige zur harmonischen Durchbildung seiner politischen Ansichten beigetragen haben.

Hierdurch und durch die allgemeinen nationalökonomischen Theorien berührte er sich mit den Physiokraten, nicht aber durch die Lehre von den Endzwecken der Natur und die Formulierung von wirtschaftlichen Urrechten, welche allerdings von Quesnay ebenso gut hätten ausgesprochen werden können. Dieses sind die beiden charakteristischen Seiten des ökonomischen Liberalismus Adam Smiths. Da unsere bisherige Untersuchung von seiner Originalität in der natürlichen Theologie, in der Ethik und im System der theoretischen Nationalökonomie wenig zu berichten gehabt hat, so tritt diese Thatsache um so kräftiger hervor.

Drittes Kapitel.

Adam Smiths System der politischen Ökonomie.

I.

Wie bildete sich das System der politischen Ökonomie in der schottischen Moralphilosophie?

Wir haben im ersten Kapitel beobachtet, wie sich das Smithsche System der theoretischen Nationalökonomie bildete, im zweiten, wie die Grundsätze der Volkswirtschaftspolitik ausgeprägt wurden. Beide Arten von Erkenntnissen, bemerkten wir, sind im Naturrecht enthalten. Einen wertvollen Teil seines Systems theoretischer Lehrsätze hat Smith aus ihnen entnommen. Die Grundsätze einer freien Wirtschaftspolitik konnte er nicht von dort entlehnen. Weiter sind die theoretischen und praktischen Erkenntnisse im Naturrechte von einander getrennt. Smith hat einen theoretischen und einen praktischen Teil zu einem System miteinander verbunden, wobei jedoch an eine scharfe Sonderung des Stoffes nicht gedacht werden kann, denn in den zwei ersten Büchern sind auch Probleme der Volkswirtschaftspolitik behandelt.

So erhebt sich die Frage: Welche Ursache hat die Vereinigung jener Elemente bewirkt? Was hat die Lösung aus dem Naturrecht herbeigeführt? Hierüber kann ich keine völlig befriedigende Auskunft geben, da es uns an Zeugnissen mangelt, aber aus den wenigen Angaben und Thatsachen läßt sich doch ein leidliches Bild des Vorganges entwerfen.

Suchen wir von dem Allerbekanntesten vorsichtig weiter zu schreiten. Die schottische Moralphilosophie war ihrem Knochenbau nach nichts anderes als das Pufendorfsche Naturrecht. Hutcheson hatte es entweder selbst von Deutschland herübergeholt oder von Carmichael übernommen, aber in das vorhandene Gerüst einen wesentlich verschiedenen Inhalt hineingearbeitet, nämlich die Weltanschauung Newtons, die Rechtsphilosophie Lockes, die Ethik Shaftesburys und seine eigenen wertvollen Gedanken. Dies machte sich in der natürlichen Theologie, in der Ethik und in den Grundlehren vom Staate besonders bemerklich.

Die Moralphilosophie trug er in Glasgow in einer Vorlesung vor, welche vier Teile hatte. Ich schließe dies aus Folgendem. Leechman, sein Biograph, teilt mit, daß er für die philosophische Sittenlehre nach Glasgow berufen worden sei. An einer späteren Stelle heißt es nun: „Außer seinen beständigen Vorlesungen, welche er über die natürliche Religion, die Sittenlehre, die Rechtsgelehrsamkeit und Staatskunst wöchentlich fünf Tage hielt, beschäftigte ihn noch eine andere drei Tage wöchentlich, worin er die besten griechischen und lateinischen Schriftsteller des Altertums über die Sittenlehre auslegte." Wären unter den „beständigen Vorlesungen" vier getrennte Kollegien zu verstehen, so würde Leechman wohl nicht den Ausdruck „eine andere" gebraucht haben. Meine Meinung wird durch den Biographen Smiths bestätigt. Auch Smith hielt vier Vorlesungen über Moralphilosophie und zwar dieselben, welche vorher erwähnt wurden und in derselben Reihenfolge. Stewart berichtet, er habe nach der Veröffentlichung seiner „Theorie der moralischen Gefühle" in dem Plan seiner Vorlesung folgende Änderung gemacht. His ethical doctrines, of which he had now published so valuable a part, occupied a much smaller portion of the course than formerly: and accordingly, his attention was naturally directed to a more complete illustration of the principles of jurisprudence and political economy[1]).

Der Verfasser gebraucht die Ausdrücke „course" und „portion", die unsere Auffassung vollauf bestätigen. Das beschriebene Verfahren wäre auch unmöglich gewesen, wenn Smith vier verschiedene Vorlesungen gehalten hätte.

Waren aber dem Docenten derartige Veränderungen gestattet, so konnte er im alten Rahmen den Stoff trennen, anders verbinden, von neuen Gesichtspunkten ordnen. Dessen waren aber das deutsche Naturrecht und die schottische Moralphilosophie Hutchesons sehr bedürftig. Ethische, rechtliche und politische Erörterungen hatten sich durchkreuzt. In dem vorhergehenden Kapitel wird man bemerkt haben, daß das Naturrecht auch Maximen der Klugheit umschloß und im folgenden Kapitel werden wir sehen, daß es nicht bloß Grundsätze der gerechten Besteuerung, sondern auch Klugheitsmaßregeln der Finanzpraxis enthielt. Thomasius griff entschieden durch; er suchte Recht, Sittlichkeit und Politik von einander zu lösen; in England hat vielleicht nach Thomasius' Vorgang Adam Smith die drei Gebiete säuberlich getrennt. Man ersieht dies aus der Mitteilung seines Biographen, die ich wegen ihrer Wichtigkeit für dieses Kapitel ganz hierhersetze. Die zweite Vorlesung schreibt er „comprehended Ethics strictly so called, and consisted chiefly of the doctrines which he afterward published in his Theory of Moral Sentiments. In the third part, he treated at more length of that branch of morality which relates to justice, and which, being susceptible of precise and accurate rules, is for that reason capable of a full and particular explanation. — — — — — — — — — — — — —

„In the last part of his lectures, he examined those political regulations which are founded, not upon the principle of justice but that of expediency, and which are calcu-

---

[1]) Essays on Philosophical Subjects by the late Adam Smith. London 1795. S. L.

lated to increase the riches, the power and the prosperity of a State. Under this view, he considered the political institutions relating to commerce, to finances, to ecclesiastical and military establishments. What he delivered on these subjects contained the substance of the work he afterwards published under the title of An Inquiry into the Nature and Causes of the Wealth of Nations"[1]).

Ob Adam Smith der Erste war, welcher dem Beispiele des Deutschen folgte, weiß ich nicht; jedenfalls findet sich die Unterscheidung von Gerecht und Zweckmäßig noch nicht als Einteilungsprincip bei Hutcheson verwendet, wenn dessen „System of Moral Philosophy" eine richtige Vorstellung von seiner Vorlesung gibt, woran nicht ernstlich zu zweifeln ist[2]).

Will man sich eine Vorstellung davon machen, welche Veränderungen allein eine bessere Gliederung und Ordnung des Stoffes in der schottischen Moralphilosophie bewirkte, so muß man Hutchesons „System of Moral Philosophy" mit Fergusons „Institutes of Moral Philosophy" vergleichen, welche 1773 in zweiter Auflage erschienen. Hutcheson behandelt im ersten Buche die Grundlagen der Moralphilosophie mit Einschluß der natürlichen Religion, im zweiten, in welchem sich ja auch seine theoretisch-nationalökonomischen Ausführungen befinden, „die besonderen Gesetze der Natur ohne Absicht auf eine bürgerliche Regierung und andere willkürliche Stände". In dem dritten, dem bürgerlichen Regiment gewidmeten Buche, werden das eheliche und das hauswirtschaftliche Verhältnis, das bürgerliche Regiment, die verschiedenen Regierungsformen, die Pflichten der Regenten u. s. w. besprochen. Hier setzt er die Grundsätze seiner Wirtschaftspolitik

---

[1] a. a. O. S. XVII.
[2] Ich bemerke nur eine unwesentliche Verschiedenheit in der Anordnung. In den Vorlesungen ging die natürliche Theologie voraus, hier folgt sie den psychologisch-ethischen Lehren. Was den Inhalt betrifft, so sagt hierüber Dugald Stewart: „The system of moral philosophy, which was published after his death, as the substance of his lectures in the university of Glasgow." Collected Works 1877. X, S. 81.

auseinander, er hat hier auch einige Auseinandersetzungen über das Finanzwesen. Wahrscheinlich wird dieses Buch der Vorlesung Hutchesons über Politik entsprechen.

Welcher Fortschritt bei Ferguson! Die Hauptbestandteile der „Moral Philosophy" sondern sich deutlicher von einander ab, als bei Pufendorf und Hutcheson: die Naturreligion, die Ethik, die Rechtslehre, welche auch bei Ferguson „Jurisprudence" heißt, und die Politik. Der Stoff der letzteren ist schon von zwei Gesichtspunkten geordnet. Ferguson unterscheidet „national institutions" und „national resources". Die ersteren bildeten das Object des „political law"[1]), die letzteren der „public oeconomy".

Welchen Inhalt hat also die „public oeconomy"? Da unter den „national resources" Alles zu verstehen sei, was die Stärke einer Nation ausmache oder zu ihrer Erhaltung gebraucht werden könne, führt Ferguson aus, so müßten sich alle nationalen Hülfsmittel in dem Schema: People, Wealth, Revenue unterbringen lassen. Volk und Reichtum sind also hier allein als staatliche Mittel gedacht; der staatliche Gesichtspunkt der Betrachtung volkswirtschaftlicher Erscheinungen, der uns noch so klar bei Hume begegnet, den man gewöhnlich in der politischen Ökonomie als den merkantilistischen bezeichnet, ist hier mit größter Deutlichkeit ausgesprochen. Nachdem Ferguson die Bevölkerung in ihrer staatlichen Bedeutung in einer Reihe von geistvollen Aphorismen mit starker Betonung des sociologischen Gesichtspunktes abgehandelt hat, geht er zum Reichtum über. Hier tritt der staatliche Gesichtspunkt von neuem hervor. „Wealth is a national resource, because it may be employed in maintaining useful or serviceable men, and in supplying the exigencies of state." In diesem Kapitel wird eine Reihe von theoretischen Sätzen

---

[1]) Burlamaqui, der französische Bearbeiter des Pufendorfschen Naturrechtes, teilte sein Werk ein in „Principes du droit naturel" und „Principes du droit politique". Das ganze Werk ist betitelt: „Principes du droit naturel et politique". Ein Werk mit ähnlichem Titel citiert Quesnay in seinem „Droit Naturel."

aneinandergereiht, wie wir sie in den Lehrbüchern des Naturrechtes kennen gelernt haben: über Werth, Preis, Geld, Gewinn, Luxus, Handel, Handelsbilanz, Kredit. Damit verbunden sind einige allgemeine Grundsätze der **Volkswirtschaftspolitik**, von denen der dritte lautet: That monopolies are pernicious to commerce. Das Ganze schließt mit dem Satze, daß der Reichtum eines Landes nicht nach der Masse des Geldes oder seiner Produkte zu einer bestimmten Zeit geschätzt werden müsse, sondern nach „the fertility of its lands, the numbers, frugality, industry, and skill of its people". Dieses sind Betrachtungen, welche mit denjenigen der Einleitung zum „Wealth of Nations" einige Ähnlichkeit haben.

Darauf geht Ferguson zur „Revenue" über und bezeichnet sie als einen Teil des Volksreichtums: „That part of national wealth which is alloted for purposes of state, is the public revenue." Hier finden wir so ziemlich Alles mit Wahrnehmung des historischen Gesichtspunktes skizziert, was sich auch im zweiten Kapitel der Finanzwissenschaft von Smith vorfindet: daß das öffentliche Einkommen aus selbständigen Einnahmen und aus Steuern fließen könne, die Steuern werden in Personalsteuern, Objektsteuern, indirekte Steuern eingeteilt und Ferguson stellt Grundsätze der Steuerpolitik auf.

Ich bedaure, daß mir der Raum fehlt, um auf die selbst im Rahmen einer skizzenhaften Encyclopädie „for the use of students in the College of Edinburgh" geistvolle und inhaltreiche „Public Oeconomy" des berühmten Sociologen einzugehen. Aber der Zweck, dem sie dienen sollte, ist erfüllt.

Sie hat uns gezeigt: erstens, daß schon vor dem Erscheinen des Smithschen Werkes ein System der politischen Ökonomie **innerhalb des Naturrechtes** vorhanden war und zwar, wie ich bald zu zeigen hoffe, ein konsequenteres als dasjenige Smiths. Sie hat uns zweitens eine klare Anschauung davon verschafft, wie sich das System der politischen Ökonomie bildete: nämlich dadurch, daß die theoretischen und praktischen Erkenntnisse sowohl der Volkswirtschafts- wie der Finanzpolitik, welche das Naturrecht enthielt, gesammelt und zusammengestellt wurden. Sie hat uns drittens keinen Zweifel darüber gelassen, daß die „politische Ökonomie" von Ferguson als eine politische Wissenschaft aufgefaßt wurde, als ein Teil der Politik. Den andern Teil, eine Art Staatslehre, betitelt Ferguson „Political Law". Sie hat uns viertens zur Anschauung gebracht, daß die theoretischen Erkenntnisse der politischen Ökonomie erst nebenher gehen, eine besondere Stelle weiß er ihnen noch nicht anzuweisen.

II.
Wie entwickelte sich Smiths System?

Wer den Inhalt und die Gliederung des Smithschen nationalökonomischen Werkes überdenkt und es mit der „public oeconomy" seines berühmten Landsmannes vergleicht, wird in den Umrissen eine ganz überraschende Ähnlichkeit erkennen müssen. Es liegt mir fern, Smith des Plagiats zu beschuldigen; bei der nahen Bekanntschaft der beiden Männer ist der Gedanke nicht ausgeschlossen, daß die besprochene Ordnung des Stoffes zuerst von Smith vorgenommen und dann von Ferguson angenommen wurde; sie können auch unabhängig von einander darauf gekommen sein. Vielleicht hat schon Hutcheson Anregungen hierzu gegeben. Auch sind alle diese Fragen für uns von der denkbar geringsten Wichtigkeit, wir wollen nur Adam Smiths System der politischen Ökonomie zu verstehen suchen.

Auch darin zeigt sich Übereinstimmung, daß der „Wealth of Nations" seiner „Substanz" nach der Smithschen Vorlesung über „Politik" entspricht, wie Millar, der Schüler Smiths, dessen Biographen Dugald Stewart mitteilte. Er hebt hervor, er habe dort jenen Teil der politischen Anordnungen besprochen, die ihr Princip nicht in der Gerechtigkeit, sondern in der Zweckmäßigkeit haben. An der früher erwähnten Stelle nennt er diesen Teil geradezu „Political Economy" und stellt ihn der „jurisprudence" gegenüber.

Wie denkt nun Smith selbst über den Inhalt und den Charakter seines Werkes, seiner „Political Economy"?

An drei Stellen des „Wealth of Nations" gibt er eine Erklärung von „Political Economy". Erstens: Gegen Ende des fünften Kapitels des zweiten Buches spricht er von der „Political Economy" eines Landes. Das Wort bezeichnet hier dessen wirtschaftspolitisches System. "The great object of the political economy of every country", so lautet der Satz, „is to increase the riches and power of that country." Auch die Macht ist also ein Zweck, den sich die „political economy" setzt, denn „so far as power depends upon riches, the power of every country must always be in proportion to the value of its annual produce, the fund from which all taxes must ultimatily be paid." Wo Smith von theories oder systems of political economy spricht, meint er ebenfalls stets wirtschaftspolitische Systeme, z. B. im Anfang des 4. Buchs. Zweitens ist Political Economy aber auch eine Wissenschaft und zwar eine praktische Wissenschaft. „Political economy," so heißt es zu Anfang des 4. Buches, „considered as a branch of the science of a statesman or legislator proposes two distinct objects: first, to provide a plentiful revenue or subsistence for the people, or, more properly, to enable them to provide such a revenue or subsistence for themselves; and secondly, to supply the state or commonwealth with a revenue sufficient for the public services. It proposes to enrich both the people and the sovereign."

Bei der Besprechung des Physiokratismus findet sich nebenher eine dritte Bedeutung von political economy, die nur auf eine theoretische Wissenschaft paßt; sie handle, sagt er, "of the nature and causes of the wealth of nations".

Also auch das Objekt der Political Economy ist in den drei Definitionen nicht dasselbe, riches, revenue und wealth wechseln mit einander ab. Ja an der ersten Stelle schleicht sich schon der Begriff des „annual produce" ein. Ist so ein Übergewicht für die materiellen Güter nicht zu verkennen, wird auch die „populousness" Fergusons nicht mehr erwähnt, schrumpft auch „power" im folgenden vor „riches" zusammen, so ist anderseits nicht zu vergessen, daß hier und da sich Spuren einer andern „power" und „populousness" verehrenden Auffassung zeigen. So macht er im Interesse der Staatsmacht eine Ausnahme von seinen Freihandelsgrundsätzen und preist die englischen Navigationsakte. „As defence, however, is of much more importance than opulence, the act of navigation is, perhaps, the wisest of all the commercial regulations of England[1]." Was aber viel wichtiger ist, im fünften Buch bringt er den Begriff der „Macht" in der Lehre vom Heerwesen zur Geltung. Er bespricht es zudem mit unleugbarer Sympathie, die sich genügend aus seinen ethischen Grundanschauungen erklärt und wunderbar absticht gegen den krämerhaften Geist späterer Nationalökonomen, die sich für seine Nachfolger hielten. Nur ein stehendes Heer könne die Civilisation eines Landes sichern und mache eine alle Grenzen überschreitende Freiheit möglich[2].

Daß ihm seine staatsökonomische, merkantilistische Freude an der großen Bevölkerung trotz der Physiokraten und James Steuarts nicht abhanden gekommen war, das zeigt wohl am besten das fünfte Kapitel des zweiten Buches, wo er die Kapitalien nach der Menge der Arbeit schätzt, die sie in Bewegung zu setzen vermögen und aus diesem Grunde dem Ackerbau die erste Stelle anweist. Da sich nun in unseren Trieben, wie Smith glaubt, die göttlichen Endzwecke verraten, und die Menschen ihre Kapitalien, wenn keine künstlichen Hemmnisse entgegenstehen, am liebsten im Ackerbau anlegen, so muß also Smith geglaubt haben, eine große Bevölkerung liegt im Plane Gottes. Doch ist hierüber das Nötige in der Einleitung gesagt worden. Ja in dem Kapitel, welches vom Lohne handelt, nennt er eine zunehmende Bevölkerung „the greatest public prosperity"[3].

Unsere bisherige Untersuchung hat uns keineswegs bewiesen, daß Smith sich über den Grundbegriff oder den Charakter seiner

---

[1] II, S. 255 (Edinburgh 1809).
[2] III, S. 91 u. 92.
[3] a. a. O. I, S. 110.

Wissenschaft klar gewesen sei. Setzen wir daher unsere Untersuchung fort.

In der Einleitung zu seinem Werke, in demjenigen Teile, welchen er wahrscheinlich zuletzt schrieb und zu einer Zeit schrieb, wo er den vollen Überblick über das Ganze gewonnen hatte, in diesem Teile betrachtet er als den Grundbegriff seines Werkes das Volkseinkommen, welches durch die in jedem Jahre erneuerte wirtschaftliche Arbeit gewonnen wird. Er verleiht hier seiner Wissenschaft einen fast ausschließlich theoretischen Charakter.

Die vier ersten Bücher handelten vom Einkommen des Volks als solchen, das letzte von dem Einkommen des Souveräns oder Staates. Die Stellen heißen: „The annual labour of every nation is the fund, which originally supplies it with all the necessaries and conveniencies of life which it annually consumes. To explain in what has consisted the revenue of the great body of the people, or what has been the nature of those funds, which in different ages and nations have supplied their annual consumption, is the object of these four first books. The fifth and last treats of the revenue of the sovereign."

Durch die ganze Einleitung weht ein theoretischer Hauch. Nur an einer unbedeutenden Stelle findet sich eine Andeutung, daß die „Inquiry" sich nicht bloß an willenlose Forscher, sondern auch an willenhafte Staatsmänner wendet. The causes of this improvement in the productive powers of labour, and the order according to which its produce is naturally distributed among the different ranks and conditions of men in the society, make the subject of the first book of this Inquiry .. The second book treats of the nature of capital stock. of the manner in which it is gradually accumulated, etc... The circumstances which seem to have introduced and established this policy, are explained in the third book ... J have endeavoured in the fourth book, to explain .... those different theories .... In this (5.) book I have endeavoured to show. first, what are the necessary (!) expenses of the sovereign . . ., which of these expenses ought (!) to be defrayed by the general contribution of the whole society. Das Bewußtsein, Normen aufzustellen, ist nur in dem über das 5. Buch handelnden Teile ausgedrückt.

Hoffentlich wird das Vorstehende genügen, um zu zeigen, daß bei Smith in immer stärkerem Grade die Ansicht durchbricht, daß die „Political Economy" eine t h e o r e t i s c h e Wissenschaft von den Ursachen und dem Wesen des V o l k s e i n k o m m e n s sei. Das Volkseinkommen ist der Grundbegriff, richtiger der centrale Begriff, der das Ganze zusammenhält oder zusammenhalten muß.

Ich will nicht die ungetilgten Spuren der „Macht" und des „Volksreichtums" wieder beschwören, sondern nur ausführen, daß der „Wealth of Nations" mehr und weniger giebt als eine theo=retische Untersuchung über das Volkseinkommen. Es giebt mehr, denn, abgesehen von dem fortwährenden Kampfe für das poli=tische Ziel der wirtschaftlichen Freiheit, enthält es auch eine Politik, wie Oncken in verdienstvoller Weise ausgeführt hat[1]), eine Thatsache, welche Bernhardi in Erstaunen setzte. Ein theore=tisches Werk über das Staatseinkommen braucht offenbar nicht die Ausgaben des Staates mit zu behandeln. Zudem hat Smith gerade diesen Teil mit der liebevollsten Sorgfalt ausgearbeitet. Handelt aber nach seiner Meinung der „Wealth of Nations" vom Volkseinkommen, dann mußte sich Smith damit begnügen, die Einkünfte des Staates kurz zu besprechen, wie Ferguson es ge=than, oder breit und ausführlich, wie es von James Stewart ge=schehen war.

Der „Wealth of Nations" giebt aber auch weniger. Ver=gleicht man den das erste Buch betreffenden Teil der Einleitung mit dem ersten Buch, so erstaunt man über den Widerspruch von Prospekt und Wirklichkeit. Smith führt aus, daß das Volks=einkommen verschieden groß ausfallen müsse nach der Produktivität der Arbeit und dem Verhältnis der Zahl der Arbeitenden zu derjenigen der Unbeschäftigten. Als mitwirkende Faktoren führt

---

[1]) Oncken, Adam Smith und Immanuel Kant. S. 105 ff.

er an: Boden, Klima, Gebietsgröße verschiedener Völker. Aber er begnügt sich mit der Besprechung der Arbeitsteilung und dann folgt das Gerüst der naturrechtlichen Nationalökonomie. Ich will nicht die Frage erheben, ob die Einleitung nicht eine ausgedehntere Berücksichtigung der Bevölkerungslehre erwarten ließ, das Angeführte genügt zum Beweise, daß der „Wealth of Nations" vom Standpunkte der Systematik nichts weniger als ein Meisterwerk ist. Es zeigt sich überall ein Mangel an geistiger Schärfe, ein Nachlassen der ursprünglichen Spannkraft des Geistes, welcher das vorhandene Material nicht mehr völlig zu durchdringen und zu beherrschen vermag.

Wir können uns jetzt eine annähernd richtige Vorstellung von der Entstehung des „Wealth of Nations" machen. Den Grundstock bildete die Politik mit ihren volkswirtschaftstheoretischen Anhängseln, wie er sie in Glasgow vorgetragen hatte und wie wir sie bei Ferguson fanden. Die Grundsätze der freiheitlichen Volkswirtschaftspolitik beschäftigten ihn vorzugsweise und wurden breit ausgeführt. Inzwischen aber wuchsen die theoretischen Erkenntnisse durch die Arbeiten James Steuarts und der Physiokraten. Auch diese wurden in immer stärkerem Maße herübergenommen, weiter entwickelt und zum Teil in dem naturrechtlichen Gerüst des ersten Buches, zum Teil im zweiten Buche untergebracht. So entstand jenes systematische Ungeheuer, welches Smith eine Untersuchung über das Wesen und die Ursachen des Reichtums der Völker nannte. Durch das Einströmen der fremden Gedanken und Forschungen wurde aber auch Smith an einer klaren Erkenntnis des Gegenstandes und des Charakters seiner Leistung verhindert. Der alte merkantilistisch-staatliche Gesichtspunkt der Macht des Ganzen verschwand unter der Einwirkung des Lockeschen Naturrechtes und der individualistisch-materielle der Genüsse des Einzelnen, von welchem die Volkswirtschaft nur als ein Nebeneinander von Konsumenten erscheint, trat immer stärker hervor[1]). Welchen un-

---

[1]) Wie man sich erinnern wird, handelte Smiths Vorlesung von den

geheuren Wandel in den Anschauungen der Menschen dies aber voraussetzt, erfordert keine nähere Auseinandersetzung. Und nicht genug damit. Mehr und mehr stellt sich neben die Frage: Was soll sein? die andere: Was ist? Daß unter diesen Umständen der „Wealth of Nations" an wertvollem Inhalt und an politischer Wirkungsfähigkeit sich ebenso hoch über die „Public Oeconomy" von Ferguson erhob, wie er an systematischer Übersichtlichkeit und Einheit des Charakters hinter ihm zurücksteht, ist wohl selbstverständlich. Eine Wissenschaft entsteht nicht mit einem Schlage und lang war der Weg, bis sich aus den naturrechtlichen Elementen die „Nationalökonomie" gebildet hatte.

Am meisten setzt es in Verwunderung, daß er, welcher die Lehre vom Heerwesen, vom Gerichtswesen, von der Volksschule und so vieles andere in einer weit über die nationalökonomischen Interessen hinausgehenden Weise bespricht, sich bemüßigt findet, die Physiokraten zu tadeln, weil sie sich nicht streng auf die Untersuchung der Natur und der Ursachen des Volkswohlstandes beschränkt hätten.

III.
Vergleichung anderer Systeme mit demjenigen des „Wealth of Nations".

Die Unklarheiten und Widersprüche, die wir in Smiths System fanden, haben wir zum Teil darauf zurückgeführt, daß der Bildner der neuen, sich aus dem Naturrecht entwickelnden systematischen Wissenschaft durch andere Systematiker seiner Zeit nicht zur größeren Klarheit über ihr Objekt und ihren Charakter geführt werden konnte. Diese Behauptung soll durch eine Übersicht anderer Systeme jener Zeit bewiesen werden.

In den zweiundzwanzig Jahren, welche zwischen 1755 und 1777 liegen, drängen sich in den wichtigsten europäischen Kulturstaaten die Versuche, die Wirtschaftswissenschaften oder einen Teil

---

„political regulations ... which are calculated to increase the riches, the power, and the prosperity of a State".

derselben, sowie man sie verstand, ja auch die angrenzenden Staatswissenschaften systematisch darzustellen.

Es ist behauptet worden, Christian Wolff, ja selbst Morhof seien die Begründer oder Vorkämpfer für eine selbständige systematische Wissenschaft von der Volkswirtschaft. Dies scheint mir nicht den Thatsachen zu entsprechen, wie ich in einem Anhang dieser Schrift zu beweisen suche. Aber auch wenn diese Ansprüche beseitigt werden, bleibt Deutschland noch immer die Ehre, den Reigen mit Justis „Staatswirtschaft" zu beginnen, dem berühmten, zum ersten Mal 1755, zum zweiten Mal 1758 veröffentlichten Werke. Dann folgt Frankreich mit einer Fülle systematischer Schriften, die aber fast ohne Ausnahme nichts weiter sind, als mehr oder weniger selbständige Ausgestaltungen des Systems Quesnays. Abgesehen von Mirabeaus „Philosophie Rurale", welche schon 1763 erschien, sind zu nennen Mercier de la Rivières bedeutende Schrift „L'ordre naturel et essentiel des Sociétés politiques" 1767, von Smith mit Recht als die beste Darstellung des physiokratischen Systems bezeichnet, deren Auszug, die kürzeste und klarste Darlegung des genannten Lehrgebäudes aus der Feder Dupont de Nemours', unter dem Titel „Origine et Progrès d'une Science Nouvelle" im Jahre 1768 veröffentlicht wurde. 1769 erblickte wahrscheinlich Turgots knappes, krystallklares Werk „De la formation et de la distribution des richesses" das Licht. Ihm schließt sich zwei Jahre später Baudeaus auf geistesschwache Leser berechnete, weitschweifige „Introduction à la philosophie économique" an. Während Frankreich noch den litterarischen Markt beherrscht, kommt die Reihe an Italien und England. Nach Mirabeau, aber vor Mercier de la Rivière tritt Genovesi auf und zwar mit seinen „Lezioni di economia civile" 1765. Sechs Jahre später folgen Verris „Meditazioni sull' economia politica"[1]. Zugleich mit Mercies de la Rivières Systemisirung der Quesnayschen Lehren wird Sir James Steuarts wuchtige, tiefgehende „Inquiry into

---

[1] Beccarias Elementi nenne ich nicht, da sie erst im Jahre 1804 veröffentlicht wurden.

the Principles of Political Economy" ausgegeben, 1767. Neun Jahre später steigt der „Wealth of Nations" am national= ökonomischen Himmel empor und stellt seine Vorgänger in Schatten, aber auch seinen physiokratischen Nachfolger, denn ein Jahr später publiziert Letrosne sein gediegenes Buch „De l'Intérêt Social".

Wenn nun ein System sich umsomehr der Vollkommenheit nähert, je einfacher und fruchtbarer das höchste Princip ist, je natürlicher die einzelnen Teile sich aus ihm entwickeln, je schöner die Glieder gebildet sind, so daß sich sein ganzer wohlgeordneter Inhalt auf einen Blick überschauen läßt, so muß die Palme unbedingt Justi zuerkannt werden[1]). Sein Grundbegriff ist das **Staatsvermögen** (und die Staatskräfte). Die oberste Gewalt hat ihre Bemühungen erstens auf die Erhaltung und Vermehrung und zweitens auf den weislichen Gebrauch derselben zu richten. Damit ergibt sich folgende Gliederung der Staats= wissenschaften. „Der erste Teil hält die Staatskunst, die Polizey= und Commerzienwissenschaft benebst der Ökonomie in sich, als welche alle dahin abzielen, das Vermögen des Staates entweder zu erhalten oder zu vermehren. Der zweyte Teil aber begreift die eigentliche Cameralwissenschaft in sich, als welche es weislich und der Glückseligkeit des Staates gemäß zu gebrauchen lehrt"[2]). Justis Werk ist also ein wesentlich **praktisches**.

Weit hinter Justi steht Genovesi zurück. Er geht von

---

[1]) Ich freue mich, daß dieses sonderbar erscheinende Urteil wenigstens teilweise eine Stütze empfängt durch G. Marchets „Studien über die Ver= waltungslehre in Deutschland" 1885, der zusammen mit Inama=Sternegg unserem Justi den ihm zukommenden Ehrenplatz wieder angewiesen hat. Marchet liegt es nach der Natur seiner Aufgabe fern, Justi mit den fremden politischen Schriftstellern zu vergleichen, um so eingehender ist seine Wür= digung des hervorragenden Mannes. Vergl. insbesondere die ausführliche Darstellung von Justis Systematik bei Marchet S. 316 ff.

Ich erwähne Sonnenfels, dessen „Grundsätze der Polizei, Handlung und Finanz" 1765 erschienen, deshalb nicht, weil er sich in der Systematik im wesentlichen an Dithmar anschließt und seine systematischen Ergänzungen doch zu unbedeutender Natur sind.

[2]) Justis Staatswirtschaft, 2. A. § 19, 21.

einer Aufzählung der ethischen Wissenschaften aus, die nach ihm zerfallen in Ethik, Ökonomie und Politik. Die letztere hat zwei Teile: die Politik schlechthin „che contiene l'arte legislatrice e servatrice dello stato e dell' impero" und die Economia civile „che abbraccia le regole da rendere la sottoposta nazione popolata, ricca, potente, saggia, polita". Einige Seiten weiter folgt dann eine andere Einteilung. „Questa scienza abbraccia primamente l'economia delle private famiglie, secondariamente l'economia delle republiche"¹). Offenbar ist Genovesis Werk ein praktisches und es umfaßt die innere Verwaltungspolitik.

Auch die **Physiokraten** können sich nicht mit Justi messen, aber sie überragen Genovesi. Es ist ein centraler Begriff vorhanden, auf den sich alles bezieht, während man bei Genovesi keinen Grund nachweisen kann, weshalb er nicht den Partizipien und Adjektiven popolata, ricca 2c. noch einige andere hinzufügen und damit das Gebiet der Economia civile erweitern sollte. Jener Begriff ist das „produit net", er steht allerdings nicht so voran, wie das Staatsvermögen bei Justi. Sie legen Nachdruck darauf, daß das „produit net", wie sämtliche Unterhaltsmittel, jährlich neu reproduziert werden müsse. Von Justi unterscheiden sie sich aber zu ihrem Nachteile, da sie Naturrecht, nationalökonomische Theorien und Politik auf das innigste miteinander verquicken. Justis Bestreben ging dahin, den systematischen Zusammenhang aller Disziplinen aufzuzeigen, **sie aber als Wissenschaften scharf zu scheiden**. Dies wollten die Physiokraten aber nicht. Dupont de Nemours tadelt Say, daß er das Gebiet der politischen Ökonomie zu eng gefaßt habe. „Vous avez trop rétréci la carrière de l'économie politique en ne la traitant que comme la science des richesses. Elle est la science du droit naturel appliqué, comme il doit l'être, aux sociétés civilisées .... L'économie politique est celle de la justice éclairée dans toutes les relations sociales intérieures et extérieures"²). Wenn also Quesnays „Droit

---

¹) Scrittori Classici Italiani, T. VII. Anfangs passim.
²) Daire, Physiocrates I, S. 397.

Naturel", „Analyse du Tableau Economique" und die „Maximes Générales" geschieben sind, weil sie nacheinander erschienen, wenn Turgot den Inhalt seiner zu einem bestimmten äußeren Zwecke geschriebenen „Réflexions sur la formation et la distribution des Richesses" auf das Nationalökonomische beschränkt, so liegt darin kein Grund, jenes eben über die Physiokraten ausgesprochene Urteil anzufechten. Verris „Meditazioni" bespreche ich nicht, da er seinem Werke einen physiokratischen Begriff, die jährliche Reproduktion, zu Grunde legt.

Ein solches Gemisch von Wissenschaften ist natürlich schwer zu charakterisieren. Jene vorher besprochene Definition Duponts von économie politique ruft den Eindruck hervor, daß es sich um eine praktische Wissenschaft handle und dieser Eindruck wird noch durch folgende Relativsätze verstärkt „qui apprend et qui apprendra, non-seulement ce que les gouvernements ne doivent pas faire pour leur propre intérêt et pour celui de leurs nations, ou de leurs richesses, mais ce qu'ils ne doivent pas pouvoir devant Dieu".

In eine ganz andere Welt gelangt man mit Sir James Stewarts „Inquiry". Er hat keine Gelegenheit, sich mit Justi in der schweren Kunst der Systemisierung verschiedener Wissenschaften zu messen, denn er behandelt nur die innere Politik. Er bezeichnet sein Werk im Nebentitel als „An Essay on the Science of Domestic Policy in Free Nations". Er begegnet sich also mit Genovesi, aber er faßt seine Aufgabe viel bestimmter und der Aufbau ist folgerichtiger. Er beginnt mit dem Begriffe der Wirtschaft, die eine Kunst sei. Economy in general is the art of providing for all the wants of a family with prudence and frugality[1]). Dies führt ihn auf den Begriff der Political Economy. What economy is in a family, political economy is in a state. The object of the art .... is to provide food, other necessaries and employment to every one of the society[2]). Die Wissenschaft von der Political Economy hat nach

---

[1]) S. 1. Basil 1796.
[2]) S. 20.

Steuart drei Aufgaben. The principal object of this science is to secure a certain fund of subsistence for all the inhabitants, to obviate every circumstance which may render it precarious; to provide every thing necessary for supplying the wants of the society, and to employ the inhabitants (supposing them to be freemen) in such a manner as naturally to create reciprocal relations and dependencies between them, so as to make their several interests lead them to supply one another with their reciprocal wants[1]).

Die Wissenschaft, welche Sir James Steuart im Auge hat, ist eine praktische Wissenschaft. Nicht daß er meinte, daß die Systeme der Gelehrten unmittelbar in die Praxis übersetzt werden sollten, es ist die Aufgabe des Staatsmannes „to judge of the expediency of different schemes[2])."

Unter der Hand aber verwandelt sich Sir James Steuart die praktische Wissenschaft in eine theoretische, zu einer Darstellung der Principien der politischen Ökonomie, welche durch Beobachtung und Vergleichung gefunden werden[3]). Hierüber werden wir in einem folgenden Kapitel eingehender zu sprechen haben. Es genüge, daß er der erste ist, welcher das ganze Gebiet der politischen Ökonomie theoretisch durchmißt. Sein Werk erscheint vor Turgots und Baudeaus Schriften und gleichzeitig mit Miercier de la Rivières Buch, ein Umstand, den man bei der Würdigung Steuarts nicht übersehen darf.

Ebenso wichtig ist es, daß er sich auf seine Aufgabe klar besinnt, die ihm nichts mit der Moralphilosophie oder Politik im engern Sinn zu thun zu haben scheint. My subject is to extensive of itself to admit of being confounded with the doctrine either of morals, or of governement, however closely they may appear connected with it. Damit wendete er sich speciell gegen die Physiokraten.

Überblickt man Alles, so kann man keinen Augenblick im

---

[1]) S. 3.
[2]) a. a. O.
[3]) S. 4.

Zweifel darüber sein, daß Steuart der Begründer der politischen Ökonomie ist.

Ein so großer Geist hat natürlich Vorgänger gehabt und ich kann nicht umhin, zu vermuten, daß er durch Justis Polizeiwissenschaft bestimmt worden ist, das Gebiet der „Political Economy" in dem gekennzeichneten Sinn auszuscheiden. Die Polizeiwissenschaft hat nach Justi dafür zu sorgen, daß der Staat „mit genugsamem Reichtum versehen sei.... Man versteht aber unter dem Reichtum des Landes eine genugsame Menge darinnen befindlicher Güter, die zur Notdurft und Bequemlichkeit erfordert werden und vermittelst welcher die Unterthanen durch Fleiß und Arbeit ihre gute Nahrung finden können[1])." Steuart sagt, wie man sich erinnern wird, die Aufgabe der political economy sei to provide food, other necessaries and employment to every one of the society. Daß Steuart Justi gekannt hat, daran ist keinen Augenblick zu zweifeln, da er sich lange in Deutschland aufhielt und mit den Tübinger Professoren in engem Verkehr stand. Er gesteht auch selbst zu, wie viel er durch Lektüre, Reisen und Unterhaltung gelernt habe. I have read many authors on the subject of political economy; and I have endeavoured to draw from them all the instruction I could. I have travelled, for many years, through different countries, and have examined them, constantly, with an eye to my own subject. I have attempted to draw information from every one with whom I have been acquainted[2]). Ob er durch Genovesi bestimmt worden ist, den Begriff der political economy aus demjenigen der economy abzuleiten, das kann ich nicht entscheiden, aber es ist sehr wohl möglich. Ich vermute, daß ihn auch Wolffs Politik beeinflußt hat.

Ein Rückblick auf diese Schriftsteller zeigt nun in der That ein Übergewicht zu Gunsten einer rein materiellen Auffassung der „politischen Wissenschaft". Hieraus mag es sich erklären lassen,

---

[1]) a. a. O. S. 125.
[2]) Peface S. V.

daß auch bei Smith das „Einkommen" über die „Macht" und den „Volksreichtum" den Sieg davon trug. Ob nun die erwähnten Schriftsteller dazu beigetragen haben, die früher besprochene Lösung des nationalökonomischen Elementes aus dem Naturrechte in Schottland zu beschleunigen oder gar herbeizuführen, darüber wage ich kein Urteil abzugeben.

Das große Beispiel Steuarts macht es weiter leicht verständlich, daß der theoretische Gesichtspunkt immer mehr das praktische Element durchsetzte. Auf Steuart ist meiner Meinung nach jene Unklarheit, jenes Schwanken bei Smith zurückzuführen, dessen vorher gedacht wurde.

In direkten Gegensatz gegen Steuart aber setzte sich Smith durch die ethische Richtung seines Werkes. Es ist ein großer Unterschied, ob man die Gebiete der Einzelwissenschaften trennen oder ob man ihnen auch gewisse Gesichtspunkte ausschließlich zuweisen, andere vorenthalten will. Im Interesse der Klarheit wird man sich für das Erstere und im Interesse der vollständigen Erkenntnis des wissenschaftlichen Objektes gegen das letztere, selbst in der theoretischen Wissenschaft entscheiden müssen; eine praktische Wissenschaft aber kann selbstverständlich der ethischen Gesichtspunkte nicht entbehren. Steuart schritt aber zu der Einseitigkeit fort, auch den ethischen Gesichtspunkt konsequent aus der Nationalökonomie verbannen zu wollen, wessen man sich immer erinnern muß, wenn man seine praktischen Vorschläge liest[1].

---

[1] Die ganze Stelle lautet: „Da mein Gegenstand verschieden von demjenigen der Ethik ist, so habe ich keinen Anlaß, den Begriff Luxus in einem andern als im politischen Sinne zu betrachten, das heißt, als ein Princip, welches Beschäftigung verschafft und denjenigen Brod gibt, welche die Bedürfnisse der Reichen befriedigen . . . . . Ich bin kein Gönner, weder des Lasters, noch der Verschwendung oder der Verschleuderung des Privatvermögens, obgleich ich hier und da sehr kühl die politischen Folgen solcher Krankheiten in einem Staate erörtern werde, wo ich nur den Einfluß ins Auge fasse, den sie in Beziehung auf die Ernährung und Vermehrung eines Volkes haben. Mein Gegenstand ist an sich zu ausgedehnt, um eine Vermischung desselben mit der Lehre vom Sittlichen oder von der Regierung zu gestatten, wie enge sie auch mit einander verbunden scheinen mögen." Anmerkung zu B. I, chap. 6.

Hier aber stutzen wir. Denn hat uns der Biograph nicht
berichtet, Smith habe in der vierten Vorlesung, oder im vierten
Teil seiner Vorlesung untersucht „those political regulations
which are founded, not upon the principle of justice but that
of expediency? Da nun der „Wealth of Nations" seiner
„Substanz" nach aus jenem vierten Teile hervorgegangen ist, so
fragen wir: wie gelangt jener ethisch-rechtliche Gesichtspunkt in das
nationalökonomische Werk eines Mannes hinein, der die Ethik formell
so scharf von der Rechtslehre und diese von der Politik trennte?

IV.
Der ethische Gesichtspunkt im „Wealth of Nations".

In dem Schlußkapitel seines ethischen Werkes behauptet
Smith, daß jedes System des positiven Rechtes ein mehr oder
minder unvollkommener Versuch sei, ein System des Naturrechtes,
„natural jurisprudence" zu schaffen. Daß dieses nicht gelinge,
liege zuweilen an dem widerstrebenden Interesse der Regierung,
zuweilen — und jetzt hören wir schon die Ausführungen des
„Wealth of Nations" — an dem Interesse „of particular orders
of men who tyrannize the government, warp the positive laws
of the country from what natural justice would prescribe";
zuweilen an dem unentwickelten Rechtsgefühl roher und barbarischer
Völker und zuweilen an den Gerichtshöfen, welche die Einführung
eines regelmäßigen Rechtssystems verhinderten. Aus diesem
Grunde könnten die positiven Rechtssysteme nicht als treue Ver=
körperungen der Gesetze des Naturrechts (natural justice) gelten,
aber sie seien deshalb nicht ohne Wert: „they deserve the greatest
authority as the records of the sentiments of mankind in different
ages and nations." Hier steigt die Gestalt Montesquieus neben
dem Schatten des Hugo Grotius auf. Auch von Montesquieu
war der Begriff der natürlichen Gerechtigkeit nicht verworfen
worden, wie wir noch bemerken werden, aber er hatte es sich zur
Aufgabe gestellt, die Faktoren nachzuweisen, welche die Verschieden=
heit der positiven Gesetze notwendigerweise hervorbringen müssen.
Dem Absolutismus des Naturrechts stellte er das Princip der

Relativität entgegen. So waren also seit dem „Esprit des Lois", welcher zehn Jahre vor der „Theory of Moral Sentiments" erschien, zwei Arten der philosophischen Betrachtung des Rechts vorhanden: eine abstrakt deduktive und eine konkret induktive, Naturrecht und Rechtsphilosophie.

Man hätte erwarten müssen, fährt Smith fort, daß die Rechtsgelehrten durch ihre Betrachtungen über die Unvollkommenheiten der Gesetze verschiedener Länder zu einer Untersuchung über die „natural rules of justice independent of all positive institution" geführt worden wären. Man hätte erwarten dürfen, daß sie ein System des Naturrechtes (natural jurisprudence) geschaffen hätten, „a theory of the general principles, which ought to run through and be the foundation of the laws of all nations". Aber es habe lange gedauert, ehe das zu stande gekommen sei. In den Werken Ciceros und Platos, wo wir eine Aufzählung der „rules of natural equity, which ought to be enforced by the positive laws of every country" hätten erwarten dürfen, da stoße man auf „laws of police, not of justice". Erst bei Grotius finde man ein System „of principles which" — er wiederholt es mit denselben Worten — „ought to run through, and be the foundation of the laws of all nations". Dessen Buch sei trotz all seiner Unvollkommenheiten noch immer das Vollständigste über diesen Gegenstand.

Nun gelangen wir zu dem für uns Wichtigsten. Nach der kurzen Charakterisierung des Grotianischen Werkes fährt er mit folgenden Worten fort, die erst durch das Vorhergehende ihre volle Klarheit erlangen: „I shall in another discourse endeavour to give an account of the general principles of law and government, and of the different revolutions they have undergone in the different ages and periods of society, not only in what concerns justice, but in what concerns police, revenue, arms, and whatever else is the object of law."

Aus diesen Worten geht hervor, daß das Werk, welches Smith zu schreiben beabsichtigte, einen rechtshistorischen und zugleich einen naturrechtlichen Charakter haben sollte. An alle Gebiete des Rechtes, nicht bloß das der strengen „justice", sondern auch der „police, revenue, arms" soll der doppelte Maßstab angelegt werden. Adam Smith betrachtet sich als einen Nachfolger des Hugo Grotius, als einen Vollender seiner genialen, aber unvollkommenen Leistung. Aber andererseits soll in das geplante Werk auch der Strom münden, dessen Quelle Montesquieu aus dem Foliantenberge der positiven Gesetzgebung aller Zeiten und Völker geschlagen hatte. Eine großartige Idee, welche der Jugendmut Smiths vor uns entwickelt: die Durchdringung von Naturrecht und „Esprit des Lois", eine Auseinandersetzung zwischen zwei wissenschaftlichen Standpunkten, die sich einander ausschließen, ja tödlich befeinden, eine Auseinandersetzung kühner als die zwischen den Meistern englischer Ethik, die er so erfolgreich bewältigt hatte. Wir sehen deutlich, was er sich vorgesetzt: er will das gesamte Gebiet des Rechts durchwandern und in jedem Falle die Frage stellen: welche Ursache hat es bewirkt, daß das positive Gesetz nicht die ewig gültige Norm des Naturrechts erreicht hat? Dabei würde er wohl zuweilen mit Montesquieu übereingestimmt haben, aber noch häufiger mit ihm in Fehde geraten sein.

Die vorhergehenden Erörterungen werfen nun auch ein scharfes Licht auf die sonst unverständliche Mitteilung seines Biographen, daß seine Vorlesung über Rechtswissenschaft reich gewesen sei an Vergleichungen des Vernunftgemäß-Natürlichen und des Historisch-Wirklichen, welchen sich Untersuchungen der Ursachen derartiger Gegensätze angeschlossen hätten. Diese Mitteilung ergänzt wiederum wertvoll der Bericht Millars über die dritte Vorlesung Smiths: „Upon this subject", schreibt er, „he followed the plan that seems to be suggested by Montesquieu; endeavouring to trace the gradual progress of jurisprudence, both public and private, from the rudest to the most refined ages, and to point out the effects of those arts which contribute to subsistence, and to the accumulation of property, in producing corresponding improvements or alterations in law or government"[1]).

---
[1]) a. a. O. S. XVII.

Der historische Gesichtspunkt war also schon in die Vorlesung über das „Naturrecht" eingeführt. Über die vierte Vorlesung, diejenige über Politik, wird uns derartiges nicht berichtet.

Es geht zweitens aus der Ankündigung Smiths über seine Zukunftspläne hervor, daß es ein Werk war, welches er zu schreiben beabsichtigte. Das ganze Gebiet des Naturrechtes im engeren Sinne, also derjenige Teil des Pufendorfschen Systems, welcher nach Ausscheidung der natürlichen Theologie und der Ethik übrig blieb, sollte nach zwei Richtungen durchmessen werden: erstens in der fadengeraden Richtung, welche die Normen der ewigen, überall gleichen Gerechtigkeit vorschreiben und zweitens in der andern, welche Barbarei, Interesse, ungeeignete Gerechtigkeitspflege und andere Umstände in die positive Gesetzgebung geführt haben. Die Spaltung in zwei Teile, welche in den Vorlesungen üblich war, sollte nicht stattfinden.

Hieraus folgt also drittens, daß Smith, als er dieses dogmatische, historische Werk über die Rechts- und Staatsprincipien konzipierte, an eine selbständige Wissenschaft der politischen Ökonomie noch gar nicht dachte.

Das geplante Werk ist bekanntlich nie erschienen, Smith teilt uns aber in der Vorrede zur letzten Auflage seiner „Theorie der moralischen Gefühle" mit, daß er in seiner Untersuchung über den Reichtum der Völker sein Versprechen teilweise erfüllt habe und zwar „so far as concerns police, revenue and arms. What remains, the theory of jurisprudence, I have hitherto been hindered from executing".

Hieraus gewinnen wir nun verschiedene Aufschlüsse. Erstens. In dem nationalökonomischen Werke sind die beiden Gesichtspunkte, die er aufgestellt hat, zur Geltung gekommen. Wir erhalten nicht bloß eine Darstellung dessen, was die natürliche Gerechtigkeit (Justice) für die Volkswirtschaft und Staatswirtschaft vorschreibt, dem eigentlichen Gebiete des Zweckmäßigen, Nützlichen (Expediency), wir erhalten zugleich eine historische Erklärung dafür, daß die Normen der Gerechtigkeit so wenig in der wirtschaftlichen Geschichte der Menschheit verwirklicht worden sind. Damit haben wir die volle Klarheit über den ethischen Charakter des Werkes und über die Abweichung von Steuart gewonnen. Smith steht principiell auf dem Standpunkt der Physiokraten, den Du vont mit so scharfen Worten gegen Say verteidigt, sein Werk trägt einen ethischen Charakter. Da nun nach Smiths metaphysischen Anschauungen das Gerechte auch das Nützliche ist, so gewinnt die Darstellung zugleich durch die Aufnahme historischer Ausführungen den Charakter eines induktiven Nachweises, daß eine nichtliberale Politik dem Gemeinwesen schädlich sei. Die Politik wird so auf ihre besonderen Grundlagen, Geschichte und Erfahrung, zurückgeführt, an welche zur Zeit Smiths Vielfeld erinnert hatte.

Zweitens: wir erkennen, daß Smith von seinem ursprünglichen Plane, mit dem er uns in der „Theorie der moralischen Gefühle" bekannt macht, abgewichen und bei einem formlosen System der „Political Economy" angelangt ist. Wir suchen es uns zu erklären und finden keinen anderen Aufschluß als diesen, daß die „Politische Ökonomie" mit einer in der Geschichte der Wissenschaften seltenen Schnelligkeit heranwuchs und eine führende Stellung errang. Smith konnte sich dem nicht entziehen und arbeitete statt des geplanten Werkes die vierte Vorlesung aus, welche er in Glasgow gehalten hatte. Vergegenwärtigen wir uns die Zeit: 2½ Jahre verlebte er in Frankreich, vom März 1764 bis Oktober 1766, drei Viertel Jahre im Verkehr mit den Physiokraten; bald darauf erscheinen die Werke Merciers, Steuarts, Turgots „Reflexions", Duponts „Physiocratie" und andere.

Zusammengehalten mit dem schwankenden Charakter seiner Bestimmung des Grundbegriffs und der Art der neuen Wissenschaft, gewinnt diese Erklärung an Gewicht. Und auch an dieser Stelle stoßen wir wiederum auf den früher gekennzeichneten Widerspruch. In der Einleitung zur „Untersuchung über den Volksreichtum" hat er das Volkseinkommen als den Grundbegriff seiner Schrift bezeichnet. Am Ende der „Theorie der moralischen Gefühle" in der Gestalt der letzten Auflage behauptet er, er habe daneben noch „police" und „arms" behandelt.

Ist es aber möglich, den Inhalt des nationalökonomischen Werkes mit den drei Begriffen „police, revenue, arms" zusammenzufassen? Allerdings. Die vier ersten Bücher sowie das zweite und dritte Kapitel des letzten Buches handeln von „revenue", das erste Kapitel des letzten Buches von police (Gerechtigkeitspflege, Unterrichtspflege, Wirtschaftspflege) und arms (Kriegswesen). Hierdurch wird aber noch kräftiger der Blick darauf gelenkt, daß das Werk eine Darstellung der Politik enthält.

Daß wir uns auf dem richtigen Wege befinden, wird durch zwei andere Mitteilungen bestätigt. Smith sagt aus, daß ihm von dem geplanten Werke noch zu thun übrig bleibe: „the theory of jurisprudence"; dies war aber der Gegenstand der dritten Vorlesung. Bedenkt man, was Smith leisten wollte: die Aufstellung naturrechtlicher Normen für das ganze übrige Gebiet des öffentlichen und privaten Rechtes, wo die „Justice" herrscht; damit verglichen die thatsächliche Entwickelung z. B. des Eigentumsrechtes, des Erbrechtes, des Strafrechtes u. s. w.; endlich die Erklärung für die Abweichung des positiven Rechtes von dem natürlichen: so darf man wohl daran zweifeln, ob es ihm vergönnt gewesen wäre, sein Unternehmen zu Ende zu führen, selbst wenn er noch einige Jahrzehnte gelebt hätte. Ein solches Werk mußte die Grundanschauung Montesquieus, wenigstens teilweise, bekämpfen, und so wird uns mitgeteilt, daß Smith am Abend seines Lebens an einer Kritik des „Esprit des Lois" gearbeitet habe[1]). Auch diese Mitteilung harmoniert vollständig mit unserer Auffassung.

V.

Die Ergebnisse.

Die Untersuchung hat erstens gezeigt, daß sich das System der politischen Ökonomie dadurch bildete, daß man die theoretischen und praktischen Erkenntnisse nationalökonomischen Inhaltes, welche das Naturrecht enthielt, zusammentrug. Die Naturrechtslehrer wurden durch das Streben nach einer besseren Systematik,

---

[1]) Ingram, History of Political Economy, 1888, S. 92.

nach einer klareren Erfassung des Begriffs „Recht" hierzu veranlaßt; das Streben wurde in ihnen vielleicht durch die Wissenschaft der Politik und die heranwachsende Politische Ökonomie erweckt. Sollte dies der Fall sein, so würde der Satz, daß sich das System unserer Wissenschaft aus dem Naturrecht entwickelt habe, keineswegs umgestoßen; denn die Politische Ökonomie Smiths und seiner nächsten Nachfolger behielt im wesentlichen jene Ordnung und Gliederung des Stoffes, welche wir bei Hutcheson für die theoretische Nationalökonomie, bei Ferguson für das Gesamtgebiet kennen gelernt haben. In das von den Naturrechtslehrern hergestellte Gerüst wurden die nationalökonomischen Erkenntnisse, die außerhalb des Naturrechtes gewonnen worden waren, nach und nach hineingetragen.

Zweitens. Die „Political Economy", welche an den schottischen Universitäten zu Glasgow und Edinburg vorgetragen wurde, hatte einen politischen Charakter. Die theoretischen Erkenntnisse, welche sie enthielt, wurden zunächst nur als Anhängsel der politischen Lehren betrachtet. Erst allmählich, wie die theoretischen Untersuchungen der Physiokraten und Steuarts sich vermehrten und vertieften, gewannen jene eine größere Beachtung. Dadurch entstand bei Smith Schwanken und Unklarheit über den Charakter der neuen Wissenschaft. Auch die Grundbegriffe verspüren diesen Zustand. Ursprünglich ist die Staatsmacht der höchste Begriff der „Political Economy". Dann wird der Begriff des Volksreichtums kräftiger, zuletzt behauptet sich das Einkommen des Volkes, welches jährlich neu reproduciert wird.

Da Adam Smith ein großes Werk zu schreiben beabsichtigte, in welchem das Gebiet des Naturrechts im engeren Sinne mit den Ergebnissen historischer Forschung durchdrungen werden sollte, und die Untersuchung über den Reichtum der Völker ein Bruchstück jenes Werkes darstellt, so finden wir in ihm, drittens, nicht bloß eine Darstellung der Volkswirtschafts- und Finanzpolitik, welche Erwägungen der Klugheit anstellt, sondern auch Grundsätze des wirtschaftlichen Naturrechtes und ein außerordentlich entwickeltes historisches Element.

Unsere Auffassung wird in wesentlichen Stücken durch den Biographen Smiths, den schottischen Philosophen Dugald Stewart, bestätigt, dessen Zeugnis wir eine um so höhere Bedeutung beilegen müssen, als er Smith nicht nur im Leben nahe stand, sondern auch mit dem Gesamtgebiete der Wissenschaften, welchen Smith seine beste Lebenszeit gewidmet hatte, aufs genaueste vertraut war.

Was war nach seiner Meinung die Aufgabe des „Wealth of Nations?" „To direct the policy of nations with respect to one most important class of its laws, those which form its system of political economy . . . to ascertain the general principles of justice and of expediency, which ought to guide the institutions of legislators on these important articles." Und was sind nun die höchsten Grundsätze dieser Politik: „To maintain that order of things which nature has pointed out; by allowing every man, as long as he observes the rules of justice, to pursue his own interest his own way, and to bring both his industry and his capital into the freest competition with those of his fellowcitizens."

Nachdem Stewart diese Grundsätze weitläufig dargelegt und Smiths Verdienst um die Wirtschaftsgeschichte gepriesen hat, bemüht er sich, ihn gegen den Vorwurf in Schutz zu nehmen, er habe jene Theorie von den Physiokraten entlehnt. Hierüber haben wir früher berichtet. Über den theoretischen Bestandteil des Werkes dagegen drückt er sich in einer so bescheidenen Weise aus, daß man sieht, er war überzeugt, Smith habe auf diesem Gebiete nichts Erwähnenswertes geleistet. Die Stelle ist so wichtig, daß ich sie größtenteils folgen lasse: Besides the principles which Mr. Smith considered as more peculiarly his own, his Inquiry exhibits a systematical view of the most important articles of political oeconomy, so as to serve the purpose of an elementary treatise on that very extensive and difficult science. The skill and the comprehensiveness of mind displayed in his arrangement, can be judged of by those alone who have compared it with that adopted by his immediate predecessors.

And perhaps, in point of utility, the labour he has employed in connecting and methodising their scattered ideas, is not less valuable than the results of his original speculation.

Wir haben nun einen genügenden Aufschluß über die Entwickelung des Smith'schen Systems der theoretischen Nationalökonomie, seiner wirtschaftspolitischen Grundsätze, seines Lehrgebäudes der politischen Ökonomie erlangt; aber die Notwendigkeit zweier neuer Untersuchungen hat sich uns aufgedrängt: erstens einer Betrachtung des fünften Buches, welches gewöhnlich als seine Finanzwissenschaft bezeichnet wird und eine eingehende Erörterung seines Verhältnisses zur Geschichte.

Viertes Kapitel.

Die Entwicklung der Finanzwissenschaft bis auf Adam Smith.

Von den Fragen, welche das vorhergehende Kapitel angeregt hat, bezieht sich die eine auf das fünfte Buch der „Inquiry". Es wird gewöhnlich als Smiths Finanzwissenschaft bezeichnet. Auch wir werden diese Bezeichnung gelegentlich auf den folgenden Seiten gebrauchen. Aber sie entspricht nicht ganz der Wahrheit. Das erste Kapitel des fünften Buches ist eine Darstellung der innern Verwaltungspolitik, welche auch den finanziellen Gesichtspunkt zur Geltung bringt. Es wird dort unter ausgedehnter Berücksichtigung der historischen Entwicklung auseinandergesetzt, wie das Kriegswesen, Schulwesen und die andern Zweige staatlicher Thätigkeit eingerichtet werden sollen, welche Ausgaben hierdurch entstehen, wie sie auf Staat und andere Körper zu verteilen sind. Daß dem Staate die Erfüllung bestimmter Zwecke obliegt, setzt Smith voraus.

Offenbar gehören die bezeichneten Fragen nur zum Teil in die Finanzwissenschaft. Andererseits hat Smith durch die Verbindung der Lehre von den Staatseinnahmen mit der Lehre von der inneren Verwaltungspolitik und den durch sie verursachten Ausgaben die Finanzwissenschaft in England geschaffen. So erhebt sich die Frage: Wie groß ist die wissenschaftliche Bedeutung der Leistung Adam Smiths? Offenbar hängt ihre Beantwortung von der Erledigung einer früheren ab, welche lautet: Wie weit haben ihm seine Vorgänger vorgearbeitet?

Der zur Beantwortung dieser Fragen notwendige Überblick über die Entwicklung der Finanzwissenschaft vor Adam Smith wird durch den Mangel einer Geschichte dieser Disciplin erschwert. In den Lehrbüchern der Finanzwissenschaft von Cossa, Roscher, Stein, Umpfenbach, Wagner besitzen wir gute und in der letzteren eine vorzügliche Litteraturgeschichte der Finanzschriften, aber nicht eigentliche Historien der Finanzwissenschaft. Da dieses Urteil den Glauben erwecken könnte, der Verfasser beabsichtige in Folgendem die bezeichnete Lücke auszufüllen, so muß er hervorheben, daß er nur dasjenige zusammentragen will, was zu einer richtigen Beurteilung Adam Smiths als Schöpfer der englischen Finanzwissenschaft unumgänglich notwendig ist. Er wird sich daher bald ausführlicher bald kürzer fassen, je nach der Bedeutung, welche er den einzelnen Teilen zuschreibt.

Dabei müssen zwei Fragen auseinandergehalten werden. Smith hat die erste systematische Darstellung einer Finanzwissenschaft in englischer Sprache gegeben, aber nicht die erste überhaupt. Ihm ging Justi, den er aber sehr wahrscheinlich nicht gekannt hat, in Deutschland voran. So müssen wir unterscheiden: Was hat Smith geleistet, verglichen mit den Frühern, aus deren Schriften er eine neue Wissenschaft schuf? Und was verglichen mit Justi? Die letztere ist leicht durch eine Betrachtung der Werke beider Männer zu erledigen und soll den Schluß dieses Kapitels bilden. Bei der Beantwortung der ersteren, zu der wir übergehen, erheben sich zwei Schwierigkeiten. Wir kennen nicht alles, was zu einem allseitigen Urteile notwendig ist, nämlich nicht genau, was Hutcheson in seiner Politik vortrug und wie weit Smiths politisches System vor seiner Bekanntschaft mit den Physiokraten und James Steuart gediehen war. Wir sind auch nicht genügend über die Litteraturkenntnis Smiths unterrichtet. Wir

können aber sicher voraussetzen: erstens, daß er mit den wichtigsten
naturrechtlichen Systemen vertraut war, nämlich denjenigen Pufen=
dorfs und Hutchesons, wahrscheinlich auch mit dem Wolffschen, und
daß er zweitens den „Esprit des Lois" von Montesquieu genau
kannte, möglicherweise auch Bielfelds ‚Institutions Politiques',
vielleicht sogar die Politik von Wolff. Es braucht kaum er=
wähnt zu werden, daß ihm die Lehren der Physiokraten, Humes
und James Steuarts nicht fremd waren. Hume hat zwei
hierher gehörige Abhandlungen geliefert, eine kleinere über die
Steuern, eine größere über Staatsschulden, sie gehören aber, was
Form und Inhalt betrifft, zum Besten jener Zeit. Die be=
deutendste vorsmithsche Analyse der wirtschaftlichen Erscheinungen,
welche durch Steuern und Staatsschulden entstehen, findet sich im
4. und 5. Buche von Steuarts ‚Inquiry'. Sie zeichnet sich
außerdem durch die Beibringung vieler Daten, große Sachkennt=
nis und tiefen geschichtlichen Blick aus.

Um nun in dieser so weit auseinander liegenden Litteratur
den Faden nicht zu verlieren, empfiehlt es sich, die Elemente zu
sondern, deren Verbindung unsere heutige Finanzwissenschaft ge=
schaffen hat.

Ihr erstes ist die systematische Darstellung der Ausgaben
und Einnahmen der modernen Kulturstaaten, mit anderen Worten
eine Beschreibung ihrer Wirtschaft. Das zweite eine Begründung
der Staatswirtschaftslehre auf der Basis einer bestimmten An=
sicht vom Staate, seinen Zwecken und seinem Verhältnis zu den
Individuen, welche das Staatsvolk bilden. Die verschiedenen
Ansichten der Theoretiker haben diesen Teil besonders mannig=
faltig gestaltet. Dies zeigt sich sowohl in der nicht streng hierher
gehörigen Lehre von den Staatsausgaben und dem Verhältnis
der Staatswirtschaft zu den anderen Einzelwirtschaften, wie in
der allgemeinen Steuerlehre, insbesondere in demjenigen Abschnitt,
welcher von den Principien der gerechten Besteuerung handelt.
Das dritte Element ist das nationalökonomische oder die Lehre
von dem ökonomischen Wechselverhältnis von Privatwirtschaft und
Staatswirtschaft: der Nachweis, wie die Privatwirtschaft die

öffentliche Wirtschaft trägt und die Analyse der Wirkungen, welche das Leben der öffentlichen Wirtschaft in den Individualwirtschaften hervorruft. Hierher gehören die Theorien von der Überwälzung der Steuern und enge damit verbunden die Erörterung, ob und unter welchen Bedingungen die Abgaben den Fleiß, die Wirtschaftlichkeit fördern und den Wohlstand der Bürger erhöhen. Auch die Frage, ob Staatsschulden dem Lande nützlich oder schädlich sind, findet hier ihre Beantwortung. Auf diesen zwei letztgenannten Elementen ruht nun vorzugsweise das vierte: die Finanzpolitik oder die Lehre von den Mitteln, mit welchen die Aufgaben der Staatswirtschaft am besten erreicht werden. An diesen einander ergänzenden und ineinander spielenden Maßstäben werden alle vorgeschlagenen Maßregeln gemessen werden müssen, wie reine Geldwirtschaft oder daneben Naturalwirtschaft? Domänen oder Steuern? Indirekte oder direkte Steuern? Subjekt- oder Objektsteuern? Viele wenig empfindliche oder wenige deutlich fühlbare Steuern? Direkte oder indirekte Erhebungsmethoden? Aber es liegt auch auf der Hand, daß Erwägungen der Klugheit bei der Entscheidung der Fragen stark mitsprechen. Der fünfte Bestandteil ist der historisch-statistische. Wir müssen unterscheiden, ob er bloß als Beiwerk des dogmatischen Teiles auftritt oder ob der historische Gesichtspunkt die Betrachtung beherrscht, den Aufbau des Systems bestimmt.

Die Elemente des Seienden, Gerechten, Ökonomischen, Zweckmäßigen und Historischen sind nicht so scharf gesondert aufgetreten, wie sie hier unterschieden wurden. Bei den Naturrechtslehrern finden wir Erwägungen der Klugheit, bei den Politikern Grundsätze der Gerechtigkeit, bei den Nationalökonomen beide vermischt, sowohl bei diesen wie bei den Politikern historische Notizen oder Ausführungen und eine flüchtige oberflächliche Bemerkung über die Wirkung der Steuern so ziemlich überall. Wir werden die Scheidung auch nicht völlig aufrechterhalten können; das nationalökonomische Element werden wir trennen und das naturrechtliche und politische hie und da miteinander verbinden müssen. Nichtsdestoweniger wird sich diese Zergliederung zweckmäßig erweisen. In einem auf dieser Grundlage aufgebauten System der Finanzwissenschaft würde allerdings das dritte Element dem zweiten voranzugehen haben, was auch die Schwierigkeiten der Sonderung vermindert. Davon ist aber hier abgesehen, da auch die historische Entwicklung dieser Bestandteile ein wenig hervortreten soll.

Erster Abschnitt.
Die Entwicklung der Finanzwissenschaft vor Adam Smith.

I.
Die Beschreibungen der Staatswirtschaft.

Beschreibungen der Staatswirtschaft gehen von den Begriffen Einnahme und Ausgabe aus.

Auf Einteilungen der Staatseinnahmen, wie sie die Finanzpraxis an die Hand gab, treffen wir bei den Kameralisten und den Politikern des 16., 17. und 18. Jahrhunderts, bei Bodin, Klock, Seckendorff, Wolff, Bielfeld; auch die Naturrechtslehrer können nicht umhin, die verschiedenen Arten von Einnahmen zu erwähnen. Pufendorf z. B. nennt Domänen, Steuern, Zölle, Accisen.

In England bringen Hume und Steuart etwas Ordnung in die Lehre von den Steuern. Jener teilt sie ein 1) in Konsumtionssteuern (taxes upon consumptions), wohin er auch die Luxussteuern rechnet, 2) Besitzsteuern (taxes upon possessions) und 3) willkürliche (arbitrary); hierher gehöre gewöhnlich die Kopfsteuer (poll-tax). An Hume knüpft Steuart an, aber bei ihm kommt der nationalökonomische Gesichtspunkt stärker zum Durchbruch. Er unterscheidet erstens Verzehrsteuern oder Ausgabesteuern (proportional taxes or those upon alienation), welche die Ausgabe treffen, und nicht von dem Verkäufer, der die Steuer erlegt, sondern von dem Käufer bezahlt werden, der die besteuerte Ware verzehrt; als solche zählt er auf: Accise, Zölle, Stempelgebühren, Post- und Münzgebühren u. s. w. Zweitens Ertrag- oder Besitzsteuern (cumulative taxes or those upon possessions), welche das Eigentum treffen und erhoben werden, ohne daß ein Besitzübergang stattfindet. Aus diesem Grunde ist es dem Besteuerten schwer, sein Einkommen um den Betrag der Steuer zu erhöhen. Steuart führt als dieser Klasse zugehörig Grundsteuern, Kopfsteuern, Fenstersteuern und Aufwandsteuern an. Drittens Personalsteuern (personal taxes). Er versteht darunter merkwürdigerweise persönliche Dienste. Als Exemplare dieser Art nennt er den Dienst in der englischen Miliz und die corvée, die Verpflichtung eines Teiles der französischen Bevölkerung, sechs Tage auf den Landstraßen zu arbeiten. Sehen wir von der Personalsteuer ab, so findet sich bei Steuart zum ersten male die Ordnung aller Steuern von einem nationalökonomischen Begriffe aus, von dem der Steuerüberwälzung.

Saubere Einteilungen der Staatsausgaben haben die Naturrechtslehrer und die Physiokraten, die wir halb zu ihnen rechnen können, geschaffen, was sich aus ihrer Reflexion auf die Staatszwecke erklärt. Sie nehmen drei Arten an: Ausgaben für Schutz nach außen und innen, für Wirtschaftspflege und für Unterricht. (Genauer wird dies noch im zweiten Teile dieses Abschnittes zur Erörterung kommen.

Von den Physiokraten erwähnen wir besonders Baudeau, denn in seinem Werke ist ein System der Finanzwissenschaft wenigstens angedeutet. Der Staat hat nach ihm drei Zwecke: Unterricht, Schutz nach außen und innen, Verwaltung. Der Unterricht soll das Wissen, der Schutz das Wollen und die Verwaltung das Können erzeugen, welche die Quellen alles Reichtums sind. Die Verwaltung hat zwei Zweige: 1) die Ausgabenverwaltung, 2) die Einnahmenverwaltung. Es müssen Ausgaben gemacht werden nicht nur für den Unterhalt der Beamten, welche unterrichten, schützen und verwalten, sondern auch für die Unterhaltung des großen öffentlichen Eigentums, welches das Eigentum der Privatpersonen erst zur Geltung bringt: die Wege, die Kanäle, die schiffbaren Flüsse, die Brücken, die Häfen, die Dörfer und alle anderen großen und kleinen Gebäude. Das öffentliche Eigentum nennt Baudeau mit Vorliebe das Staatskapital, „les avances souveraines". Die Anlage dieses Kapitals wird vorausgesetzt, wenn die Grundbesitzer ihre avances foncières machen sollen, wie ohne diese die avances primitives et annuelles der Pächter unmöglich wären[1]).

So war also überall ein Bestreben vorhanden, das Wissen zu ordnen und zu gruppieren, am umfassendsten und erfolgreichsten löste diese Aufgabe unser großer Justi. Er, der die Staatswirtschaftslehre aus dem Erdgeruch der Kameralistik heraushebt zur Höhe einer Lehre von dem vernünftigen Gebrauch des Staatsvermögens, gibt der jungen Wissenschaft die schönste Systematik mit auf den Weg, eine Systematik, die ihre Spuren in der späteren deutschen Finanzwissenschaft hinterlassen hat. Im ersten Buch seiner Finanzwissenschaft[2]) unterscheidet er ordentliche und außerordentliche Einkünfte, die ersteren teilt er ein in Domänen, Regalien, Kontributionen und Steuern, sowie in Rechte, die zufällig Einkünfte abwerfen (Gebühren), die letzteren in außerordentliche Abgaben und öffentliche Schulden. Die Steuern zerfallen in solche auf unbewegliche Güter, in persönliche Abgaben der Unterthanen und in Steuern auf die Gewerbe oder Accise und Aufschläge. Das zweite Buch handelt von den Ausgaben. Es

---

[1]) Daire, Physiocrates II, 663, 664. Die Analyse des öffentlichen Eigentums bei Smith „Of the Expence of Public Works and Public Institutions" sehr ähnlich. — Ebenso früher bei Klock: Quia enim principes publicum munus sustinent, quo pax publica conservatur, patria communis defenditur, jus cuique dicitur et iidem vias publicas, mares, fontes et quae alii sunt ejusmodi, instaurant atque servant quibus omnes promiscue fruuntur: aequum plane justumque est, etc. De contrib. 1655, 49.

[2]) Diese Darstellung fußt überall auf Justis „Staatswirtschaft", II. A., 1758.

zerfällt in drei Abteilungen. In der ersten bespricht er die bei den Ausgaben des Staates nötigen Grundsätze und Maßregeln, in der zweiten den allgemeinen Wirtschaftsetat, in der dritten die Ausgabegeschäfte. Den Etat zerlegt er in den Militär= und Civiletat, beim letzteren behandelt er: Ausgaben für die Hofstatt, die Kammerausgabe, die Bezahlung der Schulden und den Staatsschatz. Das dritte Buch beschäftigt sich mit der Finanz= verwaltung.

II.
Die Begründung der Staatswirtschaftslehre.

Der zweite Bestandteil der Finanzwissenschaft wurde zusam= mengetragen vornehmlich aus naturrechtlichen, weiter aus poli= tischen und drittens aus nationalökonomischen Schriften, haupt= sächlich der Physiokraten und James Steuarts. In dieser Reihen= folge sollen sie nacheinander besprochen werden.

Das Beste, was über dieses Element veröffentlicht wurde, ist Neumanns gleich zu erwähnender Aufsatz. Aber er bietet teils mehr, teils weniger, als wir bedürfen. Meyers Werk über die Principien der gerechten Besteuerung enthält die einschlägliche Litteratur nach Smith in außerordentlicher Reichhaltigkeit, da= gegen hatte die vorsmithsche Periode offenbar wenig Wichtigkeit für die Zwecke des Verfassers. Für diese Darstellung hat sie eine um so größere Bedeutung, aber allzuweites Zurückgreifen wäre nutzlos. Was vor Pufendorf z. B. von Grotius und Hobbes[1])

---

[1]) Hobbes nennt konsequent die Steuer „den Preis des erkauften Friedens" und spricht sich für die gleichmäßige Verteilung der Staatslast aus. „Unter der Gleichheit ist indeß hier nicht die Gleichheit des Vermögens, sondern der Last zu verstehen, d. h. die verhältnismäßige Gleichheit zwischen Last und Vorteil. Denn wenn auch alle den Frieden gleich genießen, so sind doch die Vorteile des Friedens nicht für alle die gleichen: der Eine erwirbt mehr, der Andere weniger; der Eine verzehrt mehr, der Andere weniger." Hobbes fordert indirekte Steuern, weil nun Jeder zahlt nach Verhältnis dessen, was er durch die Vorteile des Staates besessen hat, grade dadurch, daß er das Seinige verzehrte. „Über den Bürger" XIII, 10 u. 11. Ob hierin ein philosophischer Protest gegen die Praxis der Revolution

geleistet wurde, ist so kärglich, daß es sich empfiehlt, in dieser Untersuchung, die ja keine Geschichte der Finanzwissenschaft geben will, mit ihm zu beginnen.

Der Zweck des Staates ist nach Pufendorf die Erlangung von Friede und Sicherheit, welche Erziehung und Religion allein nicht gewähren können. Gott hat dem Menschen durch das Licht der Vernunft geboten, bürgerliche Gesellschaften zu gründen und eine höchste Macht einzusetzen, die über die Erhaltung von Friede und Sicherheit wacht[1]). Der Souverän hat also Heer und Gericht zu bestellen, aber auch für die Errichtung von öffentlichen Schulen zu sorgen, weil sie ein Mittel zur Erreichung jener Zwecke sind[2]). Um die hierfür notwendigen Ausgaben bestreiten zu können, muß der Souverän berechtigt sein, die Unterthanen Beiträge zahlen zu lassen. Das kann in verschiedener Weise geschehen: durch Reservierung von Domänen, durch Steuern, Zölle und Accisen[3]).

---

liegt? Grotius aber macht nur eine gelegentliche Bemerkung über die Zulässigkeit und Höhe des Zolles auf die Durchfuhr von Waren, woraus wohl nicht viel geschlossen werden kann.

[1]) Le principal but de l'établissement des Sociétés Civiles est de se mettre à couvert, par un secours mutuel, des dommages et des injures que les Hommes ont à craindre et qu'ils reçoivent souvent de la part les uns des autres. 335. Dieu . . . est censé avoir ordonné au genre humain, par les lumières de la Raison, d'établir des Sociétés Civiles . . . et par conséquent un Pouvoir Souverain qui en est l'âme. 336.

[2]) Le Souverain doit . . être revêtu du Pouvoir d'assembler et d'armer les Sujets ou du moins de lever d'autres troupes. 337. Le Souverain doit donc établir des gens capables d'examiner en sa place . . t les démêlez de ses Sujets, de découvrir les Desseins des Voisins, de commander les Troupes; de lever les revenus de l'Etat et d'administrer les Finances, u. a. D. Il est du devoir du Souverain . . . de mettre un si bon ordre en ce qui regarde l'Instruction Publique, que les Sujets se conforment aux Lois par raison et par habitude . . . . . Pour cet effet rien n'est plus utile que l'Etude de la Religion chrétienne . . . et l'établissement des Ecoles Publiques. 362.

[3]) Les affaires publiques demandent nécessairement des frais considérables et en temps de Paix et en temps de Guerre. Ainsi il faut que le Souverain ait le Pouvoir de faire contribuer les Sujets aux dépenses nécessaires pour le Bien de l'Etat. Cela se fait en diverses manières etc. 338.

— 250 —

Der Verpflichtungsgrund der Unterthanen zur Zahlung von Abgaben, hebt er an anderer Stelle noch einmal hervor, ist die Erlangung von Friede und Sicherheit. Die Abgabe ist der Preis des erkauften Friedens[1]).

Aus diesem Grunde brauchen aber auch die Unterthanen gerechter Weise erstens nur so viel zu zahlen, als zur Erreichung jener Zwecke nötig ist. Die Abgaben müssen zweitens mit der geringsten Belästigung erhoben werden, sie müssen drittens verhältnismäßig sein, viertens müssen alle Anderen schädlichen Steuerfreiheiten fortfallen und fünftens darf was einkommt nur zu staatlichen Zwecken verwandt werden. Sechstens sollen sich die Ausgaben nach den Einnahmen richten[2]).

Da aber das gewöhnliche Volk außerordentlich störrisch ist, so empfehlen sich folgende Klugheitsregeln: Die Steuern sollen in einer möglichst angenehmen, unbemerkten Weise erhoben werden, verschiedenartige Steuern von geringer Höhe sind daher einer einzigen Steuer vorzuziehen. Als Klugheitsregel schärft er noch einmal ein, was er vorher als Gerechtigkeitsregel schon verlangt hatte: die gerechte Gleichheit der Steuer[3]).

---

[1]) L'Etat . . . . une Personne Morale Composée . . . autorisée à se servir des forces et des facultés de chaque Particulier, pour procurer la paix et la sûreté Commune. 331. Ainsi il faut être bien impertinent pour prétendre jouir de la protection et des commodités qu'on trouve dans un Etat, sans rien contribuer de ses biens, ou du moins de sa peine et de son service, à l'entretien du Gouvernement, auquel on est redevable de ces avantages considérables. 395. In dem großen Werke nennt er wie Hobbes die Steuer cintac pacis pretium. De Jure Nat. Lib. VIII. Cap. V. § 6.

[2]) Les Souverains doivent ne rien exiger au delà de ce que demandent les besoins publics . . . faire en sorte que les Sujets ne soient incommodez que le moins qu'il est possible des charges qu'on leur impose. Il faut ensuite garder une juste proportion dans la taxe de chaque Citoyen et n'accorder à personne aucune exemption ou immunité qui tourne au préjudice ou à l'oppression des autres. Ce qui provient des contributions, doit aussi être employé uniquement à subvenir aux besoins de l'Etat . . . Il faut enfin proportionner la dépense aux revenus. 366.

[3]) Cependant la Prudence veut, que, pour prévenir les murmures du commun Peuple qui est fort revêche et fort dur à la desserre, les Souverains

Damit ist die Finanzlehre Pufendorfs in ihren wesentlichen Zügen dargestellt, wir wollen sie aber nach drei Seiten ergänzen, nach der Seite der Ausgaben, der Einnahmen und des Princips der Verhältnismäßigkeit.

Früher wurde schon erwähnt, daß Pufendorf dem Fürsten auch die Pflege der wirtschaftlichen Interessen zur Pflicht macht, aber nur deshalb, weil seine Einnahmen aus den Gütern der Unterthanen genommen werden müssen und die Macht des Staates nicht nur in der Tüchtigkeit der Bürger, sondern auch in ihrem Reichtum besteht[1]). Die Armenpflege gehört an sich nicht zu den Pflichten des Souveräns, wenn auch die christliche Liebe ihn hierzu auffordern mag[2]). Der Souverän hat also regelmäßig Ausgaben zu machen für Heer, Gericht, öffentliche Schulen und Wirtschaftspflege.

Zweitens. Neben den eben erwähnten regelmäßigen Einnahmen hat der Fürst außerordentliche Einkünfte. In Zeiten höchster Not darf er auf Grund des dominium eminens den Unterthanen Alles nehmen, doch sollen sie nachher für die ihre Quote übersteigenden Beträge möglichst entschädigt werden[3]).

Wir haben drittens seine Lehre von der Verhältnismäßigkeit der Besteuerung noch etwas genauer auszuführen. Wie Hobbes versteht er unter ihr die aequalis ratio inter onera et beneficia pacis[4]). Jeder soll zu den Lasten beitragen nach dem

---

lèvent les Tributs d'une manière aussi douce et aussi imperceptible qu'il est possible; qu'ils gardent surtout une juste égalité dans la taxe de chaque Citoyen; et qu'ils exigent plûtot de petites contributions de différentes sortes, que de grands droits imposés sur une seule sorte de choses. 395.

[1]) S. 366.

[2]) Le Souverain n'est pas obligé de nourrir des Sujets quoique la Charité l'engage à prendre un soin particulier de ceux qui, par un effet de quelque malheur auquel ils n'ont rien contribué par leur faute, sont hors d'état de pourvoir eux-mêmes à leur subsistance. S. 366.

[3]) Le Souverain, comme tel, a un Domaine Eminent, en vertu duquel il peut dans un besoin pressant de l'Etat, prendre de gré ou de force, les biens d'un Sujet qui sont pour l'heure absolument nécessaires... Bien entendu qu'on le dédommage ensuite de ce surplus autant qu'il est possible. S. 395.

[4]) D. J. N. Lib. VIII, cap. V, § 6.

Nutzen, den ihm die Staatsregierung gewährt. Aber er schließt nicht, wie Hobbes, daß Ausgabesteuern allein der Forderung der Verhältnismäßigkeit zwischen Last und Vorteil entsprechen, sondern spricht sich sowohl für eine Steuer auf die Einkünfte, wie auf die Person (Militärdienst und Kopfsteuer) aus, jene als Entgelt für den Schutz des Eigentums, diese des Lebens.

Es kann keinem Zweifel unterliegen, daß wir hier die Principien der Gerechtigkeit und Klugheit in der Finanzwirtschaft für den Vertragsstaat so klar und ausführlich entwickelt finden, daß die Nachfolger Pufendorfs nicht viel zu thun fanden.

Dürftig sind die Lehren Hutchesons über diesen Punkt. Er gibt dem Staate das Recht Auflagen zu erheben[1]) und das dominium eminens[2]). In seiner Steuerlehre[3]) aber stehen die politischen Forderungen an erster Stelle; die Luxussteuern sind den Steuern auf das zum Leben Notwendige vorzuziehen, Auflagen auf fremde Produkte und Gewerbe denen auf heimische, er betont die Güte von Abgaben, die ohne große Kosten erhoben werden können. An zweiter Stelle, und das ist besonders bemerkenswert, hebt er die Notwendigkeit einer gerechten Besteuerung nach der Leistungsfähigkeit, nach Verhältnis des Reichtums, hervor und empfiehlt einen Zensus, sodaß auch die Kapitalisten getroffen würden[4]). Grundsteuern und indirekte Steuern genügten nicht. Zölle und Accisen würden zwar zuerst vom Kaufmann ausgelegt, müßten aber zuletzt vom Konsumenten getragen werden. Hier weicht also unser Philosoph von dem beliebten Pfad der Engländer ab.

Hutcheson erwähnt im übrigen dieselben Staatsausgaben, wie Pufendorf: Ausgaben für Schutz nach außen und innen, Unterricht, Wirtschaftspflege als moralische Maßregel gedacht, wie erinnerlich sein wird.

---

[1]) III, chap. V, 5.
[2]) III, chap. V, 6.
[3]) III, chap. IX, 16.
[4]) But above all a just proportion to the wealth of people should be observed in whatever is raised from them . . . By a census all would be burdened proportionally to their wealth. a. a. O.

Die Lehren des schottischen Philosophen sind dürftig, aber den Kennern des Smithschen Werkes braucht nicht erst gesagt zu werden, daß der „Wealth of Nations" manches enthält, was mit ihnen übereinstimmt.

Hutcheson hat die Menschen des Naturzustandes besser gemalt als Pufendorf, deshalb war nach seiner Ansicht das Bedürfnis nach Frieden bei der Gründung des Staates nicht so dringend. Sie gründeten den Staat nicht bloß der Sicherheit, sondern auch der Glückseligkeit willen. Die Hobbessche Definition der Steuer konnte er nicht annehmen.

Auch Wolff entfernt sich, wie bekannt sein wird, in wesentlichen Stücken von dem Boden des Hobbes-Pufendorfschen Naturrechts, da er auf dem Boden der Leibnitzschen Philosophie steht. Er stellt die gemeine Wohlfahrt als Zweck der Staatsvereinigung so sehr voran, daß er einerseits die Staatstätigkeit, und damit auch die Staatsausgaben sehr vermehren muß, andererseits die Steuer nicht als Preis des erkauften Friedens bezeichnen kann; er müßte sagen Preis der erkauften Glückseligkeit.

Wolff zeigt auch darin Ähnlichkeit mit Hutcheson, daß dasjenige, was er über die Principien der Gerechtigkeit und Klugheit vorbringt, unbedeutend ist und darin, daß er die Auflegung der Steuer nach dem Vermögen fordert[1]). Sowohl in seinem Naturrecht, wie in seiner Politik läßt er darüber keinen Zweifel, daß er die Steuer nach der Leistungsfähigkeit deshalb wünscht, damit Niemand in seiner Glückseligkeit gestört werde. Da seine Forderungen schon die Freiheit des Existenzminimums einschließen, so soll die wichtigste Stelle ganz hierher gesetzt werden. „Da man nun im gemeinen Wesen davor sorgen soll, daß die meisten Menschen neben einander glückselig leben und also Niemand durch die Schuld der hohen Landesobrigkeit unglückselig gemacht wird, der Mensch aber glückselig ist, der in beständiger

---

[1]) Singuli ad onera Reipublicae contribuere debent pro modo facultatum, ne scilicet ad egestatem redigantur. Jus Naturae, Pars VIII, § 777.

Freude leben kann . . ., so müssen die Auflagen dergestalt eingerichtet werden, daß Niemand dadurch an seiner Nahrung zurückgesetzt wird, noch am nötigen Unterhalt Mangel leiden darf." Dies aber würde geschehen, wenn die Steuern „nach Proportion dessen, was einer im gemeinen Wesen gewinnt, abgetragen" würden, was zwar allgemein angenommen würde, aber nicht „aus den ersten Gründen der Politik" erwiesen werde, noch sich erweisen lasse [1]).

Hutcheson und Wolff führen zur Gruppe der vorsmithschen **Politiker** hinüber, die, wie Neumann in seiner sehr gründlichen Abhandlung nachgewiesen hat, durchgängig die Umlegung der Steuer nach der Leistungsfähigkeit gefordert haben [2]). In vielen Fällen sei dies unter dem unmittelbaren Einfluß von Aristoteles geschehen. Nach diesem Philosophen habe die Distribution oder **austeilende Gerechtigkeit** dort Platz zu greifen, „wo es sich um Verteilung öffentlicher Rechte, Ämter, Ehren u. s. w. oder um Umlegung **öffentlicher Lasten** handelt". Hier dürfe nicht „krämergleich" nach der Gegenleistung gefragt werden, vielmehr genüge, wenn nach den **Kräften** geleistet werde. Wo dagegen im freien Verkehr der Eigennutz walte, da sei das Gebiet der **entgeltenden Gerechtigkeit**. Auf Grund dieser Art der Gerechtigkeit „solle die Leistung der Gegenleistung entsprechen, d. h. in erster Linie mit dem **Wert** des Gebotenen und in zweiter mit den entstandenen **Kosten** in Verbindung stehen" [3]). Aber wenn die Politiker auch diesen, dem Naturrechte widersprechenden Grundsätzen huldigen, so giebt Neumann doch zu, daß „ein gelegentliches Anlehen an das Genußprinzip vielfach zu erweisen" sei [4]). Umgekehrt verhält es sich mit den Naturrechts-

---

[1]) Vernünftige Gedanken von dem gesellschaftlichen Leben der Menschen. 6. Auflage 1747. S. 603 und 604. Dieselben Erwägungen auch im Naturrecht. Pars VIII. § 777.
[2]) Neumann: Die Steuer nach der Steuerfähigkeit. Conrads Jahrbücher Bd. 35. S. 548 ff.
[3]) a. a. O. S. 545.
[4]) a. a. O. S. 569.

lehrern. Sie gehen alle von dem Gedanken aus, daß der Staat um eines Gutes, Vorteiles der Individuen willen gegründet wurde, mag dieser nun Sicherheit, Glückseligkeit oder Wohlfahrt heißen, und betrachten daher die Steuer als eine Gegenleistung des Individuums für die ihm gewährten Vorteile, so daß wer mehr Vorteile hat, auch mehr Steuern bezahlen muß, aber einige geben, wie wir gesehen haben, die Konsequenzen des Naturrechtes auf und nehmen das Prinzip der Leistungsfähigkeit an. Vielleicht waren die älteren Lehrer des Naturrechts wie der Politik überhaupt zu der heutigen haarscharfen Unterscheidung verschiedener Ansichten vom Staate und verschiedener Steuerprinzipien nicht vorgedrungen[1]).

---

[1]) Vielleicht liegt es daran daß, wie a. and. O. erwähnt wurde, die Politik des Aristoteles mit der naturrechtlichen Ansicht von der Entstehung des Staates übereinstimmt. Bei Bodin, den Baudrillart in der Politik zur Schule des Aristoteles zählt (S. 227), findet sich dieselbe Lehre von der Entstehung des Staates, wie bei den Vertretern des Naturrechtes, wenn auch die Staatsgründung nicht in derselben Form vor sich geht. Auch bei ihm ist der Staat ein Werk des freien Entschlusses der Bürger in Folge der Unsicherheit, welche mit dem gesetzlosen Urzustande verbunden war. „Peu à peu les villages étant faits bourgs et séparés de biens et de voisinage, sans lois, sans magistrats, sans principauté souveraine, entraient aisément en querelles et débats . . . où les plus forts l'emportaient et chassaient les plus faibles de leurs maisons et villages . . . Cette licence et impunité de voler contraignit les hommes qui n'avaient encore princes et magistrats de se joindre par amitié, pour la défense les uns des autres et faire communautés et confréries . . . et lorsqu'ils étaient poursuivis des ennemis, les états . . . faisaient un chef, auquel ils donnaient puissance souveraine . . . ainsi de plusieurs, lignées et familles mises ensemble se faisait une République par le moyen de la Puissance souveraine." Baudrillart, Jean Bodin et son temps. Paris 1853. S. 325. Die Forderung der Besteuerung nach der Leistungsfähigkeit ging wohl häufig nicht so sehr aus einer bestimmten Ansicht vom Staate als aus dem Mitleide mit den Bedrängten hervor. Vergl. bei Baudrillart die S. 488 ff. angegebenen Stellen. — Bei Klock „De contributionibus" heißt es „Sunt enim correlativa" „Schatzung und Schutz". 65. Die Zahlung der Steuer „jubet communis sensus et naturae lex". 49. Und: „omnes principatus et regales dignitates ad subditorum utilitatem inventas et ordinatas esse (verissime dici solet)." 68. Damit stimmt Pufendorf überein. „Le Bien du Peuple est la Souveraine Loi . . . puisqu'on ne leur (den Mächten) a conféré l'autorité Souveraine, qu'afin qu'elles s'en servent pour procurer et maintenir l'Utilité Publique qui est le but naturel de

Unter den Politikern verdient besondere Beachtung Biel=
feld, welcher mit dem Anspruch auftritt, eine Politik für den
Staatsmann zu liefern, und daher mit einer gewissen Gering=
schätzung auf die Politik der Philosophen herabsieht. Er hebt
ihnen gegenüber den Unterschied von Naturrecht und Politik scharf
hervor[1]). Dem Satze der alten Naturrechtslehrer, daß die Aus=
gaben des Staates sich nach den Einnahmen zu richten hätten,
stellt er, soweit meine Kenntnis reicht, zuerst den entgegengesetzten,
noch heute geltenden Grundsatz gegenüber, **daß die Einnahmen
sich nach den Ausgaben richten müßten**. „On confond
éternellement les Principes de l'œconomie d'un particulier

---

l'établissement des Sociétes Civiles". S. 361. — Wie aber die konsequent
festgehaltene Forderung der Besteuerung nach dem Interesse im Resultat
zur Besteuerung nach der Leistungsfähigkeit, dem Vermögen führen konnte,
sieht man bei dem hervorragendsten französischen Bearbeiter des Pufendorf=
schen Naturrechtes, bei Burlamaqui. „Cette égalité ne consiste pas à
payer des sommes égales, mais à **porter également les Charges
imposées pour le bien de l'Etat**, c'est-à-dire qu'il doit y avoir une
juste proportion entre les Charges que l'on supporte et les avantages dont
on jouit; car quoique tous jouissent également de la Paix, les avantages
qu'ils en retirent ne sont pas égaux. Il faut donc imposer les Taxes
chacun conformément à ses Revenus, tant pour l'ordinaire que pour
l'extraordinaire." Principes du droit politique. T. II. p. 285 nouv.
edit. 1764.

Schließlich hebe ich nochmals hervor, daß auch Klock das Naturrecht
heranzieht. „Jubet hoc communis sensus et naturae lex."

[1]) Tout est art, tout est système aujourd'hui, l'art de régner, le plus
important de tous, est presque le seul qui n'ait point été, que je sache,
ramené à des principes et à des règles sûres et invariables. — Ils (die
Philosophen) comprennent d'ailleurs sous ce nom (politique) simplement
les loix de la Société Humaine, qu'ils expliquent par des raisonnements
métaphysiques, sans assez les appuier de l'Expérience ou de l'Autorité de
l'Histoire. Cette étude peut être utile, mais on ne la croit pas suffisante
pour former l'Homme d'Etat qui veut être guidé dans sa Carrière non
par un Philosophe retiré dans son Cabinet, mais par un Homme du Monde
etc. Tome I, Anfang. — Definition der Politik „connaisance des moyens
les plus propres pour rendre un Etat formidable et ses Citoyens heureux".
T. I, chap. III. § 3. — Le droit naturel contient les Principes immuables
de ce qui est juste et équitable dans tous les cas . . . la politique nous
enseigne ce qui est utile. T. I, chap. VI, § 6, 7.

avec ceux d'un royaume. Le particulier règle sa dépense sur ses revenus; mais le Souverain règle ses revenus sur la dépense nécessaire pour la conservation de l'Etat." Unter den Gründen, die er hierfür anführt, ist der dritte der bemerkenswerteste. „La plupart des dépenses d'un particulier tendent à se procurer plus de commodités, ou plus de plaisirs; toutes les dépenses publiques, au contraire, tendent ou à la conservation immédiate de l'Etat, ou à augmenter sa prosperité, ses forces, son opulence. Or la raison et la justice s'accordent en ce point, que ce qui est contracté pour le bien d'une Société soit également imposé sur toute la Société[1]." Ich meine nicht, daß Bielfeld etwas Neues gelehrt habe, was den Zeitgenossen unbekannt gewesen wäre, er vertrat die Praxis der Zeit. Aber es war etwas Neues, die Bedürfnisse des Staates zu betonen im Gegensatz zu der in der Wissenschaft herrschend gewordenen Hervorhebung der Bedürfnisse des Individuums. Bielfeld ist aber noch deshalb für die Geschichte der Finanzwissenschaft wichtig, weil er zum ersten mal die Principien der gerechten Besteuerung, welche Naturrecht und Politik ausgebildet hatten, kurz zusammenfaßt. Sie lauten: „Les contributions doivent avoir trois propriétés. 1. Une égalité proportionnelle, c'est à dire, que tous les citoyens ... concourrent, chacun selon ses facultés et ses richesses, à la payer. 2. que le payement cause au citoyen le moins de distraction qu'il est possible et qu'on lui évite toutes sortes de vexations à ce sujet. 3. que chaque contribuable puisse acquitter sa quote-part de la manière qui lui est la plus commode, dans le tems qu'il est le mieux en état de payer[2])." Bielfelds Werk enthält, wie man sieht, nicht alle Grundsätze Smiths, aber der deutsche Diplomat hat dem englischen Philosophen merkwürdig vorgearbeitet.

Von besonderer Bedeutung neben den Naturrechtslehrern und

---
[1]) T. I, chap. XI, § 12.
[2]) T. I, chap. XII, § 8.

den Politikern sind die Physiokraten und James Steuart. Haben jene aus verschiedenen Anschauungen vom Wesen des Staates Grundsätze der Gerechtigkeit abgeleitet, so suchen diese die Lehre zugleich auf eine nationalökonomische Grundlage zu stellen. Von den Physiokraten, ihrer nationalökonomischen Auffassung des Staates und der Staatszwecke, welche zu einer scharfen Ausprägung der Lehre von den Staatsausgaben und einer eigentümlichen Auffassung der Steuer führte, soll zunächst gesprochen werden.

Die nationalökonomische Aufdeckung der Überschüsse, aus denen die Staatseinnahmen allein fließen können, und die nationalökonomische Auffassung des Staates als eines Institutes zur Erzielung der größtmöglichen dauernden Reinerträge ergeben vier Grundsätze: 1. Erhebung einer proportionalen Grundsteuer im Verhältnis zum Reinertrag; 2. Schonung der zur Produktion notwendigen Kapitalien und der zur genügenden Arbeit unbedingt erforderlichen Unterhaltsmittel (Existenzminimum); 3. nicht lästige und unökonomische Erhebung der Steuer, keine indirekten Steuern, sondern direkte Erhebung der Grundsteuer; 4. Beobachtung des richtigen Verhältnisses zwischen Staatseinnahmen und Volkseinkommen, aber keine Sparsamkeit in den Ausgaben, welche geeignet sind, die ökonomische Lage des Landes zu befördern. Sie wird am besten befördert, wenn der Staat sich drei Aufgaben stellt: Sicherheit nach außen und innen, Unterricht, ökonomische Verwaltung. Zu ihrer Verwirklichung und des damit bezweckten allgemeinen Wohles ist die Steuer unbedingt nötig. Wenn aber die Steuer zur ökonomischen Wohlfahrt unentbehrlich ist, dann muß die Ansicht verworfen werden, die Steuer sei eine Sicherheitsprämie.

Was hier zusammengefaßt und geordnet worden ist, müssen wir aus den Schriften der Physiokraten zusammenlesen. Quesnay stellt in seinen „Maximes générales" folgende Grundsätze auf. „Que l'impôt ne soit pas destructif, ou disproportionné à la masse du revenu de la nation; que son augmentation suive l'augmentation de revenu; qu'il soit établi immédiatement sur le produit net des biens fonds et non sur le salaire des hommes, ni sur les denrées . . . Qu'il ne se prenne pas non plus sur les richesses des fermiers des biens-fonds; car les Avances de l'Agriculture d'un Royaume doivent être envisagés comme un immeuble qu'il faut conserver précieusement pour la production de l'impôt, du revenu, et de la subsistance de toutes les classes de citoyens" (V). „Qu'on ne diminue pas l'aisance des dernières classes de citoyens" (XX). „Que le gouvernement soit moins occupé du soin d'épargner que des opérations nécessaires pour la prospérité du royaume" (XXVII). „Que l'administration des finances, soit dans la perception des impôts, soit dans les dépenses du gouvernement, n'occasionne pas de fortunes pécuniaires" (XXVIII).

Baudeau ist der Ansicht, daß gute Staatswirtschaft und gute Privatwirtschaft auf das innigste miteinander verbunden sind. Die eine läßt die andere blühen: das hebt er ebenso kräftig hervor, wie etwa Wagner und Schäffle. Ohne die Kapitalanlagen des Staates gäbe es kein so großes Produit net. Baudeau kämpft daher auch mit heftigen Worten gegen die an, welche die Steuer für ein Opfer erklären, das man bringe, um sich den Rest seines Eigentums zu sichern. Diesen Charakter hätten die Steuern nur in schlecht verwalteten Staaten. Eine gute Steuer, wie eine einzige Staatsgrundsteuer, sei das Eigentum des Staates, und keines anderen, ein Eigentum, welches er wohl verdient habe[1]). Baudeau ist auch ein ebenso eifriger Verfechter starker Staatsausgaben wie Quesnay[2]).

---

[1]) Cette perception ainsi réglée, n'a donc point les caractères de ce qu'on appelle impôt; ce n'est point, comme on le pense, et comme on le dit avec quelque apparence de raison dans les Etats mal administrés, un sacrifice que chacun fait, d'une portion de sa propriété, pour conserver le reste. La partie déterminée du produit net que reçoit la souveraineté, n'est la propriété de nul autre . . . C'est l'autorité souveraine qui l'a méritée, parceque les travaux d'instruction, de protection, d'administration ont procuré ci-devant, procurent actuellement et procureront dans la suite... le savoir, pouvoir, vouloir . . . . S. 763.

[2]) Il est donc de toute nécessité que le souverain fasse une forte dépense dans les sociétés policées: il est donc de toute nécessité, qu'il y jouisse d'un grand revenu. S. 683.

Wir möchten schließlich noch auf zweierlei hinweisen. Erstens, daß die Staatszwecke, welche die Physiokraten annehmen, sich auch bei den älteren Naturrechtslehrern finden: es sind Schutz, Unterricht und Verwaltung. Nur daß die Stellung, welche diese drei Zweige der Staatsthätigkeit zu einander im System überhaupt einnehmen, sich bei den Physiokraten verändert hat. Der Unterricht ist hier nicht mehr ein Mittel zur Führung eines ruhigen oder sittlichen Lebenswandels, die Verwaltung nicht mehr der Unterbau der Finanzwirtschaft, sondern sie sind Räder in der Staatsmaschine, welche den höchsten Reinertrag erzeugt. Dies muß man insbesondere bei Baudeau nachlesen. Der Staat ist eine wirtschaftliche Einrichtung.

Zweitens, daß die Physiokraten nicht die ersten waren, welche die Steuer nur auf den jährlichen Ertrag gelegt wünschten und die Schonung des Kapitals forderten. Schon Klock verlangt Steuern auf die fructus, annuos reditus, deductis omnibus sumptibus et expensis. Auch spricht er die Ansicht aus, daß nur die Armut steuerfrei machen solle[1]). Auf diesem Boden steht nun auch James Steuart. Er sieht in der Steuer die Bedingung aller materiellen Kultur. Der Verketzerung der Steuer tritt er mit einer Wärme entgegen, welche wir an Baudeau kennen gelernt haben. Wohl angelegte Steuern seien nicht eine Last, sondern ein Segen. Er vergleicht sie mit Meliorationsanlagen, welche in der Folge den Wohlstand des ganzen Volkes heben. Für die Tiefe seines nationalökonomischen Verständnisses spricht es, daß er einmal die „well employed time of the industrious inhabitants" den Fond nennt, aus welchem die Steuern bezahlt werden müßten.

Auch er stellt nationalökonomische Grundsätze der Gerechtigkeit auf[2]). Die Steuern sollen den Ertrag, nicht das Kapital, und zwar nur den Reinertrag treffen; die Ausgaben einer Person, nicht ihre Ersparnisse, die Dienste einer Person und nicht die Person selbst. Er spricht sich nachdrücklich für die Steuer-

---

[1]) Roscher, Geschichte der Nationalökonomik in Deutschland. S. 216.
[2]) . . . they ought to impair the fruits and not the fund; the ex-

Freiheit des Existenzminimums aus. Steuart kennt auch die Gerechtigkeitsprincipien, aber er stellt sie nicht selbständig auf, wie noch erwähnt werden wird.

So nahe Steuart den Physiokraten steht, so hält er doch nicht eine direkte Grundsteuer für die einzig gerechte Steuer. Hierauf kommen wir später zurück.

Hinter der Klarheit und Ausführlichkeit, mit der von einigen der oben genannten Männer die einschläglichen Probleme behandelt wurden, stehen die Bemerkungen Montesquiens, dem wir einen besonderen Platz anweisen, doch sehr weit zurück[1]). Und doch ist er häufig für einen der wichtigsten Vertreter dieser Grundsätze gehalten worden. Seine aphoristisch zugestutzte Definition der Steuer enthält keinen originellen Gedanken, sondern die allgemeine Überzeugung der Naturrechtslehrer. Wichtiger war es, daß er in einem Referate über die athenische Einkommensteuer die proportionale Steuer verwarf und die Sicherung des Existenzminimums empfahl[2]). In der Frage, ob sich die Ausgaben des

---

penses of the person taxed, not the savings; the services, not the persons of those who do them . . . . a. a. O. V, S. 176. Public contributions, which necessarily imply a diminution of any capital, cannot properly be ranged under the head of taxes. a. a. O. The produce of the land must be understood, with regard to taxes, to be that part of the fruits only which remains after deducting an equivalent for all necessary expenses in making the earth produce them. The net produce alone of the earth is to be considered as a fund liable to taxation, and every contribution which bears not a just proportion to that quantity, is wrong imposed. S. 177. Again, as to the produce of work: this cannot be brought into existence without . . . . . his food, raiment, fire, lodging . . and every other necessary. This we shall, for the future, call his physical necessary. The value of the work over and above an equivalent for these articles, is the only fund to be taxed with regard to the workman." S. 178.

[1]) Über die Übereinstimmung Montesquieus und Smiths in Beziehung auf die Steuerprincipien hat Oncken gut aufgeklärt in „Adam Smith und Immanuel Kant" S. 247 ff. Doch möchte ich bemerken, daß Montesquieu die Forderung: „Über nichts dürfen Zweideutigkeiten statt haben u. s. w." nicht allgemein, sondern für despotisch regierte Staaten aufstellt, wo der Fürst so mächtig und das Volk so ohnmächtig sei.

[2]) Dans l'impôt de la personne la proportion injuste serait celle

Staates nach den Einnahmen oder die Einnahmen nach den Ausgaben zu richten haben, nimmt er eine Mittelstellung zwischen den Naturrechtslehrern und Bielfeld ein[1]). Eine Beurteilung der Steuern vom Standpunkte abstrakter Gerechtigkeitsgrundsätze kann man von Montesquieu nicht erwarten. Dagegen untersucht er bekanntlich ihr Verhältnis zu den verschiedenen Regierungsformen.

Ein Rückblick auf das durchwanderte Gebiet zeigt, wie weit doch Smith vorgearbeitet worden war. Man hatte erstens Gerechtigkeitsgrundsätze für Staat und Volk entwickelt und letztere aus drei Quellen abgeleitet. Zweitens waren Grundsätze der Klugheit ausgesprochen worden. Hieran hatte man drittens die bestehenden Abgaben gemessen und Vorschläge gemacht. Führen wir dies etwas genauer aus.

Dem staatlichen Gerechtigkeitsgrundsatz der älteren Naturrechtslehrer „Die Ausgaben des Staates sollen sich nach den Einnahmen richten" tritt Bielfeld mit der entgegengesetzten Forderung gegenüber. Ihm schließt sich auch Ferguson an, dessen übrige Grundsätze keine Beachtung erfordern[2]). In dieser Frage nimmt Montesquieu eine Mittelstellung ein. Die Physiokraten eifern gegen falsche Sparsamkeit.

Die individuellen Gerechtigkeitsgrundsätze lauten folgendermaßen. Nach den Naturrechtslehrern: Jeder soll Steuern zahlen nach dem Nutzen, den ihm die Staatsvereinigung bringt. Nach den von Aristoteles beeinflußten Politikern: nach seiner Lei-

---

qui suivrait exactement la proportion des biens .... La taxe était juste quoiqu'elle ne fût point proportionnelle: si elle ne suivait pas la proportion des biens, elle suivait la proportion des besoins ... On jugea que chacun avait un nécessaire physique égal, que ce nécessaire physique ne devrait point être taxé. XIII, 7.

[1]) Pour bien fixer ces revenus, il faut avoir égard et aux nécessités de l'Etat et aux nécessités des citoyens ... XIII, 1.

[2]) That the exigencies of the state must be provided for at any hazard or expence to the subject. Institutes of Moral Philosophy, 2. A., S. 256.

jungsfähigkeit. Nach den Nationalökonomen: Es ist ungerecht das Kapital und das Existenzminimum zu besteuern. Auf etwas Positives erstreckt sich die Einigkeit nicht. Denn während Steuart sagt: Gerecht ist die Besteuerung des Reinertrags, des Kapitals, behaupten die Physiokraten: Gerecht ist nur die Besteuerung des Reinertrags von Grund und Boden.

Nun wurde aber schon früh vom Interessenstandpunkte des Naturrechts eine Brücke zum Standpunkte der verteilenden Gerechtigkeit der Politik geschlagen. Burlamaqui that dies mit seiner Lehre, daß alle die Staatslasten gleichmäßig tragen sollten und das Vermögen ein Maßstab der Vorteile sei, welche jeder vom Staat habe. Montesquieu pries die athenische Einkommensteuer, Hutcheson empfahl einen Census, damit, was besonders wichtig sei, die Reichen im Verhältnis zu ihrem Reichtum besteuert würden und Wolff verwarf den Grundsatz, daß jeder nach dem Gewinn, den er von der Staatsvereinigung habe, besteuert werden solle. So wurde materielle Übereinstimmung auf Kosten theoretischer Klarheit gewonnen. Bielfeld nennt unbedenklich nebeneinander facultés et richesses. Konsequent sind nur Hobbes und Pufendorf einerseits, die Aristotelifer unter den Politikern andererseits.

Interessant ist es, daß die Schonung des Existenzminimums von zwei Seiten gefordert wird, von Wolff vom Standpunkte der Glückseligkeit und von den Nationalökonomen aus ökonomischen Erwägungen.

Welches sind nun die von Naturrecht und Politik für die Individuen entwickelten Grundsätze gerechter Besteuerung im einzelnen? Das Folgende ist ein Versuch, sie zu summieren, nicht zu ordnen.

1. Jeder soll Steuern zahlen im Verhältnis zu den Vorteilen, die er vom Staate hat oder nach seiner Leistungsfähigkeit. Der Maßstab ist sein Einkommen oder sein Vermögen oder sein Reichtum. (Naturrecht und Politik.)
2. Die Steuern müssen mit der geringsten Belästigung erhoben werden. (Pufendorf und Bielfeld.)

3. Jeder soll seine Steuer zu der Zeit und auf die Weise bezahlen dürfen, die ihm am bequemsten ist. (Bielfeld.)
4. In despotischen Staaten muß der Betrag der zu zahlenden Steuersumme genau bestimmt sein. (Montesquieu.)
5. Was einkommt, darf nur zu staatlichen Zwecken verwandt werden. (Pufendorf.)
6. Kapital und Existenzminimum müssen geschont werden. (Physiokraten, Steuart, Klock — Wolff.)

Neben den Lehren über die Gerechtigkeit in der Finanzwirtschaft waren dann zweitens, wie oben gesagt wurde, Grundsätze der Klugheit aufgestellt worden. Da sie an einen anderen Platz gehören, sind sie nur dort wiedergegeben worden, wo es sich nicht vermeiden ließ. So will ich nur erwähnen, daß die Fragen erwogen wurden, ob es besser sei, viele wenig bemerkbare oder wenige stark bemerkbare Steuern zu haben, damit zusammenhängend, ob indirekte Steuern, die sich im Preise der Waren verlieren, direkten vorzuziehen seien, deren Last der Besteuerte deutlich empfinde.

Auch die Beurteilung der Steuern nach den Grundsätzen der Gerechtigkeit gehört nicht eigentlich hierher, da dies Gebiet an das der Steuerpolitik grenzt. Ich bemerke daher nur, daß Hobbes und Steuart, wenn auch in verschiedenem Maße, die Gerechtigkeit am meisten verwirklicht finden durch indirekte Steuern, die Physiokraten durch eine einzige direkte Grundsteuer, Pufendorf durch mehrere direkte Steuern. Interessant ist es zu sehen, wie sich diese Ansichten über die drei Länder verteilen.

Und wie dachte unser Justi über diese Fragen? Eine Betrachtung seines Werkes wird uns zeigen, wie weit die deutsche Finanzwissenschaft fortgeschritten war.

Sein höchster Grundsatz lautet: Man muß in allen Geschäften mit dem bereitesten Vermögen des Staates die gemeinschaftliche Glückseligkeit zu bewirken suchen. Daraus folgt als erste Grundregel: Man muß das bereiteste Vermögen auf unschädliche Art erheben, als zweite: Man muß die Substanz des Staatsvermögens selbst nicht angreifen. Justi will die Steuer gelegt wissen nur auf „denjenigen Teil des Gewinstes, den die Unterthanen abgeben können, ohne an ihrem eigenen Unterhalt Abbruch leiden zu dürfen, denn sie sehen sich alsdann genötigt, . . . die Substanz ihres Privatvermögens anzugreifen". Als **dritte** Grundregel stellt er auf: Die Ausgabe muß sich nach Beschaffenheit des bereitesten und gesamten Vermögens des Staates richten. Die **vierte** lautet: Man muß das bereiteste Vermögen zu dem möglichsten Besten des Staates anwenden, die **fünfte**: Die Kameralgeschäfte müssen in dem genauesten Zusammenhange und Richtigkeit geführt werden [1]).

Wir gelangen nun zu den Besteuerungsprincipien. Die Verfassung des Staates sei zwar eigentlich auf die Kammergüter oder Domänen gegründet, welche unstreitig die älteste Art der ordentlichen Einkünfte des Staates wären, später seien dazu die Regalien gekommen, aber beide Einkünfte reichten nicht mehr. „Alle Regenten unseres Weltteils haben sich genötigt gesehen, sich in beständige Kriegsrüstung zu setzen, und auch in Friedenszeiten beträchtliche Kriegsheere zu unterhalten, weil Frankreich einmal in eine solche Verfassung getreten, und dadurch seinen Nachbarn fürchterlich geworden war. Überdies steigt die Pracht der Höfe immer mehr." Die aus diesem Grunde erforderlichen Beiträge würden auch nicht mehr als eine außerordentliche Beihülfe angesehen, „sondern sie sind allenthalben zu beständigen Einkünften eingerichtet" [2]).

Sind die Unterthanen verbunden, diese Beiträge zu leisten? Justi, der wie Thomasius und Wolff den Staatszweck in die Glückseligkeit oder Wohlfahrt setzt, urteilt: „Es ist gar kein Zweifel, daß nicht die Unterthanen schuldig sein sollten, diesen Beitrag zu dem großen Aufwande des Staates zu leisten. Ihr Privatvermögen, insofern alle Unterthanen ihrer **gemeinschaftlichen Wohlfahrt** wegen in einer genauen Vereinigung miteinander stehen, und einen einzigen Körper oder moralische Person vorstellen, ist zugleich das allgemeine, wiewohl mittelbare Vermögen des Staats, und der Staat ist mithin gar wohl befugt,

---

[1]) Staatswirtschaft 2. Aufl. 1758. II. § 15 ff.
[2]) § 223.

sich dieses mittelbaren Vermögens zu seiner Wohlfahrt zu bedienen, wenn sein unmittelbares Vermögen nicht zureicht." In unruhigen Zeiten sei keine Grenze dieser Beitragspflicht zu erkennen, es dürfe nicht nur der ganze Gewinst oder das ganze Einkommen, sondern auch das Vermögen ganz oder teilweise angegriffen werden; in ruhigen Zeiten aber dürfe der Beitrag „über einen gewissen Teil ihres Erwerbes sich schwerlich erstrecken"[1]). „Vielleicht ist der vierte oder dritte Teil ihrer Einkünfte oder Erwerbs . . . das Höchste, was die Unterthanen in geruhigen Zeitläuften entrichten können. Denn wenn die Abgaben stärker aufgelegt würden, so würde der eine Teil an seinem notdürftigen Unterhalt Mangel leiden, der andere aber den Grund seines Vermögens selbst angreifen müssen, welches mit dem Endzweck der Republik, nämlich der Glückseligkeit der Unterthanen, unmöglich bestehen kann: indem dieselbe erfordert, daß die Unterthanen die Notdurft und Bequemlichkeit des Lebens, ein jeder nach seinem Stande und Beschaffenheit, genießen können. Ein solche Wirtschaft des Staates in gehörigen Zeitläuften würde auch unmöglich einen Bestand haben, sondern gar bald das Verderben und den Untergang des Staates nach sich ziehen"[2]).

Eine Erörterung, die derjenigen Wolffs ähnlich ist! Das Ergebnis: In ruhigen Zeiten nicht Besteuerung des Vermögens, sondern der Einkünfte, und zwar so, daß das nach Ständen verschiedene Existenzminimum geschont wird.

Justi schließt aus seinem Princip weiter, daß jeder Steuern, und zwar im Verhältnis zu seinem Vermögen, zahlen müsse. „Von dem Vornehmsten an bis zu dem geringsten Bettler sind alle Mitglieder des gemeinen Wesens, welche die gemeinschaftliche Wohlfahrt zum Endzwecke haben müssen . . . . und es würde eine offenbare Unbilligkeit sein, wenn nur allein die Unterthanen von mittelmäßigem Stande und Vermögen die Kontributionen und Abgaben tragen sollten. Je reicher und vornehmer ein

---

[1]) II, § 224.
[2]) I. § 401.

Mitglied des gemeinen Wesens ist, destomehr gewinnt er in dem Staate, und destomehr Schutz und Wohlthaten genießt er von der Republik; jemehr muß er folglich auch zu ihrem Aufwande und zu den Maßregeln zu ihrer Glückseligkeit beitragen: denn das Vermögen ist allerdings als ein gerechtes und billiges Maß in Auferlegung der Abgaben anzusehen. Ob man gleich von den gar armen Unterthanen nicht sagen kann, daß sie etwas gewinnen, so erwerben sie doch ihren Unterhalt in dem Lande, und genießen den Schutz der Republik; folglich müssen auch diese das Ihrige, so wenig es auch sein kann, zu dem Aufwande des Staates beitragen" [1]).

Hieraus leitet Justi folgende Grundregeln der Besteuerung ab: 1. Man muß solche Wege wählen, daß die Unterthanen die Abgaben freiwillig entrichten, er meint „mit willigem und freudigem Herzen". 2. Die Abgaben müssen der Freiheit, dem Kredit und dem Gewerbe der Unterthanen nicht nachteilig sein. 3. Die Steuern und Abgaben müssen in gerechter Gleichheit erhoben werden. 4. Die Abgaben müssen einen sichern und festen Grund haben, so daß „der Betrug und die Verschweigung der Unterthanen, und der Unterschleif der Einnahme-Bedienten so leicht nicht stattfindet". 5. Man muß die Vielheit der Einnahmekassen und der Bedienten dabei vermeiden, damit man „die kostbare Unterhaltung vieler Bedienten ersparen könne". 6. Man muß die Abgaben zu kleinen Teilen und bequemen Zeiten einrichten [2]).

Justi hat auch Grundsätze der Ausgabewirtschaft aufgestellt, unter denen wir nur drei Forderungen hervorheben: 1. Die Ausgaben dürfen nie die Einnahmen übersteigen. 2. Man muß keinen Aufwand machen, wodurch die Einkünfte auf beständig vermindert werden. 3. Der Staat hat, wie eine Privatperson, erst das Notwendige, dann das Nützliche und endlich das Wohlanständige zu besorgen. Fügen wir schließlich noch hinzu, was noch genauer ausgeführt werden wird, daß Justi sich auf Grund

---

[1]) I, § 404.
[2]) II, § 226 ff.

seiner Gerechtigkeitsgrundsätze für ein System direkter Steuern entscheidet.

So steht er denn auch auf diesem Gebiete der Finanzwissenschaft nicht hinter den Naturrechtslehrern, Politikern und Nationalökonomen der Zeit vor Smith zurück.

III.
Die nationalökonomischen Wirkungen der Staatswirtschaft auf die Privatwirtschaften.

Die eine Hälfte des nationalökonomischen Bestandteils der Finanzwirtschaft wurde im Vorhergehenden besprochen: der Nachweis, wie die Privatwirtschaft die Staatswirtschaft trägt, welche Grenzen diese Tragfähigkeit hat und folglich die Besteuerung haben muß, endlich auf welche Weise der Staat die Tragfähigkeit für vermehrte Lasten erhöhen kann. Es bleibt uns noch die Betrachtung der ökonomischen Wirkungen der Steuern und Staatsschulden, soweit sie vor Smith untersucht worden waren.

Die Wirkungen der Staatsschulden werden erst spät im 18. Jahrhunderte einer genaueren Analyse unterworfen, so eifrig auch z. B. Quesnay gegen sie eifern mag, und zwar erst von Hume und Steuart. Dagegen finden sich oberflächliche Bemerkungen über die Überwälzung der indirekten Steuern schon früh bei Naturrechtslehrern und Politikern. Beide Erscheinungen erklären sich einfach aus der Wirtschaftsgeschichte. Doch reicht eine über das Gewöhnliche hinausgehende Untersuchung auch nicht weiter als bis in das letzte Viertel des 17. Jahrhunderts, wo diese Probleme in England erörtert wurden. Hierüber hat Roscher in seiner bekannten Abhandlung „Zur Geschichte der englischen Volkswirtschaftslehre im 16. und 17. Jahrhundert" genau unterrichtet. Er zeigt, daß die physiokratische Lehre von der Steuerüberwälzung schon früh in England aufgestellt worden ist. Neuerdings wurden die englischen Finanzdoktrinäre jener Zeit bis in die Mitte des 18. Jahrhunderts von Ricca Salerno einer besonderen Untersuchung unterzogen und die ent=

gegengesetzten Meinungen über die Lehre von der Steuer=
überwälzung in klarer Weise entwickelt¹). Die Zwischenzeit
bis auf Smith ist nirgendwo behandelt, auch von Kaizl nicht,
welcher seine Darstellung mit Adam Smith beginnt.

Nach Ricca Salerno stehen sich drei Parteien gegenüber. Die
Einen, sie bilden die Mehrheit, sind Freunde einer auf viele Gegen=
stände gelegten indirekten Besteuerung, weil sie glauben, daß sich
ihre Last auf alle Klassen verteilen, hauptsächlich aber auf den
arbeitenden ruhen würde. Diese müßten dann durch vermehrte
Arbeit und größere Mäßigkeit den Verlust wieder wett machen²).
Die Andern, welche sich in der Minderzahl befinden, befürchten,
daß hohe Steuern dieser Art auf das Kapital abgewälzt und
zum Schaden der Industrie ausschlagen würden. Unter ihnen
ist Sir Mathew Decker besonders erwähnenswert. Eine dritte,
wenig zahlreiche, aber aus hervorragenden Männern gebildete
Gruppe entscheidet sich für die direkte Besteuerung des Grundes
und Bodens als der wahren und ausschließlichen Quelle des
Reichtums. Unter ihren Vertretern zeichnen sich Asgill, Locke
und Vanderlint aus. Die Grundzüge dieser Lehre sind folgende.
Alle Klassen, mit Ausnahme der Grundherren, sind im Stande,
die Steuern von sich abzuwälzen, der Kaufmann kann den Preis
seiner Waren, der Arbeiter seinen Lohn erhöhen, der Pächter dem
Grundherrn den Pachtzins verkürzen, der Grundherr muß die
Steuer also endgültig tragen³). Daher empfiehlt es sich, sie

---

¹) G. Ricca Salerno: Le dottrine finanziarie in Inghilterra tra la
fine del secolo XVII e la prima meta del XVIII. 1888.

²) Era infatti opinione commune in quel tempo, che gli alti prezzi e
la scarsità dei viveri fossero pei lavoratori uno stimolo efficace all' atti-
vità e al risparmio. S. 16.

³) Am schärfsten wird diese Ansicht formuliert von Locke. In einem
Lande, dessen „great fund is land" wird sich Folgendes ereignen. The merchant (do what you can) will not bear it, the labourer cannot, and therefore the landholder must. Die Voraussetzung ist beim Arbeiter, daß er
von der Hand in den Mund lebt. The poor labourer and handicraftsman
cannot: for he just lives from hand to mouth already, and all his food,
clothing and utensils, costing a quarter more than they did before, either
his wages must rise with the price of things, to make him live; or else,

direkt beim Grundherrn zu erheben, insofern sich hierdurch die
Erhebungskosten bedeutend vermindern.

Dieses sind die Streitfragen, welche in der Folgezeit in
Frankreich und England fortgesponnen werden. Die physiokra=
tische Beweisführung ist so bekannt[1]), daß es sich nicht empfiehlt,
sie hier zu wiederholen. Hier, wie an vielen andern Stellen zeigt
sich, wie stark sie von Locke beeinflußt worden sind.

Humes Meinung ist folgende. Die Menschen ziehen ihre Be=
quemlichkeit der Arbeit vor, zu ihr werden sie nur durch die bittre
Not gezwungen. Die berühmtesten Handelsstaaten haben wenig frucht=
bares Land gehabt, sie sind nur durch das Ringen gegen natürliche
Mängel durch die Arbeit und den Fleiß der Menschen zur Größe ge=
langt. Wo Überfluß an fruchtbarem Lande vorhanden ist, sind die
Menschen träge, wie Sir William Temple durch eine Vergleichung
von Holland und Irland gezeigt hat. Soll nun dasjenige, was der
Zwang der Natur zu bewirken vermag, nicht auch eine künstliche
Last, die Steuer, hervorrufen können? Ohne Zweifel wird das oft
der Fall sein, wenn die Abgaben mäßig sind, schrittweise auf=
gelegt werden und nicht dasjenige treffen, was zum Leben un=
umgänglich notwendig ist (the necessaries of life). Geht man
also klug und maßvoll bei der Anlegung einer Steuer vor, so
werden die Armen häufig fleißiger als früher, sie verrichten mehr
Arbeit, ohne mehr für ihre Leistung zu fordern. Wie kann auch
der Arbeiter seinen Lohn erhöhen? Der Unternehmer, welcher
ihn beschäftigt, will ihm nicht mehr geben und kann es auch
nicht, weil der Kaufmann, welcher das Tuch ausführt, selbst

---

not being able to maintain himself and family by his labour, he comes to
the parish; and then the land bears the burthen a heavier way. Diese
Lohntheorie verliert bei Turgot in seinen „Réflexions" ihren besonderen eng=
lischen Charakter (he comes to the parish), auch wird das Element der
freien Konkurrenz eingeführt. Considerations on the Lowering of Interest II
p. 39, 37. The Works of John Locke 1768. Diese Theorie und ihre Be=
ziehungen zu der physiokratischen Lehre werden auch von Dugald Stewart
in seinen in Deutschland kaum bekannten „Lectures on Political Economy"
behandelt, Collected Works VIII p. 298 ff.

[1]) Die kürzeste, klarste Darstellung wohl bei Dupont, Origine et Progrès,
§ XV, XVI.

durch den Preis auf fremden Märkten gebunden wird. Folglich kann die Lehre, daß alle Steuern schließlich auf Grund und Boden fallen, nicht richtig sein. Der Handwerker hat aber im gewöhnlichen Laufe der Dinge zwei Auswege vor sich, um einer indirekten Steuer zu entgehen: er kann entweder seine Ausgaben einschränken oder mehr Arbeit verrichten als vorher. Dieses Verhalten scheint Hume leichter und natürlicher, als das erfolgreiche Streben nach Lohnerhöhung. Die Steuerüberwälzung hält Hume nur in Ausnahmefällen für möglich, dann nämlich, wenn sehr schwere Steuern sehr unverständig aufgelegt werden. Doch würden sich, wie er glaubt, die so errungenen hohen Löhne nicht lange behaupten lassen, weil zu viele Arbeiter in dem begünstigten Arbeitszweige Beschäftigung suchen würden. Es sei wahr, alle Menschen hätten den Wunsch, die Steuer von sich abzuwälzen, aber da es ein Jeder wünsche und Alle sich wehrten, so sei nicht zu vermuten, daß Einer aus diesem Kampfe als völliger Sieger hervorgehen würde. Weshalb sollte da der Gutsbesitzer Alles tragen? Humes klarer, philosophischer Geist unterläßt es, die Wirkungen der Überwälzung genau a priori zu bestimmen. Nur davon zeigt er sich überzeugt, daß es sich nicht empfiehlt, indirekte Steuern auf die zum Leben unumgänglich notwendigen Unterhaltsmittel zu legen. Er zieht diejenigen auf den Luxuskonsum vor.

So drängt sich also in der theoretischen Erörterung eine Frage immer mehr in den Vordergrund: Welchen Einfluß haben Steuern auf das Einkommen der Arbeiter? Sie wird von Steuart in eingehender, wenn auch nicht in klarer und widerspruchsloser Weise behandelt.

Die volkswirtschaftliche Entwicklung Englands hatte zu seiner Zeit Unternehmer und Arbeiter noch nicht schroff geschieden. Wahrscheinlich sind aus diesem Grunde in seinem Werke Unternehmergewinn und Arbeitslohn auch nicht wissenschaftlich getrennt. Der „manufacturer" arbeitet für den Kaufmann, welcher seine Waren zu Markte bringt, wie Held in seiner socialen Geschichte Englands gezeigt hat. Manche Gewerbe sind Ervortgewerbe, an sie denkt er vorzugsweise in seinen Untersuchungen.

Sobald sich regelmäßige Verkehrsbeziehungen der genannten Art zwischen manufacturer and merchant gebildet haben, wird das Einkommen des Arbeiters in die kaufmännische Berechnung hineinbezogen. Es muß so hoch sein, daß es den notwendigen Unterhalt und die notwendigen Ausgaben für Werkzeuge eines Mannes deckt, welcher mit durchschnittlicher Begabung in einer bestimmten Gegend nach der Art der Arbeit regelmäßig kürzere oder längere Zeit beschäftigt ist. Bei einer Analyse des Warenpreises findet man neben dieser Auslage noch eine andere für den Ankauf von Materialien. Wenn er noch höher steigt, so ist die Differenz der Gewinn (the manufacturer's profit)[1].

Diese Lehre müssen wir etwas genauer ins Auge fassen, um uns nicht zu verirren. Erstens der Lohn muß die notwendigen Ausgaben decken, aber er braucht nicht so hoch zu sein, daß auch die Luxusausgaben inbegriffen wären. Zweitens. Ein Lohn, welcher dem Arbeiter erlaubt, einige Tage in der Woche zu faulenzen, beträgt mehr als das zum Leben unumgänglich Notwendige.

Hieraus ergibt sich nun, daß im allgemeinen die Preise der Lebensmittel die Löhne beeinflussen müssen. Fügen wir schon hier vorsichtshalber hinzu, sie beeinflussen sie, aber sie bestimmen sie nicht. Sie beeinflussen sie auch nicht in jedem Falle. Steigen die Preise der überflüssigen Dinge, so braucht der Lohn dadurch nicht berührt zu werden, haben die Arbeiter bisher mehrere Tage in der Woche gefeiert, so wird eine Erhöhung der Preise der Lebensmittel, wenn die Umstände gleich sind, wahrscheinlich die Wirkung haben, daß sie mehr schaffen, weniger müßig gehen, ohne daß der Lohn in die Höhe geht.

Aber wir müssen den Satz, daß die Preise der Lebensmittel die Löhne beeinflussen, noch weiter beschränken. Der Einzelne ist nicht im stande, sich seine besonderen Auslagen wieder-

---

[1] Die Lehre vom Lohne findet sich zerstreut in B. II, chap. 4, 9 ff. und B. V, chap. 5.

bezahlt zu machen, daran würde ihn die Konkurrenz der Mäßigen verhindern. Andererseits kann der Lohn steigen, wenn die Lebenshaltung der ganzen Klasse teurer geworden ist. Schließlich muß noch unterschieden werden zwischen den Gewerben, die für den heimischen und denjenigen, welche für den fremden Markt arbeiten. Die Arbeiter in den letzteren stehen der Preisbildung machtlos gegenüber. Dies führt uns auf die Faktoren, welche den Arbeitslohn bestimmen.

Das Verhältnis von Angebot und Nachfrage der Güter auf dem Markte bestimmt den Warenpreis und setzt damit fest, wie viel unter die Arbeiter verteilt werden kann. Einen wie großen Anteil wirklich diese Klasse erhält, hängt von der Konkurrenz ab, welche sich ihre Angehörigen machen. Steht der Preis der Ware auf dem Markte hoch, dann kann der Arbeiter mit Erfolg eine Erhöhung seines Lohnes durchsetzen und diesen so hoch treiben, wie es mit dem Gewinn des Kaufmanns verträglich ist, sofern er nur die Mitbewerbung seiner Nachbarn fernzuhalten weiß. Geht aber die Nachfrage zurück, dann werden auch die Löhne fallen, und die Arbeiter einander vielleicht eine derartige Konkurrenz bereiten, daß sie Hungers sterben. In billigen Jahren können die Löhne steigen und in teuren sinken. Der Preis der Lebensmittel also bestimmt die Löhne nicht. Könnte ein Weber von der Luft leben, so würde sich sein Lohn nicht ändern.

Stuarts Lohngesetz lautet also in aller Kürze: Die Höhe des Lohnes wird bestimmt durch den Marktpreis der vom Arbeiter erzeugten Waren und die Konkurrenz unter den Arbeitern, sie wird beeinflußt durch den Preis der Lebensmittel[1]).

---

[1]) Now the price of a manufacturer's wages is not regulated by the price of his subsistence, but by the price at which his manufacture sells in the market. Could a weaver, for example, live upon the air, he would still sell his day's work according to the value of the manufacture, produced by it, when brought to market. As long as he can prevent the effects of the competition of his neighbours, he will carry the price of his work as high as is consistent with the profits of the merchant, who buys it from him in order to bring it to market; and this he will continue

Auf diesen Ausführungen beruht nun größtenteils seine Lehre von der Überwälzung der Steuern. Besitzsteuern können im allgemeinen nicht überwälzt werden. Wenn aber eine solche Steuer indirekt erhoben wird, aus einer cumulative in eine proportional tax verwandelt wird, dann läßt sie die Überwälzung zu. Wird eine Aufwandsteuer bei der Person erhoben, die den Luxus macht, so wird sie nicht überwälzt werden können, wird sie aber z. B. beim Wagenbauer erhoben, so wird sie überwälzt werden. Daher sein Satz: „Bei diesen (cumulative taxes) findet nicht notwendigerweise eine Veräußerung statt zur Zeit, wo sie gezahlt werden, woraus folgt, daß sie in vielen Fällen nicht überwälzt werden können[1]."

Von den Verzehr- und Ausgabesteuern (proportional taxes) behauptet er, daß sie beim Verkauf der Waren überwälzt würden. Sie würden ein Teil der Produktionskosten[2]). Die besteuerte Ware kann konsumiert oder wieder verkauft werden. Im letzten Falle erhält der Wiederverkäufer die Auslage für die Steuer zurück. Macht sich im ersten Falle auch der erhöhte Preis der besteuerten Lebensmittel in den Löhnen fühlbar? Steuart behauptet zunächst unbedingt und allgemein, daß jeder in einem Gewerbe thätige Mensch (industrious man) den Steuerbetrag zurückerhalten wird, so daß die Verzehrsteuern nur auf die faulen

---

to do, until the rate of the market is brought down. It is therefore the rate of the market for labor and manufactures, and not the price of subsistence, which determines the standard of wages. V, 5, S. 199. Siehe auch S. 203 und S. 205: (The price of labor) is regulated by the demand for the work and the competition among the workmen. The price of the market . . . . regulates the price of works . . . the price of subsistence only influences it. S. 207.

[1]) V, chap. 6, S. 219.

[2]) Such a tax raises the price of commodities V, cap. 3, S. 188. In all kinds of this imposition we find the tax regularly reimbursed from hand to hand, it adheres so closely to the commodity, that it becomes as essentially a part of the value, as carriage, packing, and the like like incident charges, enter into the prices of goods. It never can affect the industrious man who does not consume. V, 5, S. 197.

Konsumenten fallen, welche er mit den Reichen identifiziert[1]). Dann aber macht er eine Reihe von Ausnahmen, welche dieser Behauptung widersprechen, sie sind Konsequenzen seiner Grundanschauung. Er läßt die Überwälzung nicht eintreten, wenn die Steuer die Lebenshaltung eines Einzelnen erhöht[2]). Dagegen hält er die Steuerüberwälzung für möglich, wenn Verzehrsteuern die Ausgaben der ganzen Klasse allgemein und unmerklich erhöhen, im Falle der Arbeiter weder Luxusausgaben macht noch träge ist[3]). Wenn sie Luxusausgaben machten, so gehörten die Arbeiter zu den faulen Konsumenten, und wenn sie überflüssige Zeit hätten, dann würde die Steuer sie zu stärkerer Anstrengung zwingen. Steuart unterscheidet endlich noch, was die Steuerüberwälzung betrifft, zwischen den Arbeitern für den heimischen und denjenigen für den fremden Markt, aber nicht so ausführlich, wie man wohl wünschen möchte[4]). Er gelangt schließlich zu folgenden Sätzen[5]):

1. Verzehrsteuern erhöhen den Preis jeder Ware, aber den Preis der Arbeit nur nach den Umständen.

---

[1]) I conclude that no objection can lie against proportional taxes, so far as they affect the industrious, because they draw them completely back. V, 6, S. 220. I say that this category of taxes .... never can either fall upon or affect any person but the idle; that is to say, the not industrious consumer. V, 3. S. 188 .... the rich, whom we have called the idle consumers. V, 5, S. 197.

[2]) The extravagance and idleness ... of particular workmen does not ... raise prices. Diejenigen who do not frequent the tavern, and who are not idle, will undersell him. V, 3, S. 186. Let this principle also be retained, that with respect to the consumption of superfluities by the manufacturing classes, they must be considered as being of the class of the rich and idle, as much as the first Duke of England. a. a. O. S. 188.

[3]) When the expense of living is insensibly and universally augmented, by the effect of proportional taxes, then the industrious man, who enjoys neither superfluity or idleness, may and can augment the price of his work in proportion. V, 6. S. 223.

[4]) I must distinguish between the consequence of raising prices at home, and raising them upon articles of exportation. V, 5, S. 198.

[5]) Sie gelten nur für letztere: an den ersteren geht er mit ein paar Bemerkungen vorüber.

2. Der Preis der Lebensmittel, mag er nun durch die Auflage von Steuern beeinflußt sein oder nicht, bestimmt nicht den Preis der Arbeit. Dieser wird bestimmt durch die Nachfrage nach der Arbeit und die Konkurrenz der Arbeiter unter sich.

3. Wird der Preis des zum Leben Notwendigen erhöht, falls der Lohn über dem Existenzminimum steht, so muß der Arbeiter mehr arbeiten, um seine Einbuße wett zu machen.

4. Nimmt die Zahl der Arbeiter zu, wenn der Arbeiter auf das Existenzminimum beschränkt ist, dann müssen sie alle verhungern[1]).

Nach diesen Lehren kann es nicht befremden, daß Steuart sich gegen die Ansicht erklärt, jede Steuer müsse schließlich auf Grund und Boden oder auf Gewerbe und Handel fallen[2]).

Im ganzen und großen kehrt Humes Lehre in ihren Grundzügen wieder, nur allseitig entwickelt, durchgebildeter, begründeter, ausführlicher, aber auch verworrener.

Das Ergebnis unserer Untersuchung ist also dieses: Die Lehre von der Überwälzung der Steuern war keine Kuriosität, welche die Physiokraten erst aufgebracht hatten, sondern sie war in den Werken der Naturrechtslehrer, Politiker und Nationalökonomen flüchtig berührt oder eingehend besprochen worden. Von England war der erste Anstoß zu einer genauen Beschäftigung ausgegangen. Die wichtigsten Theorien aber, welche zur Zeit Smiths die Köpfe beschäftigten, waren die Physiokratische und die Hume-Steuartsche.

Der zweite hier zu erledigende Punkt betrifft die nationalökonomischen Wirkungen der Staatsschulden. Nur Hume und Steuart sind zu besprechen[3]). Wie es bei dem Ersteren nicht

---

[1]) V, 5, S. 204 ff.
[2]) V, 3, S. 188.
[3]) Quesnay warnt den Staat vor „emprunts qui forment des rentes financières". Sie seien sowohl dem Staate wie dem Ackerbau gefährlich.

anders zu erwarten ist, begnügt er sich nicht mit der Erörterung ihrer nationalökonomischen Wirkungen, er zieht auch ihre socialen und politischen Folgen in die Betrachtung hinein. Die letzteren gehören nach der Überschrift dieses Teiles vorliegender Untersuchung nicht hierher, aber wir dürfen sie auch nicht übergehen, da Humes heftige Feindschaft gegen die Staatsschulden sonst nicht ganz verständlich wäre. Aus diesen Gründen sollen die beiden Arten von Wirkungen getrennt werden und die nationalökonomischen in der Darstellung vorangehen.

Die Staatsschuldscheine, meint Hume, sind bei uns eine neue Art Geld geworden, welches das bare überflüssig macht, weil das Papier in einer Viertelstunde gegen Metallgeld verkauft oder verpfändet werden kann. Es genießt allgemeines Vertrauen, dient zur Fundierung der größten Unternehmungen und bringt den Kaufleuten eine sichere Einnahme. Da diese schon den staatlichen Zins empfangen, können sie mit einem mäßigeren Gewinn zufrieden sein. In derselben Lage befindet sich eine Klasse von Menschen, welche halb Staatsgläubiger, halb Kaufleute sind. Auf die Verminderung des Gewinns wirkt aber auch noch ein anderer Umstand hin. Durch die Staatsschuld ist eine sichere Anlage für die Wirtschaftsüberschüsse der großen Kaufleute geschaffen. Früher wurden sie zum Ankauf von Landgütern, jetzt von Staatsschuldscheinen verwandt, es bleiben mehr Kaufleute im Geschäfte. So wird die Konkurrenz unter ihnen lebhafter, der Gewinn nimmt ab.

Die Minderung des Gewinns wirkt auf die Verbilligung der Waren hin, der Verzehr nimmt zu, die Arbeit der niederen Klassen wird reger, die materielle Kultur hebt sich. Andererseits scheucht das Papier die Edelmetalle aus der Cirkulation, wodurch

---

Er werde von seinen Schulden verschlungen, es entstehe ein trafic de finances, durch den Zins schwellen les fortunes pécuniaires stériles immer mehr an, die Landwirtschaft aber werde beraubt des richesses nécessaires pour l'amélioration des biens fonds et pour l'exploitation de la culture des terres. Max. Génér. XXX.

die Preise der Lebensmittel und der Arbeit erhöht werden. Weiter haben die Steuern, welche zur Zahlung der Zinsen erforderlich sind, die Tendenz, entweder die Löhne zu erhöhen oder das ärmere Volk zu bedrücken. Und schließlich ist zu befürchten, daß die Staatsschuldscheine, welche sich in den Händen ausländischer Kapitalisten befinden, auch die brittische Industrie und das brittische Volk nach sich ziehen.

An diese die ökonomische Schädlichkeit der Staatsschulden für die große Mehrzahl des Volkes wenig beweisende Darstellung reiht sich nun die Erörterung der Frage an, ob die englischen Staatsschulden als ein Schaden betrachtet werden können, da sie doch größtenteils in England untergebracht sind. Dies führt uns vor das Schauergemälde, welches Hume von ihren socialen und politischen Wirkungen entwirft. Die Staatsschulden verursachen nach seiner Meinung die Entstehung einer Klasse von in Trägheit und Luxus versunkenen Gläubigern; ohne Geist, Ehrgeiz, Autorität und Anhänglichkeit an den Staat, können sie dort leben, wo es ihnen beliebt. Indem diese Klasse den größten Teil des Staatseinkommens an sich zieht, drückt sie die übrigen zu ihren haßerfüllten, machtlosen Verwaltern herab. Hierdurch bahnt sie dem Absolutismus und Despotismus die Wege. Da nun so wenig auf die Verteidigung des Landes verwandt werden kann, steht dies vielleicht ungerüstet da, wenn einmal äußere Kriege oder Revolutionen ausbrechen sollten. Aber in einer solchen Lage wird das Volk, vom Selbsterhaltungstrieb gedrängt, die Hand auf die Summen legen, welche für die Staatsgläubiger bestimmt waren. Entweder wird der öffentliche Kredit das Volk oder das Volk den öffentlichen Kredit vernichten, prophezeit unser Philosoph, er scheint die zweite Alternative für die wahrscheinlichere zu halten. Aber trotz des Staatsbankerottes wird die alte Praxis nicht aufhören, es werden neue Schulden aufgenommen werden, andere Dummköpfe werden dem Staate borgen. Aber sollte es denn nicht möglich sein, das Kapital der alten Schulden allmählich abzubezahlen, einen normalen Zustand zu schaffen und sich künftig des Schuldenmachens zu enthalten? Hume verzweifelt daran. Sowohl das „monied interest" wie das „landed interest" sträuben sich gegen die Abtragung der Schulden. Jenes will seine Kapitalien nicht zurückhaben, da es sie nicht so sicher wieder anzulegen weiß und dieses nicht die hohen Steuern tragen, welche zur Schuldenzahlung erforderlich wären. Und endlich sind auch die Staatsmänner dagegen. Sie sehen, daß sie und die Regierung am besten bei der Staatsschuld fahren. Sie brauchen dem Volk keine so schweren Abgaben aufzubürden, wie das ohne die Staatsschuld nötig wäre und der Ausbruch, ja nur der Anschein von Unruhen läßt die mitbedrohten Staatsgläubiger der bedrängten Regierung zu Hülfe eilen. Einer Regierung, wie der englischen, können Volksmassen wohl gefährlich werden und sie haben in London in Folge der Staatsschulden zugenommen. Denn die Staatsgläubiger haben die Neigung, sich in den Hauptstädten zusammenzudrängen, die dadurch geld- und volkreicher werden. Die Gefahr ist also größer geworden, aber die Natur der Dinge hat neben das Gift der Volksmassen das Gegengift in Gestalt der Staatsgläubiger gestellt.

Hume steht offenbar einer Erscheinung gegenüber, die er nicht völlig begreift, Steuart betrachtet das Staatsschuldenwesen viel leidenschaftsloser. Die historische Auffassung der volkswirtschaftlichen Erscheinungen läßt ihn auch den Staatskredit geschichtlich erklären. Zu der Zeit, welche bis zur Weltherrschaft Roms reichte, legten alle Staaten Schätze an. Sie wurden geplündert und nun begann die Periode der Tribute und der Erpressungen. Nachdem das römische Reich durch barbarische Völker zerstört war, verliefen Jahrhunderte, in denen von einem öffentlichen Kredit nicht die Rede sein konnte. Erst die Entwicklung der Industrie und des Handels in den italienischen Republiken und den Hansestädten führte die Geldwirtschaft herauf. Nun begannen auch die Fürsten zu borgen, zuerst verpfändeten sie ihre liegenden Güter, später legten sie Steuern auf und verkauften diese. Steuart geht darauf zu einer eingehenden Darlegung der Entwicklung und des damaligen Standes des englischen und französischen Staatskredits über. Nachdem er diese Grundlage gelegt, stellt er die mutmaßlichen wirtschaftlichen und sozialen Wirkungen des Staatskredits dar. Sie sind aber in so ausgesprochenem merkantilistischem Geiste gehalten, daß ich es nicht für nötig halte, näher darauf einzugehen. Sie haben jedenfalls Adam Smith nicht beeinflußt. Ich begnüge mich daher, hervorzuheben, daß er hier und an einigen anderen Stellen mit Hume in der Beurteilung einiger Gefahren der Staatsschulden übereinstimmt. Aber Alles, was er hierüber vorbringt, klingt abgetönt.

Zum Schlusse haben wir Justis ökonomische Erörterungen über Überwälzung und Staatsschulden zu erwähnen. Bei der Accise kommt er auch einmal auf die Überwälzung der Steuern auf die unbeweglichen Güter zu reden. Zuerst scheint es ihm, daß die Steuer überwälzt wird, dann meint er, es käme auf den Preis an, der von ganz anderen Dingen als dem Willen der Verkäufer abhänge, drittens ist er der Überzeugung, daß trotz des erhöhten Preises die Gewerbetreibenden nach wie vor beträchtlichen Gewinn machten. Ganz sicher scheint ihm aber die Accise auf kaufmännische Waren überwälzt zu werden, denn „der Kaufmann handelt nicht mit Schaden"[1].

Anstatt der Wirkungen einer Staatsschuld finden wir bei Justi diejenigen des Staatsschatzes erörtert. Bei seiner Besprechung erklärt sich Justi gegen eine unbegrenzte Zunahme, denn „so könnte endlich . . . die Summe so stark anwachsen, daß das in den Gewerben roulierende Geld zum Nachteil des Nahrungsstandes allzumerklich vermindert würde"[2].

Dieses genügt zum Beweise, wie sehr doch Justi an nationalökonomischen Kenntnissen hinter den Engländern zurücksteht.

IV.
Die Finanzpolitik.

Wir haben die allgemeinen Grundlagen der Finanzpolitik: die Lehre von der gerechten und klugen Besteuerung, wie von

---
[1] II, § 263 u. 265.
[2] II, § 534.

dem Verhältnis der Einzelwirtschaft zur Staatswirtschaft kennen gelernt. Den vierten Bestandteil der Finanzwissenschaft, die Finanzpolitik, können wir nun rascher erledigen.

Die einschläglichen Fragen, welche die Deutschen und Franzosen um die Mitte wie im letzten Drittel des vorigen Jahrhunderts beschäftigten, sind bekannt. In England stritt man über die Vorzüge der direkten und indirekten Besteuerung, wobei wohl die Mehrzahl sich für die letztere entschied, wie es schon Hobbes gethan hatte. Die rasch anschwellenden Staatsschulden erschienen fast allgemein als ein Fluch des Landes.

Finanzpolitische Erörterungen finden sich vorzugsweise in den politischen Schriften, aber, wie wir z. B. bei Pufendorf gesehen haben, werden sie auch im Naturrechte durchaus nicht übergangen.

Von den Vorgängern Smiths haben wir nur Hume, Steuart und Ferguson zu betrachten. Hutchesons Vorliebe für eine allgemeine direkte Einkommensteuer wurde früher erwähnt, das physiokratische Ideal der alleinigen Grundsteuer ist bekannt, die deutschen Verhältnisse lagen den Engländern zu fern, um hier Erörterung zu finden.

Hume befürwortet Verzehrsteuern, insbesondere Luxussteuern, weil das Volk sie am wenigsten empfinde. Sie scheinen, wie er ausführt, bis zu einem gewissen Grad freiwillig entrichtet zu werden, da es in dem Belieben des Einzelnen steht, ob er den besteuerten Gegenstand gebrauchen will. Sie werden allmählich, unmerklich bezahlt und bringen Mäßigkeit, Genügsamkeit hervor, wenn sie verständig aufgelegt werden. Dieser Glaube beruht auf seiner vorher ausgeführten Ansicht von der Überwälzung der Steuer. Da die Steuer in dem Warenpreise entrichtet wird, so fühlt sie der Verzehrer kaum. Ihr einziger Nachteil besteht darin, daß ihre Erhebung teuer ist. Besitzsteuern sind ohne große Kosten zu erheben, aber sie haben alle andere Nachteile. Worin diese bestehen, sagt er nicht. Die verderblichsten sind nach seiner Meinung die willkürlichen. Abgesehen von den

großen Mißständen, die ihre Verwaltung mit sich bringt, treffen
sie den Einzelnen unvermeidlich ungleich. Die Kopfsteuern aber
bezeichnet er geradezu als gefährlich, denn es sei so leicht, sie zu
erhöhen, während eine Verzehrsteuer einer allzu großen Erhöhung
von selbst widerstrebe.

Reichlicher als diese etwas dürftigen Ausführungen, in
denen weder der Gesichtspunkt der Gerechtigkeit, noch der nationalökonomische zur Geltung kommen, sind die Erörterungen
Steuarts. Er unterscheidet, wie erinnerlich sein wird, cumulative und proportional taxes. Die letzteren sind Verzehr- oder
Ausgabesteuern, die ersteren Steuern auf das Eigentum. Die
dritte Gruppe der personal taxes übergeht er aus offenbaren
Gründen. Wie Hume, zieht er die Verzehrsteuern den Steuern
auf das Eigentum vor. Denn bei den ersteren sei das Verhältnis zwischen der Steuer und dem besteuerten Objekte bestimmt, das Verhältnis könne Jedermann bekannt werden und
die Zeit, wann die Steuer bezahlt werden müsse, sei regelmäßig
und komme allmählich. Indem man die Ware bezahle, bezahle
man die Steuer und es stehe Jedermann frei, ob er die Waren
kaufen wolle oder nicht. Anders bei den direkten Steuern auf
das Eigentum. Hier sei es kaum möglich, das Verhältnis
zwischen der Steuer und dem Vermögen des Besteuerten zu erhalten, der Staat sei nicht in der Lage, sich über das Verhältnis
zu vergewissern und die Steuer werde oft verlangt, wenn die
Leute kein Geld hätten. Offenbar legt Steuart energischer als
Hume an die Steuern den Maßstab der Gerechtigkeitsprincipien
an, die er für sich nie aufstellt; sie sind deshalb vorher auch
nicht erwähnt worden. Was ihm aber die indirekten Steuern
besonders teuer macht, ist der Umstand, daß sie immer nur die
Ausgabe, also das Einkommen, nicht das Kapital treffen. Gegen
die Verzehr- und Ausgabesteuern würde eingewandt, daß sie die
Preise erhöhten, die Konsumtion beschränkten und ihre Erhebung
drückend und teuer sei. Steuart hält diese drei Unannehmlichkeiten mehr für scheinbar als willkürlich. Seine Beweisführung
für den ersten Punkt übergehen wir hier, da er uns bei der

Lehre von der Überwälzung der Steuern schon beschäftigt hat. Außerdem erwartet er ja von ihnen ebenso wie Hume unter Umständen Mäßigkeit und vermehrte Arbeit bei den unteren Klassen. Er kommt zu dem Ergebnis, daß sie thatsächlich die Preise erhöhten. Wenn dies aber der Fall sei, so könnten sie nicht zugleich den Verbrauch einschränken, denn wenn der Verbrauch eingeschränkt würde, so müßten die Preise fallen. Was aber den dritten Einwand betrifft, so rühre der Nachteil von der Neigung des Volkes her, den Staat zu betrügen. Würden sie in billiger Weise bezahlt und ehrlich eingesammelt, dann koste die Erhebung der Verzehrsteuern wenig mehr als die anderer Abgaben und sie seien unendlich weniger drückend.

Verwirft nun Steuart die cumulative taxes? Ja und nein. Am besten wäre es, meint er, wenn man sie ganz entbehren könnte. Wenn dies aber nicht der Fall wäre, so seien ihr schickliches Objekt die großen Besitzungen der höheren Klassen. Diese könnten eine Verminderung ihres Einkommens zu Gunsten des Staates vertragen, ohne daß der notwendige Lebensunterhalt oder die Behaglichkeit der Besteuerten geschmälert würde. Aber sie dürften nicht auf die niederen Klassen gelegt werden, weil sie entweder aus Arbeitern oder Bettlern beständen. Jene müßten im Stande sein, sich von den Reichen zurückzahlen zu lassen, was sie dem Staate vorgeschossen hätten, die letzteren könnten überhaupt nichts geben. Übrigens sei zu erwägen, daß die direkten Steuern immer nur das Einkommen aus unbeweglichem Eigentum treffen, dies allerdings ganz absorbieren könnten, während sich das bewegliche Eigentum dem Griffe jedes Staatsmannes entziehen würde. Von allen Steuern dieser Art könnte eine Grundsteuer den höchsten Betrag ohne die geringste Bedrückung der Steuerzahler einbringen. Aber man müsse durch eine genaue Schätzung die Gewißheit erlangen, daß eben nur das Einkommen aus unbeweglichem Eigentum geschatzt würde. Deshalb müsse er er sich gegen die Anlegung der englischen Land-tax erklären, welche auch anderes Einkommen angriffe. Aus einem anderen Grunde erklärt er sich gegen die Taille. Die höheren Klassen in Frankreich seien von ihr befreit, die Eigentümer in den niederen Klassen zögen aus ihrem Gütchen wenig mehr als ihren notwendigen Unterhalt und die Pächter müßten sie neben der Grundrente bezahlen, die sie eigentlich tragen sollte. Die beste Grundsteuer sei die, welche nur auf die Grundrente und auf diese verhältnismäßig falle. Ganz entschieden verwirft Steuart eine Gewerbesteuer.

Am Schlusse seines Werkes erklärt er sich gegen eine einzige Steuer. Er sei stets für die Vervielfältigung der Steuerobjekte gewesen und mehr für die Besteuerung nach dem Verhältnis der Ausgabe, als des Eigentums und des Kapitals. Deshalb befürwortet er eine Steuer auf den Verkauf jeder Ware. Vorher schon hatte er die Verwandlung der direkten Grundsteuer in eine indirekte Verzehrsteuer auf Lebensmittel (meat and drink) angeregt, und gezeigt, wie man direkte Steuern auf die arbeitenden Klassen in indirekte verwandeln könne.

Ob der Staat die Steuern verpachten solle oder nicht, darüber ließe sich keine allgemeine Regel angeben. Cumulative taxes, also direkte Steuern, würden am besten von Beamten des Staates verwaltet, ihre Verpachtung drücke die niederen Klassen zu sehr.

Offenbar bezeichnet Steuarts Finanzpolitik einen entschiedenen Fortschritt über Hume hinaus, obwohl er sich mit ihm in der Vorliebe für indirekte Steuern berührt.

In der kurzen Finanzwissenschaft Fergusons sind nur seine politischen Lehren von Interesse, sie sind dürftiger als diejenigen Humes und Steuarts, aber sie erstrecken sich weiter. Wie später Smith führt er an, daß das Staatseinkommen aus Staatsvermögen oder Steuern fließen könne. Die erstere Art, meint er, sei die roher Völker, die letztere diejenige von „commercial nations" — eine sociologische Betrachtung. „It is not the interest of commercial nations, that any subject should remain unappropriated. While a subject remains unappropriated, it is commonly neglected."

Er führt folgende Arten von Steuern an: Personalsteuern (capitation), Objektsteuern (assessment), Zölle und Accise. Er erklärt sich gegen die ersteren: „Capitation may be oppressive to the poor, without levying from the rich what they are able to furnish to the state. Capitation is a symptom of despotic and oppressive government". Wie sagte Montesquieu? „L'impôt par tête est plus naturel à la servitude, l'impôt sur les marchandises est plus naturel à la liberté". Von den Objektsteuern billigt er, wie Steuart, die Grundsteuer und tadelt er eine Steuer auf den Handel. „The stock of the merchant is fluctuating; and attempts to ascertain it might give occasion to frauds, or improperly disclose the secrets of trade." Er verwirft die Steuern auf die „necessaries of life" als „a tax on the poor"; um somehr preist er die Luxussteuern als Steuern „on the prodigal or the rich. Such taxes are most agreeable to humanity and justice." Den (Fiscal-) Zöllen ist er nicht sehr gewogen. Er nennt sie „an encumbrance of trade". Der Konsument muß nicht nur die Steuer, sondern auch den Zins des Steuerbetrages entrichten. Die Accise kommt bei ihm besser fort. „Excise may be rendered a tax either on the rich or the poor separately, or on both proportionally". Aber sie würde leicht als Last gefühlt und errege Feindseligkeit gegen den Staat.

So tritt noch deutlicher hervor, was die communis doctorum opinio war. Über das Staatsschuldwesen hat sich Ferguson nicht geäußert, um so ausführlicher haben Hume und Steuart darüber geschrieben.

Die Ansichten beider Männer über die Politik der Staatsschulden haben wir nun wiederzugeben. Bei Humes Pessimismus ist eine Staatsschuldenpolitik nicht zu erwarten, er zieht den Staatsschatz der Staatsschuld vor. Dagegen hat Steuart eine ausführliche Politik der Staatsschulden verfaßt. Vor allem rät er dem Staatsmanne an, einen Fond zur Erfüllung der eingegangenen Verpflichtungen einzurichten, und ein ausgedehntes Kreditsystem zu schaffen. Er hat weiter für den Wiederersatz des der Cirkulation entzogenen Geldes zu sorgen, wenn ihr allzugroße Summen entzogen worden sein sollten. Hierauf bespricht er eingehend verschiedene Methoden der Rückzahlung der Schulden, deren Erörterung uns über den Rahmen dieses Aufsatzes hinausführen würde.

Welche Ansichten vertritt nun Justi, dessen „Staatswirtschaft" in den Zeitraum zwischen dem Erscheinen der Aufsätze Humes und der „Inquiry" Steuarts fällt? Er hebt zunächst die Schwierigkeit hervor, solche Wege und Einrichtungen bei den Kontributionen und Abgaben zu treffen, die den von ihm aufgestellten Grundregeln in Allem gemäß seien. Eine jede Abgabe sei unvollkommen und die Unvollkommenheit zeige sich am deutlichsten, wenn man eine einzige Steuer zu erfinden suche. Es seien verschiedene Abgaben notwendig. Eine Grundsteuer erfülle die meisten der an eine Steuer zu stellenden Forderungen. Da nicht alle Personen unbewegliche Güter besäßen, und doch alle an den Vorteilen der Staatsvereinigung teil nehmen, so müßten auch Personalsteuern erhoben werden. Wenn dadurch die Eigentümer von Grundstücken mit betroffen würden, so läge darin keine Ungerechtigkeit, denn die Einzelnen genössen den Schutz des Staates nicht nur in Ansehung ihrer Güter, sondern auch ihrer Personen, ein Gedanke, den auch Pufendorf ausgesprochen hatte. Die Personalsteuer könne nun erstens in der Form einer Einkommen- oder Vermögensteuer, zweitens in der Form einer Kopfsteuer erhoben werden. Er erklärt sich gegen die erstere, weil eine Schätzung des Vermögens vorangehen müsse, die dem Kredite der Kaufleute schädlich und allen Menschen unangenehm sei. Sie widerspricht einem der von ihm aufgestellten Grundsätze. Die Kopfsteuer denkt sich Justi als eine Art Klassen- und Rangsteuer, wobei man auf den in jeder Nahrungsart fallenden Gewinn großen Betracht nehmen müßte; und wenn man einer Klasse allemal den Rang über der andern zugestände, so könnte man sich der Leidenschaften der Menschen zugleich so geschickt bedienen, daß die Unterthanen gleichsam die Abgaben freiwillig und aus eigener Bewegung entrichteten — ein anderes Steuerprincip Justis. Durch diese Steuer würde es möglich, auch die Rentner zu besteuern, welche von ausgeliehenen Kapitalien leben, ohne unbewegliche Güter zu besitzen, „die also wider die Grundregel von der gerechten Gleichheit in Erlegung der Abgaben zu dem großen Aufwande des Staates gar nichts beitragen, ob sie gleich alle Wohlthaten, die aus der Verfassung eines gemeinen Wesens entstehen, wie andere Unterthanen genießen". Justi tritt weiter für die Gewerbesteuer ein. Es gibt drei Wege, wie die Gewerbesteuer erhoben werden kann, der erste ist ungangbar, weil er eine genaue Erforschung des beweglichen Vermögens voraussetzt, der zweite ist die Accise, der dritte eine direkte Gewerbesteuer, welche „nach Maßgebung dessen Größe und Wichtigkeit" erhoben wird. Justi gibt eine eingehende Kritik der damaligen Accise von den Gesichtspunkten der gerechten Besteuerung und zeigt wie mangelhaft sie war. Ebenso eingehend berücksichtigt er aber auch die Gründe, welche für die indirekte Besteuerung geltend gemacht wurden, Gründe, die wir vorher bei Hume und Steuart gehört haben. Es wird hier überall offenbar, auf wie viel soliderem Boden doch in diesen Dingen ein aus der Kameralistenschule hervorgegangener Gelehrter über den Größen der wissenschaftlichen Nationalökonomie der Engländer und der Franzosen stand. Justi entwickelt dann ausführlich sein Projekt der Gewerbesteuer, von dem Robert Meyer urteilt: „Sein Vorschlag in letzterer Beziehung bezweckt so ziemlich das, was später in den meisten Staaten durchgeführt worden ist: eine Besteuerung der Gewerbe nach ihren aus dem äußeren Umfange, der Zahl der Gehülfen u. s. w. ermittelten Durchschnittsertrage"[1]). Justi ist also einer der Ersten, welcher den Staatshaushalt auf ein System von direkten Steuern begründen will: Grund- und Gewerbesteuer, daneben eine Klassensteuer.

Das Kapitel über die Staatsschulden fällt daneben sehr ab. Verglichen mit den Erörterungen Steuarts ist es ärmlich. Justi schrieb über einen Gegenstand, den er aus der Praxis

---

[1]) Robert Meyer: Die Principien der gerechten Besteuerung, 1884, S. 16.

wenig kannte, während er den Engländern vertraut war. Dieser Abschnitt seines Werkes enthält die eindringlichsten Mahnungen, nicht nur die Zinsen der Schulden ehrlich zu entrichten, sondern auch an die Zurückzahlung des Kapitals zu denken. Treue und Glauben solle bei Regenten das heiligste Band sein und Nichts wäre dem Staate so notwendig, wie die Erhaltung eines guten Kredits. Doch dürfe sich der Staat nicht auf den Kredit verlassen, denn „die Umstände leiden es nicht allemal, daß man die benötigten Geldsummen von den Unterthanen aufbringen oder auf Kredit entnehmen kann."

V.
Der historisch-statistische Bestandteil.

Den fünften Bestandteil der Finanzwissenschaft wollen wir ganz kurz abmachen. Es genüge, daß wir statistische und geschichtliche Nachrichten über das Finanzwesen in den geschichtlichen und finanzpolitischen Schriften der vorsmithschen Zeit manchmal in großer Fülle finden, ich erinnere nur an Davenant und Forbonnais. Auch unser Justi sucht überall der Geschichte der Einrichtungen, die er zu besprechen hat, nachzugehen. Steuart hatte in hervorragender Weise die Entwicklung des Steuerwesens und des öffentlichen Kredits aus der modernen Geld- und Kreditwirtschaft erklärt und es war von Montesquieu auf den Zusammenhang der Finanzwirtschaft mit den politischen und socialen Zuständen der Zeit die Aufmerksamkeit gelenkt worden. Hierin liegt die Bedeutung des großen Franzosen für die Finanzwissenschaft, nicht in seinen sonstigen in dies Gebiet einschlagenden Urteilen.

Wir stehen am Ende. Wir haben ein Urteil darüber abzugeben, wie groß das Verdienst Smiths bei der Abfassung seiner Finanzwissenschaft, verglichen mit den Leistungen früherer Schriftsteller und Justis, ist.

So viel hat die bisherige Untersuchung gezeigt, daß in großer Menge behauene und unbehauene Steine zum Aufbau eines

Systems der Finanzwissenschaft zusammengetragen worden waren. In Pusendorfs Naturrecht liegt der Keim der neuen Wissenschaft, wenn auch die Politiker sich viel ausführlicher mit diesem oder jenem Teile beschäftigt haben mögen. Es fehlte nicht an Grundrissen, kein einziger der übrigen Bestandteile, aus deren Zusammensetzung die Finanzwissenschaft entstanden ist, war vernachlässigt worden. Die Grundsätze der gerechten Besteuerung und die Überwälzung der Steuern hatten gründliche und mannigfaltige Erörterung erfahren. Die Finanzpolitik war von den verschiedensten Seiten beleuchtet worden. Es fehlte nur noch der Geist, welcher hier Ordnung und Klarheit schaffte.

Zweiter Abschnitt.

Smiths Finanzwissenschaft.

Trotz der großen Zahl von Vorarbeiten kann man sich der Bewunderung dieses Teiles des „Inquiry" nicht enthalten. Wer sich einmal durch die Finanzschriften der vorsmithschen Zeit durchgewunden hat, wird der systematischen Bewältigungskraft, dem feinen Formgefühl Adam Smiths die höchste Anerkennung zollen. Es ist Einem wie in einer Kunstgallerie, in der man nach Werken unsicheren Tastens mit einzelnen Schönheiten plötzlich einem vollendeten Gemälde gegenübersteht. Und diese Schönheit ist in den hundert und einigen Jahren, welche auch in der Geschichte der Staatswirtschaftslehre verflossen sind, nicht in den Schatten gestellt worden. Wir haben inzwischen gelehrtere, tiefere, umfassendere, genialere Darstellungen der Finanzwissenschaft erhalten, eine geschmackvollere besitzen wir nicht. Wie ist hier Alles gegliedert, fein abgewogen und mit Licht und Klarheit erfüllt! Kürzer als anderswo hat sich im allgemeinen Smith im fünften Buche gefaßt und das vergnügliche Abschweifen vom graden Wege, dem er so gern zum Entsetzen der Franzosen fröhnt, ist hier so geschickt angelegt und ausgeführt, daß man ihm seine Sünden vergibt.

Allein der Vorzug des Werkes ist nicht bloß ein formeller. In der Systematik der Ausgaben hat er zwar keine neuen Wege betreten, er folgt da den ausgefahrenen Geleisen des Naturrechtes: Verteidigung nach außen, Gerechtigkeit im inneren, Unterricht und

Wirtschaftspflege. Nur daß er die letztere im Sinne der Physiokraten faßt: als Errichtung und Erhaltung von öffentlichen Werken, die zur Förderung der Wirtschaft unumgänglich notwendig sind, aber von Privatpersonen nicht ins Leben gerufen werden können. Er bespricht Unterricht und Wirtschaftspflege in einem Kapitel mit der Überschrift: Von den Ausgaben für öffentliche Werke und öffentliche Institutionen.

Dagegen vollzieht er in der Lehre von den Staatseinnahmen, in welcher er die Unterscheidung von eigentümlichen und nicht eigentümlichen flüchtig berührt, eine wichtige Neuerung: er stützt die zweite Klasse von Staatseinnahmen auf seine Lehre vom Einkommen, was für die Steuerlehre sehr wichtig wird. Welcher Fortschritt über Hume und Steuart darin lag, bedarf keiner weiteren Nachweisung. Er unterscheidet bekanntlich Steuern auf die Rente, auf den Gewinn und den Lohn, endlich Steuern, welche jede Art des Einkommens treffen sollen. Als solche nennt er Kopfsteuern und Verzehrungssteuern. Daß er diese Einteilung vornahm, ist eine Konsequenz, die sich aus der Annahme seines Grundbegriffes mit Notwendigkeit ergab. Dieser Grundbegriff ist das Nationaleinkommen. Ein anderer Vorzug seines Werkes ist die scharfe Scheidung von Gebühren und Steuern; erstere behandelt er in der Lehre von den Staatsausgaben.

Ein günstiges Urteil wird man über seine Ausführungen bezüglich der Gerechtigkeit in der Finanzwirtschaft fällen. Daß ihre Begründung fehlt, kann ihm nicht zum Vorwurf gemacht werden, denn sie gehört nicht streng in die Finanzwissenschaft. Was er aber am Ende des 4. Buches ausführt, hat nur formelle Bedeutung. Er bildet den Übergang zum fünften Buche. Um so größere Mühe hat er sich gegeben, die Grundsätze der gerechten Besteuerung, die sich seit Pufendorf immer mehr anhäuften, zu sichten und bündig zusammenzufassen. Die Steuern mißt er dann an seinem Maßstabe.

Sein Verdienst ist aber lediglich formeller Natur. Das geht am deutlichsten daraus hervor, daß er in dem ersten seiner bekannten Grundsätze das Interessen- und Leistungsfähigkeitsprincip nicht säuberlich getrennt hat. Auch zeigt der Wortlaut an sich und verglichen mit einer späteren Stelle, daß Smith sich eines Widerspruches nicht bewußt geworden ist. Während er an der früheren die verhältnismäßige Besteuerung nach den abilities der Bürger fordert, welche er erläutert als eine Schatzung „in proportion to the revenue which they respectively enjoy under the protection of the state" und sie im Folgenden gleich= setzt privatwirtschaftlichen Beiträgen mehrerer an derselben Unter= nehmung beteiligter Pächter „in proportion to their respective interests in the estate", fordert er in dem Kapitel, welches von der Haussteuer handelt, ganz allgemein „that the rich should contribute to the public expence, not only in proportion to their revenue, but something more than that proportion"[1]. Er hat auch kein Wort des Tadels für die nach seinem ersten Grundsatze als Ungerechtigkeit zu bezeichnende Thatsache, daß im Königreich Preußen für die Kirchenländereien und in der Provinz Schlesien für die abligen Güter ein höherer Steuerfuß vorgeschrieben war, als für den Grundbesitz der Laien, bezüglich der Bauern. Im Gegenteil, er sucht nach einer aus= reichenden Erklärung dafür[2]. Ja, eine gelegentliche Bemerkung verrät, daß er dem Gedanken nicht fernsteht, das Princip der Leistung und Gegenleistung dem privatwirtschaftlichen, das der Leistungsfähigkeit der Staatswirtschaft zuzuweisen. Er billigt es nämlich, daß das schwerere Fuhrwerk auf den Landstraßen auch höhere Gebühren zu zahlen hat. Dieser Grundsatz aber, meint er, würde verwerflich sein, wenn die Straßen in die staatliche Verwaltung übergingen und die Gebühren der Staatskasse zu= flössen. Seine Ansicht begründet er in folgender Weise: „As the turnpike toll raises the price of goods in proportion to their weight, and not to their value, it is chiefly paid by the consumers of coarse and bulky, not by those of precious and light commodities. Whatever exigency of the state, therefore, this tax might be intended to supply, that exigency would be

---

[1] III, S. 286 (Edinburgh 1809).
[2] a. a. O. S. 275.

chiefly supplied at the expence of the poor, not of the rich; at the expence of those who are least able to supply it, not of those who are most able"[1]).

Die auf nationalökonomischer Grundlage beruhenden Grundsätze gerechter Besteuerung hat er nicht als Forderungen aufgestellt. Man wird darin kaum ein Anzeichen dafür finden dürfen, daß Smiths Bildung vornehmlich im Naturrechte gewurzelt habe, sondern jenen Mangel als eine Nachwirkung seines Grundbegriffes betrachten müssen. Für ihn ist es selbstverständlich, daß die Steuer nur aus dem Einkommen der Bürger genommen werden kann, daß derjenige, welcher nur seine Notdurft zu befriedigen vermag, nicht zur Steuer herangezogen werden darf. Wir erfahren daher nur, daß alle Steuern aus einer oder allen der drei Einkommenarten fließen müssen, welche er im ersten Buch seines Werkes abgehandelt hat. Werden sie aber schließlich doch vielleicht aus dem Einkommen der Grundbesitzer bezahlt, wie die Physiokraten behaupten? Dies führt uns zu seiner Lehre von der Steuerüberwälzung.

Von der Grundsteuer in ihren beiden Arten behauptet er, daß sie gewöhnlich vollständig auf den Grundherrn falle, auch wenn der Pächter sie ausgelegt haben sollte, denn dieser werde sich bei der Festsetzung der Pachtbedingungen schadlos halten.

Die Haussteuer kann nur vorübergehend die Baurente treffen. Da der Kapitalgewinn die Tendenz hat, sich überall gleich zu stellen, so würde in Folge des verminderten Gewinns das Angebot von Häusern abnehmen, wodurch der Mietpreis steigen und der Kapitalgewinn seine landesübliche Höhe wieder erreichen würde. Sie muß also auf die Grundrente (Hausplatzrente) oder die Mieter fallen, gewöhnlich wird sie von den Rentenempfängern und Mietern in einem schwer erfaßbaren Verhältnis geteilt. Denn da alle Klassen von Mietern eine geringere Nachfrage nach den durch die Steuer verteuerten Wohnungen unterhalten, so werden alle Klassen von Hausherren gezwungen, mit ihren Mietzinsen herunterzugehen,

---

[1]) a. a. O. S. 120.

wodurch die Eigentümer der schlechtesten Häuser einen vorübergehenden Vorteil haben.

Steuern, welche auf den Kapitalgewinn in allen Unternehmungen gelegt werden, können verschiedene Wirkung haben. Treffen sie den ganzen Unternehmergewinn, so kann der Unternehmer entweder seinen Gewinnsatz erhöhen oder weniger Kapitalzins zahlen. Im ersteren Falle wird die Steuer endgültig von den Grundbesitzern oder Konsumenten getragen werden, je nachdem er sein Kapital im Ackerbau angelegt hat oder Gewerbsgüter herstellt. Werden sie allein auf den Kapitalzins gelegt, so ist keine weitere Abwälzung möglich. Aber der Zins ist schwer zu treffen, da der Kapitalbesitz des Einzelnen nicht genau erforscht werden kann und die Kapitalbesitzer auswandern können. Steuern auf den Kapitalgewinn in besonderen Unternehmungen fallen auf die Konsumenten, da der Kapitalgewinn die Tendenz nach Gleichheit in allen Unternehmungen hat; aber die Konsumenten bezahlen mehr als die Steuer, da der Ausleger der Steuer sich einen Zins für die vorgestreckte Summe berechnet.

Eine Lohnsteuer wird, wenn sich das Verhältnis von Angebot und Nachfrage und die Lebensmittelpreise nicht verändern, auf den Unternehmer fallen, welcher jedoch etwas mehr als die Steuer zu zahlen haben wird. Der Unternehmer wird sie auf die Konsumenten oder auf den Grundbesitzer abwälzen, je nachdem er Rohstoffe oder Industriegüter herstellt.

Neben den Steuern, welche die eine oder andere Art von Einkommen treffen, gibt es andere, welche auf jede Art gelegt werden: dies sind die Kopfsteuer und die indirekten Steuern. Erstere haben die Wirkung von Lohnsteuern. Letztere zerfallen in indirekte Steuern auf notwendige Lebensbedürfnisse und Luxusartikel. Wird die Steuer auf unentbehrliche Lebensbedürfnisse gelegt, so erhöht sich der Lohn, denn einer der Lohnbestimmungsgründe ist der Preis der Lebensmittel. Geschähe dies nicht, so würde sich die Kraft der nüchternen und fleißigen Arbeiter vermindern, zahlreiche Familien zu ernähren und somit ein genügendes Angebot von Arbeitskräften zu stellen. Die Steuer muß also vom Unternehmer getragen werden, welcher sie wiederum entweder auf die Grundeigentümer oder die Konsumenten abwälzt, je nachdem sein Kapital im Ackerbau oder in den Gewerben verwandt wird.

Wie man aus dieser Übersicht der Lehre Smiths von der Überwälzung der Steuern sieht, ist er dem Beispiele Steuarts gefolgt, die Wirkungen der Steuern auf die verschiedenen Klassen der Staatsbürger genauer zu erforschen. Seine durchgebildete Lehre von den Einkommenzweigen hat ihn denn auch theoretische Fortschritte machen lassen: er hat bestimmter bezeichnet, in welchem Verhältnis Grundrente, Kapitalgewinn, Kapitalzins und Lohn von der Steuer wirklich getroffen werden können. Die abstrakt-deduktive Methode kommt zu ihrem vollen Recht, wenn auch die Ergebnisse, zu denen er gelangt, vom logischen Standpunkte nicht immer befriedigen, selbst wenn man die Berechtigung dieser Methode anerkennt und sich nicht auf die Basis der Ricardoschen Lehre von den Einkommenzweigen stellt. Besonders lückenhaft ist die Lehre von der Überwälzung in Beziehung auf den Arbeitslohn. Ich weiß nicht, ob der Tadel Dugald Stewarts sich auf diesen Teil seiner Finanzwissenschaft bezieht. Er (Stewart) stimmt mit manchen Schlußfolgerungen Smiths nicht überein „most particularly in that chapter, where he treats of the principles of taxation, and which is certainly executed in a manner more loose and unsatisfactory than the other parts of his system"[1].

In der Lehre von den Staatsschulden ist nur ein formeller Fortschritt über Steuart zu spüren, wenn wir von den politischen Erörterungen absehen, welche die Kolonien u. s. w. zur Abtragung der Staatsschuld heranziehen wollen. Smiths Darstellung ist viel schöner und lesbarer. Seine Behandlung der Staatsschulden trägt einen ausgeprägteren sociologisch-historisch-statistischen Charakter als diejenige Steuarts. Die nationalökonomische Erfassung des Problems hat der letztere mehr gefördert als sein jüngerer Landsmann. Smith betrachtet die Staatsschulden nicht mit dem-

---

[1] a. a. O. S. LXXXII.

selben Abscheu wie Hume, aber auch nicht so freundlich wie
Steuart, er sieht in ihnen furchtbare Gefahren für die Zukunft.
Dies tritt in seiner Finanzpolitik hervor, die ich nur flüchtig
berühre, da sie nur die Stellung Smiths zu seinen Vorgängern
und Zeitgenossen aufklären soll.

Zur Abbezahlung der Schulden empfiehlt er den Verkauf
alles Staatseigentums, welches nur schlecht bewirtschaftet werde;
doch sieht er sehr wohl ein, daß örtlich und zeitlich ein derartiger
Besitz vorteilhaft für die Staatsfinanzen war. Die Staatsausgaben
sollen aus Gebühren bestritten werden, wo sich das Verhältnis
von Leistung und Gegenleistung genügend bestimmen läßt, im
übrigen aus Steuern. Von den direkten Steuern verwirft er
unbedingt Lohnsteuern, von den indirekten die von Steuart be=
fürwortete „Alcavala". Die Landsteuer und die Haussteuer
nimmt er in sein System auf. Die indirekten Steuern, soweit
sie Finanzzölle sind, wünscht er auf wenige Luxusgegenstände be=
schränkt und die Aufhebung aller Schutzzölle. Der Accise auf
den Luxusverbrauch steht er ebenfalls freundlich gegenüber. Würde
dann die Steuerverfassung Englands (Landsteuer, Stempelgebühren,
Accise und Finanzzölle, mit Ausnahme der Landsteuer, welche
er nicht erwähnt) auf alle englischen Besitzungen ausgedehnt, so
müßte sich eine Erhöhung der Staatseinnahmen ergeben, welche
auch wieder der Abbezahlung der Schulden zu gute käme. So gehen
seine volkswirtschaftspolitischen und Finanztheorien ineinander
über. Man sieht zugleich, das Ideal des „Greater Britain" ist
ihm nicht fremd. Mit seinen Vorschlägen, meint er, schaffe er
eine neue Utopie. Die Aufbringung außerordentlicher Einnahmen
durch einen Staatsschatz hält er nur für niedere Kulturstufen
richtig, auf höheren empfiehlt es sich auch für den Staat, Schul=
den aufzunehmen, für deren baldige Rückzahlung gesorgt werden
muß. Aber das System des Tilgungsfonds, bemerkt er, erleich=
tert, obwohl er für die Abbezahlung alter Schulden eingerichtet
wurde, sehr die Aufnahme neuer Schulden.

So läßt sich ein nationaler Zug in der Vorliebe für eine
indirekte Besteuerung des Luxusverbrauchs nicht verkennen. Im

übrigen ist Smiths Finanzpolitik umfassender als es diejenige Humes und Steuarts sein konnte, welche nur über Steuern und Staatsschulden schrieben. Als neue Idee tritt hervor: Verkauf des Staatseigentums, Basierung des Staatshaushalts soweit an gänglich auf Gebühren, möglichste Niederreißung aller Zollschranken, Ausdehnung des brittischen Steuersystems auf „Greater Britain". Daß die Politik Englands einige der Wege eingeschlagen hat, welche von Smith empfohlen worden sind, wird dem Leser aufgefallen sein.

Die glänzendste Seite der Smithschen Finanzwissenschaft ist unstreitig die historisch=sociologisch=statistische. Er hat sich bemüht, das historische Material zur Erkenntnis seines Gegenstandes in möglichster Fülle zusammenzutragen, seine sociologischen Erörterungen in dem ersten Kapitel des fünften Buches überraschen häufig durch ihre Feinheit.

Wir haben damit das Urteil begründet, welches wir im anfang dieses Abschnittes fällten. Smiths Finanzwissenschaft ist ein Ereignis in der englischen Litteratur der Politischen Ökonomie, welches durch den systematischen Fehler des ersten Kapitels nicht aufgehoben wird. Er hatte in England Vorläufer, aber kein Vorbild, und es ist ihm, soviel ich weiß, kein Nachfolger geworden.

Mit ihm und Justi erreicht die moderne Finanzwissenschaft ihren ersten Höhepunkt. Ihr weiterer Fortschritt vollzog sich größtenteils dadurch, daß die Deutschen die Vorzüge des einen und des anderen zu verbinden suchten. Mit praktischem Takte vermied man es, Smiths Einteilungsprincip der Staatseinnahmen zu übernehmen oder alle Forderungen seiner Finanzpolitik gutzuheißen. Um so willkommener wurde dagegen das national=ökonomische Element aufgenommen, denn es hatte der deutschen Finanzwissenschaft gefehlt. Auch der historisch=statistische Bestandteil fand eifrige Pflege, kam er doch einem Bedürfniß entgegen, welches von den großen deutschen Historikern und Statistikern im 18. Jahrhunderte entwickelt worden war.

Hierin ist eine Beurteilung der verschiedenartigen Leistungen

des Deutschen und des Schotten angedeutet. Justis Systematik ist staatswirtschaftlich praktischer, diejenige Smiths national=
ökonomisch bedeutender: als Finanzpolitiker übertrifft Justi im allgemeinen Smith an Kenntnissen ebensosehr, wie er als National=
ökonom unter ihm steht. Die Herleitung eines Steuersystems aus den Principien der Gerechtigkeit ist bei Justi vollkommener als bei Smith. Ihre Finanzideale sind relativ gleich richtig. Justi sieht den Weg, welchen Deutschland wandern wird, Smith denjenigen, welchen England verfolgen muß. So gewiß Justi der historische Sinn nicht abgesprochen werden kann, so sicher ist es auch, daß die historisch-sociologische Behandlung, welche Smith dem Stoffe hat angedeihen lassen, bei Justi nicht gefunden wird. Hierin besteht die besondere Stärke des Schotten.

Und damit tritt uns die schon früher erhobene Frage wieder nahe: Welches ist das Verhältnis Adam Smiths zur Geschichte?

Fünftes Kapitel.
Adam Smiths Verhältnis zur Geschichte.

I.
Die Ursachen des Aufblühens der Geschichtswissenschaft im 18. Jahrhundert.

Sehr häufig ist hervorgehoben worden, einen wie raschen Aufschwung die Geschichtswissenschaft im 18. Jahrhundert genommen hat. Auch die eigentümliche Verteilung [der hervorragendsten Leistungen über die vier Kulturländer hat die Aufmerksamkeit erregt. Deutschland baut zuerst die Kirchen- und die Kunstgeschichte an, bei der Montesquieu Pathe gestanden hat[1]), England die politische Geschichte, Frankreich die Kulturgeschichte und diejenige Art der Geschichtsphilosophie, welche gesetzmäßig waltende Faktoren des Geschehens nachzuweisen sucht, Italien den anderen Zweig, welcher tief und schön in den zusammenhanglosen Ereignissen von Jahrhunderten ein Gesetz der Entwicklung aufzudecken bestrebt ist. Wohl haben die Mosheim und Winckelmann, die Hume und Robertson, die Voltaire und Montesquieu und endlich die Vico Nachfolger in anderen Ländern gefunden, aber jenen gebührt der Ruhm, die Pfadfinder in den weiten, wenig bebauten Strecken der Darstellung menschlicher Entwicklung zu

---
[1]) „Das Ideal geschichtlicher Betrachtung, das sich Winckelmann einst aus Montesquieu und Buffon gezogen, fand hier seine vollste Entfaltung....." Hettner.

sein und den Anteil eines jeden Landes an dem Verdienst der Neubegründung der Geschichtswissenschaft zu bestimmen.

Der Blick auf die Fülle historischer Werke überrascht um so mehr, wenn man sich die geistige Physiognomie des siebzehnten Jahrhunderts vergegenwärtigt. Diejenigen Wissenschaften werden gepflegt, welche der Bildung des historischen Sinnes ungünstig sind oder waren: die Mathematik und die exakten Naturwissenschaften, das Naturrecht und die cartesianische Philosophie[1]). Gleichfalls hinderlich erwiesen sich die politischen Verhältnisse des genannten Zeitraumes, wie Wachler bemerkt. Der im Kabinette alle politischen Fäden zusammenfassende Absolutismus, welcher in Deutschland, Frankreich, Spanien herrschte und in England seinen gewaltigsten Repräsentanten in Cromwell fand, konnte natürlich ebensowenig das Verständnis für historisches Geschehen erwecken. Es fällt dagegen leicht in die Wagschale, daß in Frankreich ein so bedeutender Historiker wie Tillemont lebte und Hermann Conring in Deutschland eine neue historische Disciplin begründete.

Erwägt man dies, dann ist man geneigt, den plötzlichen und unvergleichlichen Fortschritt als ein historisches Wunder zu betrachten oder dem sich über ganz Europa erstreckenden Einfluß der „glorious revolution" oder den das europäische Gleichgewicht gründlich verschiebenden Thaten Friedrich des Großen zuzuschreiben. Welche Wirkungen die letzteren gehabt haben, vermag ich nicht zu beurteilen. Es ist aber nicht zu bezweifeln, daß die politischen und socialen Zustände, welche der englischen Revolution folgten, unter den oberen und mittleren Klassen Englands die

---

[1]) Vom Cartesianismus sagt Flint (The Philosophy of History in France and Germany 1872), er habe geführt „to the neglect and depreciation of all historical study. In historical research the mind is conversant with contingent phenomena and must content itself with probable evidence. But Descartes placed the criterion of truth in the clearness and distinctness of the convictions of the individual mind, and insisted that reason ought to be satisfied only with necessary truth and with the conclusions therefrom with mathematical strictness". Erst nach Descartes hätten in Frankreich die historischen Studien geblüht. Noch Vico habe sich über den schädlichen Einfluß dieser Philosophie beklagt.

Einsicht in den Gang und die Ursachen politischer Ereignisse erhöht haben, woraus sich die frühe Pflege politischer Geschichtschreibung teilweise erklärt. Aber noch andere Faktoren haben mitgewirkt, von denen ich nur den einen erwähne, daß das englische Volk in höherem Maße als die festländischen sich des Vorzugs erfreut, seine Geschichte als eine ungebrochene Entwicklung betrachten zu können. Auf Schritt und Tritt fühlt es die Nachwirkung von Thatsachen und Ereignissen, welche längst vergangenen Jahrhunderten angehören. Aber dies erklärt selbst für England noch nicht vollständig die uns beschäftigende Erscheinung, ganz gewiß nicht für das Festland, wie hoch man auch die Wirkungen jenes Ereignisses und der Werke Humes, Robertsons, Gibbons außerhalb ihres Vaterlandes anschlagen möge. Man übersieht, daß die baconischen Principien, lange zurückgedrängt, Kraft gewinnen. Man übersieht, daß die Theorien des klassischen Altertums über die Entwicklung des Menschengeschlechtes wieder aufleben. Man übersieht, daß in Frankreich verborgene geistige Kanäle das 16. mit dem 18. Jahrhundert verbinden. Man übersieht die noch viel wichtigere und in höchstem Maße verwundernde Thatsache, daß gerade in jenen Wissenschaften, deren Pflege eine der historischen so ganz entgegengesetzte Geistesrichtung erfordert, Kräfte schlummerten, welche die Geschichtswissenschaft auf eine ihr fremde Höhe der Betrachtung führen sollten.

Denn die cartesianische Philosophie und die exakten Naturwissenschaften verbreiteten die Überzeugung, daß sich auf allen Gebieten der Erkenntnis wenige, einfache Gesetze nachweisen lassen müßten, wodurch in die verwirrende Mannigfaltigkeit der Erscheinungen Licht und Ordnung gebracht werden würde. Das periodische Eingreifen höherer Wesen in den Gang der Geschichte war damit theoretisch beseitigt. Um so größer erschien nun die Intelligenz desjenigen, welcher im Anfang die Welt so wundervoll eingerichtet hatte, daß sie ohne seine fortwährende Regierung bestehen kann.

Wie sich diese Anschauung durch den Deismus allgemeiner verbreitete, mußte sie auch in denjenigen, welche nicht direkt von der Cartesianischen Philosophie oder von den exakten Naturwissenschaften berührt wurden, die Idee der Gesetzmäßigkeit alles Geschehens erwecken[1]). Jene Wissenschaften haben aber auch die kritischen Fähigkeiten der Historiker geschult. Die Mathematik fordert durchsichtige Definitionen, deutliches Verständnis für den Wert der Prämissen, von denen man ausgeht, logische Verknüpfung der einzelnen Teile: die Naturwissenschaften fördern den Sinn für das Wesentliche und dasjenige, worauf es bei einem Beweise ankommt, sie lehren den Geist erkennen, was eine Ursache ist, während die Geisteswissenschaften, die sich so häufig mit dem Möglichen, Wahrscheinlichen begnügen müssen, in ihren Jüngern früher oft die Empfindung für den ursächlichen Zusammenhang der Erscheinungen abstumpften, Hypothesen mit Gesetzen verwechseln ließen und den Nährboden für wilde Spekulationen abgaben[2])[3]).

Günstig war auch der Einfluß des philosophischen Naturrechts, wenn es auch schwere Verirrungen, von denen schon bald die Rede sein wird, mit sich führte. Sowohl das Naturrecht, welches auf stoischen Grundlagen beruht und vorzugsweise durch

---

[1]) Lange meint, bei einem freien, geläuterten Monotheismus „wird der Zusammenhang der Dinge nach Ursache und Wirkung nicht nur denkbar, sondern er ist sogar eine notwendige Konsequenz der Annahme". Gesch. d. Mater. 1, S. 150, 3. A. Wie auch hiermit die Förderung der Naturstudien durch die Mohamedaner zusammenhänge, a. a. O. S. 157.

[2]) Man lese die Vorwürfe, welche Voltaire der Kritiklosigkeit und Glaubensseligkeit der zeitgenössischen Historiker macht, ihrem Zusammenhäufen von Material ohne Scheidung des Wesentlichen vom Unwesentlichen. Von sich sagt er: „On a donc bien moins songé à recueillir une multitude énorme de faits . . . qu'à rassembler les principaux et les plus avérés . . . ." Collection Complette des Oeuvres de Voltaire. Genève 1769. III, S. 441 ff.

[3]) Flint schreibt dem Cartesianismus folgende drei gute Wirkungen zu: „It demanded and fostered an independence of mind which is nowhere more needed than in historical inquiry and speculation; it spread among all thoughtful men the conviction that the infinite variety of phenomena in the universe might be reduced to a very few simple laws; and gave general currency to the idea of progress." Über den Ursprung der Idee des Fortschrittes kann ich leider nicht mit Flint übereinstimmen. Ich bin mit Guyau (La Morale d'Épicure) der Überzeugung, daß sie der epikureischen Philosophie zu verdanken ist.

Locke zur Herrschaft gebracht wurde, wie das auf epikureischer Basis begründete, welches durch die einschlägigen Werke Gassendis und Hobbes, aber auch durch Pufendorfs Naturrecht das 17. Jahrhundert beherrscht hatte, gingen von bestimmten Annahmen über den Anfang der Menschengeschichte aus. Das stoische ließ sie mit dem goldenen Zeitalter beginnen, welchem eine allmähliche Entartung des Menschengeschlechtes gefolgt sei, das epikureische mit einer thierischen Existenz, aus der sich das Menschengeschlecht langsam herausentwickelt habe. Förderte jenes den Glauben, daß das Menschengeschlecht allmählich entartet sei, so war dies der Idee des Fortschrittes freundlich. Beide aber reizten den Geist zur Erforschung des Ursprungs aller menschlichen Institutionen[1]). Es ist sehr wahrscheinlich, daß Stoicismus und Epikureismus auch unabhängig vom Naturrecht zur geschichtsphilosophischen, sociologischen und kulturhistorischen Spekulation angeregt haben, jedenfalls aber wurden diese Ideen vermittelst des Naturrechtes am meisten verbreitet. In der gleichen Richtung wie das stoische Naturrecht wirkte der Deismus, da er annahm, daß in der Urzeit eine vollkommene Naturreligion die Menschen beglückt habe, welche im Laufe der Jahrtausende entartet sei. Der Deismus hat aber nicht bloß zu Forschungen angeregt, er hat auch den Blick des Historikers befreit, wie man insbesondere bei Voltaire bemerkt. Da sich die Naturreligion der positiven Religion feindlich gegenüberstellt, ist sie nicht geneigt, auf die nicht-jüdischen und nicht-christlichen Völker mit demselben mitleidigen Hochmut herabzublicken, wie dies von den Theologen oft geschehen war. Die indische, die chinesische Kultur, ist die Meinung Voltaires, verdienen die Aufmerksamkeit des Forschers in nicht geringerem Grade, als die europäisch-christliche.

Drei günstige Wirkungen haben also jene idealen Mächte auf die Geschichtswissenschaft gehabt. Der strenggesetzmäßige

---

[1]) Auch Jodl hebt hervor, daß „in dem Denken und Forschen dieses ganzen Jahrhunderts die Frage nach den Ursprüngen eine so bedeutende Rolle spielt". a. a. O. I, S. 294.

Charakter der Naturwissenschaften gewöhnte die Geister daran, auch im Bereich historischen Geschehens nach Gesetzen zu forschen. Der Deismus gab dem Historiker die **Freiheit des Blickes** für die Entwicklung aller Völker zurück, das Naturrecht drängte ihm die Frage nach dem **Ursprung** aller menschlichen Einrichtungen auf. Im Epikureismus fand die Idee des **Fortschritts** den besten Nährboden.

Aber auch die sich nun mehrenden Reisen und Reisebeschreibungen ließen die letztere wachsen. Es wurde nicht nur möglich, die Kulturverhältnisse der Heimat mit denjenigen der Fremde zu vergleichen, es zeigte sich auch, daß es Menschen gab, welche hordenweise, in voller Freiheit, ohne Kultur und Eigentum umherschweiften. In solchen Verhältnissen, glaubte man, hatten auch die europäischen Völker einst gelebt. Was die klassischen Schriftsteller über die Kelten, Germanen, Scythen berichteten, ließ sich mit den Mitteilungen der Reisenden vereinigen. Die Ansicht, welche man mit dem auf epikureischer Grundlage beruhenden Naturrechte übernommen hatte, schien vollauf bestätigt. In der Litteratur erblickt man den Wiederschein dieser Ideen. Daniel Defoe unternimmt es in Robinson Crusoe, die Entwicklung der Menschheit an der Geschichte eines Schiffbrüchigen zu verdeutlichen. Jene Naturvölker sind besser, glücklicher, edler als die überzivilisierten Europäer, wird dagegen von den Anhängern der stoischen Ansicht behauptet, unter ihnen herrscht noch das goldene Zeitalter. Nun wächst auch die Zahl der Utopien, in denen das glückliche Leben von Naturvölkern auf fernen Inseln geschildert wird: diese Gattung der Litteratur erreicht allmählich die Stärke der klassischen. Rousseaus Sympathien sind bei den Menschen der Urwälder, welche, wie Seume versichert, als bessere Menschen Europas übertünchte Höflichkeit nicht kennen und sich nach edler That seitwärts in die Büsche schlagen.

Von den Wissenschaften des 17. Jahrhunderts ist also der historische Sinn aufs kräftigste gefördert worden; aber sie haben ihn auch in Irrgänge geführt, aus denen er sich schwer wieder herausfand. Ob das Streben, in der Geschichte Gesetze nachzuweisen, der Historie mehr Unglück oder Segen gebracht hat, überlassen wir Berufeneren zu entscheiden, uns beschäftigt nur die Frage, welche Hindernisse das Naturrecht der jungen Wissenschaft in den Weg gelegt hat.

Es lehrte, daß der Staat und das positive Recht willkürliche, von Menschen gemachte Ordnungen seien, welche auf dem Wege des Vertrags zu stande gekommen wären. Das alle menschlichen Institutionen bildende Vermögen sei also die **Vernunft**.

Allerdings wurden die schädlichen Wirkungen dieser Lehre teilweise paralysirt. Bayle und Mandeville wiesen nachdrücklich auf die Bedeutung des Trieblebens und gerade der selbstsüchtigen und häßlichen **Triebe** für die wirtschaftliche und politische Entwicklung hin; Shaftesbury ließ das Sittliche aus einem Gefühle entstehen und setzte die Bedeutung der Vernunft für dieses Gebiet herab. Indem er die menschlichen Triebe adelte und in ihnen die Äußerungen einer höheren Macht verehrte, erschien nicht mehr das Werk der menschlichen Vernunft als das Wahre und Große, sondern das Schaffen der Instinkte.

Jene von den Cartesianern und den Naturwissenschaften ausgehenden, die Geschichtswissenschaft fördernden Tendenzen erhielten eine bedeutende Verstärkung durch die **baconischen Principien**. Das Interesse der vornehmen englischen Gesellschaft an den Naturwissenschaften, welches sich vorzugsweise in Experimenten äußerte, ist genugsam bekannt, ebenso, daß die neue Chemie, von Boyle begründet, von England aus Verbreitung fand, daß die Medizin durch Sydenham und später von Boerhaave in Holland auf Betrachtung und Experiment gestellt wurde, daß Locke, im Kampfe mit dem englischen Platonismus und dem französischen Cartesianismus durch Beobachtung der seelischen Vorgänge zu sicheren Ergebnissen zu gelangen hoffte. Locke nennt seine Methode im Anfang seines Essay on Human understanding „a plain historical method"[1]).

---

[1]) „I shall not meddle", sagt er weiter, „with the physical consideration of mind or trouble myself to examine wherein its essence consists, by what motions of our spirits, or alterations of our bodies we come to

Meine Aufgabe ist es nicht dabei zu verweilen, welche Anregung nun auch die historischen Wissenschaften durch den Baconismus empfangen mußten, Material herbeizuschaffen, es vorsichtig zu prüfen, zu sichten und zu ordnen. Dagegen muß ich einen Augenblick dabei verweilen, welchen Dank die Geschichtswissenschaft dem größten Vertreter des englischen Empirismus, David Hume, schuldet.

Er will allen Geisteswissenschaften eine experimentelle, psychologische Basis geben. Hiermit steht im innigsten Zusammenhange die Aufgabe, welche Hume dem Geschichtsschreiber stellt. Wie andere seiner Landsleute z. B. Bolingbroke, John Hill, Richardson, Hayley, Priestley, die entweder über Geschichte, geschichtliche Methode oder geschichtliche Kunst geschrieben haben, hat sich auch Hume über das Wesen der historischen Kunst verbreitet. Er war der Ansicht, „daß der historische Stoff auf das Innere des menschlichen Lebens zurückgeführt und der Betrachtung des Gemüts nähergebracht, die Bestrebungen mit ihren Beweggründen und Veranlassungen, und wie sie äußerlich durch Umgebungen bestimmt, in der Erscheinungswelt hervortreten, erforscht und möglichst vollständig aufgefaßt, die Einwirkung der Lebensverhältnisse erörtert und das Gleichartige in naturgemäßer Verbindung und nach gehöriger Folge des in den Begebenheiten selbst gegebenen Zusammenhangs zusammengestellt, sowie der für richtige und umfassende Anschauung erforderliche Standort und Gesichtspunkt nachgewiesen werde[1]."

Die psychologische Auffassung führt Hume zu einer tieferen Erkenntnis der im Leben der Völker waltenden Kräfte; er lehrte zuerst die Macht der Gewohnheit und der Sitte verstehen. Hierüber drückt sich Kuno Fischer in so überaus klarer Weise aus, daß ich die Stelle ganz hierher setze. Er schreibt[2]: „Die Gewohnheit ist bei Hume nicht bloß der Erklärungsgrund unserer

---

have any sensation by our organs, or any ideas in our understandings ... Gegen wen sich diese Polemik richtet, ist leicht zu sehen.

[1] Wachler, Geschichte der historischen Wissenschaften II, 2, S. 611 ff.
[2] Kuno Fischer, Francis Bacon 2. A., S. 775.

empirischen Erkenntnis, sondern die große Führerin des menschlichen Lebens überhaupt. Unser Leben und unsere Bildung sind Resultate unserer Gewöhnungen, die allmählich entstehen und nur allmählich verändert werden können. Die menschlichen Gewohnheiten und Sitten in ihren allmählichen und langsamen Metamorphosen sind die geschichtlichen Bildungsprozesse. Wer daher die Macht der Gewohnheit und der habituell gewordenen Sitten nicht versteht, wird auch nicht im Stande sein, den geschichtlichen Gang menschlicher Dinge zu erklären. Jede plötzliche Aufklärung, jede plötzliche Staatsveränderung ist durchaus geschichtswidrig: so wenig Glaube und Staat mit einem Schlage gemacht werden, so wenig lassen sich beide plötzlich verändern. Unter den Philosophen der englisch-französischen Aufklärungszeit ist David Hume der Einzige, der nicht geschichtswidrig dachte, weil er einsah, daß nicht Grundsätze und Theorien, sondern Gewohnheiten das menschliche Leben und dessen Glauben beherrschen. Dieselbe Anschauungsweise, die ihn in der Philosophie zum Skeptiker werden ließ, machte ihn zu einem menschen- und staatskundigen Geschichtsschreiber. Will man den Unterschied deutlich vor Augen haben, der in diesem Punkte zwischen unserem Skeptiker und der Aufklärungsmode des Zeitalters besteht, so vergleiche man Humes Geschichtsschreibung mit der Voltaires. Nirgends aber tritt seine geschichtliche Denkart bemerkenswerter hervor, als gerade an der Stelle, wo in der Zeitphilosophie ein vollkommen geschichtswidriges Dogma herrschte. Hume ist der ausgesprochene Gegner der Vertragstheorie und bekämpft diese Lehre in Locke und Rousseau; er sieht, wie eine solche Theorie mit aller geschichtlichen Erfahrung und Möglichkeit streitet und einem philosophischen Hirngespinnst gleichkommt."

Durch diese Lehren wurde nun auch einem anderen verhängnisvollen Irrtum entgegengewirkt. Das auf stoischer Grundlage beruhende Naturrecht und der Deismus konstruierten einen Gegensatz von natürlicher und unnatürlicher historischer Entwicklung. Sie glaubten ihn darin zu entdecken, daß das positive Recht so weit von den Normen des natürlichen Rechtes abwiche

20*

und die positiven Religionen sich so weit von der natürlichen Religion entfernten. Hätte man den Dingen ihren Lauf gelassen, hätten nicht herrschsüchtige Priester, tyrannische Könige, ehrgeizige Minister, selbstsüchtige Kaufleute und Gewerbtreibende den Gang der natürlichen Entwicklung gehindert, dann sähe die heutige Welt ganz anders aus. So macht sich der eben erwähnte Gedanke von neuem in anderer Gestalt breit: Alles, was da ist, ist das Werk der Vernunft, der Reflexion, welche in diesem Falle unlautern Zwecken dient.

Der Epikureismus mußte natürlich dieser Geschichtstheorie gegenübertreten, aber er konnte sie doch nicht hinreichend bekämpfen, denn auch er lehrte, daß Recht und Staat bewußt gemacht worden wären. Wohl wurden dieser Ansicht einige Schärfen und Spitzen genommen, als Shaftesbury, Hutcheson und Smith in dem moralischen Sinne ein Vermögen erkannten, das gebildet und verbildet werden könne; wohl war, wie eben bemerkt, auch Humes Lehre geeignet, jener Theorie Abbruch zu thun, aber den kräftigsten Stoß gegen sie führte doch Montesquieu.

Da seine ganz eigentümliche Stellung selten genügend charakterisiert wird, so will ich sie mit ein paar Worten bezeichnen.

Montesquieu, der Jurist, tritt dem philosophischen Naturrechte seiner Zeit scharf gegenüber; aber er anerkennt das Naturrecht der römischen Juristen, das jus naturale, quod natura omnia animalia docuit. Es existieren Naturgesetze, welche den Menschen als physisches Wesen ebenso beherrschen, wie das Tier oder die Pflanzen. Je höher das Wesen organisiert ist, umsomehr entzieht es sich dem Walten jener Naturgesetze. Am meisten der vernunftbegabte Mensch, weshalb er am stärksten von positiven Gesetzen eingeschränkt wird: durch das von Gott erlassene religiöse Gesetz, durch das von den Philosophen gegebene Moralgesetz und endlich durch positive Gesetze.

Wie entstehen diese letzteren? Haben sie gar kein Fundament in unserer Natur? Oder existieren Naturgesetze, welche das positive Gesetz nur zu erklären braucht?

Montesquieu geht hier einen Mittelweg. Es existiert im

Menschen eine sittliche Anlage, die ihn zur Aufstellung von Normen der Gerechtigkeit befähigt, z. B. daß man dem Wohl=
thäter Dank schuldet, daß man sich den Gesetzen unterwerfen muß, wo menschliche Gesellschaften existieren. „Avant qu'il y eût des lois faites, il y avait des rapports de justice possibles. Dire qu'il n' y a rien de juste ni d'injuste, que ce qu'ordonnent ou défendent les lois positives, c'est dire qu'avant qu'on eût tracé de cercle tous les rayons n'étaient pas égaux. Il faut donc avouer des rapports d'équité possibles antérieurs à la loi positive qui les établit."

Suchen wir uns dies am Bilde des Naturzustandes zu ver= deutlichen. Im Naturzustande gibt es nur isolierte Individuen, die einander gleich sind. Welche Naturgesetze würde Jeder em= pfangen? Erstens den Wunsch, Friede zu erhalten, da Alle sich fürchten; zweitens den Wunsch, seine Bedürfnisse zu befriedigen; drittens die Sehnsucht nach den übrigen Menschen, welche durch die wechselseitige Furcht angezogen werden, insbesondere nach Menschen des anderen Geschlechts; viertens den Wunsch, in Ge= sellschaft zu leben.

Man sieht, daß Montesquieu an den Naturzustand des Hobbes nicht glaubt. Denn die Menschen der geschilderten Art müssen sich sofort vereinigt haben. Er glaubt aber auch nicht an den Zustand, welchen Locke malt, denn sonst würde er von Naturgesetzen reden, die das Zusammenleben regeln, er würde uns von einer natürlichen Gesellschaft unterhalten, in welcher die Menschen unter der Herrschaft natürlicher Gesetze leben, welche nach dem Staatsvertrag in die bürgerliche Ge= sellschaft herüber genommen werden. Diesen Zwischenzustand kennt aber Montesquieu nicht: nachdem der fingirte unmögliche Naturzustand zu Ende ist, beginnt die bürgerliche Gesellschaft. Für Naturgesetze im Sinne Lockes fehlt gleichsam die Zeit.

Und nun stehen wir bei einem Punkte, wo er dem Natur= rechte noch schärfer gegenübertritt. Alle Naturrechtslehrer, mochten sie den Naturzustand grau oder rosig gemalt haben, stimmten darin überein, daß er einen Haken hatte: um des lieben Friedens willen begaben sich die Menschen in die bürgerliche Gesellschaft. Und Montesquieu? Er behauptet das gerade Gegenteil. Im Naturzustande war Friede, mit der bürgerlichen Gesellschaft beginnt der Krieg. „Sitôt que les hommes sont en société . . . . l'état de guerre commence." Um dem im Innern der Gesellschaft und zwischen ihnen tobenden Krieg zu entgehen, werden positive Gesetze gegeben.

Damit gelangen wir zum dritten Widerspruch gegen das landläufige Naturrecht. Es gibt kein Naturgesetz, welches, überall und zu allen Zeiten gleich, der Mensch nur zu verkünden braucht, um positive Gesetze zu besitzen, sondern das **Gesetz muß verschieden sein nach den örtlichen und zeitlichen Umständen.** Le gouvernement le plus conforme à la nature est celui dont la disposition particulière se rapporte mieux à la disposition du peuple pour lequel il est établi. Die menschliche Vernunft muß sie den verschiedenen Lebensumständen so genau anpassen „que c'est un très-grand hasard si celles d'une nation peuvent convenir à une autre".

Fassen wir die Meinung Montesquieus zusammen, so gibt es zwei unveränderliche und ein veränderliches Element aller Gesetzgebung: die menschliche Vernunft und die sittliche Anlage einerseits, die örtlichen und zeitlichen Umstände andererseits.

Wo die Anschauungen Montesquieus angenommen wurden, fanden alle geschichtswidrigen Annahmen ein jähes Ende, wo sie ganz oder teilweise verworfen wurden, riefen sie leidenschaftlichen Haß hervor, wie bei den Physiokraten[1]), oder Kritik, wie bei Smith.

---

[1]) Am ausführlichsten hat sich von den Physiokraten Baudeau mit Montesquieu auseinandergesetzt. Er sagt: „Mais outre ces lois de justice et de bienfaisance naturelle, n'en est-il pas d'autres purement humaines, relatives aux temps, aux mœurs, aux circonstances, aux climats, aux institutions politiques, aux formes de gouvernement, par conséquent mobiles, variables, et même en quelque sorte arbitraires, dans leur etablissement?

Il en est sans doute, et beaucoup, dans les Etats mixtes, des lois

Wie es gekommen, daß Montesquieu plötzlich eine so reine
Lehre aufzustellen vermochte, ist schwer zu sagen. Am wahr=
scheinlichsten sind Beziehungen zu den großen französischen Juristen
des 16. Jahrhunderts, insbesondere zu Bodin, welcher in seinem
Werke „Methodus ad facilem historiarum cognitionem" eine
staunenswerte Höhe geschichtlicher Einsicht verrät. Möglich ist es
auch, daß ihn die geistvolle Theorie Harringtons gefördert hat,
welcher die Verfassungen und ihren Wechsel aus der Verteilung
von Grund und Boden unter die verschiedenen Klassen der Ge=
sellschaft herleitet. Jedenfalls aber genügt die Bekanntschaft mit
Bodin und Harrington nicht zur Erklärung eines Werkes, wie
des „Esprit des Lois". Wir müssen Montesquieus längeren
Aufenthalt in England ebenfalls in Anschlag bringen; dieser
machte ihn mit Zuständen bekannt, die von den französischen
vollständig abwichen und legte ihm die vergleichende Betrachtung
der Ursachen jener Verschiedenheiten nahe. Wie man sich selbst
nur durch Vergleichung mit Anderen erkennt, so versteht man
das eigene Vaterland erst, wenn man in einem fremden Lande
weilt. Hierzu kommt Montesquieus juristische Bildung, welche
ihn vor der philosophischen Unterschätzung der positiven Gesetz=
gebung bewahrte; was aber wahrscheinlich am meisten ins Ge=
wicht fällt: sein beobachtender, vergleichender, analysierender
Geist[1]).

Fehlte es so dem achtzehnten Jahrhundert nicht an Interesse
für die Geschichte, so doch an hinreichenden Erkenntnissen. Dieser
Mangel erzeugte die „conjectural history", welche Dugald Ste=

---

de cette espèce; mais j'ose dire qu'il en existerait bien peu, sans ce nom
sacré, dans une véritable monarchie économique. Daire, l'physiocrates II,
788. Mit andern Worten: in diesem unvollkommenen Gesellschaftszustande,
der bald abgeschafft werden soll, existiert das Princip der Relativität. Aber
in einem humanen, gerechten Staate soll es nicht sein und wird es nicht sein.

[1]) Flint charakterisiert Montesquieu sehr gut mit folgenden Worten:
I believe him to have been most highly endowed with that sort of originality which enables a man to draw with independence from the most
varied sources, and to use what he obtains according to a plan and
principle of his own and for a purpose of his own — the originality of
Aristotle and Adam Smith.

wart in seiner Lebensbeschreibung Smiths als eine legitime Methode betrachtet. Seine Ausführungen lassen den historischen Geist seines Zeitalters so deutlich erkennen, daß ich sie ausführlich erwähne. Wenn wir unsere heutigen Zustände und Einrichtungen mit denjenigen roher Völker verglichen und nun fragten, wie der allmähliche Übergang von der Barbarei zur Kultur vor sich gegangen sei, so stehe man vor einem Probleme, zu dessen Lösung die Geschichte sehr wenig beitragen könne. Denn als die Völker anfingen, ihre Erlebnisse aufzuzeichnen, hatten sie ihre wichtigsten Entwicklungsstufen hinter sich und wenige Thatsachen könnten heutigen Tages aus den gelegentlichen Beobachtungen der Reisenden zur Aufklärung gewonnen werden. In diesem Falle seien wir genötigt zu mutmaßen, welches wahrscheinlich der Gang der Entwicklung gewesen sei. So entstehe die „Theoretical" or „Conjectural History". Sie habe zu schließen aus den Principien unserer Natur und aus äußeren Umständen. Die in Reiseberichten enthaltenen Thatsachen könnten wohl als Wegweiser dienen und er fügt charakteristischer Weise hinzu, zuweilen vermöchten unsere Schlußfolgerungen a priori dazu zu dienen, die Glaubwürdigkeit von Thatsachen zu erhöhen, welche bei oberflächlicher Betrachtung zweifelhaft oder unglaubwürdig erschienen. Obgleich Stewart den geringen wissenschaftlichen Wert dieses Verfahrens halb und halb einsieht, so glaubt er doch, daß es den Geist befriedige und — dies ist wiederum charakteristisch — jene träge Philosophie zurückdränge, welche alles Unerklärliche einem Wunder zuschreibe. Die „conjectural history" schätzt also Stewart deshalb so hoch, weil sie die Verkettung von Ursache und Wirkung verständlich zu machen sucht und die Faktoren des geschichtlichen Verlaufs aufdeckt. Der Unterschied zwischen induktiver Forschung und bloßer Phantasterei, berechtigter Hypothesenbildung und leerer Spekulation ist für ihn so wenig vorhanden, daß er Montesquieus „Esprit des Lois" und Smiths „Considerations concerning the first formation of languages" zu derselben Gattung der „theoretischen Geschichte" rechnet.

Dieses sind die Ursachen, welche, soweit ich den Gegenstand

zu überblicken vermag, die Geschichtswissenschaft im achtzehnten Jahrhundert so rasche Fortschritte machen ließen und ihr soviel Hindernisse bereiteten. Die Werke von Vico und Mosheim lassen sich aus dem Angeführten nicht erklären. Die „Scienza nuova" des ersteren scheint die Frucht einer genialen Anschauung der Entwicklung der klassischen Völker im Lichte der Cyklentheorie des Polybius zu sein: das Werk eines Mannes, welcher sich vielleicht als den Nachkommen eines einst glorreichen, weltbeherrschenden Volkes betrachtete. Die Kirchengeschichte Mosheims aber wurzelt wahrscheinlich in dem Leben einer Nation, welche durch den Kampf für und gegen die protestantischen Ideen am tiefsten erschüttert worden war. In Deutschland war ja auch schon früher die Kirchengeschichte in nicht unbedeutender Weise behandelt worden.

II.
Geschichtslitteratur und politische Ökonomie.
Montesquieu, Voltaire, Hume, Steuart, Ferguson, Lord Kames und Andere.

Nachdem wir die Ursachen des Aufschwunges der Geschichtswissenschaft im 18. Jahrhundert kennen gelernt haben, wollen wir einen Überblick über die geschichtliche Litteratur in ihrer Beziehung zur politischen Ökonomie und zu den verwandten Wissenschaften zu gewinnen suchen, soweit als die letzteren in England gepflegt wurden. Denn da unser Endziel die Charakterisierung der Stellung Smiths zur Geschichte ist, so verbietet es sich von selbst, die bedeutende auch für die politische Ökonomie wichtige geschichtliche Litteratur in Betracht zu ziehen, welche sich in unserem Vaterlande an die Namen Möser, Achenwall, Schlözer, Spittler, Meiners, Fischer, Anton, Heeren, Sartorius, Roth, Stetten und andere knüpft[1]). Zum Teil sind die Werke dieser

---
[1]) Hierüber unterrichten vorzüglich Wegele, Geschichte der deutschen Historiographie, und Roscher, Geschichte der Nationalökonomik in Deutschland, Kap. 33.

Männer nach dem „Wealth of Nations" erschienen, aber es ist
auch keine Spur davon zu entdecken, daß er die vor 1776 ver=
öffentlichten gekannt habe. Selbstverständlich haben wir nicht
von Mosheim, Vico oder Winckelmann zu reden, aber auch die
Montesquieu, Voltaire werden wir von einem Standpunkte be=
trachten müssen, welcher nur eine beschränkte Aussicht gewährt.

Ich glaube mich keiner Übertreibung schuldig zu machen, wenn
ich Montesquieus „Esprit des Lois" zu den vier oder fünf
Werken rechne, welche im 18. Jahrhunderte die Wissenschaft der
Politischen Ökonomie am meisten gefördert haben. Denn hier
wurde zum ersten Male versucht, die Erscheinungen der Politischen
Ökonomie im Rahmen einer weiteren Betrachtung in Beziehung
zu den mannigfaltigsten Faktoren der natürlichen und moralischen
Welt zu setzen. Man hat gewöhnlich Montesquieu daraufhin
untersucht, ob er eine merkantilistische oder liberale Wirtschafts=
politik befürworte, welche Grundsätze der Steuerpolitik er auf=
stelle, er ist in weiteren Kreisen fast nur noch wegen seiner Vorliebe
für die konstitutionelle Monarchie bekannt, aber damit wird man
ihm nicht gerecht: sein bleibendes Verdienst besteht darin, daß er
das weite Gebiet der Gesetze, auch der wirtschaftlichen, nach den
vielen Faktoren untersucht hat, die es naturgemäß mannigfaltig
gestalten müssen. Montesquieu stellt nicht bloß die Fragen, die
schon Bodin gestellt hatte, wie Klima und Bodenbeschaffen=
heit wirken, sondern auch welchen Einfluß die Regierungs=
formen haben und, was für uns besonders beachtenswert
ist, welche Einwirkung die nationalökonomischen Verhältnisse der
Völker ausüben, ob sie von der Viehzucht oder vom Ackerbau
leben, zu Gewerbe oder Handel übergegangen sind u. s. w. Hätte
Montesquieu in den Physiokraten und Adam Smith Anhänger oder
völlige Anhänger gefunden, denn wäre der Kampf der historischen
Schule gegen die naturrechtliche Nationalökonomie der Eng=
länder und Franzosen größtenteils überflüssig gewesen. Denn
das war der Unsegen des den Geist der Menschen immer mehr
beherrschenden Naturrechtes, daß es ein absolutes Gesetzesideal
aufstellte, daß es das Princip der Relativität, welches die

an der klassischen Litteratur und an klassischen Vorbildern der besten Zeit emporgewachsene Politik vertreten hatte, auf ein arm=
seliges Gebiet einschränkte und die organische Staatsauffassung immer mehr zertrümmerte ¹).

Ich muß mir das Vergnügen versagen, Voltaires Bedeutung als Historiker gerecht zu werden. Von seinen Werken kommen für uns nur der „Siècle de Louis quatorze" und der „Essai sur les Moeurs et l'Esprit des Nations" in Betracht.

Die Charakterisierung Voltaires muß sein Verhältnis zu Montesquieu, Bossuet und Gassendi berühren. Montesquieu hatte schon in seinen „Considérations sur les causes de la Grandeur des Romains et de leur Décadence" gesagt, daß die Lage eines Volkes nicht von der Willkür mächtiger Persönlichkeiten abhänge, sondern von seinen gesellschaftlichen und staatlichen Zuständen. Die Richtung auf das Studium dieser Zustände war durch den „Esprit des Lois" noch verstärkt worden. Montesquieu ist Rechtsphilosoph und Rechtshistoriker, Voltaire Geschichtschreiber; für ihn wird die Schilderung der gesellschaftlichen Zustände ein wesentliches Element seiner Geschichtschreibung.

Das Buch über das Zeitalter Ludwig XIV. eröffnet er mit den Worten: Ich habe nicht bloß die Absicht, das Leben Ludwig XIV. zu schildern, ich stecke mir ein viel höheres Ziel. Ich will es versuchen für die Nachwelt zu malen: nicht die Handlungen eines einzigen Menschen, sondern den Geist der

---

¹) Montesquieus Lehre war der physiokratischen so vollständig feindlich, daß Dupont, der es mit den Andern sehr wohl fühlte, sich bemüßigt fand, ihn in höflichster Form zu dem alten Eisen zu werfen . . . . . Combien doit être petit le nombre des hommes auxquels il appartient de savoir ce qui ne leur fut pas enseigné par leurs maîtres. Songez que Montesquieu lui-même, si digne à tous égards d'instruire solidement le genre humain, nous a dit, comme un autre, que les principes du gouvernement doivent changer selon la forme de sa constitution, et que, sans nous apprendre quelle est la base primitive, quel est l'objet commun de toute constitution du gouvernement, vous avez vu cet homme sublime employer presque uniquement la finesse extrême, la sagacité supérieure de son esprit pour chercher, pour inventer des raisons particulières à des cas donnés. Daire, Physiocrates, I, 337.

Menschen in dem aufgeklärtesten Zeitalter, welches je existiert hat[1]). Und es ist kein prahlerischer Prospekt, den er vor uns eröffnet. Wir finden in dem Werke eine Geschichte des französischen Wirtschaftslebens, der Gewerbe, des Handels, der Wirtschaftspolitik, der Finanzen, aber auch der Wissenschaft, der Künste, der Sitten und der Bildung im Zeitalter Ludwig XIV.

Die Darstellung der Geschichte der sittlichen, materiellen und ökonomischen Zustände kommt noch mehr in dem zweiten Werke zur Geltung. Seine Aufgabe ist hier eine weitere: er will die Kulturzustände aller Völker von Karl dem Großen bis auf Ludwig XIV. geschichtlich behandeln. So erhebt sich das Werk zur Höhe einer universellen Kulturgeschichte. Doch ist es nicht bloß Kulturgeschichte, sondern Universalgeschichte mit besonderer Hervorhebung des kulturellen Moments.

Voltaires Werk führt sich als eine Fortsetzung von Bossuets „Discours sur l'Histoire universelle" ein, welche der Bischof von Meaux nur bis auf Karl den Großen geführt hatte. Bossuet ist ein Vertreter der jüdisch-christlichen Geschichtsphilosophie, welcher Augustinus in großartiger Weise in der „Civitas Dei" Ausdruck gegeben hat und deren Luft man auch in Melanchthons Bearbeitung des „Chronicon Carionis" atmet. Welchen Widerwillen Voltaire gegen diese Lehren empfinden mußte, brauche ich nicht auszuführen; sein entgegengesetzter Standpunkt zeigt sich in der Liebe, mit der er bei den Völkern weilt, welche von Bossuet übergangen worden waren. Er hat wahrscheinlich den Anstoß zu der Verherrlichung Chinas gegeben, der wir so oft in den Schriften des 18. Jahrhunderts, nicht zum mindesten in den physiokratischen begegnen. Er preist die Weisheit der Heiligen Bücher der Hindus, neben Konfucius und Zoroaster erscheinen Moses und die Propheten fast als erbärmliche Schlucker.

Das jüdische Volk verliert die centrale Stellung, welche es bei Bossuet eingenommen hatte. Auch zeigt sich der Gegensatz zu seinem Vorgänger darin, daß in seinem „Essai" nirgends Raum

---

[1]) Ähnlich am Ende des „Essai". „L'objet était l'histoire de l'esprit humain".

ist für eine göttliche Weltregierung, die Völker selbst sind Urheber ihrer Geschicke, sie entwickeln sich nach ihrer natürlichen Anlage, nach örtlichen und zeitlichen Verhältnissen. So groß nun auch die Verdienste Voltaires um die Geschichtswissenschaft sind, so kann nicht geleugnet werden, daß sein Haß gegen die positive Religion, überhaupt sein Nationalismus seine Geschichtsbetrachtung schwer geschädigt hat. Das religiöse Leben des Mittelalters versteht er ganz und gar nicht.

In dem zweiten Werke zeigt sich, daß sein Geist auch von der epikureischen Entwicklungstheorie befruchtet worden ist. Bei ihm erscheint schon die Lehre, die nach ihm Turgot und Condorcet weiter und feiner ausgeführt haben, daß alle Geschichte Darstellung der Entwicklung, der Vervollkommnung des menschlichen Geschlechtes sei [1]). Durchaus nicht bedeutungslos ist auch die anerkennende Weise, in welcher er in seinem „Siècle de Louis XIV" Gassendis gedenkt.

Ebenbürtig neben die zwei berühmten Franzosen tritt David Hume, so wahrscheinlich es auch ist, daß er mit dem ihm Eigentümlichen die Vorzüge der Fremden verschmolzen hat.

Der Zweck dieser Darstellung verbietet den Nachweis, welche Bedeutung Hume sowohl durch seine „Geschichte der natürlichen Religion" wie durch seine „Geschichte Englands" für die Zeitgenossen gehabt hat, obwohl darin seine methodischen Principien verwirklicht werden. Für uns liegt es näher, seiner nationalökonomischen „Essays" zu gedenken. Hume stellt nie abstrakte Gesetze a priori auf, aber er bringt durchgehends geschichtliches Material bei. Und er schöpft stets aus einer reichen Kenntnis der Geschichte, insbesondere der alten. Eine historische Arbeit über die Bevölkerung der alten Nationen behauptet unter seinen Aufsätzen den größten Umfang. Er faßt das Reich der wirtschaftlichen Erscheinungen nicht als ein abgegrenztes Gebiet auf, sondern er betrachtet es im Zusammenhang mit den staatlichen und socialen Zuständen, wie man aus seinen Ausführungen über die Staats-

---

[1]) Er wolle schildern „par quels degrés on est parvenu de la rusticité barbare de ces temps à la politesse du nôtre". a. a. O.

schulden gesehen hat. Es wurde früher erwähnt, daß er der Wissenschaft ein psychologisches Fundament zu geben bestrebt war, allein hiervon sprechen wir besser im folgenden Kapitel.

Die Anregungen, welche von diesen drei Männern ausgegangen sind, haben in ganz Europa nachgewirkt, mit besonderer Stärke in Schottland.

Ich erwähne zuerst James Stenart, welcher für die vielseitigsten Anregungen empfänglich gewesen ist. Wie er es zuerst versucht hat, den größten methodischen Gewinn aus den von Mandeville aufgezeigten, von Hume gebilligten, im Wirtschaftsleben wirkenden Trieben deutlich zu ziehen, wird im folgenden Kapitel zur Darstellung gelangen. Das historische Element ist bei ihm eine Zugabe, und eine reichliche Zugabe zu seinen theoretischen Ausführungen, es bestimmt aber auch den Aufbau seines ganzen Systems. Im ersten Buche betrachtet er die Gesellschaft in der Wiege, es handelt von Ackerbau und Volksvermehrung; das zweite von Industrie und Handel; das dritte vom Gelde und von der Geldwirtschaft; das vierte vom Kredit und der Kreditwirtschaft; das fünfte von der Staatswirtschaft. Den Übergang von der feudalen und militärischen zur freien und kommerziellen Gesellschaft erörtert er eingehend in seinen nationalökonomischen Ursachen und Wirkungen. Diese Anordnung des Stoffes soll den historischen Prozeß widerspiegeln[1]). In demselben Jahre, wie Stenarts Werk, erschien Fergusons „An Essay on the History of Civil Society"[2]).

Die Beschäftigung mit der deutschen Litteratur in der zweiten Hälfte des 18. Jahrhunderts eröffnet einen Ausblick auf den ungeheuren Einfluß, welchen England in jener Zeit auf unsere hervorragenden Geister ausgeübt hat. Die englische Erkenntnistheorie und der englische Deismus, die englische Moralphilosophie und die englische Aesthetik, die englische Nationalökonomie und die englische Geschichtsschreibung sind Fermente der deutschen Bildung. Das frivole Lustspiel, ein geniales Kind der

---

[1]) By this kind of historical clue, I shall conduct myself through the great avenues of this extensive labyrinth; ... B. I, ch. 2.

[2]) Ich citiere nach der Edinburger Ausgabe von 1767.

Restauration wie der bürgerliche Roman und das bürgerliche Schauspiel, biedere Vorläufer der aufsteigenden Mittelklassen, werden übersetzt, freier nachgebildet und nachgeahmt.

Damals war auch Ferguson bei uns kein Fremder. Die Bekanntschaft mit ihm scheint bis in das erste Drittel dieses Jahrhunderts fortgedauert zu haben, noch Baumstark erwähnt ihn in seiner „Kameralistischen Encyclopädie" als einen der großen Männer, welche die heutige Staats= und Gesellschaftswissenschaft begründet haben. Dann aber wird er vergessen. Und doch verdient er es ebensowenig wie Steuart. Sein Werk gewährt noch jetzt einen großen Genuß sowohl durch die Weite des Blicks wie durch die Tiefe der Einsicht, weniger durch die ermüdende Glätte seines Stiles. Herbert Spencer spricht von ihm wie von einem wiederentdeckten Vorgänger. Gustav Cohn hat in seiner „Grundlegung der Nationalökonomie" wieder auf ihn aufmerksam gemacht.

Die vorhergehenden Ausführungen schützen uns vor der Meinung, daß wir Ferguson für einen originellen Denker wie Montesquieu und Hume hielten. Aber die Gedanken Montesquieus, Voltaires und Humes erscheinen abgeklärt, weiter entwickelt und mit einander verbunden in einem Werke, dessen Plan Fergusons Geiste angehört. Er schildert, wie sich die bürgerliche Gesellschaft aus den politischen und socialen Zuständen der Rohheit und Barbarei heraus entwickelt, auf ihre Höhe gelangt und allmählich verfällt.

Es würde dem Zwecke dieser Darstellung widersprechen, wenn ich auch nur einen flüchtigen Überblick über den Inhalt des Werkes geben oder die Frage erörtern wollte, ob der Begriff der Entwicklung schon genügend von Ferguson erkannt ist. Ich beschränke mich auf Folgendes.

Er hebt nachdrücklich hervor, daß die Beobachtung des gegenwärtigen Menschen und die Geschichte die besten Quellen socialwissenschaftlicher Erkenntnis seien. Beim Studium der Menschheitserscheinungen müsse man stets dieselbe menschliche Organisation annehmen, wiewohl die Menschen nach Klimaten und Zeitaltern außerordentlich verschieden seien und die menschliche Gattung einen Fortschritt aufweise. Überall seien dem Menschen zwei

Triebe angeboren: der eine beziehe sich auf seine Selbsterhaltung, der andere führe ihn zur Vergesellschaftung. Bei diesen Ausführungen spottet er über die Rechtsphilosophen, welche die Entstehung der Gesellschaft aus der Wirksamkeit des einen oder anderen seelischen Triebes hergeleitet hätten, möge es nun Furcht oder Liebe sein. Die Menschen erschienen überall hordenweise und nur so könne ihre politische Organisation verstanden werden.

Wenn aber auch jene beiden Grundrichtungen des menschlichen Trieblebens vorhanden wären, so folge daraus noch nicht, daß sie auch überall in gleicher Stärke und in dem gleichen Verhältnis vorhanden seien. Auf den niedrigsten Stufen der Kultur sei das Individuum bereit, für das gemeine Wesen Gut und Blut herzugeben. Wo ihm aber Gelegenheit gegeben werde, zu sehen, welches Interesse es an der Erhaltung der Gesellschaft habe, nämlich in dem „commercial state." dort trete das Selbstinteresse mit einer früher nicht gekannten Stärke auf und dränge den Gemeinsinn zurück. It is here indeed, if ever, that man is sometimes found a detached and a solitary being: he has found an object which sets him in competition with his fellow-creatures, and he deals with them as he does with his cattle and his soil for the sake of the profits they bring[1]).

Hier sind alle ethischen Züge des „commercial state" meisterhaft zusammengefügt: der Gemeinsinn erloschen, das Individuum auf sich gestellt und gleichsam von der Gesellschaft losgelöst, es kämpft mit allen andern Individuen um sein Dasein, die Gewinnsucht ist das Motiv seines Handelns. Das **Selbstinteresse** ist also selbst wieder eine **historische Erscheinung.** Und wie erklärt sie Ferguson?

Auf den niedersten Kulturstufen gibt es kein Privateigentum, Alles ist gemeinsam, Alle sind gleich, der höchste Gemeinsinn ist lebendig, die Verfassung trägt einen demokratischen Charakter. Zur Arbeit sind die Menschen wenig geneigt, desto mehr zum Krieg. Allmählich wird das Privateigentum eingeführt, zuerst

---

[1]) S. 28/29.

an Gebrauchsgegenständen, dann an Grund und Boden. Nun erwacht das Selbstinteresse in immer stärkerem Maße. Das Individuum ist für seine Selbsterhaltung besorgt, Wetteifer und Eifersucht regen sich. Wenn die Sorge um die Existenz nicht mehr treibt, wird die Anhäufung von Reichtum ein Gegenstand der Eitelkeit. Nur langsam können die Menschen dazu veranlaßt werden, sich roher Gewalt und der Übervorteilung zu enthalten. Sobald die Gesetze dies verhindern, wandeln sie mehr und mehr in den Bahnen des materiellen Gewinnes; aber umsomehr schaffen und arbeiten sie auch, und erlangen die Fähigkeit und Gewohnheit, zu arbeiten. Thus mankind acquires industry by many and by slow degrees. They are taught to regard their interest, they are taught to abstain from unlawful profits, they are secured in the possession of what they fairly obtain; and by these methods the habits of the labourer, the mechanic and the trader, are gradually formed [1]).

Mit der Einführung des Privateigentums ist die Abhängigkeit der Nichtbesitzenden von den Besitzenden und damit ein neues Element des Antagonismus gegeben. Unter diesen Umständen werden die Bande der Gesellschaft immer loser. Das öffentliche Interesse ist nicht mehr deshalb gesichert, weil die Individuen es als den Zweck ihres Thuns betrachten, sondern weil Jeder ängstlich für das Seine besorgt ist. Das Interesse jeder Klasse wird durch das Interesse aller anderen in Schranken gehalten, und aus dem Kampfe Aller wird der kulturelle Fortschritt geboren. Mit der Entstehung des commercial state oder der commercial society sind also folgende neue Erscheinungen gegeben: Gewöhnung an Arbeit, Fortschritt durch den Antagonismus Einzelner und ganzer Klassen, der Gemeinsinn überflüssig, das Selbstinteresse das wichtigste Triebrad; der Staatsmann kann von seiner hohen Warte herabtreten. Men are tempted to labour, and to practice lucrative arts, by motives of interest. Secure to the workman the fruit of his labor, give him the prospects of independence or freedom, the public has found a faithful minister

---

[1]) S. 147.

in the acquisition of wealth, and a faithful steward in hoarding what he has gained. The statesman in this as in the case of population itself, can do little more than avoid doing mischief[1]).

Wie der Staatsmann seine Aufmerksamkeit nicht darauf richten soll, den Handel zu heben, so hat der Kaufmann nichts Anderes zu thun, als nur seinen Privatvorteil zu suchen.

The more he gains for himself the more he augments the wealth of his country ... When the refined politician would lend an active hand, he only multiplies interruptions and grounds of complaints; when the merchant forgets his own interest to lay plans for the interest of his country, the period of vision and chimera is near, and the solid basis of commerce withdrawn[2]).

Die Handelsgesellschaft ist aber nicht bloß das Produkt der Einführung des Privateigentums. Ein anderer Faktor ihres Werdens ist die Arbeitsteilung, deren Vorzüge und Nachteile, wie bekannt, Ferguson in meisterhafter Weise schildert. Durch die Arbeitsteilung wird die Handelsgesellschaft eine Tauschgesellschaft. The enjoyment of peace, however, and the prospect of being able to exchange one commodity for another, turns by degrees the hunter and the warrior into a tradesman and a merchant.

Was Mandeville konstatierte und analysierte, hier ist es historisch erklärt[3]).

Damit habe ich Alles erwähnt, was mir aus den Betrachtungen Fergusons für die politische Ökonomie wichtig erscheint. Ich kann mich aber nicht enthalten, die Aufmerksamkeit darauf zu lenken, welche Übereinstimmung zwischen Ferguson und Smith besteht in den sociologischen und psychologischen Grundlagen, welche sie der heutigen Wirtschaftsorganisation geben, und

---

[1]) S. 219.
[2]) S. 220.
[3]) Einer ähnlichen Auffassung von der psychologischen Basis der Gesellschaft begegnen wir bei Vico, auch Genovesi meint: Gli uomini non faticano che per vivere ed istar bene. Lezioni cap. VIII.

zwischen dem Ziele der Staatsthätigkeit in der „commercial society". Hatte Locke den Individualismus naturrechtlich, Shaftesbury ethisch und metaphysisch begründet, so weist Ferguson ihn als das sociale Gesetz einer bestimmten Entwicklungsstufe der Gesellschaft, der „commercial society" nach, deren Wohlfahrt auf dem Antagonismus und Wettkampfe der Individuen, Klassen und Völker beruht.

Mit Steuart und Ferguson ist die Reihe der Männer nicht beschlossen, welche sich der Pflege der neuen Disciplin widmeten. Da Schottland auf dem Gebiete der Ethik, Geschichte und Nationalökonomie so viele hervorragende Geister erzeugt hat, so kann es nicht befremden, daß es auch unter Denen, welche die Geschichte der Menschheit behandelten, viele Schotten gab. Zwei Jahre vor dem Erscheinen des „Wealth of Nations" veröffentlicht Henry Home, Lord Kames seine „Sketches of the history of Man", welche Smith einmal citiert. Wir finden in dem Werke Erörterungen über das Wachstum der Menschen in Beziehung auf Nahrung und Eigentum, ein Kapitel über den Ursprung und Fortgang des Handels, eine Reihe von Abschnitten, welche von den Finanzen, Steuern, Anordnungen zur Beförderung der Industrie und des Handels und öffentlichen Armenanstalten handeln. Daneben gibt es schon monographische Arbeiten, wie Millars „Observations concerning the distinction of ranks in society" 1776 und Monboddos „On the origin and progress of language" 1773. Bereits im Jahre 1763 erschien ein wirtschaftsgeschichtliches Werk, nämlich Adam Andersons „Historical and chronological deduction of the origin of commerce". Die Zahl der Verfasser, welche auf diesem Gebiete thätig waren, könnte leicht vermehrt werden, aber ich will nur die Namen Sinclair, Eden erwähnen, um zu beweisen, daß diese Richtung noch weiter gepflegt wurde. Der descriptive Zweig unserer Wissenschaft hat einen Vertreter in Arthur Young. Gegen Ende des Jahrhunderts treten Burke und Malthus auf.

Hören wir zum Schlusse das Urteil eines so kompetenten Beurteilers, wie Wachler, über die Werke, welche die „Geschichte der Menschheit" behandeln. „Es offenbart sich in diesen", schreibt er, „eine Ahnung des höheren Ideals der Universalhistorie und ein weiteres Streben, demselben näher zu kommen... Untadelig ist die Grundansicht, von der ausgegangen wird, daß der Zustand des Menschengeschlechts in verschiedenartigen Abstufungen nach seiner inneren Beschaffenheit einer anschaulichen Entwicklung und des Nachweises bedürfe, welche Folgen sich aus den darauf einwirkenden Verhältnissen für das gesellschaftliche Leben und für den im allgemeinen darin vorwaltenden Geist und Willen ergeben haben." Er fügt aber hinzu: „Für die dabei erforderliche innige, kritisch-wissenschaftliche Verschmelzung der Philosophie und Historie fehlte es an hinreichender Vorbereitung... Somit konnte der Philosophie sowenig als der Historie bleibender Gewinn zuwachsen. Die Aufmerksamkeit war vorzüglich auf das Körperliche und Tierische des Menschen, auf den Einfluß, welchen Himmelsstrich, Boden und Umgebungen, Nahrung, Lebensart und Beschäftigung auf denselben zu haben scheinen, gerichtet; das höhere Geistige, wie es sich im inneren Menschen unter mannigfaltigem Einfluß und oft in weitem Zeitraum zerstreuter Einwirkungen von außen fortschreitend entfaltet und von Geschlecht zu Geschlecht erkräftigt, wurde minder sorgfältig wahrgenommen"[1]).

So ist also das achtzehnte Jahrhundert, welchem oft das historische Interesse abgesprochen wird, in der That, soweit wir es zu überblicken Gelegenheit fanden, von leidenschaftlicher Liebe zur Geschichte erfüllt. Kaum ein Feld, das nicht angebaut worden wäre! In der zweiten Hälfte drängen einander: Kulturgeschichte, Sociologie, Geschichtsphilosophie, Politische Geschichte, Kunstgeschichte, Wirtschaftsgeschichte. Wir finden vertreten die geschichtliche Erzählung, die sociologische Erklärung vorwiegend aus äußeren Umständen, die vergleichende Betrachtung und die Beschreibung. Der größte Fehler des Jahrhunderts war seine Un-

---

[1]) a. a. O. S. 618.

wissenheit und der Mangel an einer durchgebildeten Methode, welche es ihm gestattet hätte, die Schätze seines Wissens zu sichten und zu mehren: daher die mannigfachen Versuche, das Wesen, die Aufgabe und den Zweck der Geschichtswissenschaft zu bestimmen. Sein zweitgrößter Fehler war seine mangelhafte Ansicht historischen Geschehens, welcher nur von Geistern, wie Hume, Ferguson, Burke mehr oder minder überwunden wurde.

Das Urteil, daß das neunzehnte Jahrhundert mit einem Schlage die Geschichtswissenschaft geschaffen, ist also nicht begründet, so hoch auch das Verdienst der Niebuhr, Savigny, Grimm, Diez u. a. gewertet werden mag. Auf diesem Gebiete ist ebensowenig ein Bruch der Entwicklung vorhanden, wie auf anderen; auch das neunzehnte hat auf den Errungenschaften des achtzehnten weiter gebaut.

III.
Adam Smith als Historiker.

Es wäre ein Wunder, wenn Smith, der Philosoph, der Freund David Humes, ein Schotte wie dieser und Ferguson, Steuart, Hume und Andere nicht von Begeisterung für die neue Wissenschaft ergriffen worden wäre. Unbegreiflich müßte es scheinen, da sein Lehrer Hutcheson, welcher auf ihn einen so tiefgehenden Einfluß ausgeübt hat, große Geschichtskenntnisse besaß und sich eingehend mit der Entwicklung der Kunst und Wissenschaften beschäftigte, wie sein Biograph Leechman berichtet. „Er hatte sie", heißt es in der Lebensbeschreibung, „sorgfältig von ihrem Ursprung an verfolgt, durch alle ihre verschiedenen Verbesserungen, Fortschritte, Stockungen und Umwälzungen."

Dugald Stewart teilt auch mit: es scheine, daß Smith sich in Oxford vorzugsweise mit dem Studium der menschlichen Natur, insbesondere aber der politischen Geschichte, beschäftigt habe und er fügt hinzu, man müsse verständiger Weise annehmen, daß die Vorlesungen Hutchesons nicht ohne Einfluß hierauf gewesen seien. Die Wissenschaft von der menschlichen Natur aber war, wie wir hinzufügen wollen, der von Hume gewählte Name für die Geisteswissenschaften. Als Smith im Jahre 1752 nach dem Tode Craigies zum Professor der Moralphilosophie in Glasgow ernannt worden war und nun dort das Naturrecht zu lehren hatte, folgte er, wie wir schon zu erwähnen Gelegenheit hatten, Montesquieu, „indem er sich bestrebte, den allmählichen Fortschritt des Rechts, sowohl des privaten wie des öffentlichen, von den rohesten bis zu den verfeinertsten Zeitaltern zu verfolgen und die Wirkungen jener zum Lebensunterhalt und der Anhäufung von Eigentum beitragenden Künste nachzuweisen, wie sie entsprechende Verbesserungen oder Veränderungen in Recht und Staat hervorbringen"[1]).

In der zweiten Auflage der „Theorie der moralischen Gefühle" erschien eine Abhandlung Smiths unter dem Titel „Considerations concerning the first formation of languages", auf welche er selbst, wie Stewart versichert, einen hohen Wert legte. Smith läßt gleich im Anfang seines Aufsatzes ohne weitere Vorbereitungen zwei Wilde auftreten, welche nicht sprechen können und die Sprache machen, wie andere Wilde den Staat gemacht haben. Womit fingen sie an? Mit den Substantiven[2]), denn sie brauchten notwendig die Bezeichnung für einige Objekte, wie Höhle, Baum, Quelle u. s. w. Es liegt meiner Aufgabe fern, diesen Ausführungen zu folgen. Belehrend sind dagegen die früher besprochenen Bemerkungen Stewarts über die „Theoretische Geschichte", welche er an diese Abhandlung knüpft. Er meint, daß diese Art der Untersuchung Smith besonders interessiert habe.

---

[1]) S. 233 dieses Buches.
[2]) In einem Briefe vom Jahre 1763 an George Baird meint Smith: „verbs .... being, in my apprehension, the original parts of speech, first invented to express in one word a complete event". Dugald Stewart, Collected Works. X, S. 85. In dem Aufsatze hält er die Zeitwörter für „coëval with the very first attempts towards the formation of language .... Impersonal verbs .... would, in all probability, be the species of verbs first invented". Wie nahe und wie fern Smith den Ergebnissen der Sprachforschung stand, ergibt die Lektüre der 8. Vorlesung von Whitney-Jolly, die Sprachwissenschaft 1874.

„Something very similar to it may be traced in all his different works".

Er hat Recht. Selbst das ethische Werk Smiths ist, wie früher erörtert wurde, eine Entwicklungsgeschichte des Sittlichen in uns, die neben unleugbaren Vorzügen auch große Fehler besitzt. Aber die Vorzüge kommen hier nicht auf Rechnung der „theoretischen Geschichte". Was dort Smith kritisch verwertet und zusammenfügt, waren die Beobachtungen einer ganzen Anzahl hervorragender Psychologen und nicht ihre Speculationen.

Zu der „conjectural history" rechnet Stewart auch, wenn ich ihn recht verstehe, Smiths „Geschichte der Astronomie", aber mit Unrecht. Denn unser Philosoph hat darin die Aufeinander= folge der astronomischen Systeme von den ältesten Zeiten bis auf Newton dargestellt und das einzige „theoretische" oder „Ver= mutungselement" ist der stete Hinweis darauf, daß die Systeme gestürzt wurden, weil sie den Bedürfnissen der Phantasie nicht mehr entsprachen. Von dieser Ansicht Smiths werden wir noch im folgenden Kapitel zu reden haben. Neben der erwähnten besitzen wir noch zwei andere einschlägliche Abhandlungen „The History of Ancient Physics" und „The history of Ancient Logics and Metaphysics". Alle drei, an sich wertlos, verdienen Beachtung als Trümmer einer großen, von dem jungen Smith geplanten „Geschichte der Wissenschaften". Nicht unwahrscheinlich ist es, daß er die Anregung hierzu aus den Vorlesungen Hutchesons schöpfte, aber es ist auch möglich, daß ihn die akademische Lauf= bahn zur Einsicht führte, für den Dozenten sei neben der Be= schäftigung mit seiner Specialwissenschaft nichts wichtiger, als die Kenntnis der Geschichte der Wissenschaften.

Das große Interesse, welches Adam Smith der Geschichte zuwendete, kann also nach dem Vorhergehenden nicht bezweifelt werden, wir sehen aber auch, daß er die Mängel seiner Zeit nicht überwand. Es sind dies die „theoretische Geschichte" und die Ansicht, daß wir uns die Entstehung eines der wichtigsten socialen Phänomene, der Sprache, durch die Annahme erklären könnten, sie sei gemacht worden.

Betrachten wir nun das historische Element im „Wealth of Nations". Im vorhergehenden Kapitel wurde ausgeführt, daß dessen Existenz auf die Durchdringung des Naturrechts mit dem „Esprit des Lois" zurückzuführen ist, aber Smith hat auch die Anregungen anderer Geister benutzt, wie hoffentlich deutlich werden wird.

Wir bemerken erstens, daß das Werk eine durchgebildete sociologisch-historische Grundlage besitzt. Es ist im Ganzen und Großen dieselbe, welche auch im Naturrechte auftritt, aber konkreter entwickelt. Das Objekt seiner Untersuchung ist die Handelsgesellschaft „commercial society", die er in derselben Weise charakterisiert wie Ferguson. Es war ja leicht, in die sociologischen Umrisse des Naturrechtes ein ausgeführtes Bild der heutigen Gesellschaft hineinzuzeichnen, da das Naturrecht und die Sociologie des 18. Jahrhunderts aus derselben Quelle, der epikureischen Kulturgeschichte, geschöpft hatten. Die Achse der Handelsgesellschaft ist eine psychologische, der universelle Egoismus, ihr historischer Unterbau, die Barbarei mit gemeinsamen Eigentum. Diejenigen, welche den „Wealth of Nations" kennen, brauche ich nicht mit weiteren Erörterungen zu ermüden, diejenigen, welche ihn nicht kennen, verweise ich auf die Darstellung des Smithschen Naturrechts, welche ich in meiner Schrift über die philosophische Grundlage der politischen Ökonomie des 18. Jahrhunderts gegeben habe.

Wir bemerken zweitens in dem Werke eine überraschende Fülle historischer Ausführungen, wahrscheinlich ist sein Inhalt zu zwei Dritteln geschichtlicher Natur. Für alle Gesichtspunkte historischer Betrachtung, welche wir am Ende des zweiten Paragraphen erwähnten, finden wir treffliche Beispiele. Ich strebe keine Vollständigkeit an, aber das Folgende wird zum Beweise genügen.

Ich erinnere an die schönen Ausführungen, wie die an offener See liegenden Länder und die von einem großen Flusse durchströmten Gebiete, z. B. Egypten, Holland, Bengalen, China, zuerst eine bedeutende materielle Kultur entwickeln, wie sich hieraus der zurückgebliebene Zustand des inneren Afrikas, des alten

Scythiens, der modernen Tartarei und Sibiriens erklären, wie die Donau so wenig Nutzen bringt, weil sie sich nicht im Besitze eines einzigen Staates befindet. Ich verweise auf die für ihre Zeit gewiß gründliche Geschichte des Geldes und des englischen Münzwesens, auf die historischen Notizen über den Zinsfuß, auf die Geschichte des Lehrlingswesens, die Geschichte der Armengesetzgebung, seine Erörterungen über Gewinn= und Lohntaxen, seine Bemerkungen über die Kultur Mexikos und Perus, seine Geschichte des Erbrechts, der Leibeigenschaft, des Pachtwesens, seine meisterhaften Untersuchungen über den Wert des Silbers in verschiedenen Zeiträumen, seine Geschichte des Städtewesens, der Amsterdamer Bank, der schottischen Banken und der Bank von England, seine Geschichte der Korngesetze, seine Geschichte der Handelskompagnien, seine ausführliche Darstellung der englischen Zollgesetzgebung, seine gründliche Geschichte der Kolonialpolitik mit vergleichender Betrachtung des Unterschieds der griechischen, römischen und modernen Kolonialpolitik, seine Geschichte des Kriegs= und Unterrichtswesens in verschiedenen Zeiträumen, ich verweise endlich auf seine Geschichte des englischen Steuerwesens mit vergleichendem Blick auf die französische, holländische, spanische Finanzpraxis. Hierzu kommt ein Reichtum sociologischer Ausführungen, am meisten und am schönsten hervortretend im fünften Buche, wo er das Kriegswesen und das Unterrichtswesen verschiedener Zeiten aus dem Stande wirtschaftlicher Kultur erklärt. Sehr anziehend ist die Darlegung, wie die volkswirtschaftlichen Verhältnisse die Unterhaltung eines Heeres in fremden Ländern und die Schulbildung beeinflussen, durch welche Verhältnisse die holländische und römische Weidewirtschaft bedingt worden sind. Ich verweise weiter auf seine vergleichende Erklärung der Entwicklung der englischen und schottischen Landwirtschaft. Es bedarf kaum der Erwähnung, da es im Vorhergehenden eingeschlossen ist, daß auch die thatsächlichen Verhältnisse seiner Zeit zu ihrem Rechte kommen. Wir werden über die damaligen Agrar=, Gewerbe=, Handelszustände in England, Schottland, Frankreich, Holland unterrichtet.

Zeigt sich in dem Früheren Übereinstimmung mit Ferguson, so hier mit Montesquieu, Voltaire, Hume, James Steuart. Haben also Diejenigen Recht, welche ihn zu dem Vertreter einer ausschließlich abstrakten Richtung in der Politischen Ökonomie machen? Keineswegs. Ist die Behauptung begründet, daß Smith ein historischer Kopf gewesen sei? Ebenfalls nein.

Für das erste Nein spricht genügend die Übersicht über das historische Element in dem „Wealth of Nations", das zweite muß bewiesen werden.

Erstens. Ein großer Teil aller historischen Ausführungen hat den Zweck, die Schädlichkeit der damaligen Wirtschaftspolitik nachzuweisen, und dadurch Smiths metaphysisch-naturrechtliche Doktrin zu stützen. In welcher einseitigen Weise dies geschehen ist, dürfte bekannt sein.

Zweitens. Ein anderer Teil beschäftigt sich mit der Erörterung, wie das sogenannte Merkantilsystem entstanden ist, auf welchen Bedürfnissen es beruht. Darüber herrscht heutigen Tages vollste Einigkeit, daß Smiths Darstellung ungenügend ist, die Wahrheit mehr verhüllt, als aufgedeckt, ja die Geister so verwirrt hat, daß es ihnen schwer wurde, das Richtige zu erkennen. Vergleicht man die Darstellung, welche Glaser in seiner Zeitschrift, insbesondere aber Schmoller in der Einleitung zu seinen Studien über die Wirtschaftspolitik Friedrichs des Großen mit wenigen energischen Strichen von der sogenannten Merkantilpolitik gegeben hat, mit den Ausführungen Adam Smiths, dann wird es doch klar, daß von dem Letzteren alle entscheidenden und wichtigen Punkte übersehen worden sind. Daß Smith die theoretischen Ansichten der sogenannten Merkantilisten in verzerrter Form wiedergegeben habe, ist von Bibermann überzeugend dargethan worden. Smith erblickt immer nur eine Kraft am Werke: den Egoismus der Kaufleute und Gewerbtreibenden. In der geistvollen Charakteristik, welche Schmoller entwirft, ist dieser Faktor nicht nur nicht übersehen, sondern kräftig hervorgehoben. In der alten Stadtpolitik pulsiert wirklich ein niedriger, kleinlicher Egoismus, der durch ihre Übertragung auf größere

Wirtschaftsgebiete nicht gemindert wurde. Aber der Egoismus der Kaufleute und Gewerbtreibenden hat die Merkantilpolitik keineswegs gemacht, wie Smith uns glauben machen will.

Drittens. Ebenso unhistorisch ist der Gegensatz von natürlicher und unnatürlicher Entwicklung, für die er eine Formel gefunden hat, welche zur einen Hälfte aus der physiokratischen Nationalökonomie, zur anderen Hälfte aus seiner Metaphysik zusammengestellt ist. Anstatt das wirkliche Verhältnis von Ackerbau zu Gewerbe und Handel durch eine vergleichende Betrachtung der Wirtschaftsgeschichte Spaniens, Venedigs, Deutschlands im Mittelalter, Hollands, Englands einer genauen Analyse zu unterziehen, die ihn gelehrt haben würde, weshalb der Ackerbau zu seiner Entwicklung des vorangegangenen Fortschrittes von Gewerbe und Handel bedarf, wie James Steuart vor ihm und Friedrich List nach ihm eingesehen haben, klammert er sich an seine Theorie an, die ihm den wahren Sachverhalt völlig verdeckt, und ergeht sich in Erörterungen, die zum Teil an das Kindliche streifen.

Seine Metaphysik schien ihm wahrscheinlich durch seine Erfahrungen bestätigt. Denn er lebte in der Zeit, da in England, wie Thorold Rogers so lebendig geschildert hat, eine wahre Agrikulturmanie ausgebrochen war, da Alles experimentierte und seine Kapitalien im Ackerbau anzulegen suchte, woraus der große Fortschritt der englischen Landwirtschaft allmählich hervorging, wo Millionen von Acres Gemeindeland eingehegt wurden, wo die englische Aristokratie anfing, ihre Landhäuser durch weite Parks, Idealisierungen der Natur, zu verschönern und die englische Gartenkunst allmählich die französische Lenôtres ablöste, wie diese die Gärten der Renaissance verdrängt hatten.

Viertens. Ungenügend sind auch Smiths Zugeständnisse an das Princip der Relativität. Wohl hat er Fälle hervorgehoben, in denen im Interesse der Wohlfahrt der Gesamtheit von den strengen Freihandelsgrundsätzen abgewichen werden müsse; wohl hat er erkannt, daß die plötzliche Einführung der vollen wirtschaftlichen Freiheit schwere Gefahren heraufbeschwöre und deshalb zur Vorsicht ermahnt; wohl hat der alte Smith, beunruhigt durch die Anfänge der französischen Revolution und die radikale Bewegung in England, gegen den Doktrinarismus geeifert, aber damit sprach er das Princip der Relativität nicht aus. In alldem offenbart sich seine politische Klugheit, sein humaner Sinn, der Konservatismus des Alters.

Zur Erkenntnis seiner reifsten Ansicht müssen wir den „Wealth of Nations", nicht die Ausführungen des Greises in der „Theory of Moral Sentiments" aufschlagen. In seinem nationalökonomischen Werke stellt er einmal die „science of a legislator", die es nur mit den ewig gültigen Principien zu thun habe, derjenigen des praktischen Staatsmannes gegenüber, welcher sich nach Zeit und Umständen entscheiden müsse. Es ist das der Standpunkt James Stewarts und Humes [1]). Aber er unterscheidet sich von ihnen schon allein dadurch, daß er jene Zugeständnisse mit grollenden Worten macht. Es soll wirklich ein allgemein gültiges Ideal aufgestellt werden, die Welt soll diesem Ideal entgegengeführt werden, am besten wäre es, wenn dieses sofort geschehen könne, wegen der örtlich und zeitlich entgegenstehenden Schwierigkeiten aber ist es zweckmäßig und billig, daß man langsam vorgehe. Dieses ist der Standpunkt des Opportunisten, aber nicht des Relativisten. Wie verschieden sie sind, braucht kaum dargelegt zu werden. Der Relativist glaubt nicht an ein allgemeines Ideal, er hat aber auch eine Abneigung, besondere Ideale aufzustellen, weil er sich gewöhnlich bewußt ist, wie wenig er von den Kräften kennt, welche das Geschehen bewirken. Jedenfalls aber betrachtet er seine Ideale nicht als Normen, wonach sich die Gesetzgebung richten soll.

---

[1]) One form of government must be allowed more perfect than another, independent of the manners and humours of particular men; why may we not inquire what is the most perfect of all ... ? ... In all cases it must be advantageous to know what is most perfect in the kind, that we may be able to bring any real constitution or form of government as near it as possible, by such gentle alterations and innovations as may not give too great disturbance to society. Idea of a perfect Commonwealth. Essays, a. a. O. I, S. 480, 481.

In jener Ansicht Smiths kommt die im 18. Jahrhundert
nicht selten auftretende Verquickung von Naturrecht und „Esprit
des Lois" zum Ausdruck, wie man aus der Lektüre der Werke
von Dugald Stewart am besten ersieht. „The peculiar utility"
des Buches von Montesquieu habe bestanden „in repressing the
folly of sudden and violent innovation, by illustrating the
reference which laws must necessarily have to the actual circumstances of a people"[1]).

Wir werden im Verständnis der Ansichten Smiths fort=
schreiten, wenn wir uns klar machen, auf welchem Gebiete er
das Princip der Relativität anerkannt hat. Er sah wohl ein,
daß die Volkswirtschaft einer Entwicklung unterworfen ist und
daß verschiedene volkswirtschaftliche Zustände Veränderungen in
Gesetzen und Anstalten herbeiführen müssen. Das Heer= und
Gerichtswesen eines rohen Volkes kann nicht dasselbe sein, wie
dasjenige eines Handels= und Gewerbvolkes; auf niedrigen
Kulturstufen sammelt der Staat einen Schatz an, auf höheren
borgt er; kapitalkräftige Völker können die Zinsrate niedriger
setzen, als kapitalarme. Aber derjenige Teil der Gesetzgebung,
welcher auf der menschlichen Natur beruht, soll für alle
Zeiten und Völker derselbe sein. Diese Ansicht war auch nicht
zu vermeiden, da Smith, so große Verschiedenheiten er zwischen
den angeborenen und erworbenen Fähigkeiten annimmt, doch ein
im Wesentlichen gleiches Triebleben bei den Menschen voraussetzt.
Damit gelangte er notwendig zu der Folgerung, daß die sittlichen
und rechtlichen Normen überall übereinstimmen müßten. Den
Sitten und Gewohnheiten schrieb er, wie man sich erinnert, hier=
auf nur einen geringen Einfluß zu. So hat er denn auch die
wirtschaftliche Freiheit für alle Zeiten und Völker gefordert.
Die einzige Ausnahme, die er macht, ist, soviel ich mich erinnere,
ein temporäres Monopol, eine Art Erfindungspatent für eine
Aktiengesellschaft, wenn sie sich in ein riskantes Unternehmen
einlassen will[2]). Liest man mit Aufmerksamkeit den Bericht

---

[1]) Collected Works, I, S. 191.
[2]) III, S. 159.

Millars, bezüglich Steuarts über die dritte Vorlesung, so erkennt man, daß er als den Veränderungen herbeiführenden Faktor der Gesetzgebung die wirtschaftlichen und gesellschaftlichen Zustände, als den unveränderlichen die menschliche Natur betrachtete¹).

Fünftens. Unhistorisch sind auch alle seine Ausführungen, welche die positiven Religionen betreffen. Ihn hinderte der Rationalismus ebensosehr an einer vorurteilsfreien Erkenntnis, wie er Voltaire gehindert hatte.

Das Endergebnis unserer Besprechung der historischen Arbeiten Smiths ist also folgendes. Er zeigt, wie seine Zeitgenossen und Landsleute, das lebhafteste Interesse für die historischen und sociologischen Studien, mit der größten Liebe verwendet er in seinen Werken die historischen Gesichtspunkte, er widmet der „scienza nuova" eine so eifrige Pflege, daß man ebenso berechtigt ist, ihn zu den Kulturhistorikern, wie zu den Ethikern und Nationalökonomen zu rechnen. Er hat aber auch keinen der Fehler vermieden, an welchen das 18. Jahrhundert krankte. Zu stark war er von dem Rationalismus erfüllt, welcher das geschichtliche Interesse wohl weckt, aber auch die volle historische Einsicht unmöglich macht. In gleicher Richtung wirkte in seinem Geiste die metaphysische Anschauung Shaftesburys, welcher in den menschlichen Trieben die gottgewollten Werkzeuge zur Erreichung der menschlichen Glückseligkeit sah, welche auf den Begriff des Gesetzes in den menschlichen Lebensäußerungen geradezu hindrängte, aber dann doch wieder annahm, daß die Triebe nicht ebenso sicher funktionierten, wie die übrigen Räder in der Welt-

---

¹) In der Entwicklungslehre des 18. und 19. Jahrhunderts sind, wie ich glaube, abgesehen von den philosophischen Systemen, welche den Begriff der Entwicklung überhaupt leugnen, drei Stufen zu unterscheiden: 1. Entfaltung (physiologisch — im Embryo ist die spätere Gestalt deutlich vorgebildet), 2. Entwicklung (aus gegebenen unveränderlichen Elementen entsteht etwas, was in den Keimen nicht vorgebildet ist; physiologisch und psychologisch, Associationspsychologie), 3. Evolution (auch die Elemente sind einer Veränderung unterworfen. Vernichtung des Begriffs der Gattung, Herleitung des höheren Organischen aus niederem, dieses aus Unorganischem). Smith steht auf der zweiten Stufe.

maschine. Wirken im Makrokosmus wie im Mikrokosmos die Endzwecke Gottes auf mechanischem Wege, dann gibt es nichts Unnatürliches, Unsittliches, Ungerechtes, dem göttlichen Weltplane Wider-
strebendes, dann sind die Priester, Könige, Gewerbtreibenden und
Kaufleute auch nur Werkzeuge in seiner Hand und Alles, was geschieht, ist von Gott so gewollt. Auf diesem Standpunkte ziemt
nur eins, der Fatalismus des Mohamedaners oder die Resignation
Spinozas. Wo so starke Irrtümer das Denken der Menschen
beherrschen, da muß auch der kräftigste Verstand, eine entwickelte
historische Einsicht in Widersprüche verstrickt werden. Ist es kein
Widerspruch, daß Smith Sitte und Recht als ein unreflektirtes
gesellschaftlich-psychologisches Entwicklungsprodukt betrachtet, andererseits aber glaubt, er könne den Bildungsprozeß der Sprache
durch die Annahme, sie sei gemacht worden, genügend erklären?
Ist es kein Widerspruch, daß er den äußeren Faktoren die Macht
zuschreibt, Recht und Gesetz zu verändern, aber den inneren
nicht, wiewohl er auch hier auf die Ungleichheiten der Fähigkeiten, Sitten, der Bildungsfähigkeit des moralischen Sinnes
aufmerksam wird?

Bei der Fällung eines Urteils über Smith als Historiker darf
man sich also nicht durch die Fülle des geschichtlichen Elements
im „Reichtum der Völker" bestimmen, auch nicht von der Thatsache
beirren lassen, daß manche seiner historischen und sociologischen
Darstellungen wertvoll sind. Wer deshalb Smith zu den historischen
Geistern rechnet, ist auch geneigt, einen Jeden, welcher Verse,
Romane und Schauspiele verfaßt hat, in die Zahl der Dichter
aufzunehmen. Aber ebensowenig wie sich in einer noch unaus-
gebildeten Sprache oder zu einer Zeit, wo der Geist der Nation
den Künsten fremd, ja feindselig gegenübersteht, ein Dichter-
genius entwickeln kann, ebensowenig ein großer Historiker, mag
seine ursprüngliche Begabung noch so bedeutend sein, in einem
Volke, dessen Grundanschauungen vom geschichtlichen Wege abführen und dessen Existenz von der Beseitigung verlebter Institutionen abhängt.

Und Smith schrieb und lehrte zu einer Zeit, da selbst ein

Mann wie Goethe von Recht und Gesetz behauptete, sie erbten sich wie eine ewige Krankheit fort und bedauerte, daß von dem Gesetz, das mit uns geboren, nie die Frage sei; er war ein Zeitgenosse Voltaires, welcher sagte: „ce qui est vrai et bon au-deça d'une rivière, est faux et mauvais au-delà"; er sah in der französischen Wirtschaftspolitik das durch den Fiskalismus des absoluten Königtums in Verwesung übergegangene Zunftwesen und die überlebte wirtschaftliche Bevormundung der unfähigen Nachfolger Colberts vor sich; er hatte Gelegenheit zu bemerken, wie in seinem Vaterlande das Zunftwesen verjährte Ansprüche wieder geltend macht, wie die englische Schutzzollpolitik durch politische und egoistische Motive immer mehr verkehrt wurde, wie der arme Arbeiter nirgendwo außer seiner Pfarrei sicher war, Arbeit zu erhalten; er konnte beobachten, daß von französischen Staatsmännern überflüssige Straßen, mit denen man sich bei Hofe brüsten konnte, gebaut wurden, und für notwendige das Geld fehlte; er kannte die englischen Parlamentarier, die korrumpirtesten Gesetzgeber jener Zeit, welche weniger für gute Worte als für vieles Geld zu Allem zu haben waren. Männer, welche in einer solchen Zeit leben, haben wenig Sinn für das Princip der Relativität; sie können kaum anders, als in den vorhandenen Institutionen Werke der Trägheit und des Eigennutzes sehen, der Begriff geschichtlicher Entwicklung mag ihnen ebenso unverständlich sein, wie derjenige der vierten Dimension.

Es möchte scheinen, als ob wir nun alle einschlägigen Fragen erörtert hätten, aber schon tritt eine neue auf. Die Menge historischer und sociologischer Erörterungen und statistischer Daten hat Manchen zu der Behauptung veranlaßt, Smith habe die induktive Methode angewandt, während ein viel gelesener Historiker die Meinung vertritt, er habe die abstrakt-deduktive gewählt. Folgendes sind seine Ausführungen.

In den Werken der großen schottischen Denker des 18. Jahrhunderts findet Buckle einen Widerspruch zwischen der geistigen Stimmung, aus welcher die Schriften entspringen und der Methode, welche die Verfasser derselben anwendeten. Es sind nach seiner Auffassung gegen den theologischen Geist des 17. Jahrhunderts gerichtete Äußerungen einer idealen Reaktion, welche jedoch zu schwach ist, auch die theologische Methode der Deduktion aus frei gewählten Prämissen von sich abzuschütteln. Bei Adam Smith hätten die intellektuellen Gewohnheiten seiner Umgebung und freier Entschluß zur Wahl der deduktiven Methode zusammengewirkt, denn auf dem Gebiete seiner Forschung wäre ein induktives Verfahren unmöglich gewesen. Die ungeheure Ausdehnung seines Gebietes habe ihn zur Wahl eines wissenschaftlichen Kunstgriffes bestimmt. „Sein hochstrebender und weitsehender Geist, der die weiteste Ferne des Gesichtskreises erflog und auf einen Blick alles, was dazwischen liegt, übersah, wollte das ganze Gebiet in zwei verschiedenen, von einander unabhängigen Richtungen durchmessen, und gab sich der Hoffnung hin, wenn er in einer Richtung seines Philosophierens die Prämissen aufnehme, welche in der anderen fehlten, so würden ihre entgegengesetzten Folgerungen sich vielmehr ergänzen als bestreiten, und zu einer breiten und dauerhaften Grundlage dienen, um auf ihr die große Wissenschaft von der menschlichen Natur mit Sicherheit aufzuführen"[1]. Aus diesem Grunde trenne er in seiner Spekulation Eigenschaften, welche in der Wirklichkeit untrennbar seien. In seinen „sittlichen Gefühlen" schreibe er unsere Handlungen dem Wohlwollen zu, in seinem später erschienenen Werke leite er sie aus der Selbstsucht her. Das eine Werk ergänze das andere, so daß man, um ein jedes zu verstehen, notwendigerweise beide studieren müsse.

Wer hat nun Recht, diejenigen, welche ihn zu den induktiven Forschern zählen oder die Andern, welche behaupten, er habe aus der freigewählten Prämisse des Selbstinteresses mit Absehung von allen anderen menschlichen Trieben deduziert?

---

[1] Buckles Geschichte der Civilisation in England (Ruges Übersetzung) 3. Aufl., II, 432.

Auch hier wird uns eine möglichst vollständige Übersicht über die zur Zeit Smiths in der politischen Ökonomie angewandten Methoden und ihre Geschichte den klarsten Einblick gewähren. Doch werde ich mich auf die Besprechung derjenigen Schriftsteller beschränken, welche ihm bekannt sein mußten. Hier und da bin ich gezwungen, auf einiges in diesem Kapitel Besprochene zurückzukommen.

Sechstes Kapitel.

Die Methode in den Werken Adam Smiths.

Erster Abschnitt.
Methodenlehre und Methode vor Adam Smith.

Mit dem Entstehen eines selbständigeren philosophischen Geistes in der Neuzeit erwacht das Bewußtsein, daß Fortschritte der Erkenntnis nur durch die Gewinnung einer neuen Methode erreicht werden können. Noch sind Philosophie und Naturwissenschaften so eng mit einander verbunden, daß philosophische und naturwissenschaftliche Methode schlechthin zusammenfallen. Nicht plötzlich, sondern durch die Arbeit einer Reihe hervorragender Denker werden die neuen Erkenntniswege eröffnet. Über den Gang dieser Entwicklung soll das Folgende eine Übersicht geben. Sie macht jedoch keinen Anspruch auf Vollständigkeit. Nur die Theorien derjenigen Männer, welche unsere Wissenschaft entscheidend beeinflußt haben, dürfen hier Darstellung finden.

Die beiden Grundgedanken der modernen Methodenlehre sind folgende: die Mathematik und die geregelte Beobachtung der Natur eröffnen den Zugang zu ihren Geheimnissen. Der erstere scheint durch die Erneuerung der pythagoreischen Zahlensymbolik, zu der ja auch Plato in der letzten Zeit seines Lebens neigt, hervorgerufen zu sein, der letztere entwickelt sich im Zusammenhang mit dem Nominalismus. Aber die ersten Regungen der neuen

Zeit stehen ebenfalls im Zusammenhange mit den letzten Lebensäußerungen der Wissenschaft eines Volkes, welches im Mittelalter die materielle und geistige Kultur in glänzender Weise gefördert hatte. Humboldt nennt die Araber die eigentlichen Gründer
der physischen Wissenschaften „in der Bedeutung des Wortes,
welche wir ihm jetzt zu geben gewohnt sind[1]".

Cardanus (1501—1576), der Erfinder der bekannten Formel
zur Auflösung der Gleichungen dritten Grades, spürt den
mathematischen Verhältnissen der Natur nach und sucht einer
mechanischen Erklärung der Natur den Boden zu ebnen; sein Zeitgenosse Vives (1494—1540) stellt das Experiment als das eigentliche Mittel zur Erforschung der Natur hin[2]). Ja Lionardo da
Vinci (1451—1519), der ungefähr ein halbes Jahrhundert älter
als beide ist, hat das deutlichste Bewußtsein, daß beide Wege in
der Naturforschung beschritten werden müssen. „Im Gange der
Erkenntnis legte er zwar den Ton auf Beobachtung und Experiment und wollte die allgemeinen Regeln stufenweise auf Grund
der besonderen Thatsachen angebahnt wissen, allein er wußte auf
der anderen Seite auch die Fruchtbarkeit der sich frei bewegenden
Phantasie zu schätzen und ging von vornherein davon aus, daß
für die Hervorbringung eines sicheren Wissens die Anwendung
der Mathematik unumgänglich sei[3])." An Galilei (1564—1642),
den Begründer der modernen Mechanik und Kepler (1571—1630),
den Mitbegründer der modernen Astronomie, ist es besonders interessant zu sehen, daß ihre Bildung ganz in philosophischem
Boden wurzelt. Galilei sagte von sich, er habe mehr Jahre
auf die Philosophie als Monate auf die Mathematik gewendet.
Ihn charakterisiert mathematische Formulierung ungenauer Beobachtungen und experimentelle Bestätigung seiner Konstruktionen.
„Keplers Anschauungen waren aus der Naturphilosophie der Re-

---

[1]) Das Citat bei Lange, Gesch. des Materialismus, 3. A. I, S. 157.
Siehe dort S. 154 ff.
[2]) Windelband a. a. O. I, S. 47 und 42.
[3]) Dühring, Kritische Geschichte der allgemeinen Principien der Mechanik.
Berlin 1873, S. 14.

naissance hervorgegangen und hatten dadurch den ausgesprochenen Charakter einer ästhetischen Weltbetrachtung bekommen. Die begeisterte Auffassung der Harmonie des Weltalls galt ihm als die letzte Aufgabe aller Wissenschaft.... Aber Kepler erhob sich über die phantastische Willkürlichkeit jener Naturphilosophie, in dem er die Harmonie des Weltalls lediglich unter dem Gesichtspunkte der **mathematischen Gesetzmäßigkeit** betrachtet wissen wollte. Er wurde auf diesem Wege der erste, welcher den Begriff des mathematischen formulierbaren Naturgesetzes mit vollkommener wissenschaftlicher Klarheit erfaßte.... Erst mit dieser Aufstellung des mathematischen Naturgesetzes wurden die Spekulationen der antiken und mittelalterlichen Naturphilosophie völlig umgestürzt und der Boden für die moderne Forschung begonnen.... Den principiellen Fehler des Aristotelismus sieht er in der Erklärung der Thatsachen aus der Annahme qualitativ verschiedener Kräfte, und ihr gegenüber stellt er das Princip auf, daß die Natur in ihrem Wesen durch und durch einheitlich sei und daß **alle Unterschiede** in ihr nur quantitativer Natur seien [1]."

Die Principien der Methodenlehre von Descartes und Bacon sind also schon deutlich vor ihnen ausgesprochen worden. Einzelne hervorragende Geister übertreffen sie durch die Erkenntnis, daß der induktive und der deduktive Prozeß in der Naturwissenschaft mit einander verbunden werden müssen. Das Verdienst jener beiden Männer besteht aber darin, daß sie je eine Methode in ihrer Einseitigkeit ausführlicher dargestellt und begründet haben, als vor ihnen geschehen war. Beide haben auch die Übertragung ihrer einseitigen, direkt entgegengesetzten Methoden auf das Gebiet aller Wissenschaften gefordert.

Wir sind gewöhnt, Bacon und Descartes als Gegensätze zu betrachten und doch ist die Verwandtschaft der Anschauungen, abgesehen von der gemeinsamen Feindschaft gegen den Aristotelismus und die Scholastik, nicht gerade gering [2]. Für Beide ist

---

[1] Windelband a. a. O. S. 430.
[2] Zuweilen wird behauptet, daß die Methode Descartes' die scholastische

der Ausgangspunkt der Zweifel an allem bisherigen Wissen. Beiden gilt als Ziel der Philosophie die Beherrschung der Natur, die Beförderung der Kultur, so daß der gelehrte Zorn gegen den niedrigen Utilitarismus Bacons doch auch auf Descartes ausgedehnt werden sollte¹). Wären diese sogenannten Idealisten mit der Wirtschaftsgeschichte der neueren Zeit mehr vertraut gewesen, so würden sie gewußt haben, daß in der Philosophie beider materielle Bedürfnisse zum Durchbruch kommen. Beide mißtrauen der sinnlichen Erfahrung, aber sie wählen für die Gewinnung wahrer Sätze verschiedene Wege. Beide sind von der Wichtigkeit des Experimentes überzeugt, wenn sie ihm auch eine verschiedene Stellung in der Methodenlehre anweisen.

---

und die Baconische die induktive des Aristoteles sei. Daß das Letztere nicht wahr ist, geht aus Kuno Fischers „Francis Bacon u. s. w." 2. A. S. 248 f. und Zeller, Geschichte d. gr. Ph. 3. A., II, 2, S. 240 f. deutlich hervor. Den Unterschied zwischen der scholastischen und cartesianischen Methode zeigt K. Fischer an einem Beispiel in seiner Gesch. d. neueren Philosophie 3. A. I, 1, S. 395 f. Bacons und Aristoteles' Methode vergleicht eingehend Dugald Stewart, Collected Works III, S. 258—263.

¹) Bacons von Wortidealisten so niedrig gefundenen Worte lauten thatsächlich ganz anders als gewöhnlich geglaubt wird, so daß ein „idealistisches" Gemüt an ihnen nichts auszusetzen finden dürfte. „Will dagegen Jemand die Macht und Herrschaft des menschlichen Geschlechts selbst über die Natur erneuern und erweitern, so ist diese Art des Ehrgeizes, wenn man ihn so nennen kann, gesünder und edler als alle anderen." Aber er sagt einige Zeilen weiter. „Demnach muß ich gestehen, daß ich dem Lichte zwar sehr dankbar bin, weil ich dadurch den Weg finden, die Kunst üben, lesen und die Menschen erkennen kann; aber dennoch ist die Be trachtung des Lichtes selbst eine viel vortrefflichere und schönere Sache als sein mannigfacher Nutzen. Ganz ebenso ist auch die bloße Betrachtung der Dinge, wie sie sind, ohne Aberglauben und Betrug, ohne Irrtum und Verwirrung in sich selbst wertvoller als die Früchte aller Erfindungen." Nov. Org. I, Art. 129 (Üb. v. Kirchmann). Ganz anders Descartes: „Au lieu de cette philosophie spéculative qu'on enseigne dans les écoles, on en peut trouver une pratique, par laquelle, connaisant la force et les actions du feu, de l'eau, de l'air, des astres, des cieux et de tous les autres corps, qui nous environnent . . . . nous les pourrions employer en même façon à tous les usages auxquels ils sont propres, et ainsi nous rendre comme maitres et possesseurs de la nature." Das „idealste", was er für die neue Philosophie vorbringt, ist ihr günstiger Einfluß auch auf die Gesundheit. Discours de la Méthode, VI, Anfang.

I.
Die Vertreter der Deduktion.

1.
Descartes.

Will man eine Einsicht in die Methode des Cartesius gewinnen, so muß man dreierlei auseinander halten: seine Darlegung einer universalmathematischen Methode, die Begründung einer mathematisch-mechanischen Naturphilosophie und die Bedeutung, welche er der Erfahrung bei der Erklärung der Naturphänomene zuschreibt, so innig auch dies alles miteinander zusammenhängt.

Descartes nimmt zwei Arten von Erkenntnissen an, die absoluten und relativen. Die absoluten Erkenntnisse sind diejenigen, welche eine unmittelbare Gewißheit bieten, nicht weiter ableitbar sind, nicht durch Schlußfolgerung gefunden werden, sondern durch Intuition erkannt werden. Die relativen werden aus den absoluten gewonnen. Also macht die Cartesianische Methode zwei Wege. Sie schreitet bei der Lösung eines Problems so lange vorwärts, bis die in sich ruhenden selbstgewissen Principien gefunden sind, dann geht sie zurück, um das Abhängige, Relative zu finden. Man kann es auch so ausdrücken: die erste Stufe ist Zersetzung der komplizierten Objekte, um die einfachen Bestandteile zu finden, die zweite die Zusammensetzung des Einfachen zum Komplizierten. Die Methode des Cartesius ist also analytisch-synthetisch.

Es ist bekannt, wie Descartes aus dem Zweifel an der Wahrheit aller Vorstellungen zu dem einfachen, intuitiven Satze gelangt: Je pense donc je suis, wie er dann in sich die Idee Gottes als eine angeborene zu finden glaubt, die ihm nicht durch Erfahrung gegeben sein könne und wie er durch eine Betrachtung der notwendigen Eigenschaften Gottes von dem Dasein der Welt überzeugt wird[1].

---

[1] Baumann (Die Lehre von Raum, Zeit und Mathematik in der

Man ersieht aus dieser Skizze, daß die Analyse des Cartesius nicht mit der Induktion verwechselt werden darf. Jene bezeichnet das Vorwärtsbringen des Geistes, der sich bei jedem Schritte nur die eine Frage vorlegt, ob er schon bei einer selbstgewissen Wahrheit angelangt sei und nicht eher Halt macht, bis er den Punkt erreicht hat, von wo aus er deduzieren kann. Und doch spricht auch Descartes von der Enumeration oder Induktion als eines Teiles seiner Methode. Was er darunter verstanden hat, darüber sind sich die Gelehrten nicht einig. Darüber herrscht allerdings kein Zweifel, daß es nicht dasjenige ist, was man gewöhnlich Induktion nennt[1]).

Descartes ist durch einen Denkprozeß darüber belehrt worden, daß eine Welt außer ihm existiert. Dieses führt uns zu dem zweiten Teile unserer Ausführung: seiner Begründung einer mathematisch-mechanischen Naturphilosophie.

Die Körper erscheinen uns mit einer Reihe von Eigenschaften ausgestattet, über deren Wirklichkeit uns das von ihm entwickelte Princip der Gewißheit belehrt. Es können ihnen nur solche Eigenschaften zukommen, welche sich vor dem klaren Denken zu behaupten vermögen. Diese Eigenschaft ist die Ausdehnung.

neueren Philosophie, 1866) hat sich die Mühe gegeben, die durch das natürliche Licht als gewiß von Descartes angenommenen Sätze zu sammeln I, S. 73 ff.

[1]) Sie wird im Texte nicht erwähnt, weil eine Darstellung wie die unsrige sich mit den großen Umrissen der Methodenlehre begnügen kann. Kuno Fischer meint: „Die methodische Lösung jeder Aufgabe fordert die geordnete Enumeration oder Induktion ihrer Bedingungen, die bis zu einer intuitiven Einsicht zurückgeführt sein wollen, von der aus die Deduktion systematisch fortschreitet," a. a. O. I, 1. S. 288. Dagegen hält Liard die Enumeration für ein Aushülfmittel, wo die Intuition mangelt, und citiert folgenden Satz des Descartes: „Toutes les fois qu'on ne peut ramener à l'intuition une connaissance quelconque, il faut rejeter le syllogisme et n'avoir foi que dans l'induction, seul recours qui nous reste." La méthode et la mathématique universelle de Descartes, Revue Philosophique, X, S. 582. Nach dieser Ansicht wäre also die Induktion des Descartes nur ein Aushülfmittel, wie die Übereinstimmung der Verständigen in der Induktion des Aristoteles. Vergleiche auch Liard: Descartes, 1882. S. 20 ff. Windelband steht auf dem Standpunkte Fischers, er verbreitet sich aber ausführlicher über die Stellung und das Wesen der Enumeration, a. a. O. S. 165.

Indem so Descartes von allen anderen Eigenschaften abstrahiert und nur diejenige der Raumgröße stehen läßt, begründet er philosophisch eine mathematische Naturphilosophie.

„Nun ist die Ausdehnung ins Endlose teilbar, die Teile derselben lassen sich verbinden und trennen, woraus verschiedene Bildungen oder Formen der Materie hervorgehen. Diese Verbindung und Trennung geschieht durch die Annäherung und Entfernung der Teile, d. h. durch Bewegung. Die Ausdehnung ist demnach teilbar, gestaltungsfähig, beweglich . . . . Alle Teilung und Gestaltung der Materie geschieht durch Bewegung; daher lassen sich sämtliche Modifikationen der Ausdehnung auf die letztere zurückführen. Die Veränderungen in der Körperwelt sind insgesamt Bewegungserscheinungen, aller Wechsel der Materie und alle Verschiedenheit ihrer Formen ist durch Bewegung bedingt. Jetzt ist der Standpunkt der cartesianischen Naturphilosophie vollkommen klar: das Wesen der Körper besteht in der Raumgröße, die Veränderung derselben in der Bewegung; jenes wird mathematisch, diese mechanisch begriffen: die Naturerklärung Descartes' beruht daher völlig auf mathematisch-mechanischen Grundsätzen [1]."

Da nun Raumgrößen keine selbständige Bewegungskraft besitzen können, so muß diese von außen an sie herantreten. Gott ist die erste Ursache aller Bewegung. „Aus der Unwandelbarkeit Gottes folgt, daß alle Veränderungen in der Körperwelt nach konstanten Regeln geschehen. Diese Regeln nennt Descartes Naturgesetze. Da alle Veränderungen der Materie Bewegungen sind, so sind sämtliche Naturgesetze Bewegungsgesetze [2]."

Schon Descartes machte vor dem Organischen nicht Halt. Auch auf diesem Gebiete sollen sich alle Vorgänge aus der Übertragung der Bewegung eines Körpers auf andere erklären lassen. So sagt denn Lange, welcher gewiß nicht die Vorgänger des Cartesius übersieht: „So ging denn auch vornehmlich von Descartes jene mathematische Richtung der Naturphilosophie aus,

---

[1] Kuno Fischer a. a. O. S. 340.
[2] Kuno Fischer a. a. O. S. 344.

welche an alle Erscheinungen der Natur den Maßstab der Zahl und der geometrischen Figur anlegt.... Knüpft in der Hauptsache der Materialismus an Baco an, so war es doch Descartes, der dieser ganzen Betrachtungsweise der Dinge schließlich jenen Stempel des Mechanismus aufdrückte, der in De la Mettrie's L'homme machine am offensten hervortritt [1]."

Ist nun in einer Philosophie, welche alle Wahrheit nur der Intuition zuschreibt und den Sinnenschein verachtet, welche nur Figur, Zahl und Bewegung bei der Erklärung der Naturphänomene in Anschlag bringt, ist in ihr Raum für die Erfahrung? Man sollte es verneinen, und dennoch hat Descartes ihr Zugeständnisse gemacht; auch ist die Gewißheit der Naturwissenschaften weder diejenige der Mathematik noch die der Erfahrung. L'expérience pose le problème à résoudre, l'énigme a deviner, sans en donner la solution et la clef. Toute vérité est rationelle, car toute vérité a pour indice la clarté de l'évidence, et les sensations ne sont jamais exemptes de confusion et d'obscurité. D'autre part, si développant les germes de vérité, innées à toute intelligence, nous organisons progressivement le système rationnel des propositions à priori, rien ne nous garantit que nous faisons face à la réalité sensible et que la déduction coïncide avec elle. L'intervention de l'expérience est donc doublement nécessaire, et pour guider la déduction, ... et aussi pour établir par la même la coïncidence de ses résultats et des faits.

Weil also die mathematische Methode in den Naturwissenschaften niemals die Gewißheit der mathematischen Erkenntnisse bietet, deshalb sind alle Wahrheiten der Erfahrung gegenüber „entachées d'hypothèse". Les lois de la nature, alors surtout qu'elles ont revêtu la forme mathématique ... sont toujours, en une certaine mesure, des hypothèses [2]).

Kurz: in den Naturwissenschaften haben wir es mit einer

---

[1]) a. a. O. I, S. 199.
[2]) Liard, Descartes II, ch. 4 „Du rôle de l'expérience dans la physique cartésienne".

Welt zu thun, welche trügt, in deren Inneres wir niemals völlig einzubringen vermögen, welche wir immer und von einer Seite betrachten können; deshalb ist es nötig, die Resultate der Deduktion mit der Erfahrung zu vergleichen, obgleich die letztere auch immer ungenügend und fragmentarisch bleibt. Das ist also die Stellung der Hypothese, des hypothetisch-deduktiven Verfahrens bei Descartes.

Heutigen Tages verfährt die Naturwissenschaft anders. Les savants de nos jours demandent à l'expérience les secrets et les lois des phénomènes; toute conception à priori de la nature est rejetée par eux; ils n'ajoutent foi qu'aux faits observés et aux inductions dûment autorisées par l'expérience; si, en leurs démarches extrêmes, ils rencontrent un monde mathématique assez semblable au fond à celui de Descartes, ce n'est pas sur la foi de conceptions innées, mais parcequ'ils ont appris de l'expérience elle-même que les qualités sensibles se résolvent en quantités, et que des rapports mathématiques de corrélation et d'equivalence lient tous les phénomènes en apparence les plus divers en un système unique, en un seul fait, pour ainsi dire.

Descartes dagegen „part d'une unique vérité à priori, et il en fait sortir, par une déduction progressive, un réseau de plus en plus étendu de vérités mathématiques, qui formé sans l'expérience, devait bientôt se rompre au dur contact des faits."

Wenn sich also beide Verfahren, dasjenige Descartes' und dasjenige der heutigen Wissenschaft, trotz des verschiedenen Ausgangspunktes auf dem Boden der Erfahrung begegnen und „tiefe Analogien" vorhanden sind, so gibt doch auch Liard zu: „La science d'aujourd'hui procède de la circonférence au centre; Descartes va du centre à la circonférence. Il s'établit de prime-saut au sein de la vérité maîtresse" [1]).

---

[1]) a. a. O.

Und wie sagt ein berühmter heutiger Naturforscher: „Wir alle haben bisher das induktive Verfahren gebraucht, um neue Gesetze, bezüglich Hypothesen zu finden, das deduktive, um deren Konsequenzen zum Zwecke ihrer Verifizierung zu entwickeln"[1]).

Hat die deduktive Methode der Nationalökonomie in der Methodenlehre Descartes' ihren Ursprung? Man wäre fast versucht, es anzunehmen. Hier ist Alles vereinigt, was wir als ihre charakteristischen Züge nennen hören: 1. der deduktive Gang von unmittelbar einleuchtenden Wahrheiten (Axiomen, z. B. die beschränkte Zahl der Grundstücke, Aufwand von Mühe, um den größten Teil der Güter zu erringen), 2. die isolierende Abstraktion, 3. das hypothetisch-deduktive Verfahren.

Wer spricht dagegen? Wie mir scheint, die wichtige Thatsache, daß wir nicht im Anfang unserer Wissenschaft diese bewußte Anwendung der mathematischen, naturwissenschaftlichen Methode finden, sondern daß man sich erst etwa zwei Jahrhunderte später ihrer bewußt wird. Daß auch die Nationalökonomie ihre wichtigsten Gesetze aus Axiomen ableitet, lehrt, soviel ich weiß, erst Cossa. Die Methode der isolierenden Abstraktion wendet erst Ricardo bewußt an. Es wäre aber schwer zu beweisen, daß dieser durch die Cartesianische Philosophie beeinflußt worden wäre. Was aber die Lehre von der bewußten Aufstellung von „Hypothesen" und ihre nachträgliche Bewahrheitung durch die Erfahrung betrifft, so tritt diese, soviel ich weiß, erst bei Stuart Mill auf. Zudem muß der tiefe Unterschied von dem in der Nationalökonomie sogenannten hypothetisch-deduktiven Verfahren und der Aufstellung von Hypothesen in den Naturwissenschaften nicht übersehen werden. Weder das Verfahren Descartes', noch dasjenige der heutigen Wissenschaften ist hiermit identisch. Descartes weiß nicht, ob die Kräfte, die er annimmt, wirklich die Erscheinungen bewirken, welche er zu er-

---

[1]) Helmholtz, Vorträge und Reden II, S. 342.

klären sucht. Der Nationalökonom dagegen weiß sehr wohl, daß das Selbstinteresse, von dem er deduziert, ein kräftiger Faktor des Wirtschaftslebens ist, aber es ist ihm auch bekannt, daß es noch andere gibt, von denen er absieht. Die heutige Naturwissenschaft stellt nicht ein Urteil voran, von dessen die Wirklichkeit nur teilweise umspannendem Charakter sie von vornherein überzeugt ist und von dem sie aus deduziert, sondern sie wird nach stattgehabtem induktiven Verfahren zu einer Vermutung über die wahrscheinlich wirkende Ursache gedrängt; hieraus werden Schlüsse gezogen und darauf festgestellt, ob die Ergebnisse von Experimenten jene Schlußfolgerungen bestätigen. Hypotheses non fingo, sagte Newton, die abstrakt-deduktive Nationalökonomie dagegen sagt: hypotheses fingo. Für die Naturwissenschaft ist das Experiment ein Mittel, um zu den Faktoren zweiter und dritter Ordnung vorwärts zu schreiten, bis alle erkannt sind. Die abstrakt-deduktive Nationalökonomie begnügt sich herkömmlich damit, die Resultate ihrer Deduktionen mit den Thatsachen der Wirklichkeit zu vergleichen.

Noch etwas Anderes springt in die Augen. Was als abstrakt-deduktive Richtung in unserer Wissenschaft zusammengeworfen wird, ist innerlich durchaus verschieden voneinander. Die Methode Cossas ist die Methode der Geometrie, diejenige Ricardos ähnelt der Cartesianischen ohne die Vergleichung mit der Erfahrung. Das hypothetisch-deduktive Verfahren, wie es herkömmlich geübt wird, ist weder die Methode Cossas, noch diejenige Ricardos, noch diejenige Descartes', noch endlich diejenige der heutigen Naturwissenschaften.

Für besonders wichtig halte ich es aber hervorzuheben, daß die Methode der isolierenden Abstraktion und das hypothetisch-deduktive Verfahren, welches einige neuere Methodiker in unsere Wissenschaft einführen wollen, nicht miteinander verwechselt werden dürfen. Die Methode der isolierenden Abstraktion, die „exakte" Methode, sieht principiell von Faktoren zweiter Ordnung ab, sie will sie nicht kennen lernen, sie will nur eine Seite der Erfahrung betrachten, sie braucht keine Bewahrheitung durch die Erfahrung, es mag zweckmäßig sein, die empirische

Thatsache heranzuziehen und zu beobachten, wie weit man von
der Wirklichkeit abgewichen ist. Sie ist ausschließlich deduktiv.
Dagegen gehört, wie Lange hervorhebt, die hypothetisch-deduktive
Methode „nach dem nervus probandi zur Induktion" [1]). Die Erfahrung soll ja dem Forscher zeigen, ob er geirrt hat, ihr allein wird
wahre Beweiskraft zugeschrieben. Hat er sich getäuscht, so muß
die Arbeit von neuem vorgenommen werden, hat sich die Wirksamkeit von anderen Kräften außer den erkannten gezeigt, so
müssen auch diese untersucht werden u. s. w. Diejenigen, welche
das hypothetisch deduktive Verfahren befürworten, stehen also den
Vertretern der Methode der isolierenden Abstraktion ebenso fern,
wie die Empiriker, auch sie gehören zur induktiven Richtung.

Diese Erwägungen bestimmen mich zu glauben, daß die
deduktive Methode der Nationalökonomie nicht in der Cartesianischen
Philosophie wurzelt. Sie wird dadurch verstärkt, daß Descartes,
abgesehen von seiner Abhandlung über die Leidenschaften, das
Gebiet der Geisteswissenschaften nicht betreten hat. Da nun die
Nationalökonomie aus dem Naturrechte hervorgegangen ist, so
empfiehlt es sich, bei Demjenigen Umschau zu halten, welcher
wohl den wichtigsten Teil der Fundamente des modernen Naturrechtes gelegt hat, nämlich bei Thomas Hobbes.

2.
Thomas Hobbes.

Zwei Überzeugungen spricht Hobbes an mehreren Stellen
seiner Werke aus: erstens, daß er der Begründer der Geisteswissenschaft sei [2]) und daß er auf sie die mathematische Methode
angewendet habe oder anwenden wolle.

Unser Philosoph hat sich ziemlich ausführlich und sehr klar
über die Methode ausgesprochen, weniger fragmentarisch als

---

[1]) a. a. O. I, S. 240.
[2]) Natural Philosophy is therefore but young; but Civil Philosophy
yet much younger, as being no older . . . than my own book „De Cive."
In der Widmung an den Earl of Devonshire. Molesworth: The English
works of Th. H. Vol. I, S. IX.

Descartes, weniger ausführlich als Bacon. Wenn man seine Ausführungen liest, kann man Denen nicht beistimmen, welche Hobbes zu einem Schüler Bacons machen [1]), noch Jenen, welche seine Methode mit der hypothetisch=deduktiven Descartes' identifizieren. Lange meint, Hobbes habe sich in seiner Definition der Philosophie „ohne Zweifel mit Bewußtsein für Descartes gegen Bacon entschieden" [2]). Hobbes' Definition der Philosophie lautet nämlich: „Philosophia est effectuum seu Phenomenon ex conceptis eorum causis seu generationibus, et rursus generationum, quae esse possunt, ex cognitis effectibus per rectam ratiocinationem acquisita cognitio." Lange übersetzt nun, wie man aus der Anmerkung des zugehörigen Abschnittes ersieht, „conceptis" mit „angenommenen", während, wie mir scheint, „bekannten" richtiger ist. In der englischen Übersetzung lautet die Stelle nämlich: „from the knowledge we have first of their causes or generation." Was aber wichtiger ist, er definiert die Methode folgendermaßen: „Methodus philosophandi: effectuum per causas cognitas, vel causarum per cognitos effectus brevissima investigatio."

Die Methode der Wissenschaften, lehrt Hobbes, ist zum Teil analytisch, zum Teil synthetisch. Der analytische Gang führt von den Sinnesempfindungen zu den Principien, und der synthe= tische von den Principien zu den Folgerungen. Er gibt folgendes Beispiel, welches die Grundzüge seines Systems enthält. „Denn wenn eine Frage gestellt wird, z. B. ob eine bestimmte Handlung gerecht oder ungerecht ist, wenn dann ungerecht analysiert wird als eine Handlung gegen das Gesetz und der Begriff Gesetz als

---

[1]) Es wäre verwunderlich, daß der Mann, welcher in seiner Logik behauptet, man müsse das Studium der Naturphilosophie mit der Geometrie beginnen, und so weit geht, zu sagen „such writers or disputers thereof, as are ignorant of geometry, do but make their readers and hearers lose their time", ein Schüler Bacons sein sollte, a. a. O. S. 73. Zudem nennt er in der erwähnten Widmungsschrift Galilei, Kepler, Gassendi, Mersenne, Harvey als Förderer der Naturphilosophie, aber weder Bacon noch Des= cartes, a. a. O. S. IX.

[2]) a. a. O. I, S. 240.

Befehl Des- oder Derjenigen, welche die Zwangsgewalt haben, und jene Macht abgeleitet wird von dem Willen der Menschen, welche jene Macht zu den Zwecken einsetzen, damit sie im Frieden leben können, dann mögen sie zuletzt zu dem Ergebnis kommen, daß die Begierden der Menschen und ihre Leidenschaften derart sind, daß sie einen ewigen Krieg gegeneinander führen würden, wenn sie nicht durch irgend eine Gewalt zurückgehalten würden, was Jedermann als richtig erkennen wird, der sein eigenes Gemüt erforschen will. Und daher kann er von hier aus synthetisch (compounding) zu der Bestimmung der Gerechtigkeit oder Ungerechtigkeit einer bestimmten Handlung fortschreiten"[1]).

Hier sehen wir also deutlich, welche Methode Hobbes in der „civil and moral philosophy" angewendet wissen will: die Deduktion aus einem wahren Erfahrungssatze über die Natur des Menschen. Und Hobbes Lehre von der Natur des Menschen lautet, wie bekannt ist: Alle Menschen sind selbstsüchtig und von Natur gleich. Da nun Pufendorf diese Methode in das Naturrecht einführte und die theoretische Nationalökonomie sich aus dem Naturrechte entwickelte, so kann es keinem Zweifel unterliegen, daß die deduktive Methode unserer Wissenschaft von Hobbes begründet worden sei[2]).

Worauf besonderes Gewicht gelegt werden muß, ist dies, daß die Methode unseres Philosophen weder mit der isolierenden Abstraktion, noch mit dem hypothetisch-deduktiven Verfahren verwechselt werden darf. Es liegt ihm ebensofern, von gewissen psychischen Eigenschaften überhaupt zu abstrahieren, als eine Annahme vorauszuschicken und die Folgerungen aus dieser Annahme mit der Erfahrung zu vergleichen. Das homo homini lupus ist nach seiner Überzeugung ein wahrer Erfahrungssatz[3]),

---

[1]) a. a. O. S. 74.

[2]) Auch die objektive Prämisse der abstrakt-deduktiven Richtung findet sich bei Hobbes: daß die Menschen die Freiheit haben, zu handeln wie sie wollen, nämlich im Naturzustande. Da aber Hobbes in seiner Methodenlehre hiervon nicht spricht, so habe ich diesen Punkt im Texte nicht erwähnt.

[3]) Hobbes zweifelt hieran ebensowenig, wie Schopenhauer. „Der Mensch", sagt dieser, „ist im Grunde ein wildes, entsetzliches Tier. Wir

an dem Niemand zweifeln kann, und die Selbstsucht des Menschen ist in der That der einzige Faktor alles gesellschaftlichen Lebens. Mill scheint mir daher auch Recht zu haben, wenn er die geometrische Methode der Socialwissenschaft von der physikalischen unterscheidet und sagt: „In der geometrischen Theorie von der Gesellschaft scheint man vorauszusetzen, daß dies bei gesellschaftlichen Erscheinungen wirklich der Fall ist, daß jede von diesen immer nur aus einer Kraft, einer einzigen Eigenschaft der menschlichen Natur entspringt"[1]). Er nennt bekanntlich Hobbes und Bentham als Vertreter dieser Methode.

Wenn nun auch Hobbes seine Methode mit Virtuosität gehandhabt hat, so kann man es doch in Zweifel ziehen, ob sie jemals etwas anderes für ihn gewesen ist, als eine Methode der Darstellung. Das System war längst von den Epikureern aufgestellt, die Principien waren deutlich ausgesprochen. Und diese Bedeutung hat sie nach meiner Meinung bei allen Denen gehabt, welche nach Hobbes die mathematische Methode annehmen, ich meine nicht nur Pufendorf, sondern auch Wolff und Justi[2]). Aber sie hat jedenfalls die erfreuliche Erscheinung zu Wege gebracht, daß man vorsichtig in der Aufstellung von Principien

---

kennen es bloß im Zustande der Bändigung und Zähmung, welches Civilisation heißt, daher erschrecken uns die gelegentlichen Ausbrüche seiner Natur. Aber wo und wenn einmal Schloß und Kette der gesetzlichen Ordnung abfallen und Anarchie eintritt, da zeigt sich, was er ist". P. P. II, S. 226, 2. Auflage.

[1]) System der Logik III, S. 294 (Übersetzung von Gomperz).

[2]) Wolff sagt in der Vorrede zu „Grundsätze des Natur- und Völkerrechts", daß er sich „aus keiner anderen Absicht der Mathesis beflissen, als die Ursach von der so großen Gewißheit in der Geometrie zu erkennen .... Alles dies nun konnte auf keine andere Weise ans Licht kommen, als wenn man den Fußtapfen des Euklides, welcher die Gesetze einer wahren Vernunftlehre gar strenge in Obacht genommen, folgte" u. s. w. — Justi fühlt sich schon gedrungen, die Angriffe auf „die vernünftige demonstrativische Lehrart, welche den Vortrag der Wissenschaften auf einen wesentlichen Zusammenhang gründet, und eine Wahrheit aus der anderen ableitet", zurückzuweisen. Die pedantische Art Wolffs hatte ihr wahrscheinlich viele Feinde zugezogen. Staatswirtschaft, Einl. § 1 und Vorrede zur ersten Auflage, in der man ihre Wichtigkeit für die Kameralwissenschaft klar erkennt.

wurde, bedachtsam deduzierte, sorgfältig klassifizierte, den ganzen Inhalt einer Wissenschaft in einen inneren Zusammenhang brachte, kurz, daß die Systematik der Wissenschaften gefördert wurde.

Zum Schlusse soll daran erinnert werden, daß Hobbes Naturgesetze im Gebiete der „Civil philosophy" **Vorschriften der Vernunft** darüber nennt, wie der Frieden erhalten und die Verteidigung zu erlangen ist, wo der Frieden nicht erhalten werden kann.

3.
Die Physiokraten.

Wo dürfen wir nun hoffen, die mathematische Methode des Naturrechtes in der Nationalökonomie angewandt zu finden? Offenbar dort, wo die Nationalökonomie eine selbständigere Stellung im **Rahmen des Naturrechtes** gewinnt.

Früher ist ausgeführt worden, daß ein Teil der Physiokraten Grundsätze der Volkswirtschaftspolitik aus der Prämisse des Egoismus ableitet. Aber sie haben auch theoretische Gesetze der Volkswirtschaft aus ihr gewonnen. In ihrer Steuerlehre wird in streng deduktiver Weise aus der Prämisse des wohlverstandenen Selbstinteresses gezeigt, daß indirekte Steuern die Bauern verarmen, daß die Armut der Bauern den Wohlstand des Königreichs untergräbt und sich endlich auch dem Souverän fühlbar machen muß. Elles (les taxes) forceraient donc les acheteurs à mésoffrir sur les denrées et les matières premières, en raison de la taxe … elles feraient donc baisser nécessairement d'autant le prix de toutes les ventes de la première main …. ils (les cultivateurs) seraient donc forcés d'abandonner la culture des terres mauvaises …. les cultivateurs seraient forcés en outre de retrancher, ou sur le revenu des propriétaires ou sur les dépenses de leur culture, une somme égale au déficit qu'il éprouveraient dans leur recette u. s. w.[1]).

---

[1]) Daire, Physiocrates, Dupont § XV.

Die deduktive Methode der Physiokraten in der Steuerlehre hat auch darin Ähnlichkeit mit der Hobbesschen, daß an der vorausgesetzten Kraft des Selbstinteresses als einzig wirksamer kein Zweifel erhoben wird und daß sie mehr eine Methode der Darstellung alter, als der Entdeckung neuer Wahrheiten ist. In meinem Aufsatze „Eine andere Gestaltung des Studiums der Wirtschaftswissenschaften"[1]) habe ich darauf aufmerksam gemacht, daß eine ganze Reihe von Sätzen, die als Ergebnisse der abstraktdeduktiven Methode auftreten, viel früher als rohe Induktionen erscheinen. Man beobachtet, daß der Arbeitslohn auf dem Existenzminimum steht, daß der Pächter weniger Rente bezahlen will, weil eine neue Steuer auf seine Unternehmung gelegt worden, daß die Preise zurückgehen, nachdem das Angebot der Waren sich vermehrt hat, daß der Preis eines Gutes in die Höhe geht, nachdem eine hohe indirekte Steuer darauf gelegt wird, daß die Lebenshaltung teurer wird, wie die Eisenbahnen zunehmen. Smith erwähnt als „popular notion", daß mit wachsendem Reichtum die Edelmetalle zunehmen und daß die Behauptung aufgestellt wird, die Arbeiter seien in wohlfeilen Jahren träger als in teuern[2]). Solche rohe Induktionen, gewissermaßen die „Bauernregeln" der Nationalökonomie, werden dann in die Form der Deduktion gebracht, nehmen formell eine viel elegantere Gestalt als früher an, bleiben aber häufig in ihrem Inhalt ebenso unvollkommen wie früher. Um die Entwicklung solcher Gesetze deutlich zu sehen, vergleiche man z. B. die Lehre von der Überwälzung aller Steuern auf Grund und Boden, die im 17. Jahrhundert in England aufgestellt wird, mit der physiokratischen, oder Lockes Lehre vom Lohne mit derjenigen Turgots[3]).

---

[1]) Schmollers Jahrbuch 1887.
[2]) I, S. 300 und 112.
[3]) Das physiokratische Naturrecht hat einen deduktiven Charakter, wie alle Systeme des Naturrechts in der neueren Zeit. Es ruht auf der unbewiesenen Annahme: Der Zweck Gottes, welcher die Welt erschaffen hat, war die Glückseligkeit. Da er auch den Menschen erschaffen hat, so muß sich aus der Konstitution der menschlichen Natur das Gesetz erkennen lassen, welches Gott den Menschen vorgeschrieben hat, damit sie glücklich werden.

Neben theoretischen Gesetzen, welche auf dem Wege der Deduktion gewonnen worden sind, gibt es andere, welche sich als das Ergebnis einer Beobachtung des volkswirtschaftlichen Prozesses der Erzeugung, Cirkulation, Verteilung und Verzehrung der Güter darstellen. Mercier de la Rivière hat sie in seiner Schrift „L'ordre naturel et essentiel des sociétés politiques" gesammelt und bezeichnet sie als „trois lois immuables concernant la reproduction".

Folgendes sind seine Worte: „Dans le code physique nous trouvons trois lois immuables concernant la reproduction: la première porte que *les avances de la culture, sans lesquelles il n'est point de reproductions, ne pourront être faites par les cultivateurs, qu'après les dépenses à faire par les propriétaires fonciers;* la seconde ordonne expressément *que ces doubles avances ne cesseront jamais de se renouveler dans leur ordre essentiel, suivant que le cours naturel de la destruction l'exige, et ce sous peine de l'anéantissement des produits et de la société: en conséquence* dit la troisième loi, *il est fait défense, sous les peines ci-dessus énoncées, aux propriétaires fonciers, et à toute puissance humaine, de rien détourner, de la portion qui doit être prelevée sur les produits, pour perpétuer ces mêmes avances.*"

Auf der Basis dieser physiologisch-organischen Theorie der Volkswirtschaft wurde dann unter Voraussetzung des universellen Egoismus die Lehre von der Überwälzung aller Steuern auf Grund und Boden abgeleitet.

Woher dieser induktive Bestandteil der physiokratischen Lehre? In meiner Schrift über die philosophischen Grundlagen u. s. w.

Denn es wäre absurd anzunehmen, daß die Glückseligkeit in etwas bestehen könne, was den natürlichen Trieben zuwider wäre. Dies hieße ja, daß der Mensch seine Glückseligkeit nur dadurch erlangen könne, daß er unglückselig wäre. Da dieser Teil der physiokratischen Lehre mit dem Gegenstande, welcher uns beschäftigt nur in einem losen Zusammenhang steht, so wird er im Texte nicht erwähnt. Wie sehr dieser Teil mit der mathematischen Methode verbunden ist, ersieht man auch daraus, daß Quesnay Erörterungen über den Begriff „évidence" anstellt.

habe ich nachzuweisen gesucht, daß die Physiokraten ihre Wissen=
schaft selbst als eine Beobachtungswissenschaft betrachteten und
der Gründer der Schule Beobachtung und Experiment für die
einzige Erkenntnisquelle der Medizin ansah. Er neigte sich den
baconischen Principien zu, welche durch Sydenham und Boerhave
zur Geltung gekommen waren. Dies führt uns zur Betrachtung
der induktiven Richtung.

II.
Die Vertreter der Induktion.

1.
Bacon.

Bacons Methodenlehre zerfällt bekanntlich in zwei Teile, in
einen negativen und in einen positiven. Wie Herbert Spencer in
seinem Werke „The Study of Sociology" zuerst von den Fehlern
redet, in welche der Sociolog leicht verfallen kann, so handelt
Bacon zuerst von den vier Trugbildern, welche von der wahren
Naturerkenntnis abführen. Das Ergebnis seiner negativen Aus=
führungen ist: Aus der Naturwissenschaft muß die Erklärung aus
Endursachen ausgeschlossen werden, man forsche nach den wir=
kenden Ursachen, Beobachtung und Experiment sind die einzigen
Wege, welche in das Innere der Natur führen.

Hierauf folgt dann seine Theorie der Induktion. Die in=
duktive Methode Bacons hat drei Stufen. Auf der ersten steht
die Wahrnehmung und Aufzählung gegebener Fälle, auf der
zweiten die Ausschließung der unwesentlichen Bedingungen einer
Erscheinung, auf der dritten die Einsammlung, die Weinlese der
wesentlichen. Das Ziel der Induktion ist die Erkenntnis des
Naturgesetzes, unter Deduktion versteht er die Anwendung des
Naturgesetzes, die Erfindung.

Es ist für unsere Zwecke ohne Wichtigkeit, die Methode
Bacons genauer zu verfolgen, seine Hervorhebung vollständiger
experimenteller Erfahrung, seine stete Mahnung, vorsichtig vor=

wärts zu schreiten, seine Anweisung, die unwesentlichen Beding=
ungen der Erfahrungen zu erkennen, endlich sein Versuch), den
Analogieschluß zu verwenden.

Er ist also der wissenschaftliche Antipode von Descartes.
Dieser fliegt zu einem Princip, um aus ihm die Welt zu kon=
struieren, jener kriecht mühsam vorwärts, um nichts zu über=
sehen: dieser verachtet die Erfahrung, muß ihr aber Zugeständ=
nisse machen; jener kennt keine andere Erkenntnisquelle als Er=
fahrung und wieder Erfahrung; dieser gibt ein nur teilweise rich=
tiges Bild der Wirklichkeit, jener möchte sie ganz und völlig er=
gründen, und jeden wirkenden Faktor verzeichnen. In seiner
Philosophie wurzelt das später von Hume und Smith ausge=
sprochene Mißtrauen gegen die Philosophen, die alle Erscheinungen
aus einem oder wenigen letzten Principien erklären möchten.

Bacon fordert die Methode der Induktion für alle Wissen=
schaften. „Man wird auch", sagt er in dem Neuen Organon,
„wenn nicht als Einwand, so doch als Zweifel hinstellen, ob ich
hier blos von der Naturphilosophie spreche, oder auch von den
übrigen Naturwissenschaften, und ob auch die Logik, die Ethik,
die Politik auf dem von mir verlangten Wege vollendet werden
solle. Allerdings soll das von mir Gesagte für Alles gelten[1])."
Diese Wissenschaften sind nach seiner Lehre Teile der Anthropo=
logie, welche umfaßt: Somatologie, Psychologie (Logik und Ethik),
Politik.

2.
Hutcheson.

Bacon hat keinem Schüler die Aufgabe übertragen können,
die Methode der Induktion in die Geisteswissenschaft einzuführen.
Über das Eindringen der baconischen Principien in die Wissen=
schaft habe ich früher einige Andeutungen gemacht, soweit es für
unsere Zwecke erforderlich war. Ich begnüge mich damit, zu er=

---

[1]) a. a. O. I, Art. 127.

wähnen, daß die Methode sorgfältiger Beobachtung durch Locke in die Erkenntnistheorie eingeführt wurde, daß er auf diesem Wege zu den nach seiner Ansicht einfachsten Elementen der Erkenntnis vordrang und aus ihnen die komplicierteren Erscheinungen erklärte. Insoweit kam also hierin der allgemeine Zug der neueren Naturwissenschaften, aus dem Einfachen das Zusammengesetzte zu erklären, zum Ausdruck. Der Weiterbau in der Ethik ging von Hutcheson, dem Lehrer Smiths, aus. Leechman berichtet, wie er schon früh an der intuitiven Moral irre wurde und an Clark einen wahrscheinlich nicht beantworteten Brief schrieb, in dem er seine Einwendungen gegen dessen Lehren niederlegte und um weitere Erklärung bat. Hutcheson habe erkannt, daß die Moralphilosophie auf der Beobachtung der menschlichen Natur ruhen müsse. Wie die Naturwissenschaften durch Beobachtung und Experimente große Fortschritte gemacht hätten, so könnte auch die Moralphilosophie nicht „das Produkt des Genius und der Erfindung sein, sondern sie müsse aus richtigen Beobachtungen über die verschiedenen Kräfte und Principien, deren wir uns in unserem Innern bewußt sein, gezogen werden. Also sei wenigstens eine richtige Methode, welche in der Moralwissenschaft befolgt werden könne, die: Untersuchungen über unsere innere Struktur als eines aus verschiedenen Teilen bestehenden Systems anzustellen"[1]).

Was also Hutcheson anstrebte, war die Basierung des Komplexes von Wissenschaften, welche mit der Bezeichnung „Moralphilosophie" zusammengefaßt wurden, auf die empirische Psychologie.

Vielleicht erinnert man sich aus dem ersten Kapitel dieser Schrift des Reichtums der psychologischen Analyse in Hutchesons System und der Stellung, welche er dem wirtschaftlichen Eigennutz anweist. Hierauf kommt er im Naturrechte zurück. Auch er meint, daß Nichts die Menschen zu einem anhaltenden Fleiße in allen nützlichen Arbeiten so sehr ermuntere, wie die Hoffnung, daß sie oder ihre Abkömmlinge oder andere ihnen werte Per-

---

[1]) System of Moral Philosophy. S. XIV.

sonen künftig Reichtümer, Bequemlichkeiten oder Vergnügungen genießen. Diese Hoffnung aber gründe sich auf die Sicherheit der Früchte ihrer Arbeit und auf den freien und ungestörten Genuß und Gebrauch derselben[1]).

3.

Hume[1]).

Ungefähr zehn Jahre, nachdem Hutcheson zum Professor der Moralphilosophie ernannt worden war, erschien Humes berühmter „Traktat über die menschliche Natur". Schon auf dem Titelblatte erfahren wir, daß der „Traktat über die menschliche Natur" ein Versuch sei, "to introduce the experimental method of Reasoning into Moral Subjects". Und in der Einleitung heißt es: „Es ist augenscheinlich, daß alle Wissenschaften eine größere oder geringere Beziehung zur menschlichen Natur haben .. Selbst die Mathematik, die Naturphilosophie und die Naturreligion hängen von der Wissenschaft vom Menschen ab .... Es ist unmöglich zu sagen, welche Veränderungen und Verfassungen wir in diesen Wissenschaften bewirken würden, wenn wir gründlich über den Umfang und die Kraft des menschlichen Verstands unterrichtet wären ... Wenn also die Wissenschaften der Mathematik, der Naturphilosophie und der Naturreligion so sehr von der Kenntnis des Menschen abhängen, was darf dann erst in den andern Wissenschaften erwartet werden, deren Verbindung mit der menschlichen Natur enger und innerlicher ist?" Derartige Wissenschaften sind Logik, Moralphilosophie, Aesthetik (Criticism) und Politik. „Indem wir uns also anscheinend daran machen", fährt er fort, „die Principien der menschlichen Natur zu erklären, stellen wir in Wirklichkeit ein **vollständiges System der Wissenschaften** auf. Und wie die Wissenschaft vom Menschen die einzige sichere Grundlage für die andern Wissenschaften bildet, so muß die einzige sichere Grundlage, welche wir dieser Wissenschaft zu geben vermögen,

[1]) B. II, cap. XV.

auf Erfahrung und Beobachtung beruhen. Die Betrachtung braucht uns nicht in Erstaunen zu versetzen, daß die Anwendung der Experimentalphilosophie auf die Welt des sittlichen Lebens (moral subjects) mehr als ein ganzes Jahrhundert später fällt als ihre Einführung in die Naturwissenschaften, da wir ebenfalls finden, daß ungefähr derselbe Zwischenraum zwischen den Anfängen dieser Wissenschaften liegt und daß die Periode von Thales bis auf Socrates fast ebenso lang ist wie zwischen Lord Bacon und einigen neueren Philosophen in England, welche angefangen haben, die Wissenschaft vom Menschen auf eine neue Grundlage zu stellen." Diese Männer sind, wie er in einer Note mitteilt, Locke, Shaftesbury, Mandeville, Hutcheson, Butler u. A.: also die englischen Begründer der empirischen Psychologie.

Es ist also die sorgfältigste psychologische Analyse, auf deren Ergebnissen Hume die Geisteswissenschaften aufzubauen sucht, Ergebnisse, welche durch eine experimentelle Methode gewonnen werden. Was aber versteht er unter experimenteller Methode? Er sagt es deutlich: „Mir scheint es klar, daß das Wesen des Geistes uns ebenso unbekannt ist, wie dasjenige der Körper außer uns, aus diesem Grunde können wir auf keine andere Weise eine Kenntniß seiner Kräfte und Eigenschaften erlangen als durch die Beobachtung der besonderen Wirkungen, welche aus seinen verschiedenen Umständen und Lagen hervorgehen. Und obgleich wir bestrebt sein müssen, alle unsere Principien so umfassend (universal) wie nur möglich zu gestalten, indem wir unsere Experimente bis zum äußersten Punkte verfolgen, und alle Wirkungen aus den einfachsten und wenigsten Ursachen erklären, so ist es doch gewiß, daß wir die Grenzen der Erfahrung nicht überschreiten können, und jede Hypothese, welche den Anspruch erhebt, die letzten ursprünglichen Eigenschaften der menschlichen Natur zu entdecken, sollte sofort als dünkelhaft und chimärisch verworfen werden.... Wenn wir sehen, daß wir an der äußersten Grenze des menschlichen Verstandes angekommen sind, dann sind wir befriedigt, obgleich wir im Ganzen von unserer Unwissenheit vollständig überzeugt sind, und bemerken, daß wir keinen Grund für unsere allgemeinsten und feinsten Principien angeben können, es sei denn unsere Erfahrung ihrer Realität... Aber wenn diese Unmöglichkeit, letzte Principien zu erklären, als ein Mangel in der Wissenschaft vom Menschen angesehen werden sollte, so will ich versichern, daß es ein allen unseren Wissenschaften und Künsten gemeinsamer Fehler ist... keine kann über die Erfahrung hinausgehen oder Principien aufstellen, welche nicht auf jener Autorität beruhen. Die Moralphilosophie hat allerdings diesen besonderen Nachteil, welcher nicht in der natürlichen gefunden wird, daß sie keine Experimente mit Absicht und Vorbedacht machen kann... Daher müssen wir unsere Experimente in dieser Wissenschaft durch eine vorsichtige Beobachtung des menschlichen Lebens sammeln und sie nehmen, wie sie im gewöhnlichen Laufe der Welt erscheinen, in dem Betragen der Menschen in Gesellschaft, im Geschäfte, in ihren Vergnügungen. Wenn Experimente dieser Art mit Verstand und Urteil gesammelt und verglichen werden, dann dürfen wir hoffen, auf ihnen eine Wissenschaft zu begründen, die keiner an Gewißheit nachsteht und alle andern an Nützlichkeit übertreffen wird."

So ist also das Ergebnis folgendes: Hume betrachtet, wie Hutcheson, die Psychologie als Grundlage aller Geisteswissenschaften; er sieht sich für einen Nachfolger Bacons an; er versteht unter experimenteller Methode die Methode der Induktion aus Erfahrungsthatsachen. Buckles von dem unsrigen verschiedenes Urteil ist also unbegründet. Hierauf wurde schon im ersten Kapitel hingewiesen, dort wo wir das Werk betrachteten, in welchem die induktive Methode in vollendetester Weise gehandhabt wird, seine „Untersuchung über die Principien der Moralphilosophie".

Welches ist erstens die psychologische „experimentelle" Grundlage, welche Hume der Nationalökonomie gegeben hat? Zweitens, hat er von den induktiv gewonnenen Ergebnissen einen deduktiven Gebrauch gemacht?

Erstens. Hume übernimmt die Ergebnisse der Lehren Mandevilles, eines derjenigen Männer, welche er zu den Vertretern einer neuen Richtung zählt. Der Mensch ist träge, zur Arbeit wenig geneigt, welche doch alle Güter schaffen muß und kann nur durch seine Leidenschaften zur Thätigkeit angeregt werden. Daneben findet sich nun der diesem Satze völlig widersprechende, daß der Mensch einen unersättlichen Thätigkeitstrieb besitze. Wie stark diese beiden Behauptungen von einander abweichen, wird noch mehr hervortreten, wenn wir sie ein wenig ausführen.

Der Mensch ist von Natur träge und nur seine Leidenschaften treiben ihn zur Arbeit. Gibt man ihm kein materielles Ziel, so wird seine Anstrengung nur zu seiner persönlichen Ernährung hinreichen. Daher die Wichtigkeit von Gewerbe und Handel, welche Tauschgüter schaffen und den Ackerbauer veranlassen, seine Felder besser zu bestellen, um sie kaufen zu können, wodurch nun wiederum Gewerbs= und Handelsleute mit ernährt werden. Everything in the world is purchased by labour, and our passions are the only causes of labour[1]).

Jeder Mensch, behauptet Hume, liebt sich selbst am meisten und würde sein Selbst bis zur Auflösung der Gesellschaft treiben, wenn ihn der Verstand nicht über diese Folge belehrte[2]). Ebensowenig wie Smith glaubt er aber, daß alle Menschen ihr Interesse verständen[3]).

Wenn aber die Menschen so träge und so selbstsüchtig sind, dann muß der Staatsmann im Interesse der Macht des Staates und der Glückseligkeit der Gesamtheit zu ihrer Selbstsucht, ihren Leidenschaften sprechen. It is requisite to govern men by other (not disinterested) passions, and animate them with a spirit of avarice and industry, art and luxury... The harmony of the whole is still supported, and the natural bent of the mind being more complied with, individuals as well as the public, find their account in the obser-

---

[1]) I, S. 293.
[2]) S. 455.
[3]) S. 450.

vance of those maxims[1]). Indem er die Notwendigkeit des Eigennutzes hervorhebt, hat er stets das Glück und die Macht der Gesamtheit im Auge, gerade wie Mandeville. Eine durch die Entwicklung von Habsucht und Fleiß entwickelte Volkswirtschaft ist im stande, dem Staate in Kriegszeiten die größte Stärke zu verleihen. Trade and industry are really nothing but a stock of labour, which, in times of peace and tranquillity, is employed for the ease and satisfaction of individuals; but in the exigencies of state, may, in part, be turned to public advantage[2]). Wie wenig er eine solche Politik vorschlägt im Interesse einer Anhäufung von Reichtum, das geht daraus hervor, daß er es für vorteilhaft halten würde, Kunst und Luxus zu unterdrücken, „if we could convert a city into a kind of fortified camp, and infuse into each breast so martial a genius, and such a passion for public good, as to make everyone willing to undergo the greatest hardships for the sake of the public[3])."

In seinem Essay „On Interest" ist die vorher erwähnte entgegengesetzte Anschauung ausgeführt. „There is no craving or demand of the human mind" heißt es dort „more constant and insatiable than that for exercise or employment, and this desire seems the foundation of most of our pursuits." Wer nicht beschäftigt sei, suche sich zu zerstreuen; wenn der Mensch beschäftigt wäre, sei er zufrieden. Ist die Beschäftigung noch obendrein gewinnbringend, „he has gain so often in his eye that he acquires, by degrees, a passion for it, and knows no such pleasure as that of seeing the daily encrease of his fortune"[4]).

Dieser Aufsatz hat aber ein weit höheres Interesse dadurch, daß Hume die Lehre vom Kapitalzins auf ganz andere psychologische Grundlagen stellt, als den Wunsch der Kapitalverleiher, möglichst viel zu gewinnen und der Kapitalleiher, möglichst wenig

[1]) S. 295.
[2]) S. 294.
[3]) a. a. O.
[4]) S. 325.

zu bezahlen. Die „Gewohnheiten und die Lebenshaltung" bilden
den Schlüssel zum Verständnis des Problems[1]).

Zweitens. Macht Hume von seinen psychologischen Grund=
anschauungen einen deduktiven Gebrauch? Nein, die erwähnten
Ausführungen haben keinen anderen Zweck, als das wirtschaft=
liche Schauspiel zu erklären. Allerdings meint er in dem Auf=
satze „That Politics may be reduced to a science"[2]), daß die
„checks and controuls" einer freien Verfassung die Wirkung
hätten, daß selbst schlechte Menschen es in ihrem Interesse fänden,
für das allgemeine Beste zu sorgen. So groß sei die Gewalt
der Gesetze und bestimmter Regierungsformen „that consequences
almost as general and certain may sometimes be deduced
from them, as any which the mathematical sciences
afford us[3])." Man möchte glauben, Hume wäre auf dem besten
Wege einer rein „exakten" Methode, aber da kommt ihm das
„sometimes" dazwischen und seine Thaten beweisen das Gegen=
teil seiner Worte. Um dies klar zu legen, muß ich einige frühere
Ausführungen wiederholen, die im zweiten und vierten Kapitel
dieser Schrift enthalten sind.

Selbst dort, wo er die stärksten Anläufe macht, zerrinnt ihm
das Werk unter den Händen, wie aus seinem Kapitel über die
Steuern zu ersehen ist. Welches ist die Wirkung einer Konsum=
tionssteuer auf Gegenstände des Volksverbrauchs? Nach Hume
hat sie nicht eine unfehlbare Wirkung, sie kann drei Wirkungen
haben: Erhöhung der Löhne, Verschlechterung des Lebens, An=
sporn zu größerem Fleiße. Noch ein Beispiel. Vor Humes Zeit
war, wie erwähnt, behauptet worden, daß alle Steuern in letzter
Linie von Grund und Boden getragen würden, und daß es daher
am richtigsten wäre, eine Grundsteuer zu erheben, ein Gedanke,
der gewöhnlich erst den Physiokraten zugeschrieben wird[4]). Hume

---

[1]) S. 323 ff. the habits and way of living.
[2]) S. 98.
[3]) S. 99.
[4]) Ich verweise auf die Darstellung dieses Werkes S. 268 ff. und auf
die dort angeführten Abhandlungen von Ricca Salerno und Roscher, Zur

hält diese rein mechanische Abwälzungstheorie für falsch: „Every man, to be sure, is desirous of pushing off from himself the burden of any tax, which is imposed, and of laying it upon others. But as every man has the same inclination, and is upon the defensive, no man can be supposed to prevail altogether" [1]).

Ebensowenig hat er das Arbeitsprincip irgendwo methodisch verwandt, wenn man nicht Gemeinplätze für große Wahrheiten hielt.

Wie steht es aber mit seinen volkswirtschaftspolitischen Grundsätzen? Deduziert er da nicht allgemeine Sätze aus Prämissen, welche ein Urteil über Arbeit, Selbstinteresse enthalten? Hume ist gegen allgemeine Sätze in der Politik mit Mißtrauen erfüllt: „All general maxims in politics ought to be established with great caution" [2]). Er fordert auch nicht die größte Verkehrsfreiheit auf Grund seiner Ansichten von der menschlichen Natur. „Liberty", meint er, „must be attended with particular accidents, and a certain turn of thinking" [3]). Er weiß eben, daß alle Menschen, so gleich auch ihre Selbstsucht sein mag, doch ihr Interesse nicht gleichmäßig verstehen und daß die Erziehung die ursprünglich ziemlich ähnlichen Menschen differenziert . . . . „How nearly equal all men are in their bodily force and even in their mental powers and faculties till cultivated by education" [4]).

Er verwechselt nicht die rechtliche Freiheit mit der materiellen Freiheit „Can we seriously say that a poor peasant or artizan has a free choice to leave his country, when he knows no foreign language or manners, and lives from day to day, by the small wages which he acquires [5])?"

Und weiter. Er stellt die Lehre von einer ökonomischen,

Geschichte der englischen Volkswirtschaftslehre im 16. und 17. Jahrhundert.
[1]) S. 359.
[2]) S. 371.
[3]) S. 297.
[4]) S. 444.
[5]) S. 451.

präſtabilierten Harmonie auf. Von dem Heranwachſen des freien Handels behauptet er, es vernichte „that free communication which the Author of the World has intended, by giving them soils, climates and geniuses so different from each other" ¹). Und einige Seiten weiter heißt es: „Nature by giving a diversity of geniuses, climates and soils to different nations, has secured their mutual intercourse and commerce." Aber er ſchließt nicht, wie ich früher dargeſtellt habe, daß der Freihandel eingeführt werden müſſe.

Was alſo Hume den Freund lehren konnte, das war nicht die Aufſtellung von Geſetzen der Volkswirtſchaft, ſondern die Erklärung des Wirtſchaftslebens aus dem Innern der Menſchen heraus, aus ihren Trieben, Begierden, Gewohnheiten und Sitten. Nur daß Smiths Begeiſterung für das Naturrecht ihm nicht erlaubte, den Lehren Humes überall zu folgen und auch Hume ſelbſt kaum einen praktiſchen Fortſchritt über Mandeville hinaus vollzogen hatte.

4.

Montesquieu.

Eine in der Geſchichte der Wiſſenſchaften ſeltene Ergänzung findet Hume in Montesquieu. Wenn jener den Forſcher auf dem Gebiet der Geiſteswiſſenſchaften ſeinen methodiſchen Standort im Innern der Menſchen nehmen läßt, ſo führt ihn dieſer in die Außenwelt oder vorzugsweiſe in die Außenwelt und lehrt ihn in den poſitiven Geſetzen nach dem Einfluſſe des Klimas, der Oberfläche und der Größe der Länder, nach den wirtſchaftlichen Zuſtänden und der Lebensweiſe der Völker, nach der Regierungsform und dem Grade der geſtatteten Freiheit der verſchiedenen Reiche fragen ²).

---

¹) S. 343.
²) Die Geſetze müſſen ſich beziehen à la nature et au principe du gouvernement, physique du pays, climat, qualité du terrain, situation, grandeur, genre de vie des peuples, laboureurs, chasseurs ou pasteurs, au degré de liberté, religion, richesses, nombre, commerce, manières, endlich noch auf die rapports entre elles (zwiſchen den Geſetzen ſelbſt).

Offenbar ist der „Esprit des Lois" das Werke eines induktiven Geistes, welcher durch Vergleichung der Gesetze verschiedener Völker auf die nach seinem Ermessen wirkenden Faktoren der Gesetzgebung geführt wird. Aber die Methode der Darstellung ist im allgemeinen deduktiv. Er zeigt zunächst, wie ein Faktor notwendig wirken muß und erklärt hieraus die Eigentümlichkeiten der rechtlichen und staatlichen Zustände, welche er bespricht[1]).

Ob die Methode Montesquieus eine vollkommene ist, kann hier unerörtert bleiben. Auch das unten gegebene Beispiel zeigt ihre große Schwäche. Kurzer Hand wird hier die Regierungsform Athens und Spartas aus der Fruchtbarkeit und Unfruchtbarkeit der Länder erklärt. Alle anderen Faktoren werden übergangen: die gesellschaftlichen Zustände wie die bisherige Entwicklung. Die scharfe, an den mannigfachsten Anregungen reiche Kritik Flints ist durchweg berechtigt[2]), aber immerhin war es ein theoretischer und praktischer Fortschritt, daß dem Blick der Juristen, Sociologen, Politiker, Nationalökonomen eine fremde oder fremdgewordene Welt eröffnet wurde. Hume und Montesquieu wiesen den politischen Wissenschaften neue Wege, welche sie endlich über die Schranken des Naturrechts hinausführen mußten.

---

[1]) Als Beispiel L. XVIII, chap. 1. „Comment la nature du terrain influe sur ses lois". M. stellt zunächst den Satz auf: „La bonté des terres d'un pays y établit naturellement la dépendance." Dies wird erläutert: „Les gens de la campagne, qui y font la principale partie du peuple ... sont trop occupés et trop pleins de leurs affaires particulières. Une campagne qui regorge de biens craint le pillage, elle craint une armée." Sie sind nicht so „jaloux de leur liberté". Die notwendige Folge: „Ainsi le gouvernement d'un seul se trouve plus souvent dans les pays fertiles et le gouvernement de plusieurs dans les pays qui ne le sont pas." Beispiele: la „stérilité du terrain de l'Attique y établit le gouvernement populaire, et la fertilité de celui de Lacédémone, le gouvernement aristocratique."

[2]) Montesquieu beziehe „laws and customs" to particular causes not general laws. Die „general laws of the facts" habe er nicht entdeckt, sondern nur „special reasons of them". Er habe zu wenig Gebrauch gemacht von der Vergleichung coexistierender und successiver socialer Zustände u. s. w.

III.
Die Verbindung von Deduktion und Induktion bei James Steuart[1]).

Steuart ist heutigen Tages fast unbekannt. Und doch verdient er seine Zurücksetzung nicht. Von einem Manne, welcher den größten Teil seines Lebens ungehindert durch irgend eine Verpflichtung den Staatswissenschaften widmen konnte, welcher zuerst freiwillig und später durch seine Teilnahme an der Erhebung des jungen Prätendenten gezwungen, Holland, Frankreich, Deutschland, Spanien, Italien mit aufmerksamem Geiste durchwanderte, welcher längere Zeit jenseit der Vogesen und einige Jahre in Tübingen verweilte und so Gelegenheit fand, mit den gesellschaftlichen und wissenschaftlichen Bewegungen jener Zeit und jener Länder an Ort und Stelle bekannt zu werden, von ihm darf man auch noch heutigen Tages Belehrung erwarten[2]). Wie sehr ihn die deutschen Nationalökonomen im 18. Jahrhundert schätzten, das ersieht man am besten aus Roschers „Geschichte der Nationalökonomik in Deutschland". Büsch wirft Smith „Impietät gegen Steuart" vor, welcher durch jenen unverdientermaßen in Schatten gestellt worden sei[3]). Der Verfasser der französischen Übersetzung (1789) behauptet, Adam Smith habe den Inhalt des Steuartschen Werkes, das er nicht citiert, in den drei ersten Büchern des „Wealth of Nations" verwertet. Einen ähnlichen Tadel spricht Daniel Wakefield in seinem Buche „An Essay upon political economy" aus[4]).

Daß Steuart vergessen ist, liegt jedenfalls teilweise an der

---

[1]) Sir James Steuart: An Inquiry into the Principles of Political Economy, Basil 1796. Das Buch erschien zuerst 1767.
[2]) Biographische Notizen in (Michaud) Biographie Universelle, Bd. 40, S. 238, Nouvelle Edition; Allibones Critical Dictionary, Philadelphia 1870, Vol. II, S. 2245. Siehe auch den Vorbericht des Verlegers (Cotta) in der deutschen Übersetzung der „Inquiry" von 1769.
[3]) Roscher, S. 563. Siehe dort Urteile Herrenschwands, Hufelands, Rehbergs. S. 592, 655, 745.
[4]) Roscher, Zur Geschichte der englischen Volkswirtschaftslehre, S. 123.

unbehülflichen Form der Darstellung. Wie der ältere Mirabeau in seinem „Ami des hommes" hält es auch Steuart für notwendig, den Inhalt der Bücher zu rekapitulieren. Aber es geschieht aus anderen Motiven. Der Schotte strebt danach, seine Gedanken in größter Klarheit hervortreten zu lassen, und hat das Bewußtsein, es nicht zu vermögen. Der Franzose handelt, wie eine Andeutung zu verraten scheint, aus Eitelkeit, er ahmt die Unordnung der Darstellungsweise Montesquieus nach.

Während Mirabeau kaum einen Versuch macht, das Bevölkerungsgesetz im Zusammenhang zu entwickeln und sein Werk vornehmlich nur einen kulturhistorischen Wert und keinen geringen Wert durch die Schilderung der zeitgenössischen Welt besitzt, hat Steuart das Bevölkerungsgesetz klar und scharf formuliert. Am besten ist das sogenannte Thünensche Gesetz dargestellt.

Wenn ich oben sagte, man könne noch heutigen Tages von Steuart viel lernen, so dachte ich an seine Äußerungen über das Wesen, die Aufgabe und die Methode unserer Wissenschaft. Ob man mit ihm übereinstimmt oder nicht, jedenfalls ist er sich über diese Grundfragen viel klarer geworden, als alle Nationalökonomen vor ihm und die meisten nach ihm.

Es wurde schon angeführt, daß er die Politische Ökonomie von der Ethik trennt und daß er sein System auf einem historischen Gedanken aufbaut. Wir besprachen auch seine Begriffsbestimmung der „political economy" und erwähnten, daß sich ihm die praktische Wissenschaft unter der Hand in eine theoretische verwandelt. Hieran müssen wir anknüpfen.

Steuart tritt mit der Absicht auf, die Principien der inneren Verwaltung zu entwickeln, und aus ihnen eine regelrechte Wissenschaft zu bilden[1]). Innere Verwaltung und Politische Ökonomie

---

[1]) I present to the public this attempt towards reducing to principles and forming into a regular science the complicated interests of domestic policy (Preface S. III). Dagegen heißt es an einer anderen Stelle: I pretend to form no system. B. I, Introduction, S. 7.

sind bei ihm identisch¹). Mit anderen Worten: die Wissenschaft der inneren Verwaltung besteht aus den Principien der Politischen Ökonomie. Es ist eine Wissenschaft, welche eine Kunst zum Gegenstande hat. The principal object of this science is to secure a certain fund of subsistence for all the inhabitants, to provide everything necessary for supplying the wants of the society u. s. w.²). Er gebraucht auch den Ausdruck the art of political economy³). Was die Ökonomie für eine Familie, das ist die politische Ökonomie für den Staat⁴). Die Ökonomie aber ist eine Kunst⁵).

So gibt es also eine Kunst und eine Wissenschaft der Politischen Ökonomie. Der Künstler ist der Staatsmann und derjenige, welcher die Wissenschaft bearbeitet „die spekulative Person". Das Verhältnis der beiden ist aber nicht dies, daß der Spekulant dem Künstler vorschreibt, was er thun soll, sonst wäre dieser ja kein Künstler mehr, sondern jener stellt nur allgemeine Principien auf und der Staatsmann wählt zwischen verschiedenen Plänen, die sich ihm darbieten. Die spekulative Person muß soviel wie möglich ein Bürger der Welt sein, erhaben über die Vorurteile der Zeit, dagegen hat der Staatsmann den Geist, die Sitten, die Gewohnheiten seines Volkes in Anschlag zu bringen⁶). Es gibt

---

¹) Wie am besten der Titel zeigt: An Inquiry into the Principles of Political Economy being an Essay on the science of Domestic Policy in Free Nations.
²) Book I, Introduction. S. 3. In der Vorrede bezeichnet er als Gegenstände seiner Wissenschaft: population, agriculture, trade, industry, money, coin, interest, circulation, banks, exchange, public credit and taxes.
³) a. a. O.
⁴) What economy is in a family, political economy is in a state. a. a. O. S. 2.
⁵) Economy is the art of providing for all the wants of a family with prudence and frugality, a. a. O. S. 1.
⁶) The speculative person, who removed from the practice, extracts the principles of this science . . . . should divest himself, as far as possible, of every prejudice, in favor of established opinons, however reasonable, when examined relatively to particular nations . . . he must do his utmost to become a citizen of the world. a. a. O. S. 4. It is the

aber eine Klasse von Schriftstellern, die dem Staatsmann näher stehen, es sind diejenigen, welche gewissermaßen von den „schwebenden" Fragen handeln. Sie beschäftigten sich vorzugsweise mit den Institutionen eines Landes. Dagegen hat die Wissenschaft, welcher sich Steuart widmet, nur die „principles of the science in general" zum Objekte.

Was Steuart uns bisher zu bieten versprach, ist immerhin eine praktische Wissenschaft, die davon redet, was gethan werden soll, die Wissenschaft von den allgemeinen Principien der Verwaltungspolitik. Aber unter der Hand verwandelt sie sich ihm in eine theoretische Wissenschaft. Er will die Ursachen erforschen, welche in der Volkswirtschaft bestimmte Erscheinungen hervorbringen und dann allerdings auf Grund der so gewonnenen Erkenntnisse dem Staatsmanne einen allgemeinen Regierungsplan zur geneigten Erwägung unterbreiten, richtiger ihn über die Welt, auf welche er zu wirken hat, im allgemeinen unterrichten.

Da es zu jener Zeit noch keine theoretische Wissenschaft von der Volkswirtschaft gab, so ist es erklärlich, daß Steuart sich so unbehülflich ausdrückt. Er fühlt, daß er einen neuen Gesichtspunkt gewinnt, sich aus der Wissenschaft Politik herauswindet, aber es fällt ihm schwer, deutlich zu sagen, was er meint. Daß unsere Ansicht aber begründet ist, wird man aus folgenden Äußerungen Steuarts ersehen. My intention is to attach myself principally to a clear deduction of principles and a short application of them to familiar examples in order to avoid abstraction as much as possible [1]. Die Anwendung also nur zur Belebung der Darstellung! Und: I propose to investigate principles which are all relative and depending upon one another. It is impossible to treat of these with distinctness, without applying them to the objects on which they have

---

business of the statesman to judge of the expediency of different schemes of economy. — The great art of political economy is, first to adapt the different operations of it to the spirit, manners, habits and customs of the people. S. 3.

[1] a. a. O. S. 5.

an influence¹). Hier also die Anwendung nur zur Hervorbringung größerer Klarheit.

Auch wo er am Ende der Vorrede Fragen bezeichnet, welche zur „Science" gehören, sind es überall theoretische, z. B.: Wie weit kann die Gesellschaft durch Vermehrung der Heiraten und durch Teilung der Ländereien nützlich vermehrt werden? Wie weit wirkt die Entfaltung des Luxus auf Verarmung des Arbeiters ein? Wie weit würde die Abschaffung der Papierwährung die Wirkung haben, die Preise aller Waren zu erniedrigen?

Will aber Steuart die Principien der theoretischen Nationalökonomie erforschen, so ist es von der größten Wichtigkeit, zu erfahren, auf welchem Wege diese gewonnen werden können. Steuart giebt uns auf diese Frage eine klare unzweideutige Antwort: durch **Beobachtung und Reflexion, Vergleichung der Sitten und Institutionen verschiedener Völker.** Weit davon entfernt, sich mit der Erforschung allgemein wiederkehrender Erscheinungen zu begnügen, schärft er dem Forscher ein, **mit dem größten Fleiße und mit der größten Aufmerksamkeit den Ursachen nachzugehen, welche es bewirken, daß gleiche Institutionen in verschiedenen Ländern verschiedene Wirkungen erzeugen.** Durch solche Untersuchungen würden die wahren Principien gefunden²).

Die Principien seiner theoretischen Nationalökonomie lassen sich in anthropologische und sociologische einteilen, er vereinigt Hume beziehentlich Mandeville und Montesquieu. Die anthropologischen, welche er seiner Untersuchung zu Grunde legt, sind: das Selbstinteresse und der Geschlechtstrieb³). Daneben erwähnt er

---
¹) B. II, Introduction S. 265.
²) The speculative person extracts the principles of this science from observation and reflection … comparing customs, examining minutely institutions which appear alike, when in different countries they are found to produce different effects, he should examine the cause of such differences with the utmost diligence and attention. It is from such inquiries that the true principles are discovered. a. a. O. S. 4.
³) Steuart nennt sie auch zusammen. „We have already said that

gelegentlich noch die Lebenshaltung, aber Selbstinteresse und
Geschlechtstrieb treten als die durchschlagenden auf. Die sociolo=
gischen sind Nomadenwirtschaft, Ackerbau, Einführung von Ma=
schinen, Gewerbe und Handel, Geld= und Kreditwirtschaft, Frei=
heit, Sklaverei u. a.

Von diesen sollen uns die anthropologischen noch einen
Augenblick beschäftigen. Die Wirkungen des Geschlechtstriebes
auf die Volkswirtschaft werden von ihm zuerst in gründlichster
Weise untersucht. Nicht als ob er zuerst auf ihn aufmerksam
gemacht hätte. Mirabeau hatte sich, wie bekannt, schon über
dieses Gebiet verbreitet, in der englischen volkswirtschaftlichen
Litteratur sind lange vor ihm manche geniale Geisterblitze über
dieses Princip vorhanden; Pufendorf, Hutcheson und andere
Naturrechtslehrer brachten die Institution des Eigentums in
Verbindung mit der Vermehrung der Menschen, aber es reicht
doch alles nicht an James Steuart hinan.

Das psychische Princip des Selbstinteresses war, wie man
sich erinnern wird, seit Mandeville als der eigentliche seelische
Motor des Wirtschaftslebens angenommen worden, Hume hatte
es adoptiert und Ferguson historisch erklärt. Das Werk des
letzteren hat Steuart keine Anregung geben können, da es zu=
gleich mit Steuarts „Inquiry" erschien. Aber es ist sehr wahr=
scheinlich, daß der Einfluß Mandevilles und Humes durch Hel=
vetius verstärkt worden ist. Das Staatsideal Steuarts ist durch=
aus dasjenige des französischen Philosophen, wie man noch sehen
wird.

Steuart hat sich gründlich über die Stellung des Selbst=
interesses in seinem Werke verbreitet. Er sagt: The principle
of self-interest will serve as a general key to this inquiry,
and it may, in one sense, be considered as the ruling principle

---

the principle of generation is inherent to man and prompt them to mul-
tiply. Another principle, as naturally inherent to the mind, as the first
is to the body, is self-love or a desire for ease and happiness, which
prompts those who find in themselves any superiority, whether personal
or political, to make use of every natural advantage." B. I, chap. 4. S. 28.

of my subject, and may therefore be traced throughout the whole¹).

Er verwahrt sich gegen die Vermutung, daß er das Selbstinteresse für den alleinigen Beweggrund menschlicher Handlungen halte. In dem ersten Kapitel des 1. Buches führt er vier Triebfedern menschlichen Handelns an: self-interest, expediency, duty and passion. Darin wären die Menschen gleich, in sonst nichts.

Der Begriff des Selbstinteresses kann methodologisch in der praktischen und in der theoretischen Wissenschaft verwertet werden. Wo er über die Bedeutung desselben spricht, hat er stets den Staatsmann im Auge und zwar den Staatsmann, welcher eine Voraussetzung der spekulativen Person ist. Dieser könne das Motiv des Eigennutzes besser verwerten, als alle anderen, wenn er ein zweckmäßiges System der Staatsverwaltung zu bilden beabsichtige. Wolle man alle Menschen aus Patriotismus handeln lassen, so müßte die Meinungsverschiedenheit der Bürger über das Interesse des Vaterlandes die größte Verwirrung herbeiführen. Ein System der Verwaltung wäre ganz unmöglich. Er vergleicht einen solchen politischen Zustand mit der Lage einer Welt, in welcher jeden Tag Wunder geschehen. Da hören die Naturgesetze auf. Wie die vollkommene Welt diejenige ist, welche der nachträglichen Eingriffe des Schöpfers nicht bedarf, so der vollkommene Staat, das Gemeinwesen, welches von dem Staatsmann so eingerichtet ist, daß alle Bürger nur ihrem Selbstinteresse folgend, das allgemeine Glück auswirken.

Macht der Staatsmann der Theorie so das Selbstinteresse der Bürger zum Ausgangspunkte aller seiner Erwägungen, so beschränkt sich seine Betrachtung in jedem einzelnen Falle auf die Frage: Was werden die Bürger unter Voraussetzung bestimmter Umstände für vorteilhaft ansehen?

Steuart erkennt die Gefahr, die darin liegt, daß man das Selbstinteresse zur wichtigsten Triebfeder des staatlichen Handelns des Menschen macht. Sie werden nicht immer reblich handeln,

---

¹) Book II, Introduction, S. 215.

und deshalb ist es notwendig, Gesetze zu geben, nach welchen alle
Übertretungen geschwind, streng und unfehlbar geahndet werden.
Die Darlegung der Strafgesetze gehört aber nicht in die „Poli
tische Ökonomie". Aus diesen Ausführungen ersieht man, daß
Steuart durchaus nicht das freie Spiel des wirtschaftlichen Ei=
gennutzes empfiehlt, sondern den vom Staatsmann erstens
durch staatliche Maßnahmen geleiteten und zwei=
tens durch Strafgesetze eingeschränkten Eigennutz.
Auch durch eine Vergleichung läßt sich seine Ansicht deutlich machen.
Der Eigennutz ist eine große Naturkraft, wie etwa das Wasser,
der Wind, das Feuer. Künstlich geführt und geleitet kann das
Selbstinteresse ebenso wertvoll werden, wie das Wasser, welches
Mühlen treibt, Schiffe trägt, trockenen Boden durchfeuchtet, aber
nicht eingedämmt zuweilen Provinzen verheert. Ähnlich ist es
mit der Wucht des segelschwellenden und Schiffe an Felsen zer=
schellenden Windes, mit der Glut des Eisen schmelzenden und
Häuser einäschernden Feuers.

Steuarts Staat bedarf also des theoretischen Staatsmannes,
dessen einziges Ziel das allgemeine Wohl ist und der sich als
Mittel zu seinen Zwecken des Eigennutzes der Regierten bedient.
Er muß Gemeinsinn haben, sie brauchen bloß eigennützig zu sein.
Public spirit in my may of treating this subject, is as super-
fluous in the governed, as is ought to be all powerful in the
statesman. Steuarts Staat ist eine ungeheure, vom Staatsmann
konstruierte Maschine, in der ein jedes Menschenrad nur durch
den eigenen Vorteil bewegt wird, und das allgemeine Wohl durch
das Zusammenwirken aller Räder hervorgebracht wird. Thus
the . . . . steward must lead, and, by direct motives of self-
interest, gently conduct free and independent men to concur
in certain schemes ultimately calculated for their own proper
benefit.

Steuart sieht sehr wohl ein, daß derartige Voraussetzungen
absurd wären, wenn die spekulative Person Maßregeln vorschlüge,
die ausgeführt werden sollten, aber in der Untersuchung von
Principien wäre dies ebensowenig der Fall, wie wenn man in

der Geometrie einen Punkt, eine gerade Linie, einen Kreis an=
nähme[1]). Dies sind methodologische Erwägungen, welche wir in
unserer Wissenschaft später bei Mill, Buckle vernehmen.

Dem praktischen Staatsmann schärft er deshalb das Princip
der Relativität aller politischen Einrichtungen ein: "The only
fundamental law, salus populi, must ever be relative, like every
other thing[2]). Und: If one considers the variety which is
found in different countries, in the distribution of property,
subordination of classes, genius of people, proceeding from the
variety of forms of government, laws and manners, one may
conclude, that the political economy in each country must necessarily be different, and that principles,
however universally true, may become quite ineffectual in
practice, without a sufficient preparation of the spirit of a
people[3]).

Der Geist des Volkes, das ist das große Studium des praktischen
Staatsmannes. Darin liegt das Wesen des wirklich großen
Politikers, daß er sich die Feinfühligkeit für den Geist des Volkes
erhält und sich von allen Vorurteilen, Meinungen und Personen
unabhängig erhält. Will er Veränderungen einführen, so muß
er untersuchen, ob das Volk für dieselben reif sei, ist das nicht
der Fall, so hat er zunächst auf den Geist des Volkes zu wirken.
In turning and working upon the spirit of a people, nothing
is impossible to an able statesman[4]).

Wir haben die beiden ersten Teile der Steuartschen Methoden=
lehre kennen gelernt, die Gewinnung von Principien auf induk=
tivem Wege und die Verwendung des Princips des Selbst=
interesses als Prämisse einer spekulativen Politik. Wir gelangen
nun zum dritten, aus den Principien müssen die wirtschaftlichen
Erscheinungen erklärt werden. Dieses geschieht auf synthetisch
deduktivem Wege. Er geht von den einfachsten Elementen einer

---

[1]) B. I, chap. XXI. S. 298.
[2]) B. I, chap. I. S. 9.
[3]) B. I, Introduction. S. 3.
[4]) B. II, chap. II.

Erscheinung aus, zieht alle Konsequenzen, die sich aus ihnen ab=
leiten lassen, führt dann neue Elemente nacheinander ein, bis
das Phänomen vollständig aufgehellt ist¹). Das Bevölkerungs=
gesetz entwickelt er in folgender Weise. Er nennt zuerst die
Fundamentalprincipien aller Vermehrung: es sind die Zeugungs=
kraft und die Nahrung, welche freiwillig von der Erde geboten
wird, dann nimmt er die Voraussetzung auf, daß der Mensch
anfängt Ackerbau zu treiben, darauf, daß die Sklaverei einge=
führt wird u. s. w. Er ist ein Meister in der Kunst, immer
neue Voraussetzungen zu den alten hinzuzufügen und besitzt eine
deduktive Gewandtheit, die von den Späteren nicht übertroffen
wird²).

Dabei ist er stets im höchsten Maße vorsichtig. Er schärft
dem Leser ein, daß die Schlüsse, zu denen er gelangt sei, nicht
notwendigerweise mit der Wirklichkeit übereinzustimmen brauchten.
Dafür ein Beispiel. Daß die Einführung der Sklaverei die Ver=
mehrung der Bevölkerung befördert, hat er sich darzulegen bemüht,
aber er fügt hinzu, er wolle nicht behaupten, daß die Sklaverei
in den alten Zeiten wirklich ü b e r a l l die Bevölkerung vermehrt
habe. „Bei diesen Spekulationen", sagt er an einer anderen
Stelle, „kann ich meinen Wunsch nicht verbergen, daß ich solche
Sterbelisten sehen möchte, die sowohl für die verschiedenen Klassen
als auch für die verschiedenen Alter der Einwohner eingerichtet
sind"³). Seine Preislehre, die unendlich viel sorgsamer ist, als
diejenige Smiths und Ricardos, enthält den Satz: „Mir kommt
es so vor, daß das Fallen der Preise eine Wirkung der Kon=
kurrenz zwischen den Verkäufern sei, nicht aber von einer ein=
gebildeten Proportion einer Quantität zu einer anderen Quantität
auf dem Markte herrührt⁴)."

---

[1] Did I not begin by simplifying ideas as much as possible, and
by banishing combinations, I should quickly lose my way, and involve myself in perplexities inextricable.
[2] Siehe v. W. B. I, chap. 3.
[3] I, cap. 13.
[4] II, cap. 5.

Warenquantitäten hätten einen entschiedenen Einfluß nur dann, wenn sich Kaufleute auf dem Markte gegenüberständen. Eine ähnliche Betrachtung findet sich im vierten Kapitel des vierten Buches, wo er die Höhe des Kapitalzinses zu bestimmen sucht. Er unterscheidet dort Geschäftsleute und solche Personen, welche Konsumtivkredit gebrauchen, aus diesen Umständen leitet er eine verschiedene Höhe des Zinsfußes ab: die ersteren können nicht mehr bieten, als sie mit dem Gelde verdienen, die letzteren werden in ihren Ausgaben nur durch den Mangel an Kredit eingeschränkt.

In seinen Deduktionen benutzt Steuart auch den Begriff des Selbstinteresses, welches er als eine gleichbleibende Kraft ansetzt, zur Gewinnung theoretischer Sätze, ja man darf sagen, daß er es mit vollstem Bewußtsein methodisch verwertet hat. Die aus dieser Prämisse gewonnenen Sätze werden nicht etwa durch Einführung anderer Faktoren modifiziert. Mit anderen Worten: in Beziehung auf das Princip des Selbstinteresses hat er die Methode der isolierenden Abstraktion angewandt. Wo er im vierten Kapitel des vierten Buches die Höhe des Kapitalzinses zu bestimmen sucht, heißt es: The borrowers desire to fix the interest as low as they can; the leaders seek, from a like principle of self-interest, to carry the rate of it as high as they can. Im zwölften Kapitel des zweiten Buches meint er: The principle of self-interest ... engages every consumer to seek the cheapest and the best market. No tradewind can be more general or more constant than this. Daß dieses Princip die Prämisse unzähliger Schlußfolgerungen ist, auch wo er es nicht erwähnt, z. B. in der Lehre vom Lohn, von der Steuerüberwälzung, will ich nur an einem Beispiel zeigen. Im achtzehnten Kapitel des ersten Buches setzt er auseinander, daß die Vermehrung der Lebensmittel noch keine Volksvermehrung hervorbringt. There must be a demand for this surplus. Every person who is hungry will make a demand, but every such demand will not be answered, and will consequently have no effect. The demander must have an equi-

valent to give: it is the equivalent which is the spring
of the whole machine: for without that the farmer will not
produce any surplus, and consequently he will dwindle down
to the class of those who labor for actual subsistence.

Wenn man das Besprochene überdenkt und dann den Blick
rückwärts und vorwärts schweifen läßt, so wird man wahrschein=
lich zu dem Ergebnis kommen, daß Steuart keinen Vorgänger und
bis Mill auch keinen Nachfolger gehabt hat, der mit ähnlicher Klar=
heit der Gedanken, wenn auch nicht der Sprache, die methodo=
logischen Grundfragen unserer Wissenschaft erörtert hat. Mit
seinem Takt wählt er von beiden Seiten das Richtige: für die
Auffindung der Principien die Induktion, für die Erklärung der
Phänomene die Deduktion. Den Gebrauch der Prämisse des
Selbstinteresses hat er zu rechtfertigen gesucht und sich über
seine Meinung über dieses Element der Methodenlehre deutlich
erklärt. Erst durch ihn hat die Methode der isolierenden Abstraktion
in unserer Wissenschaft Bürgerrecht gewonnen. Des Unterschiedes
von theoretischer Spekulation und volkswirtschaftlicher Praxis ist
er sich mit einer Deutlichkeit bewußt, die während der nächsten
hundert Jahre sehr am Platze gewesen wäre. Der praktischen
Politik weist er die Relativität der Lösungen zu. Gegen den
Doktrinarismus wendet er sich mit aller Schärfe. Doktrinen
(systèmes) seien nichts als eine Kette von Folgerungen, die
aus wenigen, vielleicht übereilt angenommenen Sätzen hergeleitet
würden. Such systems are mere conceits, they mislead the
understanding and efface the path to truth[1]).

Er sieht ein, daß die Menschen seiner Zeit nicht mehr direkt
bevormundet werden können, das Regierungssystem muß die Freiheit
der Bürger als Grundlage aller Politik betrachten, aber er ist
wie Hume ein zu klarer Kopf, um von der unbeschränkten Freiheit
die allgemeine wirtschaftliche Harmonie zu erwarten. Daher muß
der Staatsmann durch Vorteile und Nachteile den selbstsüchtigen
Bürgern ein Motiv geben, ihre Freiheit zum Wohle des Ganzen

---

[1]) Preface, S. VIII.

zu gebrauchen. Wer diesen Grundgedanken Steuarts nicht erfaßt und glaubt Steuarts Begriff der Freiheit sei der naturrechtliche, wird ihn nie verstehen.

Wenn ich nun noch hinzufüge, daß er zuerst über das Verhältnis der Ethik zur Politischen Ökonomie gehandelt, überall der Geschichte den ihr gebührenden Platz in der neuen Wissenschaft angewiesen, den Umfang der „political economy" säuberlich als das Gebiet der Volks- und Staatswirtschaft abgesteckt und die Nationalökonomie durch bedeutende selbständige Untersuchungen bereichert hat, so kann ich nicht umhin, ihn für einen der größten Nationalökonomen zu halten, jedenfalls für den größten des 18. Jahrhunderts. Von allen Seiten hat er gelernt, wahrscheinlich von Justi und Wolff ebensoviel wie von Montesquieu, Quesnay, Helvetius und Hume. Aber ich übersehe nicht, daß auch auf ihn zwei Fehler unserer Wissenschaft zurückzuführen sind, die Verbannung der Ethik aus der Politischen Ökonomie und die Methode der isolierenden Abstraktion aus der Prämisse des Selbstinteresses.

Zweiter Abschnitt.

Methodenlehre und Methode Adam Smiths.

Die im vorhergehenden Abschnitt geführte Untersuchung hat folgende Ergebnisse gehabt. Bacon und Descartes entwickeln einseitig je eine Methode der Forschung, die auf allen Wissensgebieten angewandt werden soll. Die mathematische Methode wird von Hobbes auf seine Staatslehre übertragen, von Pufendorf in dem systematischen Naturrechte zur Geltung gebracht. Beider Verfahren besteht darin, daß aus der empirisch gegebenen Thatsache des menschlichen Egoismus deduziert wird. Auch in der Nationalökonomie, die ja in so enger Verbindung mit dem Naturrechte heranwächst, treffen wir auf Deduktionen aus dem wirtschaftlichen Eigennutz, welcher durch Mandeville zu einem anerkannten Faktor des Wirtschaftslebens erhoben worden war, z. B. in der physiokratischen Steuerlehre. Der Eigennutz ist für diese Männer noch keine methodisch beschnittene Größe, sie machen sich noch keine Gedanken darüber, ob der Eigennutz überall gleich groß ist und sind deshalb auch nicht geneigt, sich mit methodischen Vorbehalten abzugeben. Das konnte erst geschehen, als die empirische Psychologie größere Fortschritte gemacht hatte, was aber dem Wiederaufleben der baconischen Grundsätze zu verdanken war.

Nachdem die induktive Richtung sich Bahn gebrochen hatte, was in der Medizin durch Sydenham und Boerhave geschah, — denen sich der französische Arzt Quesnay anschloß — in der Erkenntnistheorie und Ethik durch Locke, Hutcheson und im bewußten Anschluß an Bacon durch Hume; nachdem in Frankreich dieselben Tendenzen den „Esprit des Lois" hervorgebracht hatten, welcher das philosophische Naturrecht auf allen Punkten bekämpfte: da war es nicht mehr die Aufgabe der Forscher, möglichst rasch an ein Princip zu gelangen und von diesem zu deduzieren, sondern durch aufmerksame Beobachtung, sorgfältige Experimente, umfassende Vergleichung das gesamte Forschungsgebiet in allen seinen Teilen aufzuhellen und so die Principien der Wissenschaft kennen zu lernen, aus denen die Phänomene durch Synthese erklärt worden. Da nun Smith aus dieser Geistesrichtung reichliche Nahrung zieht, so ist es schon ein verkehrter Gedanke, nach dem Princip seines nationalökonomischen Werkes zu fragen. Die Frage ist stets in verschiedener Weise beantwortet worden. Die Antwortenden haben auch das Ungenügende ihrer Ergebnisse eingesehen, aber die Schuld nicht sich selbst, sondern dem unwissenschaftlichen Geiste Smiths zugeschrieben, was eine gute Meinung von ihren eigenen Fähigkeiten und den Glauben verrät, daß der Inhalt aller Wissenschaften notwendigerweise aus einem Princip deduziert werden müsse.

Die Principien der Politischen Ökonomie, welche die Vertreter der induktiven Richtung fanden, waren anthropologische und sociologische. Aber es gelang nicht, alles zu verwerten, was man entdeckt hatte. Die sociologischen Principien sind am unverkümmertesten zur Wirkung gekommen; das lag daran, daß Montesquieu sie in seinem Werke, zu dessen Durcharbeitung ihn jahrelange Muße befähigt hatte, so deutlich entwickelt, so allseitig ausgebreitet, so tief in den Geist seiner Leser gegraben hatte, daß an ein Vergessen und Übersehen nicht gedacht werden konnte. So geringem Verständnis Montesquieu bekanntlich begegnete, als er das Manuscript seines Werkes „Proles sine matre creata" einigen Freunden vorlegte, weil seine Anschauung der bisherigen Denkrichtung vollständig widersprach, so groß war der Einfluß, den er in ganz Europa, nicht zum mindesten auf die berühmten Schotten Hume, Steuart und Ferguson ausübte. Dagegen haben die anthropologischen Principien nicht die Anwendung gefunden, welche ihnen gebührte. Erst im neunzehnten Jahrhundert ist die Arbeit aufgenommen worden, welche Hume hätte leisten können, aber nicht geleistet hat[1]). Denn von ihm war ja schon die Kraft des Thätigkeitstriebes und die fundamentale Macht der Sitten und Gewohnheiten erkannt. Leider hat er nur „Essays" geschrieben, in denen er natürlich nicht vollständig den Schatz seiner psychologischen Erkenntnisse eröffnen konnte, wie es in einem systematischen Werke möglich gewesen wäre, in dem der Verfasser zur vollständigen Darlegung und zur Ausprägung seiner Überzeugungen gezwungen wird.

So blieben denn die psychologischen Grundlagen, welche Mandeville im Anfang des Jahrhunderts der Volkswirtschaftslehre gegeben hatte, in unbestrittenem Ansehen und dies um so mehr, als Hume auf Mandeville als auf einen seiner Vorgänger hingewiesen hatte. Jene Grundlagen waren die Lehren, daß der Mensch träge ist, nur durch seine Leidenschaften zur Arbeit gezwungen werden kann, welche alle Güter hervorbringen muß, daß er in der heutigen Wirtschaftsordnung, die eine Tauschgesellschaft ist, für Andere arbeiten muß, aber für sich allein zu arbeiten meint; kurz, daß die allgemeine Selbstsucht das Triebrad der volkswirtschaftlichen Bewegung ist[2]). In die induktive Periode ragte

---

[1]) Siehe Schmollers „Über einige Grundfragen des Rechts und der Volkswirtschaft" Kap. III, insbesondere S. 40—42: Die zwei Reihen von Ursachen, welche die Volkswirtschaft beherrschen. In England wirkte in derselben Richtung Cliffe Leslie. Siehe seine „Essays", die fast auf allen Seiten für eine psychologische Behandlung wirtschaftlicher Fragen eintreten. Ein kleines Meisterwerk dieser Richtung der „Auvergne" betitelte Aufsatz.

[2]) Daß auch Smith Mandeville höher schätzte, als die „Theorie der moralischen Gefühle" anzunehmen erlaubt, zeigt eine Stelle aus einem Aufsatze Smiths, welcher 1755 in der „Edinburgh Review" veröffentlicht wurde. Er hebt dort die große Überlegenheit der englischen Philosophie über die französische hervor. In England hätte eine ganze Reihe von Männern die Erkenntnis vermehrt, unter ihnen nennt er auch Mandeville. But Mr. Hobbes, Mr. Locke, and Dr. Mandeville, Lord Shaftesbury, Dr. Butler, Dr. Clarke, and Mr. Hutcheson have all of them, according to their different and inconsistent systems, endeavoured at least to be, in some measure, original, and to add something to that stock of observations

so ein ins Wirtschaftliche übersetzter Satz herein, welcher in der deduktiven Periode das Princip des Naturrechtes gebildet hatte, aus dem deduziert worden war und der zu neuen Deduktionen reizte. Mit andern Worten: in das Fundament unserer Wissenschaft, das bewußt von Montesquieu, Hume und Quesnay aus induktivem Material hergestellt worden war, wurde ein mächtiger Baustein aus anderem Stoff eingefügt.

Diese Grundgedanken werden weiter entwickelt von Ferguson und Steuart. Der Erstere erklärt die „commercial society" mit der in ihr waltenden Seele des „self-interest" sociologisch, der Andere stellt zum ersten male eine eingehende Methodenlehre der Wissenschaft von der Volkswirtschaft der „commercial society" auf. Auch er weiß, daß die Sitten und Gewohnheiten, der Geist eines Volkes mächtige Faktoren der Wirtschaft sind, aber er weist ihre Betrachtung fast ausschließlich der Domäne des Staatsmannes, der praktischen Politik zu. Die Theorie beschäftigt sich mit dem Geschlechtstrieb und dem Selbstinteresse. Die empirische Psychologie ist nun zu weit vorgerückt, als daß dieses Princip unbesehen verwendet werden könnte und Steuart gibt sich Mühe, diesen Faktor, der nicht mehr entfernt werden kann, hoffähig zu machen, er schafft die Methode der isolierenden Abstraktion aus der Prämisse des universellen, gleichen Selbstinteresses. Aus diesem Faktor, den er als überall gleich wirkende Kraft annimmt, deduziert er nun auch, und berührt sich so mit den Physiokraten. Vermittelst dieses Verfahrens waren die Gesetze vom Preise, vom Lohne, vom Geldzinse, von der Steuerüberwälzung in mehr oder minder vollkommener Weise aufgestellt worden.

Dies erklärt es nun, daß zur Zeit Smiths zwei Methoden ein einträchtiges Leben nebeneinander führten: eine induktive und eine deduktive aus der Prämisse des universellen Selbstinteresses. Die Verschmelzung, richtiger die Vermengung der beiden mit einander wurde aber dadurch erleichtert, daß ja auch die induktive

---

with which the world had been furnished before them. Dugald Stewart, Collected works, X, S. 87.

die Principien, welche sie gewonnen hatte, durch Synthese verband, um die komplizierten Phänomene zu erklären. Aber es bestand der Unterschied zwischen der Synthese der induktiven Methode und der Deduktion, daß die erstere das Princip des Selbstinteresses stets in der Verbindung mit anderen Principien zeigen mußte, die letztere dagegen als das alleinige (Hobbes-Mandeville Physiokraten) oder als dasjenige, was man so betrachten wolle (James Steuart).

Wahrscheinlich würde sich ein bedeutenderer Methodiker als Smith dem Zwang dieser Lage nicht haben entziehen können, zudem scheint er kein großes Interesse für logische Fragen gehabt zu haben, wie daraus hervorgeht, daß er, wie sein Biograph berichtet, in seiner Vorlesung über Logik nur eine kurze psychologische Einleitung gab, die formelle Logik flüchtig berührte und dann Rhetorik vortrug. Doch dies ist verhältnismäßig unwichtig gegenüber der Thatsache, daß ihn alles in diese Richtung hineindrängte. Der Ausgang von der Philosophie Hutchesons und Shaftesburys hatte ihn erstens gelehrt, in dem Eigennutz den psychischen Faktor der menschlichen Wirtschaft zu erkennen, welcher in den Grenzen der Gerechtigkeit nicht nur sittlich, sondern auch für die ganze Gesellschaft wohlthätig sei, dies vermöge einer prästabilierten Harmonie zwischen dem Triebe des Individuums und der allgemeinen Glückseligkeit. Zweitens war die von Mandeville und Ferguson hergerichtete psychologisch-ethische Basis auch in schönster Übereinstimmung mit dem naturrechtlichen System der theoretischen Nationalökonomie, welches im ersten Kapitel dieses Buches dargestellt worden ist. Die Tauschgesellschaft war ja die Voraussetzung der deutsch-englischen naturrechtlichen Nationalökonomie. Deren Sätze erhielten erst Leben und Bestimmtheit, als das farbige Bild der „commercial society" mit seinen sociologischen und anthropologischen Hintergründen in sie hineingemalt wurde. Nun wird auch das Princip der Arbeit, welchem ja schon Hutcheson so viel Raum verschafft hatte, aus seiner Vereinsamung gerissen. Und drittens fand Adam Smith, wie man sich erinnern wird, ein feststehendes Gerüst der theoretischen Nationalökonomie vor, in welchem die Lehre vom Preise und vom Zinse in der Weise Steuarts vorgetragen worden waren, die nun durch seine Forschungen eine treffliche Ergänzung erfuhren.

Selbst wenn die geistige Bewegung seiner Zeit Smith nicht so tief ergriffen hätte, wenn er nicht der Bewunderer und Kritiker Montesquieus, der Freund Humes, der Schüler Hutchesons, ein Zeitgenosse der Physiokraten und Steuarts, welche er persönlich kannte, gewesen wäre, müßte sich in seinen Werken jene doppelte methodische Richtung zeigen.

Fügen wir schließlich noch hinzu, daß von Frankreich her der Begriff politischer und wirtschaftlicher Gesetze sich verbreitete. Montesquieu will die **notwendigen** Beziehungen der positiven Gesetze zu den von ihm aufgestellten Faktoren aufdecken; die notwendigen Beziehungen sind „Gesetze". Die Physiokraten sprechen von den „lois immuables dans le code physique", welche der Stifter aufgestellt habe. Hume dagegen hält wenig von allgemeinen Gesetzen in der Politik, und auch von Smith ist das Wort „Gesetz" in seinem nationalökonomischen Werke **nicht** in dem **bezeichneten Sinn** verwendet worden.

Im Vorhergehenden ist von der Methode der Ethik nicht die Rede gewesen und zwar aus zwei Gründen. Es wurde nur eine Übersicht über die Ergebnisse der ersten Abteilung dieses Kapitels gegeben und hier durfte die Ethik nur flüchtig berührt werden. Zweitens ist im ersten Buche dieser Schrift die Ethik so ausführlich abgehandelt worden, daß die Fragen der Methode keine Schwierigkeit finden können. Der Vollständigkeit halber soll aber noch einmal erwähnt werden, daß von Hutcheson und Hume diese Wissenschaft auf induktiv-„experimentelle" Grundlage gestellt worden war und daß das Element der Deduktion, nicht das der Synthese, in ihr keinen Platz gefunden hatte.

Wir können also jetzt zu einer Erörterung der Smithschen Methode übergehen. Doch wir erinnern uns, daß Smith auch drei Abhandlungen über die Methode geschrieben hat, welche folgende Titel führen: „The Principles which lead and direct

Philosophical Inquiries, illustrated by the History of Astronomy: „The Principles which lead and direct Philosophical Inquiries, illustrated by the History of the Ancient Physics"; „The Principles which lead and direct Philosophical Inquiries, illustrated by the History of Ancient Logics and Metaphysics". Sehen wir zu, ob sie ein helleres Licht über seine methodologischen Anschauungen verbreiten.

I.
Adam Smiths Methodenlehre.

Die Titel der obengenannten Abhandlungen versprechen viel, in dem Leser wird die Hoffnung rege gemacht, über die Grundsätze philosophischer Forschung Aufklärung zu erhalten. Aber sie halten wenig. Ob der fragmentarische Charakter aller Aufsätze diesen Mangel verschuldet hat, weiß ich nicht, aber es ist nicht wahrscheinlich. Doch zeigen sie etwas, was für die Beurteilung Adam Smiths wesentlich ist: die starke Abhängigkeit unseres Philosophen von der Erkenntnistheorie Humes. Auf allen Gebieten sehen wir den jüngeren Mann unter dem Einflusse des älteren: in der Ethik, Nationalökonomie, Geschichtswissenschaft und Erkenntnistheorie.

Indem ich mich zu der Darlegung der Ansichten Smiths wende, sehe ich von den beiden letzten Aufsätzen ab, nur der erste bietet eine zusammenhängende Theorie.

Der menschliche Geist ist beim Anblick einer neu auftauchenden Erscheinung darauf gerichtet, ihre Ähnlichkeit mit einem bekannten Objekte zu finden, sie zu klassifizieren. Wo sich keine Ähnlichkeit bietet, Gedächtnis und Phantasie sich vergeblich bemühen, entsteht die Verwunderung. Dieselbe Gemütserregung wird durch eine ungewohnte Aufeinanderfolge von Erscheinungen hervorgerufen. Folgen zwei Erscheinungen gewöhnlich aufeinander, „dann wird diese Verbindung oder, wie sie genannt worden ist, diese Ideenassoziation fester und fester, und die Gewohnheit der Phantasie, von der Vorstellung der einen zur anderen über=

zugehen, wurzelt immer mehr ein und gewinnt immer mehr
Stärke"¹). Die Verwunderung wird also durch eine Be-
unruhigung der Phantasie hervorgerufen, welcher der Übergang
von einer Erscheinung zur anderen erschwert wird. Der so be
unruhigte menschliche Geist suche eine Brücke zu schlagen, damit
die Phantasie bequem von einem Objekte zum anderen gelangen
könne, damit schaffe er die Philosophie. „Die Verwunderung",
sagt Smith, „und nicht die Hoffnung auf irgend einen aus ihren
Entdeckungen zu erlangenden Vorteil ist daher der erste Beweg=
grund, welcher die Menschen zum Studium der Philosophie veranlaßt"²). „Die Philosophie ist die Wissenschaft von den ver=
bindenden Principien der Natur ... Indem die Philosophie
die unsichtbaren Ketten aufzeigt, welche alle diese auseinander-
gerenkten Objekte zusammenhalten, ist sie bestrebt, Ordnung in
dieses Chaos ... zu bringen und den Tumult der Phantasie
zu besänftigen ... Die Philosophie kann daher als eine jener
Künste betrachtet werden, welche sich an die Phantasie wenden³)."

Unter diesem Gesichtswinkel betrachtet Smith die ver=
schiedenen Systeme der Astronomen: „Wir wollen uns mit der
Untersuchung begnügen, wie weit ein jedes geeigenschaftet war,
die Phantasie zu besänftigen"⁴).

Diese Absicht führt er aus, er zeigt, wie jedes System so=
lange in Ansehen stand, als es das Bedürfnis der Einbildungs=
kraft befriedigte. Von dem System der konzentrischen Sphären
meint er, daß es im Stande gewesen wäre, in der Einbildung
den großartigsten Zusammenhang aller Erscheinungen hervor=
zurufen und daß es bis in alle Ewigkeit herrschend geblieben
wäre, wenn man keine anderen Körper außer Sonne, Mond und
Sterne entdeckt hätte. Als sich aber die Kenntnis des Himmels
erweiterte und man zur Aufrechterhaltung jenes Systems

---

[1]) Essays on Philosophical Subjects by Adam Smith. London 1795, S. 14.
[2]) a. a. O. S. 26.
[3]) a. a. O. S. 20.
[4]) a. a. O. S. 21.

72 himmlische Sphären angenommen hatte, fühlte die Phantasie keine Erleichterung in diesem Systeme mehr. Man ging zu anderen über. So schreitet die Astronomie vorwärts, neue Erscheinungen führen zur Korrektur alter oder Aufstellung neuer Theorien, bis dann endlich die Kopernikus, Kepler, Galilei, Cassini und Sir Isaac Newton ein System aufstellten, welches allen Bedürfnissen der Einbildungskraft genügte. „Und selbst wir", sagt er gegen den Schluß seiner Abhandlung, „die wir uns bestrebt haben, alle philosophischen Systeme als bloße Erfindungen der Phantasie darzustellen, um die anders zusammenhanglosen und widersprechenden Erscheinungen der Natur miteinander zu verbinden, sind unbewußt dahin geführt worden, eine Sprache zu reden, als ob die **verbindenden Principien dieses Systems die wirklichen Ketten wären**, deren sich die Natur bedient, um ihre verschiedenen Operationen zusammenzubinden" [1]).

So wenig dieser Aufsatz für die Methodenlehre bietet, so geht doch aus ihm mit Deutlichkeit hervor, daß Smith keineswegs die geometrische Methode oder die Methode der isolierenden Abstraktion oder das hypothetisch-deduktive Verfahren beschreibt. Jede Theorie, das ist jedenfalls seine Meinung, soll die Erscheinungen **ohne Rest** erklären. Durch die Erfahrung sind uns Thatsachen gegeben, deren Kausalnexus zu finden, Aufgabe des Forschers ist. Die Geschichte der Astronomie ist nach seiner Ansicht die Geschichte der fortschreitenden Bildung von Hypothesen, die so lange Gültigkeit hatten, als sie die ebenfalls fortschreitende Menge von Erfahrungsthatsachen **voll verstehen** ließen. Ich sage von Hypothesen, denn sein Skepticismus macht es ihm unmöglich, zwischen Hypothese und Theorie zu unterscheiden. Jede Erklärung bleibt nach seiner Darstellung in dem Larvenzustande der Hypothese stecken, sie kann sich nicht zur Theorie entwickeln. Wenn er seinen Aufsatz zu Ende geführt hätte, so würde er vielleicht gesagt haben, daß wir nach der Geistesarbeit der

---

[1]) a. a. O. S. 93.

Kopernikus, Kepler, Newton nicht etwa vermeinen müßten, ein vollkommenes und fertiges System der Astronomie zu besitzen. Verbesserte Instrumente würden uns vielleicht mit Erscheinungen bekannt machen, die sich mit dem kopernikanischen System nicht vereinigen ließen, die Phantasie würde sich nicht mehr in ihm befriedigt fühlen, man müßte zu einem neuen übergehen und so in infinitum[1]).

Suchen wir nun eine positive Antwort durch die Untersuchung der Methode Adam Smiths in seinen beiden großen Werken zu gewinnen.

II.
Adam Smiths Methode.
1.
Die Theorie der moralischen Gefühle.

Das moralphilosophische Werk unseres Altmeisters ist das schönste Beispiel zu der Regel, welche Hume in der Vorrede zum „Traktat" aufgestellt hat. Beobachtet den Menschen auf der Straße und im Gemache, beim Geschäfte, beim Vergnügen, so ruft er seinen Nachfolgern zu, prüft und vergleicht eure Beobachtungen, dann wird es euch gelingen, zu den höchsten Principien vorzudringen, welche dem menschlichen Geist zu erkennen beschieden ist. Nach dieser Anweisung handelt Smith, das ganze Buch ist voll feiner und treffender Beobachtungen, und auf diesem Wege entdeckt er die einfachsten Seelenelemente, wie den Ahndungstrieb, die Sympathie, den Egoismus, aus denen die Erscheinungen

---

[1]) 1778 meinte Smith von diesem fragment of an intended juvenile work: I begin to suspect myself that there is more refinement than solidity in some parts of it. a. a. O. S. LXXXIX. Daß Smith hier die Humesche Lehre ausführt, zeigt folgender den Grundgedanken der Erkenntnistheorie H.'s zusammendrängender Satz: „Die richtige Art der Lösung ist die Vernunfteinsicht, daß es eine reale und notwendige Erkenntnis der Dinge nicht gibt, sondern an das Dasein und den notwendigen Zusammenhang der Dinge nur geglaubt wird vermöge der Einbildung. Das ist der Stepticismus, der das gewöhnliche Bewußtsein erklärt und damit rechtfertigt." Fischer, Francis Bacon u. s. w. 2. Aufl. S. 775.

des sittlichen Lebens zusammenwachsen. Und nachdem er sich die komplexen Seelengebilde hinreichend erklärt hat, setzt er vor unsern Augen die primitiven Eigenschaften und Kräfte zusammen, er zeigt, wie durch das Zusammenwirken verschiedener Einheiten sich notwendigerweise das Sittliche im Menschen entwickeln muß. Aber es ist keine Zusammensetzung im gewöhnlichen Sinne: es entstehen Seelengebilde, welche in den Elementen nicht enthalten sind, der selbstsüchtige Mensch wird extensiver altruistischer Empfindungen fähig, es entsteht das Gewissen, ethische Grundsätze, Empfindungen werden in der Seele ausgeprägt, schließlich vermag das Individuum aus Pflichtgefühl zu handeln.

Welche Methode hat denn nun hier Adam Smith angewandt? Es ist kaum notwendig, eine Antwort darauf zu geben: es ist die Verbindung von Analyse und Synthese. Der erste Teil des Weges führt von den Erscheinungen des täglichen Lebens zu den seelischen Principien der sittlichen Welt, der zweite von jenen Principien zu den Grundbegriffen aller Ethik, wie Gewissen, Pflichtgefühl, sittliches Gebot, Verdienst und Strafe. Auf den Namen, welchen man der Methode im besonderen geben will, kommt es nicht an, da nicht alle Logiker, wie mir scheint, mit denselben Worten dieselben Begriffe verbinden, jedenfalls ist das Verfahren ein durchaus induktives.

Eine wichtigere Aufgabe ist es, Buckles Urteil, welches einen so großen Beifall gefunden hat, ein wenig zu beleuchten. Deduziert wirklich Smith aus der freigewählten Prämisse des Wohlwollens oder des Gemeinsinns mit Absehen von allen andern seelischen Eigenschaften? Und ist die Smithsche Deduktion verwandt mit der theologischen Deduktion?

Man begreift es kaum, daß ein Mann wie Buckle dieses Urteil aussprechen konnte. Erstens ist Sympathy nicht Wohlwollen oder Gemeinsinn, zweitens ist es keine freigewählte Prämisse, drittens sieht Smith nicht von andern Kräften ab. Wie wäre es auch möglich, aus einem mageren Princip den ganzen Reichtum des sittlichen Lebens herauszuspinnen? Smith spürt allen Elementen nach und eifert noch obendrein gegen die Philosophen,

welche ein ganzes System aus so wenig Principien wie nur mög=
lich aufzubauen suchten.

Was nun den Zusammenhang der Smithschen Methode mit
der Methode der Theologie betrifft, so ist es nach dem Vorher
gehenden wohl klar, daß die beiden Methoden, welche in den
Geisteswissenschaften des 18. Jahrhunderts zur Anwendung kamen,
im Kampfe gegen die Scholastik in erster Linie als n a t u r
w i s s e n s c h a f t l i c h e Methoden b e w u ß t ausgebildet worden
waren und daß Hume, der Lehrer Smiths, sich klipp und klar
für einen Baconianer erklärte. Auf den inneren Unterschied der
theologischen Deduktion und der Smithschen Methode einzugehen,
verlohnt sich nicht. Es ist aber wohl klar, daß jenes die Deduktion
des Syllogismus ist, welche aus überlieferten Sätzen Folgerungen
ableitet, die in ihnen schon enthalten sind und dieses die Deduktion
der Naturwissenschaften, welche aus induktiv oder durch Intuition
gewonnenen Ursachen Wirkungen erklärt, die für den menschlichen
Geist in ihnen nicht schon enthalten sind.

2.

D i e U n t e r s u c h u n g ü b e r d e n R e i c h t u m d e r V ö l k e r.

Indem wir uns anschicken, den Beweis zu führen, daß in
Smiths nationalökonomischem Werke die Forschungsgrundsätze
Humes und Montesquieus verwendet worden sind, scheint es uns
fast, als ob eine ausführliche Darlegung überflüssig wäre. Denn
jedem Leser, welcher den Inhalt der fünf Bücher an seinem
Geiste vorüber ziehen läßt, wird allein durch den Hinweis auf
die Forderungen der neuen Methode das Ganze in einem klaren
Lichte erscheinen. Er wird uns beistimmen. Nur für Diejenigen,
welche noch zweifeln sollten, wollen wir einige Erläuterungen geben.

Was zunächst die äußeren Faktoren betrifft, so hat sich Smith
vor allem bemüht, die ökonomischen und sociologischen Wirkungen
der Arbeitsteilung und arbeitsparender Maschinen klar zu legen.
Arbeitsteilung und Maschinen vermehren die Menge der Produkte,
aber sie wirken auch auf die Differenzierung, ja auf die Ent=

artung der Menschen hin. Der Ackerbau wird niemals mit der Industrie wetteifern können, weil sich in ihm die Arbeitsteilung nicht so weit durchführen läßt wie in den Gewerben, andererseits bleibt aber auch der Landmann ein harmonischer entwickeltes Individuum, als der Gewerbsmann. Er sucht zweitens darzulegen, von welcher beherrschenden Bedeutung die Ansammlung von Kapital nicht bloß für die Wirtschaft, sondern auch für das Gedeihen der Menschen ist. Weiter hebt er als entscheidenden Faktor den vorwärtsschreitenden, zurückgehenden oder stationären Zustand der Gesellschaft hervor. Er entwickelt ein anschauliches, aus Reisebeschreibungen zusammengetragenes Gemälde von seinem Einflusse auf Löhne, Zinsen und die Bevölkerung. Er untersucht, welche Folgen Gewerbe, Handel, Wege und Straßen für den Ackerbau und die socialen Verhältnisse des platten Landes haben. Wie das Geld, die Zunahme oder Abnahme des allgemeinen Tauschmittels das wirtschaftliche Leben gestaltet, hat er in eingehender Weise dargelegt. Insbesondere aber gilt sein Fleiß dem Nachweis, wie tief die Gesetzgebung Englands, aber auch Frankreichs, die wirtschaftliche Entwicklung geschädigt hat. Ob seine Analyse stets das Richtige getroffen habe, ändert Nichts an diesem Ergebnisse. Wenn es gestattet ist, einen modernen Ausdruck zu gebrauchen, so darf man behaupten, daß der „Wealth of Nations" von Anfang bis zu Ende ein socialrechtliches Werk ist. Wie man sich erinnert, war dies ja auch eines der Ziele, welches er erstrebte. Dieser socialrechtliche Charakter tritt am meisten im dritten, vierten und fünften Buche hervor. Wie fein und klar vergleicht er die Zustände von Jägervölkern, Hirtenvölkern und civilisierten Völkern, insbesondere in ihrem Kriegswesen und Gerichtswesen, den Charakter des Volkes in Handelsstädten und in Beamten- und Residenzstädten! Ja, hier und da führt er uns in die fernen Zeiten zurück, wo es noch kein Privateigentum gab und kein Kapital angesammelt war.

Ich glaube kaum, daß Jemand, welcher das Vorstehende vorurteilslos liest, im Zweifel darüber sein kann, welche Methode Adam Smith angewendet hat. Denn daß er den Reichtum jener

Betrachtungen nicht aus irgend einem dürren Princip herausgesponnen haben kann, das liegt auch für den auf der Hand, welcher Smith nicht gelesen hat. Wer aber Smith aus eigner Anschauung kennt, dem braucht nicht berichtet zu werden, wie Alles auf eingehender Forschung beruht. In einem Falle gesteht Smith zu, daß die Ergebnisse, welche er dem Leser vorlegt, auf Beobachtung beruhen. Im Anfange des ersten Teiles des 10. Kapitels des 1. Buches sagt Smith: Die fünf folgenden sind die wichtigsten Umstände, welche, soweit ich zu beobachten in der Lage gewesen bin, einen kleinen Gewinn in einigen Beschäftigungen ersetzen und einen großen in andern aufweisen." Hierauf hat auch Cliffe Leslie aufmerksam gemacht.

Wenden wir uns zu den anthropologischen Principien. Die Meinung ist weit verbreitet, daß Adam Smith auf dem Gebiete der politischen Ökonomie nur den Faktor des Selbstinteresses kännte, aber sie ist irrig. Es wäre auch verwunderlich, daß ein Mann, welcher zu der ersten psychologischen Schule gehörte und einer ihrer Meister war, von der Psychologie des Wirtschaftslebens nichts weiter zu berichten gehabt hätte, als den Egoismus, oder den Trieb, Kapital anzuhäufen, oder mit dem geringsten Aufwand die größtmögliche Summe von Gütern zu erlangen. Damit soll aber nicht behauptet werden, daß seine Psychologie eine meisterhafte sei.

Die Arbeitsteilung sucht er psychologisch zu erklären. Er führt sie zurück auf die verschiedene Begabung der Menschen und den Tauschtrieb. Die Beantwortung der Frage, ob er zu den ursprünglichen Trieben der menschlichen Natur gehöre oder die notwendige Folge der Vernunft und der Sprache sei, gehöre nicht zu seinem Gegenstande. Er gibt doch ein Bild aus dem Hundeleben und bemerkt, daß die verschieden beanlagten Hunderassen einander sehr geringen Nutzen brächten, weil sie keinen Tauschtrieb besäßen und daher keine regelmäßige Arbeitsteilung einzuführen vermöchten. Adam Smith hat weiter die Wirkungen des Geschlechtstriebes für das Wirtschaftsleben in umfassendster Weise zu analysieren gesucht: welche Folgen er in den höheren, welche in den unteren Klassen, welche in Kolonialländern, stationären und zurückgehenden Gesellschaftszuständen hat. Er erwähnt den Einfluß der Sitten auf das Wirtschaftsleben. Nirgendwo sind die möblierten Zimmer so billig wie in London, führt er aus, und doch ist dort die Hausmiete sehr hoch. Wie erklärt sich das? „Aus den eigentümlichen **Sitten** und **Gewohnheiten** der Leute, welche jeden Familienvater zwingen, ein ganzes Haus vom Giebel bis zum Erdgeschoß zu mieten." Wie sehr noch andere Agentien außer dem wirtschaftlichen Selbstinteresse die Gewinnste und Lohnsätze bestimmen, zeigt er im 10. Kapitel, wo er das Ehrgefühl, die übermäßige Meinung der Menschen von ihrem Glück und ihren Fähigkeiten, den Reiz der Gefahr als derartige Faktoren anführt. Das Merkantilsystem, behauptet er im selben Kapitel, habe seinen Ursprung in den „interests, prejudices, laws and customs". Den Übergang aus der Feudalgesellschaft in die „commercial society" erklärt er aus der „expensive vanity" der Großen und Reichen, welche ihr Gefolge entlassen und die überschüssigen Nahrungsmittel für Waren hergeben, die zur Erhöhung ihres Daseins dienen. Aus psychologischen Gründen weiß er es herzuleiten, daß die Sklaverei in despotischen Ländern erträglicher ist, als in republikanischen, daß die Regierung einer Kompagnie stets schlechter ist als die eines Souveräns. Früher, führt er aus, war es der englischen Regierung so schwer, die notwendigsten Steuern bewilligt zu erhalten und jetzt so leicht, weil die Ämter unter die Steuerbewilliger verteilt werden. Derjenige Teil, welcher von der Kolonialpolitik handelt, enthält Meisterstücke psychologischer Erklärung.

Es soll aber nicht geleugnet werden, daß ihm einige Principien wichtiger erscheinen als die andern, sie treten daher mehr in den Vordergrund, sie werden häufiger erwähnt, das sind Arbeitsteilung, Arbeit, Selbstinteresse. Eine große Reihe von seinen, psychologischen Ausführungen zeigen doch nur die verschiedenen Seiten und Formen des menschlichen Egoismus. Auch sein Werk beruht auf der Mandevilleschen Lehre von der Trägheit des Menschen, welcher nur durch seine Leidenschaften, insbesondere aber durch den Wettkampf mit Andern aufgeregt werden kann.

In dem „Reichtum der Völker" ist so ziemlich Alles vereinigt, was vorher Hume und Ferguson über dieses Princip gedacht hatten: daß das Selbstinteresse nicht bei allen Menschen gleich ist, daß nicht Alle ihr Interesse verstehen, daß es über die verschiedenen Klassen der Gesellschaft verschieden verteilt ist [1]). Aber von den methodologischen Ausführungen Stewarts hierüber findet sich Nichts.

Auch ist nicht zu übersehen, wie im 3. Kapitel dieses Buches hervorgehoben wurde, daß Smith durchaus nicht alle Faktoren, welche er in der Einleitung seiner „Untersuchung" erwähnt, später verwertet hat. Es sind müssige Paradesoldaten, die im Text nicht zum Gefecht kommen. Weder dem Klima, noch dem Boden, noch der Größe des Landes hat er die Aufmerksamkeit geschenkt, welche man hätte erwarten dürfen. Aber dieser Mangel hängt wohl damit zusammen, daß er für das erste Buch eine fertige Form vorfand, in welche sich nicht mehr hinein pressen ließ. Es ist ja nichts anders, als eine zeitgemäß vervollständigte Neubearbeitung der alten naturrechtlichen Nationalökonomie. In diesen alten Schlauch goß Smith den neuen Wein. Kein Wunder, daß er den Inhalt nicht ganz zu fassen vermochte. Daher auch der Verlegenheitsbau des zweiten Buchs, welcher mit einem Begriffe anhebt, welcher schon im ersten seine Erledigung hätte finden müssen.

Hieraus ist es wohl zu erklären, daß man bald die Arbeit, bald das Selbstinteresse als das Princip des „Wealth of Nations" betrachtet, ja jenes für eine „freigewählte Prämisse" gehalten hat. Beide Urteile sind falsch. Was aber das letztere betrifft, so galt es Smith, wie wir noch einmal hervorheben wollen, als ein auf induktivem Wege nachgewiesener Trieb der menschlichen Natur, dessen eigentliche Sphäre das Wirtschaftsleben sei.

Wenn ich nun noch daran erinnere, daß sein ganzes viertes Buch der auf empirischem Wege geführte Nachweis der, wie er glaubt, Schädlichkeit des Merkantilsystems ist, dann dürften wir nicht

---

[1]) Vergl. meine Schrift über die philosophischen Grundlagen, Kap. 4, § 3.

mehr im Zweifel darüber sein, daß Smith die Methode der Induktion in seinem Werke angewandt hat, daß er den Forderungen gerecht zu werden sucht, welche seit Hutcheson, Hume, Montesquieu, Steuart an die Gesellschafts= und Staatswissenschaft gestellt wurden. Wer da weiß, mit welcher Liebe er überall die thatsächlichen Verhältnisse in der Nähe und Ferne schildert, mag es die Reiskultur in Asien und Amerika, die Steuerverteilung in Frankreich, die schottische Landwirtschaft oder der Gütertransport zwischen Edinburg und London sein, wer sich aus dem vorigen Kapitel erinnert, wie er den Knochenbau seines Systems mit dem Fleische historischer Forschung umkleidet, dem erscheint der Gedanke gradezu wahnsinnig, daß Smith die abstrakt=deduktive Methode ausschließlich angewandt, aus einer frei gewählten Prämisse deduziert habe.

Vielleicht genügen aber diese Ausführungen noch nicht, um die der unsern entgegengesetzte Behauptung zu widerlegen. Möglicherweise erweckt die Thatsache, daß Adam Smith überhaupt das deduktive Verfahren angewandt hat, den Glauben, damit sei der Beweis erbracht, er könne nicht induktiv verfahren sein. Wer eine solche Ansicht hat, mißkennt den wichtigsten Punkt des Methodenstreites.

Die Vertreter der Induktion wenden sich nicht gegen die Anwendung der Deduktion als solcher. Das wäre eine Thorheit. Wenn einmal auf induktivem Wege die Ursachen der Erscheinungen gefunden sind, dann muß die Darstellung, die Erklärung der Erscheinungen notwendigerweise deduktiv sein. Hat die Analyse die Faktoren des Geschehens aufgezeigt, dann muß die Synthese sie zusammenfügen.

Was sie also bekämpfen, ist die Methode, welche sich die Mühe der Untersuchung der Ursachen auf induktivem Wege erspart, eine Ursache, die sie aus irgend einem Grunde für die wichtigste hält, herausgreift, um aus ihr Wirkungen abzuleiten. Diese Art des deduktiven Verfahrens, die sogenannte Methode der isolierenden Abstraktion, schreitet also von angenommenen Ursachen zu Wirkungen fort, die notwendigerweise mit der Wirklichkeit nur wenig übereinstimmen können; die vorsichtige Induktion sucht aus den erkannten Wirkungen die noch unbekannten Ursachen zu finden und nachdem die Ursachen gefunden sind, die Erscheinungen aus den erkannten Ursachen zu erklären. Das induktive Verfahren schließt auch die Verwendung des deduktiven Verfahrens zur Auffindung der Principien nicht nur nicht aus, sondern es erfordert sie gradezu. Es ist allgemein anerkannt, daß das rein induktive Verfahren Bacons ungenügend ist. Aber die Deduktion des induktiven Forschers beim Auffinden der Principien bleibt stets ein Hülfsverfahren, das im Rahmen der Induktion auftritt, der Beobachtung nur Ziele setzt und keinen selbständigen Wert hat. Die Ergebnisse einer solchen Hülfsdeduktion müssen immer an den Thatsachen, welche die gewöhnliche Erfahrung oder das Experiment bietet, geprüft werden. Kein induktiver Forscher wird solchen Hülfsdeduktionen den Namen Gesetze beilegen.

Die Vertreter der Induktion wenden sich zweitens gegen Diejenigen, welche die rein abstrakt=deduktive Methode zwar verwerfen und die Notwendigkeit einer Bewahrheitung ihrer Ergebnisse durch die Thatsachen der Wirklichkeit zugeben, aber sich damit begnügen, die beiden äußerlich nebeneinanderzustellen, höchstens die Fehlergrenzen anzugeben. Hier ist die Methode der isolierenden Abstraktion nur äußerlich mit konkretem Stoff verbrämt. Wenn die Verfechter dieser Methode sie zum Unterschied von der Methode der isolierenden Abstraktion eine hypothetisch=deduktive nennen, so ist eben nur der Name ein anderer, im Wesen ist kein Unterschied.

Ganz anders stehen diejenigen Gelehrten da, welche zwar **formell mit der Deduktion aus angenommenen Ursachen beginnen, diese Ergebnisse aber, um zur Wahrheit der Wirklichkeit vorzubringen, an den Thatsachen prüfen**; wo diese nicht zusammenstimmen, die früheren Ursachen verwerfen und neue einführen oder zu den früheren neue hinzufügen und dies Verfahren so lange fortsetzen, bis jeder Widerspruch zwischen der Welt der Gedanken und der Welt der Wirklichkeit verschwunden ist; dies ist die wahre hypothetisch=deduktive Methode. Es ist formell ein deduktives, materiell ein induktives Verfahren. Um mit Lange zu sprechen: nach dem nervus probandi gehört es zur Induktion.

Nach diesen Vorbemerkungen wollen wir das deduktive Verfahren Smiths ein wenig beleuchten.

Vor allem muß hervorgehoben werden, daß Adam Smith von der Deduktion einen umfassenden Gebrauch macht. Aber er deduziert nicht bloß aus dem Princip des Selbstinteresses. Doch da nur die in Frage kommt, so beschränke ich mich auf die Aufzählung der Gebiete, auf denen er die deduktive Methode am kräftigsten gehandhabt hat. Er hat das Gesetz des Preises, des Zinses, des Gewinnes, insbesondere des Lohnes und der Überwälzung der Steuern in deduktiver Weise entwickelt, er ist also den Spuren der Physiokraten und James Steuarts gefolgt. In der Untersuchung über den Preis des Silbers in den letzten Jahrhunderten kommt sie zu kräftiger Geltung. Den Begriff des Selbstinteresses hat er formell nur in wenigen Fällen als Prämisse zur Gewinnung eines ökonomischen Gesetzes verwandt. In der Lehre vom Lohne heißt es: „What are the common wages of labour, depends everywhere upon the contract usually made between those two parties whose interests are by no means the same. The workmen desire to get as much, the masters to give as little as possible." Auch ist der Satz, daß in einer freien Gesellschaft Zins und Lohn am selben Orte gleich sein würden, in formeller Weise aus dem Selbstinteresse abgeleitet: „This at least would be the case in a society where things were left to follow their natural course, where there was perfect liberty, and where every man was perfectly free both to chuse what occupation he thought proper and to change it as often as he thought proper. Every man's interest would prompt him to seek the advantageous, and to shun the disadvantageous employment." In dem Kapitel, welches von den Steuern auf den Gewinn handelt, sagt er: „The employer must have this compensation (surplus part above interest), otherwise he cannot, consistently with his own interest, continue the employment. If he was taxed directly, therefore, in proportion to the whole profit, he would be obliged either to raise the rate of his profit, or to charge the tax upon the interest of money; that is, to pay less interest." Die meisten Sätze sind dagegen materiell aus der Prämisse des allgemeinen Selbstinteresses gewonnen, ohne daß sie formell erwähnt würde.

Wie steht es aber mit der methodischen Verwertung seines Princips? Ist es eine freigewählte Prämisse, angenommen, um Folgerungen aus ihr abzuleiten, so werden die Konsequenzen den Charakter eines apodiktischen Urteils, nicht den eines problematischen annehmen. Nun haben auch einige seiner Urteile den Charakter der Notwendigkeit, andere aber nur den der Möglichkeit. Schon diese Mischung beweist auf's klarste, daß Smith nicht die Absicht haben konnte, die Methode der isolierenden Abstraktion konsequent anzuwenden. Wo aber das Urteil problematisch ist, erkennt er an, daß Kräfte vorhanden sind, welche die Wirkungen des Selbstinteresses durchkreuzen. Man sieht hier, daß er die Methode James Steuarts nicht unbedingt annimmt, aber auch zu schwach ist, sie ganz von sich abzuweisen.

An einigen Stellen arbeitet das Selbstinteresse mit der strengen Gesetzmäßigkeit einer Naturkraft, an andern hat es nur die Tendenz, eine Wirkung hervorzubringen. Neben dem Satze: „The interest of the landlord will immediately prompt them to withdraw a part of their land", findet sich an anderer Stelle der folgende: „Their mutual competition naturally tends to lower its profit." Wiederum in der Preislehre heißt es: „Whatever part of it was paid below the natural rate, the persons whose interest it affected would immediately feel the loss, and would immediately withdraw either so much land, or so much labour, or so much stock etc. This at least would be the case where there was perfect liberty." Dann wieder begegnen wir dem Zeitworte „to tend" in Ausführungen, welche von dem Selbstinteresse formell absehen und die Güterquantitäten gewissermaßen selbständig wirken lassen, z. B. „The increase of stock which raises wages tends to lower profit" oder „The scarcity of a dear year by diminishing the demand for labour, tends to lower its price, as the high price of provisions tends to raise it. The plenty of a cheap year … tends to raise the price of labour." Auch in der Steuerlehre wo er im allgemeinen sehr apodiktisch auftritt, findet sich einmal der Satz: „The natural tendency of the window-tax . . . . is to lower rents. Er fügt hinzu: „Since the imposition of the window-tax, however, the rents of houses have, upon the whole, risen more or less." Die steigende Nachfrage nach Wohnungen habe jene Tendenz durchkreuzt. „Had it not been for the tax, rents would probably have risen still higher."

Es wäre leicht, diese Beispiele zu vermehren, aber es scheint mir, daß sie genügen, um jeden von der Behauptung abzuschrecken, Smith habe die Methode der isolierenden Abstraktion konsequent angewandt. Von dem konsequenten Festhalten einer deduktiven Methode kann überhaupt nicht die Rede sein. Das einzige, was man aussagen darf, ist: In den angeführten Beispielen ist eine deduktive Methode zur Anwendung gekommen. Ich glaube überhaupt nicht, daß er gewußt hat, was man unter der Methode der isolierenden Abstraktion heutigen Tages versteht[1]). Denn

---

[1]) Ferguson, der ihm örtlich und zeitlich nahesteht, weiß über die Methode nichts weiter vorzubringen, als Folgendes: Method in science is of two kinds: analytic and synthetic. Analytic method, is that by which we proceed from observation of fact, or right, in particular cases, to establish general rules. Synthetic method, is that by which we proceed from general rules to their particular applications. The first is the method of investigation. The second of communication, or of the enlargement of science. Institutes S. 3. Dieser berühmte Schotte unterscheidet also, wie J. Steuart, zwischen Methode der Untersuchung und Methode der Darstellung, jene ist analytisch, diese synthetisch. Von der schottischen theologisierenden Methode der Deduktion, über die Buckle die civilisierte Welt belehrt hat, haben Beide keine Kenntnis.

Ein anderer, aber ein Menschenalter jüngerer Zeitgenosse Smiths, sein Biograph Dugald Stewart, hat sich viel ausführlicher über die Methodenlehre ausgelassen und auch die Methode der Nationalökonomie berührt. In seiner „Logic of Induction" rechnet er die „science of politics" zu den

wenn es der Fall wäre, so würde er doch irgendwo eine An
deutung über die Methode geben, die er befolgt, wie das Ricardo
an mehreren Stellen seines Werkes gethan hat.

Erfahrungswissenschaften. Er unterscheidet in der „political economy" zwei
Klassen von Forschern, „political arithmeticians" und „political economists".
Die Thatsachen, welche die Ersteren zusammenbringen, sind nur „particular results which other men have seldom an opportunity of verifying
or of disproving". Anders die Letzteren. „The facts which the political
philosopher (sc. economist) professes to investigate are exposed to the
examination of all mankind; and while they enable him, like the
general laws of physics, to ascertain numberless particulars by synthetic reasoning, they furnish the means of estimating the credibility of
evidence resting on the testimony of individual observers".

Man sieht, daß Stewart der nationalökonomischen Deduktion eine bei
weitem höhere Beweiskraft zuschreibt, als der statistischen Forschung. Ob
das geringe Vertrauen, welches Smith zur „political arithmetic" hatte, auf
den von Stewart angeführten Gründen beruht, wie dieser zu glauben
scheint, möchte ich bezweifeln. Mich bedünkt, daß Smith eine Methode
geschätzt hat, die er selbst zuweilen anwendet, daß er aber auch, wie
mancher bedeutende Statistiker, nicht selten kein genügendes Vertrauen zu den
Ergebnissen der Statistik hatte.

Doch ist dieser Punkt von verhältnismäßig geringer Bedeutung, ich
komme zu etwas Wichtigerem. Der Wert der Deduktion liegt für Stewart
darin, daß ihre Prämissen „general facts" oder „general results" sind.
„They are practical maxims of good sense, approved by the experience
of men in all ages of the world; and of which, if we wish for any additional confirmations, we have only to retire within our own bosoms, or
to open our eyes on what is passing around us." Stewart hält also die
Deduktion nur dann für berechtigt, wenn ihre Prämissen wirklich der
Erfahrung entsprechen. Und so fügt er den besonders bemerkenswerten
Satz hinzu. „The premises, it is perfectly obvious, from which these conclusions are deduced, are neither hypothetical assumptions, nor
metaphysical abstractions."

Alles, was Stewart vorgebracht hat, bezieht sich auf Adam
Smith. Alle seine „leading principles" seien „general facts, general
results". Als das wichtigste betrachtet er „the desire of bettering our condition". Es sei bewiesen worden nicht bloß „from a careful review of the
motives which habitually influence our own conduct", sondern auch „from
a general survey of the history of our species", daß es „the masterspring
of human industry" sei.

Hieraus ergibt sich also, daß Stewart die Deduktion als die wichtigste
Methode in der Nationalökonomie betrachtet, daß aber nach ihm die Vor-

Damit, hoffe ich, ist der Beweis erbracht, 1. daß Adam Smith nicht den Begriff der Selbstsucht, sondern den des Selbstinteresses verwertet hat; 2. daß „das Selbstinteresse" keine freigewählte Prämisse ist. Dagegen spricht sowohl die Geschichte der englischen Psychologie, wie die schwankende Art der methodischen Verwertung seines Princips, wie das mangelnde Bewußtsein, die Methode der isolierenden Abstraktion angewendet zu haben. 3. Richtig ist nur, daß er auch aus diesem Princip deduzierte, was kein Fehler für ihn war, da er glaubte, in ihm einen wichtigen Faktor des Wirtschaftslebens erkannt zu haben und daß er überhaupt das deduktive Verfahren anwandte, was keine Versündigung gegen den Geist der Induktion ist.

Wir können nun von Buckle Abschied nehmen. Überall wo wir ihm begegnet sind, haben wir ihn unzuverlässig gefunden. Er gehört zu jenen Phantasten, die ihre Konstruktionen mit größter Kühnheit auf Sand bauen und den Geist in Verruf gebracht haben. Unsere Aufgabe dürften wir hiermit für erledigt halten, doch wir wollen noch zwei Punkte erörtern, da dies geeignet ist, unsere Stellung zu befestigen.

Zuweilen ist „die Arbeit" als das durchschlagende Princip seines methodischen Verfahrens bezeichnet worden. Nachher wunderte man sich, daß Smith mit ihm nichts Rechtes anzufangen wußte. Skarzynski kam der Wahrheit näher, wenn er auch die Arbeit mehr als einen Leitfaden der Gedankenentwicklung, als ein streng ökonomisches Princip bezeichnete. Das beweist aber weder, daß Smith ein Geist niederer Ordnung war noch daß er an intellektueller Bedeutung hinter Ricardo zurückstand.

Denn hält man auch in diesen Winkel das Licht der neuen Methode hinein, dann erkennt man leicht, wie sich die Sache wirklich verhält. Der Begriff der Arbeit war für ihn ein Faktor neben andern, jedenfalls ein wichtigerer Faktor als andere, aber

aussetzungen der Deduktion durch innere oder äußere Erfahrung oder durch beide erkannte allgemeine Sätze sein müssen. Die hypothetische Methode, diejenige der isolierenden Abstraktion, würde er also verworfen haben. Collected Works, III. S. 331 ff.

nicht der einzige. Er mußte ihm häufiger zur Erklärung der Erscheinungen als andere dienen, aber er diente ihm nicht ausschließlich. Es war nicht die freigewählte Prämisse eines deduktiven Verfahrens.

Man sieht dann auch die Thatsache, daß die Lehre Ricardos von dem Verhältnis der drei Einkommenzweige bei Smith klar angedeutet ist, mit andern Augen an. Er rührt keinen Finger, um sie scharf und blank herauszuarbeiten. Warum? Weil ihm jene wunderbare Schärfe und Konsequenz des Denkers fehlt, die so häufig an Ricardo gerühmt worden ist? Fragen wir Smith selber. Er steht uns vielleicht Antwort. Er sagt von dem der Einführung des Privateigentums und der Kapitalanhäufung vorausgehenden gesellschaftlichen Zustande: „It was at an end, therefore, long before the most considerable improvements were made in the productive powers of labour, and it would be to no purpose, to trace further what might have been its effects upon the recompense of labour." Er hält es für zwecklos, derartigen unfruchtbaren Spekulationen nachzugehen, er wäre in das „metaphysical reasoning" verfallen, welches er an den Physiokraten getadelt hatte. Die ihn umgebende, concrete wirtschaftliche Welt besitzt sein volles Interesse und sie sucht er zu erklären. Darf man also Smith schon allein deshalb nicht hinter Ricardo zurücksetzen, weil er etwas nicht erreichte, was er nicht zu erlangen begehrte, so ist diese Rangordnung um so weniger am Platze, als Ricardo das Ziel nicht erreichte, welches er sich gesteckt hatte. Denn das Princip der Arbeit hat erst bei Robbertus und Marx eine wirklich konsequente Durchführung erlebt[1]).

Noch ein zweites soll besprochen werden.

Man wird vielleicht entgegnen. Es mag sein, daß Buckle

---

[1]) In Ricardos Lehre vom Werte kann ich keinen großen Fortschritt über Smith hinaus sehen, weil er unvermerkt den Zins in die Erörterung einführt und Tauschwert und Preis auf das kunterbunteste durcheinanderwirft, wie auch sein Kommentator Baumstark zugesteht, der, soviel ich sehen kann, schon vor Robbertus, also jedenfalls vor Marx die Lehre vom Tauschwert konsequent weiterbildet.

formell Unrecht hatte, er irrte in der Charakterisierung der Methode, er meinte in der That das hypothetisch-deduktive Verfahren, welches in Geschichte und Statistik seine Ergänzung und seinen Prüfstein findet. Er meinte: Smith deduzierte und verglich die Ergebnisse seines Denkens mit den Thatsachen der Erfahrung. Daher der Reichtum an geschichtlichem und anderem Material. Sehen wir zu, ob diese Ansicht begründet ist.

Daß Smith nirgendwo das Bewußtsein verrät, nach dieser Methode zu verfahren, spricht gegen sie. Aber dieser Beweis ist nicht zwingend. Wir werden daher die Untersuchung des Werkes nicht übergehen dürfen.

Das wort- und zahlenstatistische Material einerseits, das geschichtliche andererseits, welches Smith so reichlich zusammengetragen hat, dient drei Zwecken. Ein Teil soll die entwickelten Sätze, welche aus der Erfahrung abstrahiert oder durch Deduktion gefunden sind, illustrieren, wie das auch Montesquieu und Hume gethan hatten; ein anderer hat einen rein historischen Charakter und steht nur in loser Beziehung zu dem dogmatischen Teile des Werkes. Ein dritter Teil dient dem induktiven Nachweise, daß die herrschende Volkswirtschaftspolitik schädlich ist. Diese Ausführungen haben das Mißfallen der Franzosen erweckt, weil sie in der That den einheitlichen Charakter des theoretischen Werkes stören. Sie wußten vielleicht auch nicht, daß Smith sich ebenfalls eine geschichtliche Aufgabe gestellt hatte. Zuweilen gehen aber auch Ausführungen der ersten Art bei Smiths großem stilistischem Geschick unbemerkt in solche der zweiten über. Dies erregt Unwillen, man weiß schließlich nicht recht mehr, was man gelesen hat, was in Frage steht.

Smith illustriert also seine Sätze, nicht durch willkürliche, fingierte Beispiele wie Ricardo, sondern durch statistisches und historisches Material. Wie er die Lehre von der Arbeitsteilung illustriert, so die vom Gelde, vom Real- und Nominalpreis. Was er über den Arbeitslohn vorträgt, ist durch reichliche statistische Angaben über die Löhne in Nordamerika, China, England im 17. und 18. Jahrhundert belegt. Denselben formellen Charakter der Illustration trägt die Untersuchung über die Schwankungen des Silberwertes während der vier letzten Jahrhunderte. Materiell scheinen die vorausgeschickten Sätze das Ergebnis einer Induktion aus dem Material zu sein. Die Vermehrung der Angaben dieser Art wäre überflüssig. Nirgendwo findet sich in den angeführten Beispielen ein Fall, wo er das Ergebnis der Deduktion an den Erfahrungsthatsachen prüfte und das erstere durch die letzteren korrigierte.

Bloß in zwei Fällen erinnere ich mich, daß das statistische Material für ihn eine andere Bedeutung hat, als seine Sätze zu illustrieren, wobei man zugleich erkennt, wie viel größeren Wert die induktive Forschung für die Erkenntnis der socialen Erscheinungen hat, als die deduktive. Ein französischer Schriftsteller hatte behauptet, führt er in dem Kapitel über den Lohn aus, daß in drei französischen Industriezweigen während billiger Jahre mehr und wertvollere Waren hergestellt worden seien, als in teuren. Smith vergleicht nun damit die Warenerzeugung in einer schottischen und einer englischen Manufaktur und findet nur eine teilweise Übereinstimmung. Er sucht nun die Widersprüche zu erklären.

Einen andern Charakter trägt der zweite Fall, den ich in einem andern Zusammenhange schon erwähnt habe. Smith deduziert, daß die Fenstersteuer die Tendenz hat, die Hausrente zu vermindern. Die Erfahrung zeigt, daß die Hausrente fast überall gestiegen ist. Dies erklärt er aus der vermehrten Nachfrage nach Häusern.

Schließlich dürfen wir nicht übersehen, daß er vielen seiner Deduktionen keine Illustration hinzufügt und daß er es zuweilen nur beiläufig thut. So führt er in der Steuerlehre an, daß die vingtième, wie es scheine, den Zins der Leibrenten, die französische und die englische Tabaksteuer anscheinend den Lohn nicht erhöht habe, daß die holländische Brotsteuer die dortigen Manufakturen vernichtet haben solle und die Zuckersteuer auf die Pflanzer gefallen sei, wie sie behaupteten. Man sieht es schon der Form an, welchen Wert er diesen Thatsachen beilegt.

So dürfte denn kein Zweifel darüber sein, daß Smith auch die hypothetisch-deduktive Methode nicht angewandt hat.

Werfen wir nun einen Rückblick auf dieses und das vorhergehende Kapitel, so zeigen sich in dem „Wealth of Nations" zwei Elemente: ein historisches und ein dogmatisches. Dies steht in Übereinstimmung mit den Ausführungen des dritten Kapitels des zweiten Buches. Das geplante Werk sollte zugleich theoretisch und historisch sein.

In dem theoretischen mit dem historischen innig verbundenen Bestandteile seines Werkes wendet er die Methode der Induktion an. Das heißt, er erklärt die wirtschaftliche Welt aus äußeren und inneren Faktoren, die er oder seine Vorgänger auf dem Wege der Beobachtung gefunden haben. Daß seine psychologischen und sociologischen Erklärungen häufig nicht genügen, ja mit Kopfschütteln aufgenommen werden, ändert jedenfalls nichts an der Thatsache, daß er die induktive Methode anwendet.

Dem induktiven Charakter widerspricht es nicht, daß er uns nicht an der Untersuchung der wirkenden Faktoren teilnehmen läßt, sondern in der Darstellung mit den erkannten Principien beginnt. Diesem Charakter widerspricht es auch nicht, daß er überhaupt deduziert. Er wendet weder die Methode der isolierenden Abstraktion noch das hypothetisch-deduktive Verfahren an. Fast durchgängig dient ihm das statistische und historische Material nur zur Illustration seiner Sätze.

Eine ganz andere Frage ist es, ob er die Deduktion meisterhaft gehandhabt habe. Man wird das nicht bejahen können. In sehr vielen Fällen sieht man nicht ein, weshalb er aus seinen Prämissen nicht andere Konsequenzen gezogen hat. Eine ganz andere Frage ist es weiter, ob sein induktives Verfahren so sorgfältig war, daß er ein deduktives Verfahren darauf aufbauen konnte. Man wird auch dies verneinen müssen. Ein allen Ansprüchen der Logik genügendes methodisches Verfahren ist nicht die stärkste Seite in Smiths wissenschaftlicher Individualität. Was man ihm aber vorzugsweise zum Vorwurf machen muß, ist die unleugbare Thatsache, daß er das Selbstinteresse zuweilen mit der strengen Gesetzmäßigkeit einer Naturkraft wirken läßt[1]). Er stellt die Gesetze in einer so apodiktischen Weise hin, daß man sich des Gedankens nicht erwehren kann, er sei von den Physiokraten und James Steuart beeinflußt worden. Hätte Smith ein so deutliches Bewußtsein der neuen Methode gehabt wie Hume oder Steuart, so wäre er in diesen Fehler nicht verfallen. Damit wurde er mitschuldig an den nun folgenden Verirrungen unserer Wissenschaft.

Darüber wird ja vollständige Übereinstimmung herrschen, daß Ricardo, verglichen mit großen Geistern wie Hume, Montesquieu, Smith, ein ungebildeter Mann war. Das historische, psychologische, sociologische Element, auf welches sie die Staats- und Wirtschaftswissenschaften gestellt hatten, weiter zu pflegen, dazu war der Londoner Börsenmakler nicht im Stande. Dagegen entsprach die abstrakt-deduktive Richtung seinen geistigen Fähigkeiten und sie kam wahrscheinlich auch seiner Neigung entgegen. Smith hatte sie vereinzelt angewandt, indem er aus der subjektiven Prämisse des universellen Selbstinteresses [2]) und der objektiven der natür-

---

[1]) Montesquieu hat diesen Fehler auch nicht vermieden. Ihn hat de Begriff des Gesetzes verwirrt. So wollte er stets die „notwendigen" Beziehungen aufdecken.

[2]) Sowohl Ricardo wie Malthus sind an originellen Ausführungen über die philosophischen Grundlagen arm. Bei Ricardo ist nichts übrig geblieben, als die gelegentliche Bemerkung, wie wunderbar doch das Privatinteresse und das allgemeine Interesse übereinstimmen. Die Auffassung des Eigennutzes als eines von Gott in seinem Weltenplan vorgesehenen Mittels zur Erreichung der allgemeinen Glückseligkeit hat nach Smith ihren schärfsten Ausdruck bei Malthus gefunden. In seiner Ausführung zeigt sich eine Durchdringung der Ansichten von Smith und Sir James Steuart, der ja, wie erinnerlich sein wird, ein Handeln aus Wohlwollen, Gemeinsinn, als allgemeine Maxime der Bürger wegen der entgegengesetzten Ansichten über das allgemeine Wohl nicht billigte. Malthus sagt: By this wise provision, by making the passion of self-love beyond comparison stronger than the passion of benevolence, the more ignorant are led to pursue the general

lichen Freiheit Folgerungen ableitete. Es waren dies Annahmen, welche das Naturrecht der Nationalökonomie vermacht hatte und welche Ferguson als die psychologisch-sociologische Grundlage der „commercial society" nachzuweisen sich bemüht hatte. Ohne sich weiter um die philosophischen Voraussetzungen dieser Methode zu kümmern, löste er sie aus der Umklammerung der anders gearteten Bestandteile ab und handhabte sie mit unleugbarem Geschicke. Er fand auch in Deutschland Beifall und zwar zu derselben Zeit, wo die historische Richtung des 18. Jahrhunderts von allen anhaftenden Makeln gereinigt und durch neue Ideen belebt in der Theologie, Jurisprudenz, in der germanischen und romanischen Philologie zum Durchbruch gekommen war.

Es ist aber nicht schwer zu erklären. Ricardo führte, wahrscheinlich ohne es zu wissen, die **mathematische** Methode des **Naturrechtes** in der Nationalökonomie auf die Höhe ihrer Entwicklung. Obwohl nun auch das Naturrecht selbst allen Glanz und alle Bedeutung einzubüßen anfing, so fühlten sich doch sowohl die juristisch wie die mathematisch geschulten Geister — und das eine oder andere waren wohl die meisten hervorragenden Nationalökonomen — instinktiv von dieser Methode angezogen.

Die Vertreter der abstrakten Richtung und der Unterdrückung des historischen, sociologischen und psychologischen Elementes erhielten Verstärkung von Frankreich her. Die Garnier und Say drängten auf Klarheit, Übersichtlichkeit, Einfachheit der Lehrsätze. Der „Wealth of Nations" war und blieb für sie ein wunderliches Buch, das man erst in eine glatte französische Form gießen

---

happiness, an end which they would have totally failed to attain if the moving principle of their conduct had been benevolence. Benevolence, indeed, as the great and constant source of action, would require the most perfect knowledge of causes and effects, and therefore can only be the attribute of the Deity. In a being so shortsighted as man it would lead to the grossest errors, and soon transform the fair and cultivated soil of human society into a dreary scene of **want** and confusion.

mußte, um es genießbar zu machen. Die schönen Keime, welche die großen Schotten Hume, Steuart und Smith entwickelt hatten, waren zertreten und trieben keine Blüte mehr. Es ist wohl selten eine Wissenschaft durch einen einzigen Mann so schwer geschädigt worden wie durch Ricardo. Die beiden methodischen Irrtümer Steuarts leben wieder auf, aber seine Vorzüge verschwinden. Dagegen spricht es auch nicht, daß einzelne Männer, wie etwa Baumstark in Deutschland, die mit Hume, Smith und Ferguson vertraut waren, an die alten Traditionen anzuknüpfen suchten. Dies mußte schon aus dem Grunde ein unfruchtbares Bestreben bleiben, weil Smith der abstrakten Richtung Vorschub geleistet hatte. Sie konnten daher den tiefen Gegensatz zwischen Hume und Ferguson einerseits, Ricardo andererseits nicht völlig verstehen. Sie waren Eklektiker, Baumstark z. B. übersetzte und kommentierte auch Ricardo.

Daher war eine neue Flutwelle nötig, um das gestrandete Schiff wieder auf die hohe See zurückzuführen. Der Wind, welcher das vermochte, blies nicht aus dem achtzehnten Jahrhundert her. Die Altmeister der deutschen historisch-psychologisch-induktiven Schule hatten die Richtung ihres Strebens weder durch den Geist der Gesetze noch durch Humesche „Essays" noch durch den „Wealth of Nations" empfangen. Es war auch gut, daß diese neue Schule aus der geschichtlichen Richtung der deutschen Wissenschaft hervorging und zeitlich der Theologie, Jurisprudenz, Philologie folgte. So streifte sie das naturrechtliche-politische Element der „political economy" des 18. Jahrhunderts ab und brachte das Princip der Relativität wieder zu Ehren; mit größerer Stärke und mit größerer Wichtigkeit als das 18. Jahrhundert vermocht hatte, welches über Mandeville nicht hinaus gekommen war, wurde nun die Wirksamkeit der psychischen Faktoren des Wirtschaftslebens erkannt und verwertet; man befreite sich von den theoretischen Gesetzen der Volkswirtschaft, welche aus vereinzelten Principien notwendige Wirkungen ableiten wollten; man knüpfte die Beziehungen unserer Wissenschaft zur Ethik wieder an, welche in England zweimal durch Steuart und Ricardo ver=

loren gegangen waren; der geschichtliche Ausblick wurde nicht mehr durch die historischen Irrtümer des 18. Jahrhunderts getrübt; aus den anderen historischen Wissenschaften des 19. Jahrhunderts konnte man Fingerzeige für die induktive Forschung auf dem Gebiete der Politischen Ökonomie entnehmen und man vermochte es die Einseitigkeit der historischen Richtung der einen oder anderen Einzelwissenschaft zu überwinden.

Anhang.

Morhof und Wolff sind nicht die Befürworter oder Begründer einer Wissenschaft von der Volkswirtschaft.

Roscher hat in seiner Geschichte der Nationalökonomik in Deutschland darauf aufmerksam gemacht, daß Morhof in seinem Polyhistor das Darniederliegen der Ökonomik beklage[1]). Sie sei ein Teil der praktischen Philosophie und verdiene wohl, daß ein eigener Professor an den Universitäten dafür angestellt werde. Er selbst läßt seine Ökonomik, die nur aus Klagen über den Mangel einer solchen Wissenschaft und aus einer Kritik der früheren Leistungen besteht, auf seine Politik folgen.

Was Morhof wünscht, ist eine praktische Wissenschaft von den Privatwirtschaften. Von den römischen Landbauschriftstellern wäre nur ein Teil der Ökonomik behandelt worden, ebenso von Seckendorff und Obrecht, welche sich auf die Staats- und Fürstenökonomie beschränkt hätten. Potior illa ars erit quae privatorum Oeconomiam emendare docet. Nam aerarii artes satis per se notae sunt, nec potest illud laborare, si divites sunt cives. Die Grundsätze der Privatwirtschaft seien aber nicht genügend bekannt. Die viri illiterati, welche sie kännten, tantum abest ut publicata haec velint, ut potius omni studio

---

[1]) S. 328.

velent; pauca sunt quae de iis in vulgus dimanant¹). Nur das Allgemeinste werde übermittelt. Tradita sunt hujus disciplinae principia tantum generalissima, specialia nemo diligenter satis detexit. Diese Worte beziehen sich vielleicht auf die allgemeinen ökonomischen Lehren, welche das Naturrecht seit Grotius und Pufendorf enthielt.

Aus dem Vorhergehenden ist zu ersehen, daß Morhof als der Befürworter der Privatwirtschaftlehre auftritt, die sich bekanntlich im 18. Jahrhunderte ausbildete und als Teil der Kameralwissenschaft Zutritt zu den Universitäten fand. Hätte Morhof z. B. Dithmars Einleitung in die Ökonomische-Polizei- und Kameralwissenschaften oder besser noch Darjes' Erste Gründe der Kameralwissenschaften erlebt, so würde er wahrscheinlich befriedigt gewesen sein²).

So große Verdienste nun auch Morhof haben mag, so scheint mir doch nicht, daß er in die Geschichte der Politischen Ökonomie gehört. Er ist weder ein Lehrer der Theorie unserer Wissenschaft, noch ein Mann, welcher Grundsätze der Volkswirtschaftspolitik aufgestellt hat. Ich kann daher mit Oncken in seiner Beurteilung Morhofs nicht übereinstimmen³).

Auch was Oncken an jener Stelle über Wolff sagt, scheint mir nicht zutreffend. „Mit vollbewußter Materiensonderung", schreibt er, „teilt Wolff das System seiner Moralphilosophie ein, zuerst in die Ethik . . ., sodann in die Politik . . . und zuletzt in die Ökonomik, als die Angelegenheiten des physischen Wohles

---

¹) Editio quarta 1747. S. 505.
²) Siehe Dithmars Definition der Ökonomik. „Die Ökonomische Wissenschaft oder Hauß-Wirtschafts- und Haußhaltungskunst lehret, wie durch rechtmäßige Land- und Stadt-Gewerbe Nahrung und Reichtum zur Beförderung der zeitlichen Glückseligkeit möge erlangt werden."
³) „Es dauerte ziemlich lange, bis man sich zu einer philosophischen Auffassungsweise des Wirtschaftslebens bequemte. Der Ruhm, den ersten Anstoß dazu gegeben zu haben, gebührt einem Deutschen, dem Polyhistor Daniel Georg Morhof, der im Jahre 1677 die Oeconomik im modernen Sinne ausdrücklich als selbständigen Teil an die Politik anschloß. Auch sie, so führt er aus, gehöre zur praktischen Philosophie" u. s. w. Oncken, a. a. O. S. 31.

betreffend." In Wirklichkeit versteht aber Wolff unter Ökonomik die Lehre von der Ehe und Familie, durchaus nicht das, was wir unter Ökonomik verstehen. Wolff hat diese Lehre von der Staatslehre und Politik getrennt im Gegensatze zu der älteren Rechtsphilosophie und Politik, welche die Hausherrngewalt und Staatsgewalt — wie das große Vorbild Aristoteles — zusammen abhandelt. R. von Mohl urteilt meines Ermessens richtiger, wenn er Wolff eine, wenn auch bescheidene Stelle, nämlich unter dem Striche, in seiner Geschichte des Gesellschaftsbegriffs anweist[1]). Übrigens ist Wolff durchaus nicht der erste, welche jene Dreiteilung vornahm, es ist die herkömmliche der praktischen Philosophie, wie Wolff selbst bestätigt[2]). Wir finden sie z. B. bei Meißner, einem Vorgänger des Hugo Grotius[3]).

So hat diese Erörterung das negative Ergebnis gehabt, daß weder Morhoff noch Wolff als die Begründer einer Volkswirt= schaftswissenschaft anzusehen sind. Wohl hat der Letztere, wie im 1. Kapitel des 2. Buches gezeigt wurde, die naturrechtliche Theorie unserer Wissenschaft gefördert. Aber er ist auch hierin weder der Erste, noch hat er die Theorie selbständig hingestellt. Sie bleibt auch bei ihm ein integrierender Bestandteil des Natur= rechtes.

---

[1]) Robert von Mohl, Geschichte und Litteratur der Staatswissen= schaften I, S. 75.

Wolff drückt sich in der Einleitung zu seiner Ökonomik über diese Wissenschaft folgendermaßen aus: „Per Oeconomicam intelligimus scientiam dirigendi actiones suas liberas in societatibus minoribus conjugali scilicet, paterna, herili et ex iis composita domo atque ex multiplicatis domibus constante vicu." Da nun auch im Naturrecht Ehe, väterliche, hausherrliche Gewalt u. s. w. abgehandelt werden, so muß der Unterschied der Ökonomik von jenem Teile des Naturrechtes angegeben werden. Praescribit lex na- turae fines quos ut consequemur operam dare debemus, Oeconomica do- cet media eos consequendi etc.

[2]) Retinemus communem Philosophiae practicae divisionem in Ethi- cam, Oeconomicam et Politicam.

[3]) Ethica, Politica et Oeconomica (sc. philosophia practica, cujus sunt partes) u. s. w. Kaltenborn, Die Vorläufer des Hugo Grotius. S. 221

Drittes Buch.

Rückblick.

Mit den vorliegenden Untersuchungen wollen wir dieses Werk beschließen. Ihrer Zahl hätten noch einige hinzugefügt werden können, aber der Gewinn unserer Wissenschaft wäre dadurch gar nicht oder nur wenig vermehrt worden, was aber doch selbstverständlich der einzige wissenschaftliche Zweck des Verfassers ist.

So scheint mir genug Material vorhanden zu sein, um Smiths ästhetische Theorien darzustellen; offenbar wäre eine solche Unternehmung für die politische Ökonomie ohne allen Nutzen.

Man könnte auch die Anregungen der Zeit zur Ausbildung der volkswirtschafts-politischen Ideale unseres Altmeisters zum Gegenstande einer Untersuchung machen. Aber nach meiner Überzeugung würde sie nur Ergebnisse liefern, die dem Nationalökonomen schon bekannt wären und doch größtenteils nur den Anspruch erheben könnten, die Möglichkeit oder Wahrscheinlichkeit einer derartigen Einwirkung nachzuweisen. Wir hätten zu reden von dem Drängen nach Handelsfreiheit in einer Handelsstadt wie Glasgow, von der gewaltigen Entwicklung des englischen Ackerbaues, von den Anfängen der englischen Industrie, welche sich mit der socialen Gesetzgebung Elisabeths nicht mehr vertrug, von dem Wiederaufleben des zünftlerischen Geistes, von den unhaltbaren Zuständen, welche die alte Handels- und Kolonialpolitik geschaffen hatte, von dem herannahenden Zusammenbruch der alten Ordnungen in Frankreich. Wir würden ein Bild nachzuzeichnen haben, welches Engels, Held, Rogers, Toynbee, Cohn,

Farnam, um nur einige zu nennen, viel schöner und deutlicher gemalt haben, und schließlich würde doch dasjenige fehlen, worauf es ankommt: nämlich der zwingende Nachweis, daß diese Zustände die Ursachen der liberalen Principien unseres Altmeisters gewesen sind. Nur eins ist mit ziemlicher Gewißheit anzunehmen, daß der freihändlerische Klub in Glasgow einen direkten Einfluß auf die Klärung der politischen Ansichten Smiths ausgeübt hat. Bei einem Gelehrten wie Smith treten die Beziehungen zwischen den wirtschaftlichen Zuständen und den nationalökonomischen Einsichten nicht so klar zu Tage, wie etwa bei einem Landarzte wie Quesnay, einem Kaufmanne wie Gournay, einem Verwaltungsbeamten wie Turgot, oder einem Grand Seigneur wie Mirabeau.

Weiter hätten die theoretischen Lehren Smiths dogmengeschichtlich untersucht werden können, wie es ja schon von Leser, Starzynski und andern geschehen ist, wobei auch ihrer Widersprüche gedacht worden wäre, worauf Ricardo, Zuckerkandl, Engels und andere aufmerksam gemacht haben. Jedoch halte ich die Aufgabe zum Teil für unlösbar, weil wir die nationalökonomische Litteratur des 18. Jahrhunderts nicht genau genug kennen und noch weniger überzeugend alles nachzuweisen vermögen, was Smith wirklich bekannt gewesen ist. Zum Teil scheint sie mir nach den Ausführungen des ersten Kapitels des zweiten Buches auch wenig ersprießlich. Denn auch durch das dort nur nebensächlich Angeführte wird doch der Eindruck zerstört, daß Smiths nationalökonomische Theorien durchaus selbstständige Leistungen wären. Auf ein Mehr oder Weniger kommt es nicht an. Wie sein Biograph hervorhebt, besteht sein Verdienst „in connecting and methodising (the) scattered ideas" früherer Schriftsteller. Für Denjenigen aber, welcher die wenig wertvolle Arbeit auf sich nehmen will, die Smithsche Gedankenmosaik in ihre einzelnen Stiftchen aufzulösen, ist, wie ich hoffe, die im ersten Kapitel gegebene Fragestellung nicht ohne Wert. Man wird nicht allein unter den nationalökonomischen Schriftstellern, sondern auch unter den Naturrechtslehrern und den Politikern Umschau zu halten haben.

Dieses sind die Gründe, welche mich bewogen haben, von weiteren Untersuchungen abzusehen. Bei den vorliegenden habe ich auch nicht den Zweck verfolgt, das Material zur Beurteilung Adam Smiths mit aller denkbaren, aber unwesentlichen Vollständigkeit herbeizuschaffen. Dagegen habe ich es für nötig gehalten, alle wesentlichen Lichtquellen zu eröffnen, welche das geistige Bild Adam Smiths beleuchten. Im zweiten Kapitel des zweiten Buches hätte ich z. B. Montesquieus Bemerkungen über die Freiheit des Handels, in dem vierten die von Leser aufgezeichneten Grundsätze gerechter Besteuerung, welche sich in Mirabeaus „Théorie de l'impôt" finden[1]), in den Text aufnehmen können, aber ich habe es unterlassen, weil ich glaubte, daß das Beigebrachte schon genügte, um den Stand der Wissenschaft zur Zeit Adam Smiths zu kennzeichnen. Ich folgte denselben Grundsätzen, die mich bei der Abfassung des ersten Abschnittes des dritten Kapitels des zweiten Buches leiteten[2]).

Meine Absicht war es nicht, Litteraturgeschichte zu schreiben, sondern nur die geistige Persönlichkeit Smiths von allen wesentlichen Gesichtspunkten zu betrachten und soweit auch die Entwicklung der politischen Ökonomie zu verfolgen. Daraus ist auch ein kleiner Beitrag zur Litteraturgeschichte unserer Wissenschaft entstanden, aber er war nicht in erster Linie bezweckt.

I.

Sowohl das ethische wie das nationalökonomische Werk beweisen, daß Smith sich an Originalität des Geistes keineswegs mit Männern wie Descartes oder Hume messen kann. Er ist kein Pfadfinder der Wissenschaft, sondern ein im höchsten Maße receptiver Kopf, der sich von den verschiedensten Seiten anregen läßt, dem Fremden eine nicht gewöhnliche produktive Kritik entgegenbringt und die mannigfachen Elemente zu einem wohlgeordneten System zu vereinigen weiß. Die Gaben produktiver

---

[1]) Leser, Der Begriff des Reichtums bei Adam Smith, S. 92.
[2]) S. 111.

Kritik und schöner Systematik treten in dem Jugendwerke viel bedeutender hervor, als in dem späteren. „Die Theorie der moralischen Gefühle" absorbiert so vollständig alles Wertvolle, was die englische Ethik bis zu ihrem Erscheinen hervorgebracht hatte, daß an ein Hinausgehen über Smith von dem Boden auf dem er selbst stand, nicht zu denken war. Der einzige, die Harmonie des Ganzen störende Teil ist die Tugendlehre, welche der Greis dem Erstlingswerke anfügte. Er war nun schon bedeutend älter geworden, als zur Zeit, als er den „Wealth of Nations" schrieb. Aber auch dieses Buch verrät deutlich die nachlassende Spannkraft des Geistes. Er versteht es nicht mehr, die nationalökonomische Theorie des deutsch-englischen Naturrechtes und diejenige des physiokratischen ohne Rest zu verschmelzen; das fünfte Buch enthält neben einer Darstellung der Finanzwissenschaft eine solche der Verwaltungspolitik; er wird sich über die Aufgabe und die Methode der politischen Ökonomie nicht völlig klar; in seinen theoretischen Lehren finden sich nicht wenige Widersprüche. So erklärt es sich, daß dieses Werk, darin verschieden von der „Theorie der moralischen Gefühle", die lebendigste Anregung zu weiterem Schaffen gab. Ricardo ist bestrebt, die theoretischen Lehren einheitlicher und folgerichtiger zu gestalten; die Franzosen suchen die Fragen nach der Aufgabe der politischen Ökonomie präzise zu beantworten, ihnen sind die wichtigsten Fortschritte in der Systematik zu verdanken; es entsteht Unklarheit über die Methode unserer Wissenschaft, die nach den Einen Stuart Mill geschlichtet, nach den Andern zu schlichten versucht hat; bei Rodbertus ist das Bewußtsein vorhanden, daß eine volkswirtschaftliche und eine privatwirtschaftliche Interpretation der Erscheinungen des wirtschaftlichen Lebens nebeneinander hergehen und beide berechtigt sind.

Aber gerade deshalb mußte das nationalökonomische Werk viel gewaltigere Wirkungen hervorrufen, als das ethische, wie ja auch die vollendete Schönheit selten die tiefen, nachhaltigen Leidenschaften reizvoller Unvollkommenheit erregt. In der „Theorie der moralischen Gefühle" waren die Beobachtung und die Reflexion

mehrerer Generationen zum Abschluß gebracht, in der „Unter=
suchung über die Natur und die Ursachen des Reichtums der
Völker" fanden die Geister den Anlaß zu immer neuem Nach=
denken. Aus dieser Quelle mußten sie aber mehr als ein halbes
Jahrhundert fast ausschließlich schöpfen. Denn erstens hatte
Smith ja auch in dem nationalökonomischen Werke die örtlich
und zeitlich getrennten Elemente miteinander verbunden, so daß
das Frühere vergessen wurde, und zweitens war das neue Ideal
wirtschaftlicher Freiheit, für welches die Politiker kämpften und
zum Teil noch kämpfen, mit einer bisher unbekannten Kraft,
Nachhaltigkeit, Allseitigkeit begründet worden; die Werke, welche
überwundene oder nicht mehr zeitgemäße Ideale verteidigten,
traten so lange in den Hintergrund, als das historische Ver=
ständnis für den Zusammenhang von Wirklichkeit und Denken
noch nicht eröffnet war. Zur Begründung der Grundsätze wirt=
schaftlicher Freiheit bringt er alles bei, was im 17. und
18. Jahrhundert ausgesprochen worden war: Zweckmäßigkeits=
erwägungen, psychologische Erörterungen aus dem Princip des
Selbstinteresses, die nationalökonomische Kritik der merkantilistischen
Handelsbilanztheorie, die Lehren der Geschichte, naturrechtliche
Grundsätze und endlich klingt in seine Beweisführungen die po=
litische Theorie von der Natur und ihren Endzwecken hinein,
die seine eigene That ist und wodurch er sich von den früheren
Schriftstellern unterscheidet.

Wenn wir nun noch hinzufügen, daß die theoretischen und
praktischen Lehren in einer schönen, durchsichtigen, ja weit=
schweifigen Darstellung erscheinen, so wird es verständlich, daß
das nationalökonomische Werk einen ungeheuren Erfolg hatte,
größer als derjenige der „Theorie der moralischen Gefühle" ge=
wesen war. Während ein viel tieferer Geist, wie Hume, die
besten Jahre seines Lebens mit Mißerfolgen zu kämpfen hat,
während Nationalökonomen von weit bedeutenderer Kraft, wie
Quesnay und James Steuart, den heftigsten Widerspruch er=
fahren und in den Schatten gestellt werden, ist Smiths schrift=

stellerische Laufbahn ein rascher Siegeszug durch England, Deutschland und Frankreich.

Und doch steht er auf den Schultern dieser und anderer hervorragender Männer.

II.

In der Einleitung wurde ausgeführt, daß die philosophischen Grundanschauungen Smiths ganz in dem Boden der Philosophie Newtons, Shaftesburys, Lockes wurzeln, wie sie ihm durch Hutcheson vermittelt worden war. Die vorhergehenden Untersuchungen haben eine nicht unbedeutende Anzahl von Namen von Denkern zu denjenigen hinzugefügt, von denen wir schon wußten, daß sie zu dem Aufbau seiner Gedankenwelt beigetragen haben. Neben Butler, Mandeville, vielleicht Hartley sind es Hume, die Physiokraten, James Steuart, Montesquieu, Voltaire, Ferguson. Aber die ganz überragende Bedeutung Hutchesons für die Entwicklung Adam Smiths tritt jetzt noch stärker hervor, als früher.

Deutlicher ist uns im ersten Buche zur Erkenntnis gekommen, daß die Fundamente der Smithschen Ethik von Hutcheson gelegt worden sind: ich meine ihr metaphysisches Gerüst, ihren psychologischen Charakter, ihre Abwendung vom Utilitarismus, die Wiederanknüpfung der Fäden zwischen Ethik und natürlicher Theologie. Das erste Kapitel des zweiten Buches hat uns dann gezeigt, daß wesentliche Teile des Systems der theoretischen Nationalökonomie, welches im ersten Buche des „Wealth of Nations" enthalten ist, sich im System der Moralphilosophie Hutchesons vorfinden. Das Lehrgebäude der naturrechtlichen Nationalökonomie, welches vorzugsweise von Pufendorf geschaffen worden war, hat bei Hutcheson an Umfang und wertvollem Inhalt zugenommen. Die Familienähnlichkeit zwischen der theoretischen Nationalökonomie Hutchesons und Smiths ist weder in der Architektonik des Systems noch in wichtigen nationalökonomischen Lehren zu verkennen. Hutcheson ist, wie wir aus dem zweiten Kapitel ersehen haben, noch weit von der Aufstellung der Grundsätze wirtschaftlicher Freiheit entfernt, aber die angeborenen Menschenrechte nehmen schon einen nicht unbedeutenden Platz in seinem Naturrechte ein, unter diesen nennt er die natürliche Freiheit, das heißt das natürliche Recht jedes Menschen, seine Kräfte nach seinem eigenen Gefallen zu gebrauchen, wenn den Personen oder Gütern anderer hieraus kein Nachteil erwächst. In der Steuerlehre tritt Hutcheson für die Besteuerung nach der Leistungsfähigkeit ein: er befürwortet einen Census. In den letzten Kapiteln erfuhren wir, daß Hutcheson seinen Schüler auf das Studium der Geschichte, vorzugsweise auf dasjenige der Wissenschaften lenkte, daß er sich mit Klarheit und Entschiedenheit von der mathematischen Methode in der Ethik abwandte und die Moralphilosophie auf die Beobachtung der menschlichen Natur stellte.

So fand Hume den Boden für seine besondere Einwirkung nach allen Richtungen hin vorbereitet, aber auch ein Gegengewicht gegen einen den Geist Smiths völlig beherrschenden Einfluß, wie sich insbesondere in dessen Widerspruch gegen den Humeschen Utilitarismus offenbart. Die der Lockeschen Erkenntnistheorie widersprechende Annahme eines angeborenen moralischen Sinnes wird von Smith verworfen, die ganze Theorie nimmt ihren Ausgangspunkt in dem Mitempfinden fremder Gefühle. Erhält hierdurch schon die Theorie einen egoistischen Charakter, so tritt dies noch mehr in der psychologischen Analyse und in der Tugendlehre hervor. Offenbar schlägt uns hier ein Hauch entgegen, welcher aus dem Humeschen „Treatise" herüberdringt, aber hie und da wird man an Hobbes und Mandeville erinnert. Nach mehreren andern Seiten verstärkte Hume den Einfluß Hutchesons, er gab Smith eine noch kräftigere Richtung auf die Geschichte, ein noch klareres Bewußtsein von der Notwendigkeit einer psychologischen Grundlegung, einer experimentellen, induktiven Methode für die Geisteswissenschaften. Welche Anregungen Smith dem Freunde in der Lehre von den Staatsschulden, der Steuerüberwälzung und in sonstigen Bestandteilen der theoretischen Nationalökonomie verdankt, ist zum Teil ausgeführt, zum Teil wenigstens angedeutet worden.

So mußte Smith in den Ideen Voltaires und Montesquieus ein wahlverwandtes Element erkennen. Jener hatte der Kulturgeschichte, auch der Darstellung der materiellen Kultur, der Wirtschaftsgeschichte, ihren Platz erobert, dieser hatte gesetzmäßig wirkende, vorzugsweise der äußern Welt angehörige Faktoren historischen Geschehens nachzuweisen unternommen. Auf Montesquieu ist es hauptsächlich zurückzuführen, daß Adam Smith dem Princip der Relativität eine beschränkte Geltung zugesteht, wenn er auch an dem Naturrechte nicht irre wird. So steht er im Kreuzungspunkte zweier geistiger Strömungen, der rationalistischen und der geschichtlichen. Er kommt zu der Einsicht, daß verschiedene wirtschaftliche Zustände verschiedene Gesetze und Einrichtungen verlangen, aber die Entwicklungsfähigkeit der menschlichen Natur in ihrem Einflusse auf die Gesetzgebung wird von ihm wenig gewürdigt.

Auf eine noch höhere Stufe der Erkenntnis wird Smith von einem berühmten zeitgenössischen Lehrer der schottischen Moralphilosophie geführt, nämlich von Ferguson. Er lehrt ihn die „Handelsgesellschaft" als ein Entwicklungsprodukt verstehen. Sie hat den Charakter einer Tauschgesellschaft, jeder ist gewissermaßen ein Kaufmann geworden, der Gemeinsinn zeigt sich erloschen, das Selbstinteresse als der allwaltende, psychische Faktor, der Staatsmann braucht das wirtschaftliche Leben nicht mehr zu leiten und zu bevormunden. Die ethischen und socialen Grundlagen, welche Mandeville im Anfang des Jahrhunderts für die heutige Volkswirtschaft aufgezeigt hatte, welche von dem deutschenglischen Naturrechte stillschweigend vorausgesetzt wurden, werden von dem Schotten in seinem berühmten Werke, welches Hume schon 1759 als ein „admirable book" dem Freunde ankündigt[1]), historisch erklärt. Die Auffassung Fergusons wird dann noch ergänzt und verstärkt durch James Steuart, welcher weniger sociologisch als nationalökonomisch die „Handelsgesellschaft" verstehen lehrt und das historisch statistische Element in der „political economy" zur Geltung bringt.

Was diese beiden Landsleute als Nationalökonomen Smith

---

[1]) Dugald Stewarts Biographie Smiths a. a. O. S. XLVII.

gewesen sind, kann nach der Aufgabe der vorhergehenden Untersuchungen nur unvollkommen dargelegt werden. In der Litteratur der schottischen Moralphilosophie findet sich bei Ferguson zuerst ein System der „political economy", wie man in dem dritten Kapitel des zweiten Buches gesehen hat. Daß Steuarts nationalökonomische Theorien von Smith frei benutzt worden sind, darin stimmen deutsche, englische, französische Beurteiler überein, wir besprachen nur seine Steuerüberwälzungstheorie, seine nationalökonomischen Principien der gerechten Besteuerung, seine Lehre von den Staatsschulden. Was aber viel wichtiger ist, von ihm werden das Wesen und die Methodenlehre der „political economy" zuerst ebenso klar wie ausführlich dargelegt.

Erst an letzter Stelle erwähnen wir die Physiokraten. Denn es muß sich dem Leser aufgedrängt haben, daß die Engländer die Entwicklung Adam Smiths doch viel stärker bestimmt haben, als die Ökonomisten. Aus der englischen Philosophie entnimmt er die Fundamente seiner Weltanschauung; nicht nur der Moralphilosoph, sondern auch der Nationalökonom Adam Smith zieht seine beste geistige Nahrung aus der englischen Moralphilosophie; von Hutcheson übernimmt er ein ziemlich fertiges System der theoretischen Nationalökonomie; sein System der politischen Ökonomie bildet sich innerhalb der englischen Moralphilosophie; die eine Wurzel seines Ideals wirtschaftlicher Freiheit wächst aus der Philosophie Shaftesburys, die andere aus dem Naturrechte Lockes heran; die Grundsätze des ökonomischen Liberalismus hat er nicht von den Physiokraten übernommen; die Richtung auf das Studium der Geschichte, die induktiv-psychologische Grundlage der Geisteswissenschaften erhält er ganz oder teilweise von englischen Denkern. An anderer Stelle habe ich des Gegensatzes zwischen der naturwissenschaftlich-rechtlichen natürlichen Ordnung der Physiokraten und der psychologisch-ethischen Smiths gedacht.

Was noch bleibt, nachdem die unberechtigten Ansprüche, welche für die Physiokraten erhoben werden, zurückgewiesen worden sind, ist allerdings bedeutend, aber es beschränkt sich auf das Gebiet der theoretischen Nationalökonomie. Sie überlieferten ihm

eine organische, die ganze Volkswirtschaft umspannende Theorie, womit eine geläuterte Ansicht von der volkswirtschaftlich nütz=
lichen Arbeit verbunden war, von ihnen empfing er einen tieferen, vielseitigen Aufschluß über den Begriff und die Bedeutung des Kapitals für die Volkswirtschaft, sie gaben ihm eine formell durchgebildete Einkommenlehre, sie machten ihn auf den „dritten Staatszweck" aufmerksam. Damit war auch die Basis für die Beurteilung einer volkswirtschaftlich nicht schädlichen Steuerpolitik gegeben.

Ob Smiths nationalökonomische Schätzung des Ackerbaues auf die Physiokraten zurückgeführt werden muß, kann dahingestellt bleiben. Tritt doch die physiokratische Lehre von dem Verhältnis der Urproduktion zu den übrigen Zweigen der Volks=
wirtschaft viel früher in England, z. B. bei Asgil auf.

Gänzlich verfehlt ist aber die Annahme, daß die wissenschaft=
liche Berührung mit den Physiokraten Adam Smith zu einem Theoretiker des wirtschaftlichen Egoismus gemacht habe. Diese Ansicht ist von Skarzynski auf die Bucklesche Phantasie von dem Widerspruch der beiden Werke Adam Smiths gepfropft worden. Er meint, daß Smith, welcher in England unter dem Einflusse Hutchesons und Humes gestanden habe, während seines Aufent=
haltes in Frankreich der Einwirkung der französischen Philosophie, zumal des Helvetius, jenes klassischen Theoretikers des Egoismus, ausgesetzt war, und da er selbst keine originelle philosophische Weltanschauung hatte, sich immer einseitig und zu weit von dem gerade zur Zeit in dem betreffenden Lande dominierenden Ein=
flusse hinreißen ließ[1]).

Und ungefähr hundert Seiten weiter lesen wir: „Unter dem Einflusse Hutchesons und Humes war Smith Idealist, solange er in England blieb. Nach dreijähriger Berührung mit dem Ma=
terialismus, der in Frankreich herrschte, kehrt er nach England als Materialist zurück. Auf diese ganz einfache Weise erklärt sich der Gegensatz zwischen der vor der Reise nach Frankreich geschriebenen

---

[1]) Skarzynski, A. Smith als Moralphilosoph und Schöpfer der Natio=
nalökonomie 1878 S. 95.

Theory (1759) und dem nach seiner Rückkehr aus Frankreich verfaßten Wealth of Nations (1776). Es bedarf wahrlich der kritischen Künsteleien Buckles nicht, um einen so einfachen Thatbestand zu erklären."

Wir haben zwar schon im sechsten Kapitel des zweiten Buches gesehen, daß die Voraussetzungen für die Annahme eines solchen Widerspruches hinfällig sind. Smith leitet in der „Theorie der moralischen Gefühle" die sittlichen Phänomene nicht allein aus der Sympathie, in dem „Völkerreichtum" die volkswirtschaftlichen nicht allein aus dem Selbstinteresse her. Aber nichtsdestoweniger mögen Zweifel darüber bestehen, ob die ethische Haltung der beiden Werke nicht grundverschieden von einander ist. Suchen wir hierüber zur Klarheit zu kommen.

III.

Die englische Ethik und die sich damit fortentwickelnde englische Psychologie sind außerordentlich reich an Ausführungen über den Egoismus. Ich sehe ab von Bacons Analyse des menschlichen Trieblebens, von Hobbes' und Lockes ethischen Theorien des wohlverstandenen Selbstinteresses und beschränke mich auf die Lehren, welche seit Shaftesbury und Mandeville aufgestellt worden sind.

Beide Philosophen kommen in Betracht als Psychologen, Moralphilosophen und Politiker. Mandeville hat die Erklärung aller psychischen Phänomene aus der Selbstliebe umfassend angestrebt; er setzt die von den Epikureern und ihren modernen Jüngern, z. B. Larochefoucault, begonnene psychologische Analyse fort. Er leugnet nicht die Existenz altruistischer Empfindungen, wie etwa der Freundschaft, der Mutterliebe, aber auch sie bringt er in die engste Beziehung zu seinem Princip. Selbstliebe und Selbstinteresse scheidet er noch sauberer, als es schon von Larochefoucault geschehen war. Den sittlichen Erscheinungen gibt er objektiv und subjektiv einen durchaus selbstsüchtigen Ursprung, dort die Herrschsucht der Staatsmänner, hier den rationellen Ehrgeiz. Der egoistische Trieb nach Genuß und Gewinn ist der psychische Faktor der Volkswirtschaft.

Dagegen weist Shaftesburys psychologische Analyse neben den egoistischen altruistische Triebe auf, das Sittliche leitet er aus einem moralischen Gefühle her, er hält das Selbstinteresse für den eigentlichen psychischen Motor der Volkswirtschaft. Der Erwerbstrieb verschafft uns nach ihm in reichlichem Maße alle die Dinge, welche wir zur Existenz und zur angenehmen Gestaltung unseres Daseins bedürfen. Während Mandeville diesen Trieb sittlich gering wertet und damit in sein bekanntes Dilemma geführt wird, schätzt ihn Shaftesbury auch ethisch, so lange er nicht in eine wahre Leidenschaft ausartet.

So herrscht also trotz des allergrößten Gegensatzes der Weltanschauung und des ethischen Standpunktes doch eine fast völlige Übereinstimmung der beiden Denker über den wirtschaftlich Eigennutz, so weit es sich um die theoretisch-psychologische Interpretation der volkswirtschaftlichen Erscheinungen handelt.

Die Mandevilleschen Ideen haben dann in dem 1758 erschienenen Werke des Helvetius „De l'Esprit" die ausführlichste systematische Darstellung gefunden. Wenn, was mir aber unbegründet erscheint, dieses Werk die philosophische Grundlage der physiokratischen Nationalökonomie bilden und Smith von den Physiokraten zur Annahme dieser Moraltheorie bekehrt worden sein sollte, so hätte sie ihm doch nur eine Erkenntnis übermitteln können, welche ihm die Shaftesburysche Ethik schon gewährt hatte, und die er viel näher aus der Quelle, Mandevilles Bienenfabel, zu schöpfen vermochte.

Inzwischen hatten die englischen Moralphilosophen, welche sich an Shaftesbury anschlossen, die Fundamente der Shaftesburyschen Ethik immer mehr ausgebildet und die Lehren des Meisters mit denjenigen Mandevilles auseinandergesetzt. Daran halten sie fest: das Princip der Ethik ist nicht der Egoismus, sondern ein moralisches Gefühl, mag es nun Reflexionsaffekt, moralischer Sinn, Sympathie oder Gewissen heißen. Ein wichtiger Teil ihrer Untersuchungen ist dem Nachweis dieser Erkenntnis gewidmet, wie man insbesondere aus der Lektüre Hutchesons und Humes ersieht. Auch die psychologische Analyse gewinnt dabei, wie wir bei der Darstellung der Lehren Butlers dargelegt haben. Aber andererseits wird der wirtschaftliche Eigennutz in seiner Bedeutung für die Wohlfahrt des Individuums und der Gesellschaft in der Weise Shaftesburys gewürdigt. Butler will dem Egoismus alle möglichen Konzessionen machen, Hutcheson verwirft das Verlangen nach eigenem Vorteil keineswegs als ein Laster, wiewohl er es auch nicht als Tugend ansieht. Wenn die eigennützigen Begierden in gewissen Schranken bleiben, so fördern sie das allgemeine Beste, die Weisheit und Güte des Schöpfers äußert sich ebenfalls in ihnen¹). Da nach Humes Lehre auch diejenigen Eigenschaften Tugenden sind, welche sich nur dem Individuum selbst nützlich erweisen, so betrachtet er auch die wirtschaftliche Rührigkeit als tugendhaft.

In Humes nationalökonomischen Aufsätzen finden wir dieselbe psychologische Grundlage der Volkswirtschaft, welche wir bei Mandeville kennen gelernt haben. Wenn ich nun noch erwähne, daß andererseits Hume, der kräftige Bekämpfer der Theorie des wohlverstandenen Selbstinteresses, die Philosophie des Helvetius nicht sehr schätzte²), so dürfte schon mit aller Deutlichkeit hervorspringen, auf welche Irrwege man mit der Ausklügelung eines Widerspruchs zwischen der Ethik und politischen Ökonomie Adam Smiths geraten ist.

Bei diesem die herkömmlichen Lehren! In der Ethik ist das Princip alles sittlichen Lebens ein Gefühl, nämlich das Mitgefühl mit den Gefühlen anderer, die Sympathie, aus der sich unter Mitwirkung der Vernunft alle höheren Erscheinungen des ethischen Lebens entwickeln, der Trieb nach sittlicher Vollkommenheit, das Gewissen, das Pflichtgefühl. Er schätzt die Triebe und

---

¹) S. 36 dieses Buches.
²) In einem Briefe Humes an Smith heißt es: „I believe I have mentioned to you already Helvetius' book de l'Esprit. It is worth your reading, not for its philosophy, which I do not highly value, but for its agreeable composition." D. Stewarts Biographie Smiths a. a. O. S. XLVIII.

Eigenschaften, welche dem wirtschaftlichen Fortkommen des Individuums nützlich sind, sofern sie nicht andern schädlich werden, er hat die Tugenden der Klugheit mit Liebe gezeichnet. Und auf eben dieselben psychologischen Ausführungen stoßen wir im „Wealth of Nations"! Da sehen wir den Trieb nach Verbesserung der eigenen Lebenslage, das Selbstinteresse, den Wunsch, den andern zuvorzukommen, als Triebräder der Volkswirtschaft aufgezeigt, er betrachtet sie als sittlich berechtigt, wenn sie nicht zur Schädigung der fremden Rechtssphäre verleiten. Denn von dem Wirken des Selbstinteresses innerhalb der Schranken der Gerechtigkeit ist nicht nur die Wohlfahrt des selbstsüchtigen Individuums, sondern die materielle Glückseligkeit der ganzen Gesellschaft abhängig. So lehrt Smith in Übereinstimmung mit Shaftesbury und Hutcheson. Auch die Metaphysik der Shaftesburyschen Schule tritt in den beiden Werken deutlich hervor. Daß aus der sittlich geordneten Selbstliebe die äußere Glückseligkeit entspringt, ist das Werk Gottes, welcher den Mechanismus der menschlichen Seele so konstruiert hat, daß jeder Trieb zur Verwirklichung der göttlichen Endzwecke mitwirken muß, wenn das sittlich regulierende Princip der Seelenmaschine die verschiedenen Räder zu leiten und zu beherrschen versteht. Folglich ist eine prästabilierte Harmonie zwischen dem Wohle des Einzelnen und der Gesellschaft vorhanden.

Damit halte ich die Irrtümer Buckles und Skarzynskis für beseitigt. Ich füge nur noch drei Bemerkungen hinzu. Die eben widerlegten Ansichten scheinen dadurch veranlaßt zu sein, daß man „Sympathy" mit Wohlwollen übersetzte. Wie falsch das ist, wird man aus der Inhaltsangabe der „Theorie der moralischen Gefühle" ersehen haben. Wo Smith von Wohlwollen, Wohlthätigkeit spricht, gebraucht er die Bezeichnungen „benevolence", „beneficence". Auch nimmt Smith nicht an, daß das Wohlwollen einen hervorragenden Bestandteil der menschlichen Natur ausmache. Er schildert sie als tief selbstsüchtig, das Wohlwollen ist als schwacher Keim in der menschlichen Natur vorhanden und wird erst im Verkehr mit Eltern, Geschwistern, Freunden, Genossen entwickelt. Weiter tragen alle Elemente, aus denen Smith die moralische Welt zusammensetzt, einen egoistischen Charakter: der natürliche Egoismus, der Vergeltungstrieb, der Trieb nach Vollkommenheit, die Sympathie. Smith wandelt auf den Bahnen Hartleys, indem er uns zeigt, wie sich aus diesem vorzugsweise egoistischen, ursprünglichen Besitz der menschlichen Natur altruistische und sittliche Gefühle entwickeln.

IV.

Wir haben vorher die ethischen Grundlagen der politischen Ökonomie Adam Smiths kennen gelernt. Betrachten wir nun die Entwicklung dieser Wissenschaft.

Das Smithsche System der politischen Ökonomie ist ursprünglich aus der schottischen Moralphilosophie hervorgegangen; sie umfaßte im 17. Jahrhundert Ethik, Politik und Ökonomik. Diese Wissenschaft wurde im ersten Viertel des 18. Jahrhunderts von dem Naturrechte Pufendorfs ersetzt, was durch dessen Charakter erleichtert wurde, denn es ist die Darstellung einer universellen Pflichtenlehre. Gershom Carmichael gab 1718 das Pufendorfsche Werk „De Officio Hominis et Civis" mit Zusätzen und Noten heraus; sein Nachfolger Hutcheson hinterließ ein im Jahre 1755 veröffentlichtes Werk „A System of Moral Philosophy", welches sich ziemlich eng an das System des Deutschen anschließt, dessen Lehren vielfach reproduziert, aber mit einem ganz andern philosophischen Geiste erfüllt ist, mit der Weltanschauung Newtons, der Ethik Shaftesburys und der Staats- und Rechtslehre Lockes. In den „Institutes of Moral Philosophy" Fergusons liegt ein Werk vor, welches auch eine größere Selbständigkeit in der Systematik aufweist. Dieses deutsch-schottische System der Moralphilosophie wurde von Hutcheson in einer Vorlesung vorgetragen, welche vier Teile enthielt: Natürliche Theologie, Ethik, Naturrecht, und eine Teilvorlesung politischen Inhaltes. Leechman bezeichnet als das Objekt von Hutchesons letzter Teilvorlesung „Government". Der Biograph Smiths teilt mit, Dieser habe darin behandelt „those political regulations which are . . . calculated to increase the riches, the power and the prosperity of a State." An einer andern Stelle nennt er sie kurz „political economy". Ferguson teilt den der vierten Teilvorlesung entsprechenden Abschnitt seines Werkes ein in „political law" und „public economy".

Wir sehen also: die „Ökonomie" ist aus der schottischen Philosophie verschwunden, dafür ist die „political economy" oder „public economy" eingetreten.

In dieser Wissenschaft gehen theoretische Erkenntnisse in Beziehung auf die Volkswirtschaft und Grundsätze der Volkswirtschafts= und Finanzpolitik nebeneinander her; beides hatte das deutsche Naturrecht und die schottische Moralphilosophie um= schlossen: die verschiedenen Bestandteile waren aber noch räumlich getrennt: das schottische System der politischen Ökonomie ent= stand also dadurch, daß man sie aus ihrem bisherigen Zusammen= hange löste und mit einander verband. Führen wir dies noch näher aus.

In Pufendorfs Naturrecht stoßen wir auf ein System der theoretischen Nationalökonomie, welches schon bei Grotius im Keime vorhanden ist. Dessen gesellschaftliche Voraussetzung ist Arbeitsteilung und Tauschgesellschaft mit Gütern und Diensten. Die volkswirtschaftlichen Erscheinungen, welche daraus hervor= gehen, werden besprochen: Wert, Preis der Güter und der Arbeit, Geld, Zins. Preislehre und Einkommenlehre treten eng ver= bunden auf. Dieses naturrechtliche System erscheint bei Hutcheson schon hoch entwickelt und mit einem wertvollen nationalökono= mischen Inhalt erfüllt.

Inzwischen reist in Frankreich ein anders geartetes System der theoretischen Nationalökonomie in engster Verbindung mit dem physiokratischen Naturrechte heran. Das deutsch=schottische System der naturrechtlichen Nationalökonomie ist eine Theorie der volkswirtschaftlichen Erscheinungen, welche durch den Aus= tausch von Gütern und Diensten hervorgerufen werden. Da= gegen analysieren die Physiokraten den gesamten Prozeß der Produktion und Verteilung der Güter. Jenes setzt die Tausch=

gesellschaft voraus, das physiokratische den volkswirtschaftlichen Organismus. Ein besonderes theoretisches Verdienst der Physiokraten besteht dann noch in der kräftigen Durchbildung des Kapitalbegriffes und einer hierauf aufgebauten Einkommenlehre.

Die deutsch-schottische und die physiokratische Theorie der volkswirtschaftlichen Erscheinungen werden dann von Adam Smith in seinem „Wealth of Nations" miteinander verbunden. Den Grundstock des ersten Buches bildet die deutsch-schottische naturrechtliche Nationalökonomie, sie wird bereichert und ausgestaltet durch die Einfügung der Lehre von der Grundrente. Der wichtigste Bestandteil des zweiten Buches ist dem Begriff und der volkswirtschaftlichen Bedeutung des Kapitals gewidmet. So erklärt es sich, daß der „Wealth of Nations" zur Zeit seines Erscheinens das vollendetste und umfassendste System der theoretischen Nationalökonomie enthält, woraus aber keineswegs auf eine frühere Schriftsteller überragende nationalökonomische Befähigung Adam Smiths geschlossen werden darf. Smith ist ein systematischer Kopf, aber kein bahnbrechender Geist.

Auch an dieser Stelle heben wir hervor, daß wir von der Entwicklung des Systems der theoretischen Nationalökonomie, nicht von den theoretischen Erkenntnissen sprechen, welche es umschließt. Diese sind keineswegs ausschließlich oder nur größtenteils dem Geiste der Grotius, Pufendorf, Hutcheson, Quesnay, Smith zu verdanken. An einem Bilde läßt sich verdeutlichen, was wir meinen. Das System der eben genannten Männer läßt sich zunächst als eine leere Form auffassen, in welche ein nationalökonomischer Inhalt aus den nationalökonomischen Erörterungen der römischen Juristen, der Kanonisten u. A. bei Grotius und Pufendorf, aus Petty, Locke u. A. bei Hutcheson, aus Asgil, Locke, Davenant, Cantillon u. A. bei den Physiokraten gegossen wird. Smith übernimmt beide Systeme mit ihrem Inhalt theoretischer Erkenntnisse, verbindet sie miteinander und vermehrt den Schatz an theoretischen Einsichten aus Hume, Steuart u. A. So war die „Inquiry" Adam Smiths nicht bloß das umfassendste System der theoretischen Nationalökonomie, es enthielt auch die

größte damals vorhandene Summe theoretischer Erkenntnisse.
Dies gibt uns eine neue Erklärung für ihre ungeheure Wirkungs=
fähigkeit.

Das System der „public economy", welches wir bei Ferguson
im Rahmen der schottischen Moralphilosophie erscheinen sehen,
enthält zweitens Grundsätze der Volkswirtschaftspolitik. Das
ältere Naturrecht, die ältere Moralphilosophie hatte einen
schrofferen oder freien Merkantilismus vertreten. In Smiths
„Wealth of Nations" finden wir das Ideal wirtschaftlicher Frei=
heit mit einer Vielseitigkeit begründet, welche alles bisher Vor=
getragene weit hinter sich ließ, wie wir schon in dem zweiten
Paragraphen dieses Buches ausführten und nicht noch einmal
wiederholen wollen. Smith verficht den ökonomischen Liberalis=
mus im Interesse der Konsumenten, nicht im Interesse des Handels,
wie Pieter Delacourt, nicht im Interesse der größtmöglichen
Steigerung des „produit net", wie Quesnay und seine Schüler.

Drittens ist in der „public economy" Fergusons vor=
handen ein unvollkommenes System der Finanzwissenschaft. Im
Naturrechte Pufendorfs und seiner Nachfolger sind alle wesent=
lichen Teile dieser Wissenschaft nachzuweisen: auf Grund der
naturrechtlichen Staatslehre Darlegung der Staatszwecke, daran
anknüpfend Übersichten der Staatsausgaben, Principien der ge=
rechten Besteuerung, Grundsätze der Finanzpolitik, endlich rohere
oder feinere Klassifizierungen der Staatseinnahmen. Die älteren
Politiker hatten sich an dieser Arbeit beteiligt, von National=
ökonomen, wie den Physiokraten und James Steuart, waren die
Beziehungen der Volks= und Staatswirtschaft untersucht worden:
die Tragfähigkeit der Volkswirtschaft für die Staatswirtschaft,
die Erörterung der Einwirkung der Staatsschulden und Steuern
(Überwälzung) auf die Volkswirtschaft. Geschichtliches und
statistisches Material war gesammelt worden.

Aus diesen verschiedenen Bestandteilen ist das fünfte Buch
der Smithschen Inquiry entstanden, das hervorragendste Werk
dieser Art, welches bis dahin die englische Litteratur hervor=
gebracht hatte, eine Zusammenfassung alles Wesentlichen und

wertvollen der englischen und französischen Litteratur. Auch auf diesem Gebiete erscheint Smith als der Abschluß der bisherigen Entwicklung. Die Finanzwissenschaft Smiths enthält einen formellen Fehler, denn er handelt nicht nur von den Staatsausgaben, sondern auch von den Einrichtungen, für welche diese Ausgaben gemacht werden, und er verbreitet sich darüber, was vom Staate für die verschiedenen Staatszwecke verwendet werden soll. Die erste Abteilung des fünften Buches enthält also zugleich die Darstellung der Verwaltungspolitik, wie sie nach Smiths Staatslehre sein soll, eine Darstellung, die zudem einen ausgeprägt sociologischen Charakter trägt.

Der Bericht des Biographen zeigt, daß das Objekt der Smithschen vierten Vorlesung die Verwaltungspolitik gewesen ist. „He considered", sagt er, „the political institutions relating to commerce, to finances, to ecclesiastical and military establishments." Bei den „Institutions relating to commerce" wird er die Grundsätze der Handelsfreiheit vorgetragen haben. Damit verbunden ist mit allergrößter Wahrscheinlichkeit das naturrechtliche System der theoretischen Nationalökonomie aufgetreten, das ja zunächst auch bei Ferguson im System noch zurücksteht. Diese Erörterungen ergeben, daß das Smithsche System der politischen Ökonomie, wenn dieser Ausdruck gestattet ist, sehr wahrscheinlich von hinten nach vorn gewachsen ist. Den Ausgangs- und Schwerpunkt des Ganzen bildete zunächst die Verwaltungspolitik; ihr voran gingen die theoretischen, nationalökonomischen Erkenntnisse, diese gewinnen durch die Bekanntschaft mit den Physiokraten und James Steuart an Umfang, bis sie die zwei ersten Bücher erfüllen; die Grundsätze wirtschaftlicher Freiheit werden immer allseitiger entwickelt und finden vornehmlich im vierten Buche Platz; das fünfte Buch, auch jetzt noch ein beträchtlicher Bestandteil des ganzen Werkes, verliert im Verhältnis zu dem Voraufgehenden an Umfang.

Es hat also ursprünglich die vierte Vorlesung einen ausgeprägt politischen Charakter gehabt, erst allmählich ist der theoretische Gesichtspunkt mit immer größerer Kraft zum Durchbruch gekommen. Diese Ansicht wird durch zwei Beobachtungen verstärkt. Denn erstens verwickelt sich Smith in Widersprüche über das Wesen der „political economy" und zweitens über ihren Grundbegriff. Er betrachtet sie bald als eine praktische, bald als eine theoretische Wissenschaft, als deren Grundbegriff er „wealth", „riches", „revenue" nennt, aber auch „power" wird nicht übersehen. Der alte merkantilistisch staatliche Gesichtspunkt des Reichtums und der Macht des Staates wird von dem individualistisch-materiellen der Konsumtion der Individuen verdrängt. Es schien uns, daß James Steuart einen beträchtlichen Anteil an diesen Wandlungen, aber auch an den Unklarheiten Smiths gehabt hat.

Wenn auch die Meinung, daß der „Wealth of Nations" sich aus der vierten Vorlesung Smiths entwickelt hat aus äußern und innern Gründen erwiesen werden kann, so unterliegt es doch keinem Zweifel, daß er nicht ursprünglich geplant gewesen ist. Smith beabsichtigte ein ganz anderes Werk zu schreiben, in welchem die naturrechtliche Lehre von Recht und Staat mit den Grundanschauungen des „Esprit des Lois" durchsetzt werden sollte. Dies erklärt uns nun erstens, weshalb wir in dem „Wealth of Nations" naturrechtliche Grundsätze der Volkswirtschafts- und Finanzpolitik zusammenhanglos vorgetragen finden, und zweitens, weshalb uns für die Abweichungen der sogenannten merkantilistischen Politik von dem Ideal wirtschaftlicher Freiheit eine historische Erklärung geboten wird.

Doch liegt es mir fern, zu behaupten, daß das beträchtliche historische und sociologische Element des „Wealth of Nations" allein aus den eben gekennzeichneten Bedürfnissen hervorgegangen sei. Die mannigfachen Anregungen zu geschichtlicher und gesellschaftlicher Betrachtung, welche die Zeit bot, haben in Smiths empfänglichem Geiste die lebhafteste Gegenwirkung hervorgerufen. Aber es wäre doch falsch, Smith für einen historischen Kopf zu halten, weil der „Wealth of Nations" reich an geschichtlichen und sociologischen Ausführungen ist. Die den Rationalismus charakterisierende, pragmatische Geschichtsauffassung, die Gegenüberstellung von natürlicher und unnatürlicher geschichtlicher Entwicklung, die naturrechtlichen Ideale, die begrenzte Anerkennung des Princips der Relativität: Alles dies läßt jenen Anspruch nicht berechtigt erscheinen.

Zum zweiten Male sind wir zur Erkenntnis geführt worden, daß Smith im Kreuzungspunkte der ihrem Untergange zustrebenden rationalistischen und der mit Jugendkraft vorwärts drängenden historischen Strömung steht. Der Rationalismus verwendet im allgemeinen die deduktive, der Historismus die induktive Methode. Diesem methodischen Zwiespalt begegnen wir auch im „Wealth of Nations". Nicht wenige theoretische Erkenntnisse sind aus der Prämisse des universellen, wirtschaftlichen Egoismus, die einen in strenger, die andern in weniger strenger Weise abgeleitet, daneben finden wir die Anwendung der von Hume und Montesquieu aufgestellten methodischen Grundsätze, der Erklärung der socialen Erscheinungen aus anthropologischen und sociologischen Faktoren. Die aus dem Naturrechte herübergenommene mathematische und die baconische Methode sind äußerlich vereinigt, eine Verbindung, welche James Steuart mit vollster wissenschaftlicher Klarheit vorgenommen hatte.

Dieser flüchtige Rückblick auf die Entwicklung der politischen Ökonomie bis auf Adam Smith zeigt, daß der „Wealth of Nations" eine im großen und ganzen vollendete Zusammenfassung alles desjenigen ist, was in Beziehung auf unsere Wissenschaft bis zum Beginn des letzten Viertels des 18. Jahrhunderts gedacht und angestrebt worden war. Er ruht auf dem philosophischen Fundamente der Weltanschauung Newtons und Shaftesburys, er ist erfüllt mit dem ethischen Gehalte der schottischen Moralphilosophie, hier und dort werden die Forderungen des wirtschaftlichen Naturrechtes mit Nachdruck, mit Entrüstung, in zornigen Worten vorgetragen, er vereinigt die theoretischen Erkenntnisse der schottischen Moralphilosophie und des physiokratischen Naturrechtes mit den Leistungen der Nationalökonomen, die geschichtliche und gesellschaftliche Betrachtung volkswirtschaftlicher Phänomene gelangt zu ihrem vollen Rechte, die bis dahin ausgebildeten Methoden werden auf die neue Wissenschaft übertragen. Das berühmte Werk entsteht in einer wissenschaftlich und politisch gährenden Zeit, welche es aufs treueste widerspiegelt. Ricardos und Says Bücher besitzen einen geschlosseneren, einheitlicheren Charakter, aber sie haben ihn nur dadurch erlangt, daß sie manches von dem entfernten oder untergehen ließen, was uns im „Wealth of Nations" als das Beste erscheint, als ein vorzeitiger Frühling, als eine noch unvollkommene Hinweisung auf die Zukunft.

www.ingramcontent.com/pod-product-compliance
Lightning Source LLC
Chambersburg PA
CBHW022142300426
44115CB00006B/302